Deutsche Literatur im Kontext
1750 - 2000

Deutsche Literatur im Kontext
1750 - 2000

Waltraud Maierhofer
Professor of German
University of Iowa

Astrid Klocke
Associate Professor of German
Northern Arizona University

Cover image: Macke, August (1887-1914). Elisabeth Macke, the artist's wife (1888-1978). 1912. Also known as "Woman Reading in Blue." Oil on cardboard, 105 x 81 cm. Inv. B 130. Photo: Joerg P. Anders. Location : Nationalgalerie er Kulturbesitz, Staatliche Museen zu Berlin, Berlin, Germany. Photo Credit : Bildarchiv Preussisch

ISBN 10: 1-58510-263-6
ISBN 13: 978-1-58510-263-1

11 10 9 8 7 6 5 4 3 2

0909BB

INHALT

Preface to the Instructor

Deutsche Literatur im Kontext (1750-2000) builds on *1000 Jahre deutsche Literatur* by Gudrun Clay. It will introduce third and fourth-year college students to German literature within its historical and cultural context. This textbook cannot give a detailed history of literature. Rather, our goal is to guide the students toward appreciation of literature and give a taste of the fascinating and multi-facetted history of German speaking countries.

Each of the sections is organized by the same principle:

1. History and Culture
    Students gain insights into the appropriate historical and cultural background to understand the literature that was produced in this particular time.

2. Literature
    These sections combine introductions to important topics and stylistic elements with short texts and excerpts ("a taste of..."). They were selected for a variety of reasons: most are among the most well-known texts from any of the eras and especially characteristic, others because they tend to appeal to college-age students.

3. Exercises
    Where possible, the exercises were designed according to the principles of task-based teaching. Students are asked to make lists, fill in charts, correct false statements, draw scenes from the readings, but also to answer simple comprehension questions. Instructors can decide to what extent they would like to make use of the communicative features of the tasks.

This book was written with students in mind. It provides sufficient historical background to students who might not have the opportunity to take an extra course in this area. It approaches literature from its interrelations with its historical and cultural context.

Acknowledgments / Dank

Ein wichtiges Vorbild und eine starke Anregung für dieses Buch war der in der Einführung erwähnte Band von Gudrun Clay, *1000 Jahre Deutsche Literatur: Von den Anfängen bis zur Aufklärung* (Newburyport: Focus Publishing, 2002) im gleichen Verlag. Die Einteilung in geschichtlichen Hintergrund, Einführung in wichtige Autoren und Werke mit Texten und Ausschnitten und Zeittafel sowie Aufgaben wurde übernommen. Gudrun Clay sei hier auch für ihre sorgfältige Lektüre eines Probekapitels und hilfreichen Hinweise gedankt Der didaktische Teil wurde zum größten Teil von Astrid Klocke verfasst und orientiert sich an den Prinzipien des "task-based teaching." Besonders die Arbeiten von James F. Lee und Bill VanPatten (*Making Communicative Language Teaching Happen*. Boston: McGraw-Hill, 2003) dienten nicht nur der Inspiration, sondern auch als Referenzwerk waehrend der Ausarbeitung des Aufgabenteils.

Für das Konzept des Einführungsteils von Waltraud Maierhofer, insbesondere die Begriffslisten und Werkauswahl, wurde dankbar folgendes Werk zuhilfe genommen: Johannes Zöllner, *Grundwissen Literaturgeschichte für mittlere Abschlüsse* (Stuttgart: Ernst Klett, 1992). Eine frühere Ausgabe dieses Titels hat die Verfasserin seinerzeit in die deutsche Literaturgeschichte eingeführt und sei hier empfohlen. Zitate daraus sind häufig und wurden im einzelnen nicht nachgewiesen. Wir danken dem Verlag und Autor für die Genehmigung dazu.

Gleiches gilt für Zitate aus Christian Deick, *Deutsche Geschichte. Von den Anfängen bis zur Gegenwart* (Ravensburg: Ravensburger Buchverlag, 2005), eine für Jugendliche geschriebene Einführung in die deutsche Geschichte mit vielen Abbildungen, die hier gleichfalls empfohlen sei.

Wir danken nicht zuletzt unseren Studierenden, denen wir viele Anregungen verdanken und an denen wir das Material ausprobiert haben. Besonderer Dank gebührt meiner *undergraduate research assistant* Mary Kray für ihre sorgfältige Mitarbeit an den Worterklärungen am Rand.

Wir wünschen Ihnen viel Spaß und Erfolg mit diesem Buch. Anregungen nehmen wir gerne entgegen.

Einführung: Deutsche Literatur

Dieses Buch bietet eine kurze Einführung in die deutsche Literatur seit der Aufklärung mit kurzen Texten und Textausschnitten. "Deutsch" meint hier deutschsprachig und umschließt Deutschland in seinen historisch veränderlichen Grenzen sowie Österreich und die deutschsprachige Schweiz.

Es gibt keine deutsche Nationalliteratur, auch wenn die Germanistik des 19. Jahrhundert eine solche konstruieren wollte. Hier ist nicht der Ort zu diskutieren, ob es spezifische Charakteristika von Werken gibt, die "deutsch" sind und die man nicht übersetzen kann. Heutige Deutsche sind skeptisch und kritisch, von einer spezifisch deutschen Geschichte zu sprechen: Wenn es "das Deutsche" gäbe, gehörte dazu die Anlage zu Nationalismus und den Verbrechen des Nationalsozialismus. Man will nationalistische Klischees vermeiden, wie sie bis 1945 weit verbreitet waren.

Dieses Buch schließt einerseits an den Band von Gudrun Clay an (*1000 Jahre Deutsche Literatur. Von den Anfängen bis zur Aufklärung*, Newburyport, MA: Focus, 2002). Andererseits ist die Jahreszahl 1750 nicht zufällig; erst ab etwa 1750 gibt es deutschsprachige Werke, die zum Kanon der Weltliteratur zählen. In der englischen und auch der italienischen, französischen und spanischen Literatur gibt es "klassische Epochen" und Höhepunkte ihrer Literatur früher. Die deutschen Schriftsteller haben sie bewundert und nachgeahmt. Erst im späten 18. Jahrhundert suchen sie das Originäre und nehmen die deutsche Vergangenheit zum Vorbild.

Die Kapitel geben anfangs Informationen zur politischen und sozialen Geschichte, die natürlich stark vereinfacht sind und Kurse in Geschichte und Kulturgeschichte nicht ersetzen.

Die vorgestellten Werke sind fast immer Produkte einer kulturellen Elite. Die Masse der Menschen in deutschsprachigen Ländern hat wenig und anderes gelesen – und tut dies noch, von Schullektüren abgesehen.

Deutsche Literatur schließt Werke deutsch-jüdischer Autor/innen ein. Das Verhältnis zur christlichen Religion ist überhaupt ein wichtiges und konstantes Thema. Es kann als Mythologie und Mystik, radikale Aufklärung und Atheismus oder als Kunst-Religion auftreten. Damit will diese Einführung nicht Andersgläubige ausschließen oder christliche Werte betonen. Sie zeigt jedoch die Folgen, die die Religiosität des christlichen Abendlandes (moderner gesagt: des alten Europa) weit über die Aufklärung bis ins 20. Jahrhundert hatte.

Zum Weiterlesen:
Heinz Schlaffer: Die kurze Geschichte der deutschen Literatur. München: Hanser, 2002.

Einige Zitate:

"Ich habe oft einen bitteren Schmerz empfunden bei dem Gedanken an das teutsche Volk, das so achtbar im Einzelnen und so miserabel im Ganzen ist. Eine Vergleichung des teutschen Volkes mit anderen Völkern erregt uns peinliche Gefühle, über welche ich auf jegliche Weise hinweg zu kommen suche; und in der Wissenschaft und in der Kunst habe ich die Schwingen gefunden, durch welche man sich darüber hinweg zu heben vermag: denn Wissenschaft und Kunst gehören der Welt an, und vor ihnen verschwinden die Schranken der Nationalität; aber der Trost, den sie gewähren, ist doch nur ein leidiger Trost und ersetzt nicht das stolze Bewußtsein, einem großen und geachteten Volke anzugehören."

— Johann Wolfgang Goethe,
Gespräch mit Luden vom 13. Dezember 1813

"Zur Nation euch zu bilden, ihr hofft es, Deutsche, vergebens:
Bildet, ihr könnt es, dafür freier zu Menschen euch aus."

— Friedrich Schiller, "Deutscher Nationalcharakter"

"Juden und Deutsche haben vieles gemeinsam. Sie sind strebsam, tüchtig, fleißig und gründlich verhaßt bei den anderen. Juden und Deutsche sind Ausgestoßene... Letzten Endes ist es ein religiöser Grund. Bei den Juden ist es klar. Bei den Deutschen sieht man das nicht so gut, weil man ihnen noch nicht ihren Tempel zerstört hat. Aber das kommt noch... Die Deutschen haben den Gott, der Eisen wachsen ließ. Ihr Tempel ist der preußische Generalstab."

— Franz Kafka, 1920

"Seit alters her mangelt es in Deutschland an der Vorliebe für die pragmatische Humanität. Statt dessen werden hochfahrende Entwürfe über die Bestimmung des Menschseins sehr geschätzt."

— Alexander Mitscherlich

Die Schweiz und Österreich sollen auch nicht zu kurz kommen ...

"Was Deutsche an der Schweiz lieben: Schwarzgeld parken, Schokolade und die schöne Landschaft. Was Schweizer an Deutschland lieben: Investitionsmöglichkeiten, Mercedes, Porsche und BMW."

— Wolfgang J. Reus (1959 – 2006), deutscher
Journalist, Satiriker, Aphoristiker und Lyriker

"Das Markenzeichen der Schweiz heißt: Normalität."

— Paul Schibler (*1930),
Schweizer Aphoristiker

"Die Schweiz hat mehr Ausland als die größeren Länder."

—Walter Ludin (*1945),
Schweizer Journalist und Autor)

"Die Österreicher sind ein Volk, das voll Zuversicht auf seine glorreiche Vergangenheit blickt."

— Quelle unbekannt

"Man findet in Österreich eine Menge Vortrefflichkeiten, aber wenig wahrhaft ausgezeichnete Männer, weil es dort wenig frommt, besser zu sein als ein anderer. Der Ehrgeiz beharrt auf der Begierde, Stellen zu erhalten."

— Anne Louise Germaine de Staël (1766 – 1817), genannt Madame de Staël,
französisch schweizerische Autorin

"Österreich ist ein seltsames Land. Man muß hier unbedingt schon gestorben sein, damit einen die Leute leben lassen."

— Gustav Mahler (1860 – 1911),
österreichischer Dirigent und Komponist

Hilfreicher Wortschatz beim Sprechen über Literatur

Wichtige Basiswörter

der Band, das Bild, das Blatt, das Buch, der Buchstabe, der Druck, der Inhalt, die Form, die Kritik, die Liste, die Literatur, der Satz, die Schrift, die Seite, der Text, der Umfang, die Zeile, die Überschrift.

der Verlag	publishing house, publishers
die Veröffentlichung	publication
die (Literatur-)Verfilmung	film based on a work of literature
der Titel	title
die Einleitung	introduction
die Zusammenfassung	summary
der Abschnitt	section, part
der Absatz	paragraph, break, new line
der Teil	part
die Anmerkung, die Fußnote	note, footnote
in Klammern	in brackets, in parentheses
die Erläuterung	explanation, explanatory remark
der Umschlag	cover
die (Gesamt-) Ausgabe	(complete) edition
das Taschenbuch	paper back
die Übersetzung	translation
die Lektüre	reading; books
der Entwurf	outline, draft
verfassen	to write, to compose
erläutern	to comment on
veröffentlichen	to publish
umblättern	to turn the page
umfangreich	extensive, long
knapp	concise
umgangssprachlich	slang

Über die Bedeutung eines Werkes

der Autor (die Autorin)	author
der Verfasser (die Verfasserin)	author
der Dichter, Lyriker	poet
der Schriftsteller	writer

Autor/in, Verfasser/in, Dichter/in und *Schriftsteller/in* sind Synonyme mit unterschiedlichen Konnotationen für den Menschen, der einen Text schreibt. Während die Wörter "Autor" und "Verfasser" neutral sind und auch bei nicht-literarischen Werken verwendet werden, erheben die Bezeichnungen "Schriftsteller" und "Dichter" den Akt des Schreibens zur Kunst. "Dichter" ist dabei das ältere Wort und meint den Autor gehobener Literatur. Es bezeichnet aber auch heute noch Menschen, die Gedichte schreiben. Ein "Schriftsteller" ist dagegen ein moderner Begriff für einen Autor von "schöner" Literatur mit intellektuellem Anspruch.

der Leser	reader
die Bedeutung, bedeuten	meaning, to signify
die Darstellung	(re)presentation
der Stil	style
das Genre	text type, genre
das Thema	theme, subject
der Rahmen	frame, setting
Gestalten, Personen, Figuren	characters
repräsentieren	to represent
charakterisieren	to characterize
der Inhalt	the contents
die Idee, die Ideen	idea
die Meinung	opinion
die Gefühle	feelings
das Mitleid	empathy
die Entfremdung	alienation
das Bild, die Bilder	image, imagery
die Metapher	metaphor
das Gleichnis	simile, metaphor, image
der Vergleich	comparison
das Symbol, symbolisch	symbol, symbolic
der Ausdruck	expression
der Eindruck	impression

Über erzählerische Werke

die Geschichte, die Erzählung	story
der Erzähler	narrator

Ein *Erzähler* existiert nicht in der Wirklichkeit, sondern ist ein Teil der Geschichte, auch wenn er nicht immer an ihr teil hat. Er ist ein Konstrukt, das dem Leser die Geschichte vermittelt. Er (oder sie) kann verschiedene Perspektiven einnehmen. Er kann auch selbst eine Figur in der Geschichte sein und, zum Beispiel, in der ersten Person erzählen (Ich-Erzähler). Es ist wichtig, den Erzähler vom *Autor* zu unterscheiden.

die Zeichnung	drawing
die Bild(er)geschichte	cartoon
das Märchen	fairytale
die Prosa	prose
das Kapitel	chapter
die Handlung	plot
die Rahmenerzählung	frame narrative
der Roman	novel
der historische Roman	historical novel
der Geschichtsroman	historical novel
die Novelle	novella

Über Lyrik

die Lyrik	poetry
das Gedicht	poem
die Strophe	stanza
der Vers, das Metrum	meter
das Satzzeichen	punctuation
der Reim	rhyme
das Reimschema	rhyme scheme, pattern of rhyming lines
der Kreuzreim	"abab"
der Paarreim	"aabb"
der umarmende Reim	"abba," enclosed rhyme

Eine *Strophe* ist ein Unterabschnitt eines Gedichtes. Sie ist immer optisch von anderen Strophen abgehoben, meistens durch eine Leerzeile. Strophen haben in der antiken und klassischen Dichtung feste Formen, in der Moderne gibt es häufig freie oder offene Formen.

Ein *Vers* ist eine *Zeile* in einem Gedicht oder auch eine Gruppe von rhythmischen Einheiten innerhalb einer Zeile. In diesem Fall spricht man auch von "Versmaß".

Ein *Reim* ist ein Gleichklang von Wörtern aufgrund betonter Vokale. Reime finden sich meistens am Ende einer Gedichtzeile. Aber auch innerhalb eines Verses können sich Wörter reimen. Wenn sich der Anfang von mehreren Wörtern, die hintereinander stehen, gleicht, dann nennt man das eine Alliteration.

das Dinggedicht	poem about an object
die Gebrauchslyrik	poetry for everyday use (Brecht)
die Ballade	ballad
die Ode	ode

Über Dramen

der Akt	act
das Drama, Schauspiel, Stück	(theater) play
die Tragödie, das Trauerspiel	tragedy
die Komödie, Lustspiel	comedy
die Bühne	stage
das Programm	program
das Publikum, die Zuschauer	audience
die Rolle	role
die Szene, der Auftritt	scene
die Vorstellung, die Aufführung	performance
der Schauspieler	actor
das Geschehen	events
die Szenenanweisung	stage directions
das Hörspiel	radio play
auftreten	to enter, to appear
gestalten	to form, to shape
die Satire	satire
die Parodie	parody
die Groteske	grotesque
tragisch	tragic
komisch	comical, funny, strange
lustig	funny

**Das Brandenburger Tor — Heute
Wahrzeichen Berlins und Symbol der
deutschen Einheit.**

Erster Teil:
Das "lange" 18. Jahrhundert

1

Empfindsamkeit und Sturm und Drang

1.1   Friedrichs II. Wachtparade. Ausschnitt (Radierung von Daniel Chodowiecki, 1778)

Begriffe

[sensibility] **Empfindsamkeit.°** Das Wort meint zuerst die Fähigkeit, fein zu empfinden, sinnlich wahrzunehmen. Davon abgeleitet: Literarische Strömung, die durch Betonung und schließlich Überschwang an Gefühlen gekennzeichnet ist.

[storm and stress] **Sturm und Drang.°** Name für die junge und revolutionäre Bewegung in der deutschen Literatur zwischen etwa 1765 und 1785.

[Enlightenment] **Aufklärung.°** Philosophische Bewegung in ganz Europa im 17. und 18. Jahrhundert.

[genius] Wichtige Anregungen dafür kamen aus England, von Edward Young und Robert Wood (*Essay on the Original Genius and Writings of Homer*, 1769).

Genie.° Die Fähigkeit, sein Erleben auf individuelle und originelle Weise künstlerisch zu gestalten. Der Künstler/die Künstlerin hat Genie und ist ein Genie.

Geschichte und Kultur

Deutschland und Österreich

Es gibt noch das "Heilige Römische Reich Deutscher Nation". Es besteht aus etwa 300 selbständigen Herrschaftsgebieten einschließlich Reichsstädten. Die wichtigsten sind Preußen, das Friedrich II., genannt "der Große", als König (von 1740 bis zu seinem Tod 1786) regiert, und Österreich-Ungarn mit Maria Theresia als regierender Königin (von 1740 bis 1780). Sie rivalisierten und führten Krieg gegeneinander (der Siebenjährige Krieg, 1756–63). Es ging um Schlesien, eine reiche Region zwischen beiden Ländern, die Tuchmanufakturen und Bergwerke hatte. Das Reich hatte wenig praktische Bedeutung. 1745 wurde Maria Theresias Ehemann Franz I. (von Lothringen) zum deutschen Kaiser gewählt, das Sagen hatte aber Maria Theresia. Als Frau konnte sie sich nicht zur Wahl als Kaiserin stellen. Als Franz I. 1765 starb, wurde der älteste Sohn der beiden, Joseph II., zum Kaiser gewählt.

Absolutismus und Aufklärung

Die weltlichen und kirchlichen Fürsten hielten luxuriös Hof, ließen Schlösser im Stil des Rokoko bauen und manchmal ganze Städte drumherum planen. Zur Finanzierung hatten die Herrscher Privilegien, zu denen Zölle und Steuern und in manchen Ländern auch der Verkauf von armen "Landeskindern" als Soldaten gehörte. Der Landgraf von Hessen zum Beispiel "vermietete" 1776/77 etwa 12000 Soldaten an England für den Kampf um die amerikanischen Kolonien. Die absolutistischen Länder hatten eine Armee aus Berufssoldaten ("stehendes Heer"). Die Soldaten dafür wurden oft unter Zwang° rekrutiert und für das ganze Leben verpflichtet°.

[compulsion] / [committed]

Der Philosophieprofessor Immanuel Kant (1724–1804) in Königsberg° war der wichtigste Philosoph der deutschen Aufklärung. In seinem Aufsatz "Beantwortung der Frage: Was ist Aufklärung?" von 1784 definierte er Aufklärung als Befreiung von "Unmündigkeit"°. Er erklärte: Jemand, der unmündig ist, kann nicht selbstständig denken und seine Vernunft gebrauchen, sondern läßt sich dabei von anderen leiten. Kant erklärte die Vernunft zur wichtigsten Leitlinie° für den Menschen. In seiner *Kritik der praktischen Vernunft* schrieb er, der Mensch müsse stets so handeln, dass die Leitlinien seines Handelns ein allgemeines Gesetz werden könnten ("Kategorischer Imperativ"). Kants Denken wurde wichtig für spätere Philosophen und Schriftsteller wie Goethe und Schiller.

heute das russische Kaliningrad.

[immaturity; literally having no mouth, voice]

[guideline]

Eine weitere wichtige Gestalt der deutschen Aufklärung ist der deutsch-jüdische Philosoph Moses Mendelssohn (1729-86). In *Jerusalem* fordert er Toleranz für das Judentum als gleichwertige Religion.

Friedrich II. war ein absolutistischer König, aber er schränkte die tradierten Privilegien des Adels ein. Er erlaubte freies Reden und Schreiben, er schaffte die Folter weitgehend ab und erlaubte freie Wahl der Religion. Er war ein aufgeklärter Absolutist.

"Zurück zur Natur!"

Großen Einfluss auf die deutsche Literatur der Epoche und das bürgerliche Leben hatte der Schriftsteller und Philosoph Jean Jacques Rousseau (1712-78). Er war in Genf in der Schweiz geboren und lebte teils dort, teil in Paris. Er pries das einfache Leben in natürlicher Umgebung und frei von schlechter Gesellschaft. [corrupt] Er kritisierte vor allem den Adel als luxusliebend und verdorben°. Rousseau entwickelte außerdem eine umfangreiche Gesellschafts- und Staatsphilosphie. Ihr Ziel ist rechtliche Freiheit und Volkssouveränität. Die frühen Aufklärer hatten für die Gleichheit der Frau und mehr Rechte argumentiert. Rousseau aber beschrieb die ideale Frau als untergeordnete, liebende Ehefrau und Mutter. Diese Rolle festigte die Rollentrennung besonders in der bürgerlichen Familie, wo der Mann einen Beruf außer Haus hat.

Das 18. Jahrhundert entdeckt, dass Kinder anders sind als nur kleine Erwachsene. Die Pädagogen Johann Heinrich Campe und Johann Pestalozzi [schools for orphans] organisieren Reformen und Waisenschulen° in Deutschland und der Schweiz.

[mental asylums] In Europa führt der Gedanke der Menschenrechte dazu, dass Anstalten° für "Verrückte" gegründet werden (zum Beispiel in London 1751). Vorher blieben sie einfach ihrem Schicksal überlassen oder wurden zur Unterhaltung missbraucht.

Hofkünstler und Genies

Die Fürsten und Grafen hatten an ihren Höfen Bildhauer, Maler, Komponisten und Schriftsteller, die für sie und nach ihrem Geschmack für ein festes Gehalt arbeiteten und manchmal auch ihre Kinder unterrichteten. Joseph Haydn wirkte jahrzehntelang als Hofkomponist der Familie Esterházy in Eisenstadt (im Osten von Österreich) und Ungarn, Mozart° beim Erzbischof von Salzburg, Christoph Willibald Gluck und Antonio Salieri° am Kaiserhof in Wien. Zwei dieser gefeierten Wunderkinder und Genies waren Wolfgang Amadeus Mozart (1756–1791) aus Salzburg und Ludwig van Beethoven (1770–1827) aus Bonn.

Um beide geht es in dem Film Amadeus (USA, 1984, Regie Milos Forman).

Früher Klassizismus in Kunst und Architektur

Es wurden noch wichtige Gebäude im Barock- und Rokokostil gebaut, zum Beispiel das Residenztheater in München. Die riesigen Decken der Würzburger Residenz bemalt der italienische Maler Tiepolo. Sie sehen, Künstler und Architekten waren mobil und international tätig. Der Schweizer Maler Johann Heinrich Füssli (1741–1825) machte als Henry Fuseli in London Karriere. Er hat nicht an einer Akademie studiert und begann als "Stürmer und Dränger", der nach seinen Gefühlen malt.

Es ist die hohe Zeit der "Grand Tour": die jungen adligen und studierten bürgerlichen Männer machten zum Schluss ihres Studiums eine große Bildungsreise. Sie führte zu den Kulturzentren Europas mit

1.2 Angelika Kauffmann: Allegorisches Selbstportrait ("Die Hoffnung") (1765)

Italien als Höhepunkt. In Italien wurde das verschüttete Pompeji ausgegraben. Viele Reisende kauften Kunstwerke. Die Kunst der Antike wurde das neue Ideal. Ab 1750 verbreitet sich in der Architektur und Kunst der Klassizismus als Reaktion gegen Barock und Rokoko ausgehend von England über ganz Europa.

In der Malerei ist die in der Schweiz geborene Angelika Kauffmann (1741–1807) ein "Wunderkind" und eine wichtige Vertreterin des empfindsamen Klassizismus. Sie lebte lange in London, ab 1782 in Rom und war sehr berühmt.

Viele Werke wurden als Kupferstiche° reproduziert und bekannt gemacht, andere auf Porzellan in kleinem Format kopiert. Es war eine Möglichkeit für Leute aus dem Bürgertum, Kunstwerke zu sammeln und guten Geschmack zu zeigen, und wurde eine Mode. Der wichtigste deutsche Kupferstecher war Daniel Chodowiecki. Er kam aus Danzig und wirkte in Berlin. Auch Buchillustrationen wurden populär.

[engravings, copper plates]

Wissenschaft, Technik, Bürgertum und Bildung

Das 18. Jahrhundert ist auch eine Blütezeit der Naturwissenschaften (der Chemiker Martin Klaproth) und der Mathematik (Johann Peter Süssmilch, Leonhard Euler, Karl Gauss), Astronomie (Johann Tobias Mayer) und technischer Erfindungen. Schiffer und Weltumsegler setzen Rekorde und "entdecken" Gebiete wie Tahiti (1766), Botany Bay, Australien (1770) und Hawaii (1778). Georg Forster reiste mit Captain Cook und schrieb darüber. In Deutschland werden nach französischem Vorbild wissenschaftliche Akademien gegründet (Göttingen 1751). Der österreichische Arzt F. A. Mesmer benutzt Hypnose zur Heilung seiner Patienten.

Die sozialen und rechtlichen Grenzen zwischen Adel (kirchlich und weltlich) und Bürgertum sind streng. Die Bürger sind der "dritte Stand". Die oberen Schichten des Bürgertums in den Städten (Patrizier, reiche Handwerker, Manufakturbesitzer und Kaufleute) gewinnen durch den Merkantilismus an Reichtum und Ansehen. Die Mehrheit der Bürger sind weniger reich (die meisten Handwerker und ihre Lehrlinge und Gesellen, Lohnarbeiter, Bauern). Der vierte Stand sind die Armen in Stadt und Land.

Erziehung und Bildung ist für das Bürgertum sehr wichtig. Man glaubt, Bildung macht den guten Menschen. Rousseau mit seiner Kritik am Adel wird begeistert gelesen.

Bisher waren Kunstsammlungen Privatbesitz der Fürsten, nun entstehen in Europa die ersten öffentlichen Museen. In Deutschland ist Friedrich II. Landgraf von Hessen-Kassel der erste, der ein solches Kunstmuseum bauen ließ. Das Fridericianum in Kassel wurde 1779 eröffnet.

I.3 Gewerbeschild. Dieser Handwerksbetrieb zeigt stolz, dass er im Jahr 1778 gegründet wurde. Welche Werkzeuge können Sie erkennen?

Aufgaben zur Geschichte und Kultur

Aufklärung

Der Kernsatz von Kants *Kritik der praktischen Vernunft* ist bekannt als der "kategorische Imperativ". Wie lautet er? A oder B?

A. "Handle so, daß die Maxime deines Willens jederzeit zugleich als Prinzip einer allgemeinen Gesetzgebung gelten kann."

B. "Handle so, daß dein Wille jederzeit dem Gesetz folgt."

...und was heißt das? A oder B?

A. Jeder ist verantwortlich und kann frei über seinen Willen verfügen.

B. Jeder kann frei über seinen Willen verfügen und über andere befehlen, wie er will.

Hofkünstler und Genies

Suchen Sie in einem Lexikon oder auf dem Internet Informationen zu den beiden Komponisten Wolfgang Amadeus Mozart und Joseph Haydn. Ordnen Sie dann die folgenden Sätze den beiden Komponisten zu. Welcher Satz beschreibt wen?

_____ galt als Wunderkind.

_____ wurde "Vater der Sinfonie" genannt.

_____ komponierte über 100 Sinfonien.

_____ war bei einem Fürsten angestellt.

_____ war freier Künstler und hatte oft wenig Geld.

_____ schrieb jedes seiner Werke auf Auftrag und für eine besondere Gelegenheit.

_____ komponierte nur "aus innerer Notwendigkeit", nicht nach dem Geschmack und den Wünschen der Auftraggeber.

_____-s größter Erfolg zu Lebzeiten war *Die Hochzeit des Figaro*.

Solange _____ lebte, war *Don Giovanni* kein Erfolg.

_____-s letzte Oper war auf Deutsch und heißt *Die Zauberflöte*.

_____ begründete die Form des Streichquartetts und schrieb viele solche.

Wissenschaft

Suchen Sie mehr Informationen über diese Personen: Martin Klaproth, Johann Peter Süssmilch, Leonhard Euler, Karl Gauss, Johann Tobias Mayer, F. A. Mesmer.

1. Wann haben sie gelebt?

2. Wo haben sie gelebt?

3. Was war ihre Ausbildung und ihr Arbeitsgebiet?

4. Was haben sie entdeckt?

Bürgertum und Bildung

Informieren Sie sich über die Entwicklung des Bürgertums. Eine gute Quelle ist der Eintrag "Buerger(tum)" im "Lexikon der Grundbegriffe" im Lexikon "Sociologicus" <www.sociologicus.de/lexikon/lex_soz/a_e/buerger.htm>. Beantworten Sie dann die folgenden Fragen:

1. Welche Stände gab es im Mittelalter?
2. Welche Berufe hatten die Bürger?
3. Welche Rolle spielte Bildung für die Bürger?
4. Wo siedelten sich die Bürger an?
5. Welche Konflikte trugen sie aus?
6. Was waren die Voraussetzungen für Wahlrecht?

Literatur

"Sentimental" hat im heutigen Deutsch eine negative Bedeutung. "Empfindsam" war höchst positiv. Lessing hat das erfolgreiche Buch *Sentimental Journey* des Engländers Laurence Sterne (1768) übersetzt. Er übersetzte "sentimental" als "empfindsam" und prägte damit ein neues Wort.

Klopstock und der Freundschaftskult

Friedrich Gottlieb Klopstock (1724–1803 Hamburg) war zu seiner Zeit ein gefeierter Lyriker, Dramatiker und Epiker. Er prägte° viele [to coin] neue Wortverbindungen, meisterte den hymnischen Stil und führte die Ausdrucksfähigkeit der deutschen Sprache zu ganz neuen Höhen. Viele seiner Oden feiern Natur, Freundschaft und Liebe. Zum Beispiel hier nur einige Zeilen aus "Der Zürchersee", deren Anlass eine Fahrt mit Freunden über den Züricher See war.

> Göttin Freude, du selbst! dich, wir empfanden dich!
> Ja, du warest es selbst, Schwester der Menschlichkeit,
> Deiner Unschuld Gespielin°, [playmate]
> Die sich über uns ganz ergoß!
>
> [...]
>
> Aber süßer ist noch, schöner und reizender,
> In dem Arme des Freunds wissen ein Freund zu sein!
> So das Leben genießen,
> Nicht unwürdig der Ewigkeit!

Diese Zeilen geben Ihnen einen Eindruck, warum man in der Empfindsamkeit von einem Kult der Freundschaft spricht.

Johann Wolfgang (von) Goethe (1749–1832)

Er ist einer der berühmtesten Deutschen. Er hat Jura studiert und ein extrem umfangreiches und breit gefächertes Werk als Schriftsteller hinterlassen. Seine Gedichte der Sturm und Drang-Zeit waren eine Revolution gegen strenge Formen in der Lyrik und beschworen natürlichen Ausdruck, natürliches Gefühl und selbst Erlebtes. Welches Thema wäre dafür besser geeignet als eine junge Liebe im Frühling?

Mailied

Wie herrlich leuchtet
Mir die Natur!
Wie glänzt die Sonne!
Wie lacht die Flur!

Es dringen Blüten
Aus jedem Zweig
Und tausend Stimmen
Aus dem Gesträuch,

Und Freud und Wonne°
Aus jeder Brust.
O Erd, o Sonne!
O Glück, o Lust!

O Lieb, o Liebe,
So golden schön,
Wie Morgenwolken
Auf jenen Höhn!

Du segnest herrlich
Das frische Feld,
Im Blütendampfe
Die volle Welt.

O Mädchen, Mädchen,
Wie lieb ich dich!
Wie blickt dein Auge!
Wie liebst du mich!

So liebt die Lerche°
Gesang und Luft,
Und Morgenblumen
Den Himmelsduft.

Wie ich dich liebe
Mit warmem Blut,
Die du mir Jugend
Und Freud und Mut

Zu neuen Liedern
Und Tänzen gibst.
Sei ewig glücklich,
Wie du mich liebst!

ein Vogel [lark]

große Freude [delight]

Götz von Berlichingen

Neben der Liebe, die den jungen Menschen überwältigt, war ein weiteres wichtiges Thema für die Generation junger Autoren die Rebellion gegen strenge Väter und tyrannische Regierungen, ob in der Gegenwart oder aus der Geschichte genommen. In Goethes Drama *Götz von Berlichingen* (1773) ist die Titelgestalt ein Ritter im 16. Jahrhundert, der eine Fehde mit dem Bischof hat. Er kämpft für sein Recht und gegen den korrupten Bischof mit seinen Privilegien.

Aus diesem Drama kommt das berüchtigte Götz-Zitat "Er kann mich am Arsch lecken". Die Stürmer und Dränger rebellierten nämlich auch gegen die feine, streng geregelte Sprache des Hofes. Ritter Gottfried (Götz) drückt sich ganz drastisch aus. Das Zitat kommt aus dem dritten Akt. Götz ist dem Kaiser treu, verachtet aber die Fürsten, die ihn verhaften wollten. Er entgegnet dem Mann, der ihn verhaften soll:

GOTTFRIED [...] Mich ergeben! Auf Gnad und Ungnad! Mit wem redt ihr! Bin ich ein Räuber! Sag deinem Hauptmann: vor ihro Kayserlichen Majestät hab ich, wie immer, schuldigen Respeckt. Er aber, sags ihm, er kann mich im Arsch lecken. (Schmeisst das Fenster zu.)

In einer späteren Fassung hat Goethe selbst drei Punkte gesetzt ("er kann mich ..."). Götz kämpft im Bauernkrieg auf der Seite der Bauern, wird gefangen und zum Tode verurteilt. Er stirbt im Gefängnis. Seine letzten Worte sind "Freiheit! Freiheit!"

Ein Programm des Sturm und Drang in lyrischer Form, stellt das Gedicht "Prometheus" von Goethe dar. Der junge Goethe begeisterte sich für den antiken Mythos vom Titanen, der den Göttern das Feuer raubte. Er gestaltete Prometheus als Menschen-Bildner, als Schöpfer. Prometheus wird ein Bild für die neue Art Dichter, das Genie.

Prometheus

Bedecke deinen Himmel, Zeus,
Mit Wolkendunst!
Und übe, Knaben gleich,
Der Disteln° köpft,
An Eichen dich und Bergeshöhn!
Mußt mir meine Erde

Doch lassen stehn,
Und meine Hütte,
Die du nicht gebaut,
Und meinen Herd,
Um dessen Glut
Du mich beneidest.

Ich kenne nichts Ärmeres
Unter der Sonn als euch Götter.
Ihr nähret kümmerlich
Von Opfersteuern
Und Gebetshauch
Eure Majestät
Und darbtet, wären
Nicht Kinder und Bettler
Hoffnungsvolle Toren.

[thistles]

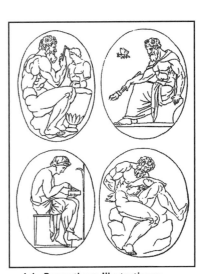

1.4 Prometheus. Illustrationen nach antiken Vorbildern in einem zeitgenössischen Mythologie-Buch

Tipp: Goethe malte auch.
Suchen Sie seine Zeichnung
von Prometheus
<www.goethezeitportal.de>.

Da ich ein Kind war,
Nicht wußte, wo aus, wo ein,
Kehrte mein verirrtes Aug
Zur Sonne, als wenn drüber wär
Ein Ohr zu hören meine Klage,
Ein Herz wie meins,
Sich des Bedrängten zu erbarmen.

Wer half mir wider
Der Titanen Übermut?
Wer rettete vom Tode mich,
Von Sklaverei?
Hast du's nicht alles selbst vollendet,
Heilig glühend Herz?
Und glühtest, jung und gut,
Betrogen, Rettungsdank
Dem Schlafenden dadroben?

Ich dich ehren? Wofür?
Hast du die Schmerzen gelindert
Je des Beladenen?
Hast du die Tränen gestillet
Je des Geängsteten?

Hat nicht mich zum Manne geschmiedet
Die allmächtige Zeit
Und das ewige Schicksal,
Meine Herren und deine?

wähnen: glauben

Wähntest° du etwa,
Ich sollte das Leben hassen,
In Wüsten fliehn,
Weil nicht alle Knabenmorgen-
Blütenträume reiften?

Hier sitz ich, forme Menschen
Nach meinem Bilde,
Ein Geschlecht, das mir gleich sei,
Zu leiden, weinen,
Genießen und zu freuen sich,
Und dein nicht zu achten,
Wie ich.

Der junge Herzog Carl August von Sachsen-Weimar-Eisenach, der mit einigen Ideen der Stürmer und Dränger sympathisierte, holte Goethe 1775 in sein kleines Land. Der Jurist Goethe wurde Minister für Finanzen, den

Bergbau, das Militär, ab 1791 auch das Theater. Er dilettierte in Botanik, Anatomie und Geologie und fand in den ersten zehn Jahren in Weimar kaum mehr Zeit zum Schreiben.

Gegen Tyrannei und Standesschranken: Schiller

Friedrich Schiller (1759–1805) war zehn Jahre jünger als Goethe. Das zentrale Thema seiner Werke ist die Auflehnung gegen ungerechte Obrigkeiten° und der Drang nach Freiheit. Er sprach aus, was viele dachten. Als sein Drama *Die Räuber* in Mannheim 1782 erstmals aufgeführt wurde, kam es zu Szenen wie bei einem Popkonzert. In einem Bericht heißt es: "Fremde Menschen fielen einander schluchzend in die Arme, es war eine allgemeine Auflösung wie im Chaos, aus dessen Nebeln eine neue Schöpfung bricht."

[authorities]

1784 folgte das Drama *Kabale und Liebe.* Im Absolutismus gibt es strenge Grenzen zwischen Adel und Bürgertum. Ein Adliger darf keine Bürgerliche heiraten, aber viele Adlige hatten Mätressen. In diesem Drama liebt der Sohn des Präsidenten von Walter die Bürgerstochter Luise Miller, aber er soll Lady Milford, die Mätresse des Fürsten heiraten. Eine Intrige (ein altes Wort dafür ist Kabale) soll Ferdinand überzeugen, daß Luise untreu ist. Das Drama kritisiert die Unmoral und den Standesstolz° des Adels.

Stolz darauf, adelig zu sein [pride in being part of the nobility and their privileges]

Im zweiten Akt kritisiert Schiller direkt den Verkauf von Menschen für das Luxusleben mancher Adliger.

Kabale und Liebe (2. Akt, 2. Szene)

KAMMERDIENER. Seine Durchlaucht der Herzog empfehlen sich Milady zu Gnaden und schicken Ihnen diese Brillanten zur Hochzeit. Sie kommen soeben erst aus Venedig.

LADY (*hat das Kästchen geöffnet und fährt erschrocken zurück*). Mensch! was bezahlt dein Herzog für diese Steine?

KAMMERDIENER (*mit finsterm Gesicht*). Sie kosten ihn keinen Heller°!

kleine Münze von geringem Wert

LADY. Was? Bist du rasend? Nichts? – und (*indem sie einen Schritt von ihm wegtritt*) du wirfst mir ja einen Blick zu, als wenn du mich durchbohren wolltest – Nichts kosten ihn diese unermeßlich kostbaren Steine?

KAMMERDIENER. Gestern sind siebentausend Landskinder nach Amerika fort – die zahlen alles.

LADY (*setzt den Schmuck plötzlich nieder und geht rasch durch den Saal, nach einer Pause zum Kammerdiener*). Mann! Was ist dir? Ich glaube, du weinst?

KAMMERDIENER (*wischt sich die Augen, mit schrecklicher Stimme, alle Glieder zitternd*). Edelsteine, wie diese da – ich hab' auch ein paar Söhne drunter.

LADY (*wendet sich bebend weg, seine Hand fassend*). Doch keinen gezwungenen?

KAMMERDIENER (*lacht fürchterlich*). O Gott! – Nein – lauter Freiwillige! Es traten wohl so etliche vorlaute Bursch' vor die Front heraus und fragten den Obersten, wie teuer der Fürst das Joch° Menschen verkaufe. – Aber unser gnädigster Landesherr ließ alle Regimenter auf dem Paradeplatz aufmarschieren und die Maulaffen° niederschießen. Wir hörten die Büchsen knallen, sahen ihr Gehirn auf das Pflaster spritzen, und die ganze Armee schrie: Juchhe! nach Amerika! –

Eigentlich zählt man nach "Joch" (Ochsengespann) nur Ochsen.

Maulaffen: Schimpfwort (siehe oben "vorlaute Bursch").

LADY (*fällt mit Entsetzen in den Sofa*). Gott! Gott! – Und ich hörte nichts? Und ich merkte nichts?

KAMMERDIENER. Ja, gnädige Frau – Warum mußtet ihr denn mit unserm Herrn gerad' auf die Bärenhatz° reiten, als man den Lärmen zum Aufbruch schlug? – Die Herrlichkeit hättet ihr doch nicht versäumen sollen, wie uns die gellenden Trommeln verkündigten, es ist Zeit, und heulende Waisen dort einen lebendigen Vater verfolgten, und hier eine wütende Mutter lief, ihr saugendes Kind an Bajonetten° zu spießen, und wie man Bräutigam und Braut mit Säbelhieben° auseinander riß, und wir Graubärte° verzweiflungsvoll da standen und den Burschen auch zuletzt die Krücken noch nachwarfen in die neue Welt - Oh, und mitunter das polternde Wirbelschlagen, damit der Allwissende uns nicht sollte beten hören -

Hatz: Jagd (mit Hunden)

Waffe zum Stoßen und Spießen
Schläge mit dem Säbel [saber, sword]
der Graubart: d.h. alter Mann

LADY (*steht auf, heftig bewegt*). Weg mit diesen Steinen – sie blitzen Höllenflammen in mein Herz. (*Sanfter zum Kammerdiener.*) Mäßige dich, armer alter Mann. Sie werden wieder kommen. Sie werden ihr Vaterland wiedersehen.

KAMMERDIENER (*warm und voll*). Das weiß der Himmel! Das werden sie! – Noch am Stadttor drehten sie sich um und schrieen: "Gott mit euch, Weib und Kinder! - Es leb' unser Landesvater - Am jüngsten Gericht° sind wir wieder da!" –

[last judgment]

LADY (*mit starkem Schritt auf und nieder gehend*). Abscheulich! Fürchterlich! – Mich beredet man, ich habe sie alle getrocknet, die Tränen des Landes – Schrecklich, schrecklich gehen mir die Augen auf – Geh du – Sag deinem Herrn - Ich werd' ihm persönlich danken! (*Kammerdiener will gehen, sie wirft ihm ihre Geldbörse in den Hut.*) Und das nimm, weil du mir Wahrheit sagtest –

KAMMERDIENER (*wirft sie verächtlich auf den Tisch zurück*). Legt's zu dem Übrigen. (*Er geht ab.*)

LADY (*sieht ihm erstaunt nach*). Sophie, spring ihm nach, frag' ihn um seinen Namen! Er soll seine Söhne wieder haben. (*Sophie ab. Lady nachdenkend auf und nieder. Pause. Zu Sophien, die wieder kommt.*) Ging nicht jüngst ein Gerücht, daß das Feuer eine Stadt an der Grenze verwüstet und bei vierhundert Familien an den Bettelstab gebracht habe? (*Sie klingelt.*)

SOPHIE. Wie kommen Sie auf das? Allerdings ist es so, und die mehresten dieser Unglücklichen dienen jetzt ihren Gläubigern als Sklaven, oder verderben in den Schachten° der fürstlichen Silberbergwerke.

[mining shaft]

BEDIENTER (*kommt*). Was befehlen Milady?

LADY (*gibt ihm den Schmuck*). Daß das ohne Verzug in die Landschaft gebracht werde! – Man soll es sogleich zu Geld machen, befehl' ich, und den Gewinst° davon unter die Vierhundert verteilen, die der Brand ruiniert hat.

Gewinn

SOPHIE. Milady, bedenken Sie, daß Sie die höchste Ungnade wagen!

LADY (*mit Größe*). Soll ich den Fluch seines Landes in meinen Haaren tragen? (*Sie winkt dem Bedienten; dieser geht.*) Oder willst du, daß ich unter dem schrecklichen Geschirr solcher Tränen zu Boden sinke? – Geh, Sophie – Es ist besser, falsche Juwelen im Haar und das Bewußtsein dieser Tat im Herzen zu haben!

SOPHIE. Aber Juwelen wie diese! Hätten Sie nicht Ihre schlechtern nehmen können? Nein, wahrlich, Milady! es ist Ihnen nicht zu vergeben.

LADY. Närrisches Mädchen! Dafür werden in einem Augenblick mehr Brillanten und Perlen für mich fallen, als zehn Könige in ihren Diademen getragen, und schönere –

BEDIENTER (*kommt zurück*). Major von Walter –

Ohne Urteil im Gefängnis: Schubart

Christian (Friedrich Daniel) Schubart (1739–1791) war Musikdirektor und Organist in Ludwigsburg, wo der Herzog von Württemberg ein großes Schloss hatte bauen lassen. (Der Fürst in Schillers *Kabale und Liebe* ist ihm ähnlich.) Wegen seiner kritischen Texte wurde er 1777 verhaftet und eingesperrt. Es gab keinen Prozess, aber er verbrachte zehn Jahre im Kerker° auf dem Hohenasperg bei Ludwigsburg. In seinem Gedicht "Die Fürstengruft"° stellt er sich vor, was die absolutistischen Fürsten erwartet, wenn das "Jüngste Gericht" kommt. Hier einige Zeilen daraus:

strenges Gefängnis

Gruft: Bau unter der Erde als großes Grab [tomb].

> Sie liegen nun, den eisern Schlaf zu schlafen,
> Die Menschengeisseln, unbetraurt,
> Im Felsengrab, verächtlicher als Sklaven,
> Im Kerker eingemaurt.
> Sie, die im ehrnen° Busen niemals fühlten
> Die Schrecken der Religion,
> Und Gottgeschaffne, bessre Menschen hielten
> Für Vieh, bestimmt zur Fron°
> Die das Gewissen, jenen mächt'gen Kläger,
> Der alle Schulden niederschreibt,
> Durch Trommelschlag, durch welsche° Trillerschläger
> Und Jagdlärm übertäubt;
> Die Hunde nur und Pferd' und fremde Dirnen
> Mit Gnade lohnten, und Genie
> Und Weisheit darben ließen°; denn das Zürnen
> Der Geister schreckte sie.

ehern: aus Metall [brazen]

schwere Arbeit unter Zwang [drudgery]

aus einem fremden Land

darben lassen: klein halten [to pinch]

Kindermörderinnen

Das ist ein Motiv, das in der Literatur der Zeit auffällig oft auftaucht und ein soziales Problem zeigt. Es gab viele reale Fälle. Johann Wolfgang von Goethe gestaltete das Motiv zunächst in der Urfassung von *Faust* (1772-1775), aus dem später *Faust. Der Tragödie erster Teil* (1808) wurde.° Sie zeigen, dass die Schuld am Kindsmord nicht bei den jungen Frauen liegt, sondern bei den Verführern°, den strengen Standesgrenzen und der strengen bürgerlichen Moral, die unverheiratete Mütter aus der Familie und der Gesellschaft ausschloß.

Mehr zu *Faust* im nächsten Kapitel

[seducer, abuser]

Gottfried August Bürger (1747–94) gestaltete das Motiv als Ballade mit dem Titel "Des Pfarrers Tochter von Taubenhain". Das Mädchen Rosette ist die Tochter eines evangelischen Pfarrers, kommt also aus einer besonders strengen, frommen Familie. Der Adlige vom nahen Schloss verführt sie, verspricht, sie zu heiraten, schickt ihr einen Ring etc. Als sie schwanger ist, verstößt ihr Vater Rosette, und der Adlige will sie nicht heiraten. Sie bekommt heimlich das Kind und ersticht es dann mit einer Haarnadel.

Die Geschichte der Pfarrerstocher gibt Anlass zu Gespensterglauben im
Ort. Das Ende der ziemlich langen Ballade beschreibt schaurige° Töne und   unheimlich [eerie]
Erscheinungen:

Des Pfarrers Tochter von Taubenhain

[...]

Es wand ihr ein Knäbchen sich weinend vom Schoß,
Bei wildem unsäglichen Schmerze.
Und als das Knäbchen geboren war,
Da riß sie die silberne Nadel vom Haar,
Und stieß sie dem Knaben ins Herze.

Erst, als sie vollendet die blutige Tat,
Mußt' ach! ihr Wahnsinn sich enden.
Kalt wehten Entsetzen und Grausen sie an.
"O Jesu, mein Heiland, was hab' ich getan?"
Sie wand sich das Bast von den Händen.

Sie kratzte mit blutigen Nägeln ein Grab,
Am schilfigen Unkengestade°   Gestade: poetisches Wort für
                                                          Ufer, Strand

"Da ruh du, mein Armes, da ruh nun in Gott,
Geborgen auf immer vor Elend und Spott!
Mich hacken die Raben vom Rade°!" – –   aufs Rad binden, rädern: eine
                                                          Form der Todesstrafe.

Das ist das Flämmchen am Unkenteich;
Das flimmert und flammert so traurig.
Das ist das Plätzchen, da wächst kein Gras;
Das wird vom Tau und vom Regen nicht naß!
Da wehen die Lüftchen so schaurig!

Hoch hinter dem Garten vom Rabenstein,
Hoch über dem Steine vom Rade
Blickt, hohl und düster, ein Schädel herab,
Das ist ihr Schädel, der blicket aufs Grab,
Drei Spannen° lang an dem Gestade.   Spanne [old measurement,
                                                          "bandwidth", the length of
                                                          stretched-out fingers of a
                                                          hand, about 6"]

LaRoche, Karsch, Gatterer

Es gab auch Schriftstellerinnen, und einige waren sogar sehr bekannt. Andere veröffentlichen anonym, oft weil es als unehrenhaft galt, dass eine Frau schreibend an die Öffentlichkeit trat. Sophie von LaRoche (geborene Gutermann, 1730–1807) ist die erste wichtige deutsche Autorin von Romanen. Ihre *Geschichte des Fräuleins von Sternheim* (1771 anonym) war ein großer Erfolg. Es ist ein empfindsamer Briefroman wie *Werther*, hat aber ein glückliches Ende. Anna Luise Karsch (geb. Durbach, 1722–91) hatte wenig Schulbildung. Sie schrieb ausdrucksvolle Gedichte. Schriftsteller wie Lessing förderten sie als Genie und "Naturdichterin". Von Philippine Gatterer (verheiratete Engelhard, 1756–1831) stammt die "Mädchenklage" (1779). Das Gedicht thematisiert die engen Grenzen, die einer bürgerlichen Frau aufgrund ihres Geschlechts° gesetzt wurden. Hier ein Teil davon:

Geschlecht [biological sex; gender is learned]

Mädchenklage

Oft hab ich mit Tränen
Und innigem Sehnen,
    Verwünscht mein Geschlecht!
Es fesselt fast immer
Mich Arme ins Zimmer -
    Wie frei gehn die Männer! selbst Knabe und Knecht.

Wie um sich zu schauen
Ist Mädchen und Frauen
    vom Schicksal vergällt°.
Als Diener, als Lehrer,
Als Held, als Bekehrer,
    Als Kaufmann, durchreisen die Männer die Welt.

vergällen: unmöglich machen [soured, spoiled]

Dann forschen sie Länder,
Durchschauen behender°
    das menschliche Herz.
Sehn Kronenbeehrte,
Und grosse Gelehrte;
    Und glückliche Völker und Völker voll Schmerz

schneller

Sehn glänzende Heere -
Und brausende Meere,
    Mit Schiffen bepflanzt,
Sehn fruchtbare Felder,
Und schauernde Wälder;
    Und Klippen von silbernen Quellen umtanzt.

Sie klettern auf Höhen
In Wolken zu stehen,
      Auf ewigem Eis.
Sie fahren in Schachten
Das Erz zu betrachten;
      zu sehen des Bergknappen° fröhlichen Fleiss.

Und vielerlei Sitten,
Paläste und Hütten,
      Erblicken sie dann; -
Ich traure fast immer
Im einsamen Zimmer
      O wär ich ein freier und fröhlicher Mann!

Wenn strahlende Seen
In Heiden nur stehen;
      Was spiegeln sie wohl?
O könnt es mir glücken
Die Welt zu erblicken,
      so säng ich oft hoher Begeisterung voll!
[...]

Arbeiter im Bergwerk

Nicht alle sind Stürmer und Dränger

In der Zeit der Empfindsamkeit und des Sturm und Drang entstehen noch zentrale Werke der aufklärerischen Literatur. Dazu gehören besonders Dramen von Gotthold Ephraim Lessing.° Sie stellen Fragen wie "Worin besteht die Ehre?" (*Minna von Barnhelm*, 1767) oder "Welche ist die richtige Religion?" (*Nathan der Weise*, 1779 gedruckt, 1783 zuerst aufgeführt). Weder Christentum noch Judentum oder Islam haben die absolute Wahrheit, und die Vernunft befiehlt religiöse Toleranz, das ist Lessings Antwort auf diese Frage. Eine radikale Lösung in seiner Zeit.

Nicht immer kann frau so mit Worten um sich werfen wie Götz. Noch heute wird "der Knigge" genannt, wenn es um Höflichkeit und Tischmanieren geht. Adolph Franz Friedrich Ludwig Freiherr von Knigge (1752–96) besaß die Hessische Tabakfabrik, aber er schrieb auch Theaterstücke, Kritiken und Romane. Im Sturm und Drang glaubte man, dass man mehrere Talente haben und ausbilden kann. Er schrieb eine Sammlung von Lebensregeln mit dem Titel *Über den Umgang mit Menschen*. Dieses Buch, abgekürzt "der Knigge", erklärt die Regeln von Höflichkeit und anständigem Benehmen.

Natürlich war nicht alle Literatur ernst. Gottfried August Bürger ist auch der Autor der Lügengeschichten von Baron Münchhausen. Der offizielle, umständliche Titel lautete "Wunderbare Reisen zu Wasser und zu Lande, Feldzüge und lustige Abenteuer des Freiherrn von Münchhausen, wie er

Tipp: Lessing und seine Werke *Minna von Barnhelm* und *Nathan der Weise* sowie Fabeln werden in dem Band *1000 Jahre Deutsche Literatur. Von den Anfängen bis zur Aufklärung* (2008) von Gudrun Clay besprochen.

dieselben bei der Flasche im Zirkel seiner Freunde selbst zu erzählen pflegt" (1786). Die Abenteuergeschichte wurde mehrmals verfilmt, zum Beispiel auf Englisch von Terry Gilliam (UK und BRD, 1988) unter dem Titel *The Adventures of Baron Munchausen / Die Abenteuer des Baron von Münchhausen*. Eine klassische deutsche Verfilmung und zugleich Dokument für das eskapistische Kino der Nazi-Zeit machte Josef von Báky (Deutschland 1943) mit dem Drehbuch von Erich Kästner und mit Hans Albers in der Titelrolle.

Aufgaben zur Literatur

Definitionen

Lesen Sie die Definitionen. Beantworten Sie dann die Fragen.

  a. Eine *Hymne* ist ein feierlicher Lobgesang. Sie hat keine feste Strophenform, freie Rhythmen und keine Reime. Sie eignet sich durch diese formale Offenheit besonders dazu, hohe Begeisterung auszudrücken. Die Hymne ist verwandt mit der Ode und—seit dem 18. Jahrhundert—oft schwer von ihr zu unterscheiden.

  b. Eine *Ode* ist ein feierliches und erhabenes Gedicht. Sie hat keine Reime, ist ziemlich lang und in Strophen gegliedert. Der Sprachstil ist hoch und oft pathetisch.

  c. Ein *Lied* ist ein gesungenes Musikstück. Es hat gleiche und gereimte Strophen. Es ist die ursprünglichste und einfachste Form der Lyrik. Es drückt intensive menschliche Gefühle und Beziehungen aus.

  1. Was macht Klopstocks "Der Zürchersee" zu einer "Ode"?
  2. Welche Elemente der Definition treffen auf das Gedicht zu?
  3. Suchen Sie ein bis zwei Oden in der englischen oder amerikanischen Literatur.
  4. Welche Wörter/Elemente darin passen zu der Definition von "Ode"?

Klopstock

Lesen Sie Klopstocks Ode laut vor. Markieren Sie im Text, wo Sie den Ton besonders "pathetisch-schwungvoll" finden. Rezitieren Sie und übertreiben Sie dabei das Pathetische.

Johann Wolfgang von Goethe

"Mailied": Beantworten Sie die folgenden Detailfragen. Sagen Sie dann, warum dieses Gedicht typisch für den Sturm und Drang ist.

  1. Wer spricht?
  2. Mit wem?
  3. Was sieht das Ich?
  4. Was hört das Ich?
  5. Was fühlt/denkt das Ich?

6. Was können Sie über die Form des Gedichtes sagen? (Strophen, Verse, Reime)

7. Welche Satzzeichen finden Sie? (Punkt, Komma, Ausrufezeichen, Gedankenstrich, usw.)

8. Es gibt zwei Formen von "wie" in dem Gedicht. Sammeln Sie Ausrufe ("Wie...!") und Vergleiche ("so ... wie ..."). Sagen Sie dann, welchen Effekt diese Ausdrücke haben.

Mini-Referat

Götz von Berlichingen lebte wirklich. Zur Erinnerung an ihn gibt es jährlich Festspiele auf der "Götzenburg" in Jagsthausen <www.jagsthausen.de>. Informieren Sie sich darüber und berichten Sie der Klasse, was Sie herausgefunden haben.

Goethe: "Prometheus"

1. Wer war Prometheus?

2. Wer spricht in dem Gedicht?

3. Mit wem?

4. Machen Sie eine Liste mit den Verben, die sich auf das Ich und das Du beziehen.

5. Welche dieser Verben stehen in Fragen? Markieren Sie sie auf Ihrer Liste. Welchen Effekt haben die Fragen?

6. Wogegen rebelliert Prometheus?

7. Was macht das Gedicht repräsentativ für die Bewegung "Sturm und Drang"?

Schiller: *Kabale und Liebe*

Markieren Sie die folgenden Aussagen mit R = richtig oder F = falsch. Korrigieren Sie die falschen Aussagen.

_____ Der Herzog schenkt der Lady Juwelen zum Geburtstag.

_____ Der Herzog hat viel Geld für die Juwelen bezahlt.

_____ 7000 junge Soldaten gingen nach Amerika in den Krieg.

_____ Der Kammerdiener weint, weil seine Söhne gezwungen wurden, nach Amerika zu gehen.

_____ Der Kammerdiener beschreibt, wie die Soldaten jubelnd aufgebrochen sind.

_____ Die Lady will die Juwelen nicht mehr behalten und gibt sie dem Kammerdiener.

_____ Die Lady will, dass die Juwelen verkauft werden und das Geld den Armen gegeben wird.

_____ Nach einem Brand gibt es 400 arme Familien in der Stadt.

Wie reagiert die Lady auf die folgenden Neuigkeiten? Kombinieren Sie die passende Reaktion in der rechten Spalte.

Neuigkeiten	Reaktion der Lady
a. Der Herzog schickt der Lady Brillanten aus Venedig.	1. Die Lady will, dass die Brillanten verkauft werden und das Geld den Armen gegeben wird.
b. 7000 Soldaten wurden nach Amerika geschickt.	2. Sie ist entsetzt.
c. Die Söhne des Kammerdieners wurden gezwungen, nach Amerika zu gehen.	3. Sie gibt dem Kammerdiener Geld.
d. Der Kammerdiener hat keine Hoffnung, dass seine Söhne lebendig zurück kommen.	4. Sie überlegt.
e. Die Opfer des Feuers haben alles verloren und arbeiten jetzt im Bergwerk.	5. Sie will wissen, wieviel die Brillanten gekostet haben.

In dieser Szene kritisiert Schiller den Adel. Machen Sie eine Liste, welche Eigenschaften der Text kritisiert. Sagen Sie dann, wie die Lady zu dieser Kritik passt. Sie ist eine Adlige, aber aus England. Zeigt sie böse oder gute Eigenschaften? Welche? Welche Rolle spielt die Lady wahrscheinlich im Rest des Dramas?

Schubart: "Die Fürstengruft"

Was haben die Fürsten gemacht und in welcher Lage sind sie in Schubarts Vision? Ordnen Sie die folgenden Ausdrücke den Erklärungen zu.

a. im Kerker eingemauert	1. sie hielten Menschen wie Tiere (leibeigen).
b. niemals fühlten die Schrecken der Religion	2. Sie vertrieben sich die Zeit mit Jagen.
c. Gottgeschaffne	3. Sie sitzen im Gefängnis.
d. Menschen hielten für Vieh	4. Sie sahen ihre Privilegien als von Gott gewollt an.
e. durch Jagdlärm übertäubt	5. Sie förderten nicht die Künste und Wissenschaften.
f. Genie und Weisheit darben liessen	6. Sie wurden zu Verhalten gezwungen, weil es die Religion fordert, zum Beispiel Gehorsam.

Eine Aufgabe für besonders Kluge: Vergleichen Sie Schubarts Zeilen mit der Kammerdiener-Szene in *Kabale und Liebe*.

Bürger: "Des Pfarrers Tochter von Taubenhain" – Ballade

1. Ballade

    Suchen Sie eine kurze Definition für "Ballade".

Suchen Sie eine Ballade aus der englischen oder amerikanischen Literatur oder Musik. Stellen Sie sie der Klasse vor. Erklären Sie dabei, warum es sich hier um eine Ballade handelt. Welche Merkmale Ihrer Definition treffen hier zu?

2. Mini-Referat: Suchen Sie mehr biografische Informationen zu Gottfried August Bürger. Welche Ausbildung und welchen Beruf hatte er?

3. Mini-Referat: Was war "Rädern" als Todesstrafe? Wo wurde es benutzt?

4. Erklären Sie die Bedeutung dessen, was Rosette am Ende sagt: "Mich hacken die Raben vom Rade!" Was könnte das bedeuten?

5. Was meint man heute, wenn man sagt: "Ich fühle mich wie gerädert"?

6. Was für Gespenstererscheinungen beschreiben die ersten beiden Strophen? Wie werden sie am Ende erklärt?

7. Das Gedicht deutet an, dass Rosette das Kind im "Wahnsinn" getötet hat. Als sie das Kind begräbt, ist sie aber wieder bei Sinnen. Wie rechtfertigt sie den Mord?

8. Verliert die Pfarrerstochter ihren Glauben an Gott? Was sagt das Gedicht über ihren Glauben?

9. Klassenaufgabe: Suchen Sie das ganze Gedicht in einer Anthologie oder im Internet <http://gutenberg.spiegel.de>. Lesen Sie es mit verteilten Rollen. Welche Rollen brauchen Sie?

10. Zur Diskussion: Wie ist die Situation von ledigen Müttern heute? Welche Möglichkeiten hätte eine junge Frau wie Rosette? Wo sehen Sie noch Schwierigkeiten?

Philippine Gatterer: "Mädchenklage"

1. Was möchte das Ich gerne? Kreuzen Sie an.

    _____ weinen

    _____ für Männer attraktiv sein

    _____ die Welt sehen

    _____ einen Knecht haben

    _____ reisen

    _____ eine Gelehrte sein

    _____ die ganze Welt sehen

    _____ auf silbernen Quellen tanzen

    _____ ein Mann sein

    _____ ein Zimmer in einem Palast haben

    _____ frei sein

    _____ vor dem Spiegel stehen und singen

2. Warum kann das Mädchen das, was sie möchte, nicht machen?

3. Welche dieser Wünsche teilen Sie? Welche nicht?

4. Haben Sie Wünsche und Träume, die (wahrscheinlich) nicht in Erfüllung gehen werden? Welche? Gibt es Gründe dafuer und welche?

Zeittafel

Politische Geschichte (Deutschsprachige Länder)	Literatur und Kultur	Internationales
1756-63 Siebenjähriger Krieg zwischen Preußen und Österreich und ihren Verbündeten. Schlesien fällt an Preußen. **1765** Joseph, der älteste Sohn von Maria Theresia (1717-1780), Königin von Österreich, wird zum deutschen Kaiser gekrönt. **1772** Polen wird geteilt, und Österreich, Preußen und Rußland profitieren davon. **1781** In den österreichischen Ländern wird die Leibeigenschaft abgeschafft. **1786** Friedrich II. König von Preußen ("der Große") stirbt. Nachfolger wird sein Neffe, Friedrich Wilhelm II.	**1749** Johann Wolfgang Goethe wird in Frankfurt am Main geboren. Sein Vater ist Jurist, und der Sohn studiert auch Jurisprudenz. 1782, als Staatsminister in Weimar, wird er geadelt und heißt nun "von Goethe". **1755** J. J. Winckelmann: *Gedanken über die Nachahmung der griechischen Werke.* **1759** Friedrich Schiller wird in Marbach (bei Stuttgart) geboren. Sein Vater ist Leutnant, und der Herzog von Württemberg befiehlt, dass Schiller auf die Militärakademie geht. Er studiert Medizin und wird Militärarzt. Er wird 1802 geadelt. **1762** Christoph Martin Wieland übersetzt 17 Dramen von Shakespeare ins Deutsche (bis 1766). **1771** Klopstock: *Oden.* **1773** Johann Wolfgang Goethe schreibt sein Drama *Götz von Berlichingen.* **1774** Die erste Fassung von Goethes Briefroman *Die Leiden des jungen Werthers* wird veröffentlicht. **1778-79** Herder veröffentlicht seine Sammlung deutscher Volkslieder. **1781** Das Drama *Die Räuber* des jungen Friedrich Schiller erscheint anonym. **1784** Immanuel Kants Aufsatz *... Was ist Aufklärung?* ist ein spätes wichtiges Werk der Aufklärung.	**1751** In Frankreich erscheint das Lexikon *Encyclopédie.* Es wurde 1780 abgeschlossen. Es informiert vorurteilslos über alle Gebiete des Wissens. **1752** Benjamin Franklin erfindet den Blitzableiter. **1760** James Macpherson (er nennt sich "Ossian") veröffentlicht die *Fragments of Ancient Poetry, Collected in the Highlands,* angebliche schottische Volkslieder **1768** James Watt baut in England die erste Dampfmachine. **1768** Laurence Sterne (geb. 1713) stirbt, nachdem er seine *Sentimental Journey* beendet hat. **1768-71** James Cook gelingt die erste Weltumsegelung. **1776** Die englischen Kolonien in Nordamerika erklären ihre Unabhängigkeit. Sie wird 1783 anerkannt. **1778** Der Kongress verbietet den Import von Sklaven in die US, er besteht in der Praxis jedoch weiter.

2

Die klassisch-romantische Epoche

a. Die Weimarer Klassik

2a.1   Lithografie nach dem Gemälde von Tischbein: *Goethe in der Campagna von Rom.* Das berühmte Original hängt im Städelmuseum in Frankfurt am Main – besuchen Sie es im Internet (www.staedelmuseum.de)

Begriffe

Ballade Ein Gedicht, das eine Geschichte erzählt und dramatische Elemente hat (Dialog, Höhepunkt). Man unterscheidet Volksballade (mündlich überliefert) und Kunstballade.

Humanität Ideal der klassischen Literatur: Menschenwürde° und Menschlichkeit. _(human dignity)_

Idealismus In der Literatur Betonung von Idealen wie Bildung, Harmonie, Humanität, Vollendung und geistige Freiheit. In der Philosophiegeschichte schließt sich an die Aufklärung die Epoche des Idealismus an.

Klassik

Allgemein: eine Epoche, in der die Literatur (auch Kunst, Musik, Philosophie) eine Blütezeit hatte und für spätere Zeiten Vorbild wurde.

Als besondere Epoche (auch Weimarer Klassik genannt): in der deutschen Literatur die Epoche von Goethes Italienischer Reise bis zu Schillers Tod, insbesondere die Werke von Goethe und Schiller aus der Zeit ihrer Freundschaft in Weimar. Viele Werke haben strenge Formen, die es schon in der Antike° gab _(classical antiquity)_ (fünfaktige Dramen, Elegien, Oden etc.) und humanitäre Ideale.

Klassiker und Romantiker zugleich

Schiller, lange kränklich, starb bereits 1805. Goethe lebte viel länger. In seinen späten Werken mischt sich Klassizistisches und Romantisches und ein eigener Altersstil. Außerhalb Deutschlands unterscheidet man nicht so streng zwischen Klassizismus und Romantik – Goethe gilt als Romantiker.

Geschichte und Kultur

Die Französische Revolution und ihre Auswirkungen

Wirtschaftskrise, drohender Staatsbankrott und politische Bevormundung des Bürgertums führen in Frankreich 1789 zur Revolution. Die Privilegien des Adels und der Kirche sowie die Staatsform der Monarchie werden abgeschafft. Die revolutionäre Stimmung greift auf die Nachbarländer über und bewegt die Herrscher zum Teil zu Reformen. 1792 beginnen die 'Revolutionskriege' oder 'Koalitionskriege', mit denen die europäischen Mächte reagieren. Die Revolution nimmt radikale Formen an. 1793/94 kommt es zur Terrorherrschaft der Jakobiner°. General Napoleon Bonaparte macht 1799 einen Staatsstreich und krönt sich 1804 zum Kaiser der Franzosen. Er legitimiert seine Alleinherrschaft mit dem Ziel, die sozialen Verbesserungen der Revolution zu sichern und die alte Vormacht Frankreichs wie zur Zeit Karls des Großen wiederherzustellen. Die Wirkungen der Französischen Revolution reichen bis in die Karibik: Auf Haiti werden die Sklaven befreit.

radikaler politischer Club

Deutschland und Weimar

Die Franzosen besetzen Teile des deutschen Reichs links des Rheins. Sie wollen die Ideen der Revolution umsetzen: die Monarchie beenden, die Macht der Kirche schwächen, ein neues Recht einführen. Die Republik Mainz ist ein Beispiel dafür. Sie wurde 1793 ausgerufen, und die Bürger wählten eine eigene Regierung. Aber die Mainzer Republik war klein und schwach, obwohl die Franzosen zu Hilfe kamen. Der Kaiser und andere deutsche Regenten fürchteten mehr Revolutionen. Kaiserliche und preußische Truppen belagerten Mainz und beendeten die erste deutsche Demokratie schnell. Goethe war auch dabei: er musste seinen Herzog begleiten, der den preussischen König unterstützte.

Von den *Xenien*, einer gemeinsamen Publikation von Goethe und Schiller mit satirischen Gedichten, lauten zwei:

(Nr. 95) Das Deutsche Reich.
Deutschland? aber wo liegt es? Ich weiß das Land nicht zu finden,
    Wo das gelehrte° beginnt, hört das politische auf.

[learned]

(Nr. 96) Deutscher Nationalcharakter.
Zur Nation euch zu bilden, ihr hoffet es, Deutsche, vergebens;
    Bildet, ihr könnt es, dafür freier zu Menschen euch aus.

In einer Elegie lobte er seinen Herzog als großzügigen Mäzen°. Es beginnt:

[patron, art lover]

> Klein ist unter den Fürsten Germaniens freilich der meine;
> Kurz und schmal ist sein Land, mäßig° nur, was er vermag.
> Aber so wende nach innen, so wende nach außen die Kräfte
> Jeder; da wär' es ein Fest, Deutscher mit Deutschen zu sein.
> [...]
> Niemals frug ein Kaiser nach mir, es hat sich kein König
> Um mich bekümmert, und er war mir August° und Mäzen.

[moderate]

Der Herzog heißt August, das bedeutet "ehrwürdig, erhaben" [august, noble, sublime].

Die "Klassik" war ein Höhepunkt deutscher Literatur. Dass sie sich in Weimar konzentrierte, in dem kleinen Herzogtum in der Provinz, war das Ergebnis einer glücklichen Konstellation. Deutschland hatte kein großes kulturelles Zentrum wie Paris in Frankreich. Wien, wo der Kaiser residierte, lag nicht zentral. Es war stark katholisch geprägt und damit anders als große Teile des Reichs. Goethe und Schiller lebten in der Nähe voneinander und unter einem aufgeklärten und kunstfördernden Herzog. Sie schlossen Freundschaft und arbeiteten zusammen. Ihr Ziel war es, exemplarische deutsche Werke zu schreiben, fern von aktuellen politischen Fragen. Sie waren von den Folgen der Revolution enttäuscht. Sie wollten möglichst viele Menschen erreichen und zu Menschlichkeit bilden.

Vielleicht haben Sie die Zeilen aus dem Gedicht "Das Göttliche" schon mal gehört?

> Edel sei der Mensch,
> Hilfreich und gut!
> Denn das allein
> Unterscheidet ihn
> Von allen Wesen,
> Die wir kennen.

Es ist eine der großen Ironien der Geschichte, dass in der Hitler-Zeit in der Nähe von Weimar das Konzentrationslager Buchenwald errichtet wurde. In einem Video im Holocaust-Museum Washington (DC, USA) zitiert ein Augenzeuge diese Zeilen. Ein trauriges Fazit für die hohen Ziele der Klassik.

Kunst und Architektur

Die klassizistischen Bildhauer bewunderten an antiken Skulpturen die Gleichzeitigkeit von Stehen und Gehen, Ruhe und Bewegung. Besonders bewundert und oft nachgebildet wurde der berühmte Apoll vom Belvedere. Das Original befindet sich im Belvedere im Vatikan und hat daher seinen Namen.

Der Klassizismus setzt sich als Kunst- und Architekturstil in ganz Europa durch. Überall sieht man Säulen und Skulpturen im antiken Stil. Bauwerke erinnern an antike Tempel. In der Malerei sind Motive aus der antiken Literatur beliebt. Die Anhänger der Französischen Revolution erkennen sich in Geschichten aus der römischen Republik wieder. Umrisszeichnungen sind beliebt, weil sie an Motive auf den ausgegrabenen antiken Vasen erinnern.

2a.2 Das Brandenburger Tor mit der Quadriga-Skulptur (Gespann im antiken Stil mit vier Pferden), ein klassizistischer Bau (kolorierter Stich um 1850).

Musik: Wiener Klassik

Auch in der Musik spricht man in dieser Zeit von einer klassischen Epoche. Sie dauert länger (circa 1770 bis 1830) und konzentriert sich auf Wien. Es gab auch eine städtische Kultur. Ihr Mittelpunkt waren private Orchester. Der Schwerpunkt lag auf der Instrumentalmusik.

Die Übergänge von Spätbarock und empfindsamem Stil einerseits und zur Romantik andererseits sind fließend. Klassische Musik wird so genannt, weil sie den Normen und Idealen der antiken Kunst folgt: Ordnung, Mäßigung und Ausgewogenheit. Im Gegensatz zur polyphonen barocken Kirchenmusik ist klassische Musik einstimmig und weniger kompliziert. Die Harmonien sind einfacher zu verstehen und die Melodien eingängiger. Andererseits lockert klassische Musik aber auch die Strenge barocker Musik. Variationen des Themas und Tempos finden nun innerhalb eines Satzes statt. Neben dem Streichquartett war die Sinfonie die wichtigste Gattung. Die Sinfonie ist von Anspruch und Länge vergleichbar mit dem Roman in der Literatur.

Die wichtigsten Komponisten der Wiener Klassik waren nicht in Wien geboren, wurden aber von den Möglichkeiten der Residenzstadt des Kaisers angezogen: Joseph Haydn, Wolfgang Amadeus Mozart und Ludwig van Beethoven. Beethoven gilt als Klassiker und Romantiker zugleich.

Goethe begeisterte sich für Mozarts Musik und fing einen Text zur Fortsetzung der *Zauberflöte* an, Mozarts schon in dieser Zeit beliebteste Oper. Beethoven bewunderte Goethes Schriften und komponierte viele seiner Gedichte als Lieder. Beide trafen sich 1812.

Aufgaben zur Geschichte und Kultur

Grenzen und Gebiete

Informieren Sie sich über die Grenzen und Gebiete des deutschen Reiches im späten 18. Jahrhundert. Karten finden Sie zum Beispiel auf:

<http://www.lib.utexas.edu/maps/historical/colbeck/central_europe_1789.jpg>
<http://www.maproom.org/maps/historical/putzgers/1905/1905.pl?m=0053#>

Vergleichen Sie die historischen Karten mit aktuellen Karten von Deutschland, Österreich und Europa. Füllen Sie dann die Tabelle aus.

heute	Ende des 18. Jahrhunderts
Berlin ist die größte Stadt Deutschlands.	
Wien ist die Hauptstadt von Österreich.	
Sachsen ist eins von sechzehn deutschen Bundesländern.	
Rom ist die Hauptstadt von Italien.	
Griechenland ist ein unabhängiger Staat.	
Die deutsche Ostgrenze verläuft entlang der Flüsse Oder und Neiße.	
Weimar ist eine Kleinstadt in Thüringen.	

Architektur

Hier sehen Sie das *Alte Museum* in Berlin auf einer historischen Postkarte von 1944. Das Museum wurde 1828 von dem Architekten Karl Friedrich Schinkel nach dem Vorbild der Propyläen in Athen gebaut.

Der Klassizismus beherrschte auch die Kunst und Architektur der jungen amerikanischen Republik. Welche klassizistischen Bauwerke in den USA aus der Zeit um 1800 können Sie nennen? Gibt es klassizistische Bauwerke in Ihrem Staat? In Ihrer Stadt? Aus welcher Zeit stammen Sie?

2a.3   Berlin, Altes Museum und Garten (Foto, 1890/1900).

Musik

Haydns bekannteste Sinfonie, die 94., trägt den Namen "Mit dem Paukenschlag" oder in Amerika auch "Surprise": <http://www.epdlp.com/clasica.php?id=334> Warum? Versetzen Sie sich in einen Konzertsaal, hören Sie sich einen Teil aus dem zweiten Satz an und überlegen Sie sich mögliche Gründe dafür.

Literatur

Goethes Italienische Reise

1786 verließ Goethe Weimar heimlich und reiste nach Italien. Dort studierte er die antike Kunst und Literatur, zeichnet und malte, überarbeitete angefangene Dramen, schrieb Gedichte und anderes. Er blieb zwei Jahre dort, während er vom Herzog weiterhin sein Gehalt als Staatsminister erhielt. Korrespondenz und Berichte verarbeitete er viel später zur *Italienischen Reise*, einem Teil seiner Autobiografie.

In dem "Lied der Mignon" singt eine Romanfigur von der Sehnsucht° [longing, desire] nach dem wärmeren Süden, nach Italien, dem Land der antiken Tempel und Kunst.

Mignon

Kennst du das Land, wo die Zitronen blühn,
Im dunklen Laub die Goldorangen glühn,
Ein sanfter Wind vom blauen Himmel weht,
Die Myrte° still und hoch der Lorbeer steht? [myrtle]
Kennst du es wohl?
Dahin, dahin
Möcht ich mit dir, o mein Geliebter, ziehn!

Kennst du das Haus? Auf Säulen ruht sein Dach.
Es glänzt der Saal, es schimmert das Gemach,
Und Marmorbilder stehn und sehn mich an:
Was hat man dir, du armes Kind, getan?–
Kennst du es wohl?
Dahin, dahin
Möcht ich mit dir, o mein Beschützer, ziehn!

Kennst du den Berg und seinen Wolkensteg?° [footbridge of clouds]
Das Maultier° sucht im Nebel seinen Weg. [mule]
In Höhlen wohnt der Drachen° alte Brut.° [the young of the dragons]
Es stürzt der Fels und über ihn die Flut.
Kennst du ihn wohl?
Dahin, dahin
Geht unser Weg. O Vater, lass uns ziehn!

2a.4 Das Drama beginnt mit einem Monolog, in dem Iphigenie sich nach Griechenland sehnt. Sie könnte so aussehen (Kupferstich, 1794).

Iphigenie

1787 beendet Johann Wolfgang von Goethe die endgültige Fassung des Dramas *Iphigenie auf Tauris*. Sie ist in Blankvers. Die Geschichte von Iphigenie ist Teil des griechischen Mythos von den Atriden. Das Schauspiel erzählt den Mythos neu und 'modern', wie Orest von den Rachegeistern befreit wird und er zusammen mit seiner Schwester den Weg nach Hause antritt. Orest hatte seine Mutter Klytemnästra getötet. Dafür wird er von den Furien verfolgt. Ein Orakel sagte, daß er auf der Insel Tauris von den Furien geheilt werden kann. Er glaubt seine Schwester Iphigenie ist tot. Ihr Vater hatte sie geopfert, aber sie wurde von der Göttin Diana auf die Insel Tauris gebracht. Hier ist sie Priesterin des Skythenkönigs Thoas im Tempel der Diana. Sie muss alle Fremden, die auf die Insel kommen, als Opfer für die Göttin töten.

In dem folgenden Ausschnitt gibt Iphigenie sich ihrem Bruder zu erkennen (3. Akt, 1. Auftritt):

IPHIGENIE.
     Fasse
     Dich, Bruder, und erkenne die Gefundne!
     Schilt° einer Schwester reine Himmelsfreude
     Nicht unbesonnene, strafbare Lust.
     O nehmt den Wahn° ihm von dem starren Auge,
     Dass uns der Augenblick der höchsten Freude
     Nicht dreifach elend mache! Sie ist hier,
     Die längst verlorne Schwester. Vom Altar
     Riss mich die Göttin weg und rettete
     Hierher mich in ihr eigen Heiligtum.
     Gefangen bist du, dargestellt zum Opfer,
     Und findest in der Priesterin die Schwester.
OREST.
     Unselige!° So mag die Sonne denn
     Die letzten Gräuel° unsers Hauses sehn!
     Ist nicht Elektra hier, damit auch sie
     Mit uns zugrunde gehe, nicht ihr Leben
     Zu schwererem Geschick und Leiden friste°?
     Gut, Priesterin! Ich folge zum Altar.
     Der Brudermord ist hergebrachte Sitte°
     Des alten Stammes; und ich danke, Götter,
     Dass ihr mich ohne Kinder auszurotten°
     Beschlossen habt. Und lass dir raten, habe
     Die Sonne nicht zu lieb und nicht die Sterne;

Infinitiv schelten [to scold]

[delusion, mania]

[unhappy one]
Greuel [horror]

sein Leben fristen [barely manage to live, vegetate]

[traditional custom]

ausrotten [to exterminate]

Komm, folge mir ins dunkle Reich hinab!
Wie sich vom Schwefelpfuhl° erzeugte Drachen,   [murky pool of sulphur]
Bekämpfend die verwandte Brut, verschlingen,
Zerstört sich selbst das wütende Geschlecht;
Komm kinderlos und schuldlos mit hinab!
Du siehst mich mit Erbarmen° an? Lass ab!   [compassion]
Mit solchen Blicken suchte Klytämnestra
Sich einen Weg nach ihres Sohnes Herzen;
Doch sein geschwungner° Arm traf ihre Brust.   schwingen [to swing]
Die Mutter fiel! – Tritt auf, unwill'ger Geist!
Im Kreis geschlossen tretet an, ihr Furien,
Und wohnet dem willkommnen Schauspiel bei,
Dem letzten, grässlichsten, das ihr bereitet!
Nicht Hass und Rache schärfen ihren Dolch°;   [dagger]
Die liebevolle Schwester wird zur Tat
Gezwungen. Weine nicht! Du hast nicht schuld.
Seit meinen ersten Jahren hab' ich nichts
Geliebt, wie ich dich lieben könnte, Schwester.
Ja, schwinge deinen Stahl°, verschone nicht,   [steel; here: dagger]
Zerreiße diesen Busen und eröffne
Den Strömen, die hier sieden°, einen Weg!   sieden [to boil]
            (Er sinkt in Ermattung°.)   [fatigue]

Strenge Verse, hoher Stil, Themen aus der klassischen Literatur— was ist aus der Rebellion des jungen Goethe gegen strenge Formen und Regeln, aus seiner Begeisterung für Kraftsprache, für alles Natürliche und für 'deutsche' Themen geworden? Verleugnet° er das alles?   verleugnen [to disown]

Das Weltbild der Klassik – Harmonie und Schönheit statt Revolution und Terror

In der Klassik geht es um die Überwindung von Gegensätzen, so dass Harmonie entsteht. Goethe und Schiller sehen das Modell dafür in klassischen Statuen: Sie wirken nicht starr, auch nicht barock-überdreht, sondern zugleich in Ruhe und Bewegung. Daraus ergibt sich der Eindruck der Harmonie.

Nicht nur der Einzelne soll ein besserer Mensch werden, sondern die Menschheit soll sich höher entwickeln. Goethes Freund Schiller schreibt darüber philosophische Abhandlungen, einige in Briefform. Am wichtigsten ist *Über die ästhetische Erziehung des Menschen* (1795). Schiller sagt, im Kunstwerk zeigt sich die Kraft, die Gegensätze überwindet. Und: Freiheit kann man nicht einfach fordern, man muss dazu erzogen° werden. Durch   Infinitiv erziehen [to educate]
Literatur und Kunst entwickelt der Mensch Sinn für das Schöne, und erst dann kann er gut werden. Und nur gute Menschen können frei werden.

Schiller, der in seiner Jugend so begeistert Rousseau gelesen und den Adel kritisiert hatte, war entsetzt über den Verlauf der Französischen Revolution, die in Terror endete. Er meinte eine andere Freiheit. Er galt damit nicht als weltfremder Träumer und Eskapist. Er war damit wirklich populär.

[duty, obligation]

Zum Weiterlesen: Schiller als Dichter der Freiheit in einer Serie des deutschen Fernsehens <http://schiller.ard.de>.

[novel of self-formation]

Weitere Gegensätze sind Natur und Geist, Pflicht° und persönliches Interesse, die Gesellschaft und der einzelne. Jeder ist ein Individuum, aber der einzelne Mensch soll in die Gesellschaft integriert werden. Dazu ist die harmonische Ausbildung aller Talente zentral. Den Prototyp solcher Ausbildung beschrieb Goethe in seinem Roman *Wilhelm Meisters Lehrjahre.* Hundert Jahre später wurde dafür der Begriff "Bildungsroman"° geprägt, und diese Romanform galt lange als eine Art deutsche Spezialität.

Ein Wettkampf – in Balladen

1789 – vor dem Ausbruch der Französischen Revolution – wurde Schiller Professor für Philosophie im nahen Jena und hielt Vorlesungen über Geschichte. Ab 1794 kam es zur engen Freundschaft zwischen Goethe und Schiller. 1799 zog Schiller nach Weimar.

ein Kampf, wer von mehreren der beste ist ["competition"]

Im Jahr 1797 machten Goethe und Schiller eine Art Wettkampf.° Aber sie spielten nicht Golf oder einen anderen Sport, sondern sie schrieben Balladen. Wer von beiden würde die besten schreiben? Es sollte ein Experiment sein, Gedichte zu schreiben, die nicht nur die Gebildeten lesen, sondern die möglichst alle erreichen, die lesen können. Die Stoffe sollten allgemein-menschlich sein, die Form klar und einfach. Vielleicht kennen Sie schon die Balladen "Der Erlkönig" von Goethe oder "Der Handschuh" und "Der Taucher" von Schiller. Sie wurden wirklich unglaublich populär. Zahlreiche Komponisten haben Musik dazu komponiert. Generationen von Schüler/innen mussten sie auswendig lernen.

jemand, der die Zauberei bei einem Zaubermeister lernt [sorcerer's apprentice]

Sicher kennen Sie die Geschichte vom Zauberlehrling°. Walt Disney bearbeitete sie auch: In dem Film *Fantasia* ist Micky Mouse der Zauberlehrling. Disney verwendete die Komposition *L'Apprenti-sorcier* von Paul Dukas und sein Film ist heute eine andere Art Klassiker.

Als der Zaubermeister nicht zuhause ist, versucht sich sein Lehrling als Meister und spricht die Zauberformeln. Aber ... Sie wissen, was dann passiert.

2a.5 Das Goethe- und Schiller-Denkmal in Weimar – ein beliebtes Fotomotiv

Goethe: "Der Zauberlehrling"

(1a) Hat der alte Hexenmeister
Sich doch einmal wegbegeben!
Und nun sollen seine Geister
Auch nach meinem Willen leben.
Seine Wort und Werke
Merkt ich und den Brauch,
Und mit Geistesstärke
Tu ich Wunder auch.

(1b) Walle°! walle
Manche Strecke,
Daß, zum Zwecke,
Wasser fließe
Und mit reichem, vollem Schwalle°
Zu dem Bade sich ergieße.

(2a) Und nun komm, du alter Besen°,
Nimm die schlechten Lumpenhüllen°!
Bist schon lange Knecht gewesen:
Nun erfülle meinen Willen!
Auf zwei Beinen stehe,
Oben sei ein Kopf,
Eile nun und gehe
Mit dem Wassertopf!

(2b) Walle! walle
Manche Strecke,
Daß, zum Zwecke,
Wasser fließe
Und mit reichem, vollem Schwalle
Zu dem Bade sich ergieße.

(3a) Seht, er läuft zum Ufer° nieder!
Wahrlich! ist schon an dem Flusse,
Und mit Blitzesschnelle wieder
Ist er hier mit raschem Gusse.
Schon zum zweiten Male!
Wie das Becken schwillt!
Wie sich jede Schale
Voll mit Wasser füllt!

(3b) Stehe! stehe!
Denn wir haben
Deiner Gaben
Vollgemessen! -
Ach, ich merk es! Wehe°! wehe!
Hab ich doch das Wort vergessen!

(4a) Ach, das Wort, worauf am Ende
Er das wird, was er gewesen!
Ach, er läuft und bringt behende°!
Wärst du doch der alte Besen!
Immer neue Güsse
Bringt er schnell herein,
Ach, und hundert Flüsse
Stürzen auf mich ein!

(4b) Nein, nicht länger
Kann ichs lassen:
Will ihn fassen!
Das ist Tücke°!
Ach, nun wird mir immer bänger°!
Welche Miene! welche Blicke!

(5a) O, du Ausgeburt der Hölle!
Soll das ganze Haus ersaufen°?
Seh ich über jede Schwelle
Doch schon Wasserströme laufen.
Ein verruchter Besen,
Der nicht hören will!
Stock, der du gewesen,
Steh doch wieder still!

(5b) Willst am Ende
Gar nicht lassen?
Will dich fassen,
Will dich halten
Und das alte Holz behende
Mit dem scharfen Beile° spalten°!

[woe]

[undulate] (*Imperativ*) / schnell

[flush]

[broom]

[coats of rags]

[perfidy]

mir ist bang (*Komparativ*) [I am afraid]

ertrinken [to drown]

[bank of a river, lake]

Axt [axe] / [to split]

(6a) Seht, da kommt er schleppend wieder!
Wie ich mich nur auf dich werfe,
Gleich, o Kobold, liegst du nieder;
Krachend trifft die glatte Schärfe.
Wahrlich! brav getroffen!
Seht, er ist entzwei!
Und nun kann ich hoffen,
Und ich atme frei!

(6b) Wehe! wehe!
Beide Teile
Stehn in Eile
Schon als Knechte
Völlig fertig in die Höhe!
Helft mir, ach! ihr hohen Mächte!

(7a) Und sie laufen! Naß und nässer
Wirds im Saal und auf den Stufen:
Welch entsetzliches Gewässer!
Herr und Meister, hör mich rufen! -
Ach, da kommt der Meister!
Herr, die Not ist groß!
Die ich rief, die Geister,
Werd ich nun nicht los.

(7b) "In die Ecke,
Besen! Besen!
Seids gewesen!
Denn als Geister
Ruft euch nur, zu seinem Zwecke,
Erst hervor der alte Meister."

Goethe und Schiller arbeiten auch zusammen, um das Weimarer Theater zu einem wahren Nationaltheater und einer Musterbühne zu entwickeln. Goethe war Direktor des Theaters. Neben seinen Ämtern als Staatsminister pflegte er auch sein Interesse an Naturwissenschaften und sammelte Kunstwerke und Naturalien.

Ab 1798 brachte Schiller regelmäßig seine neuen Dramen in Weimar auf die Bühne. Die meisten haben historischen Hintergrund, aber die Themen sind zeitlos: *Wallenstein* spielt im europäischen Krieg im 17. Jahrhundert, das Vorbild für *Die Jungfrau von Orleans* war die französische Heldin Joan D'Arc aus dem Spätmittelalter, in *Maria Stuart* geht es um die Rivalität zwischen der schottischen Königin Maria Stuart und Elisabeth I. von England im 16. Jahrhundert, in *Wilhelm Tell* schließlich um die Gründung der unabhängigen Schweiz.

Tyrannenmord und Recht auf Widerstand: Friedrich Schiller: *Wilhelm Tell*

Tipp: Mehr bei <www.wilhelm-tell.info>

[reeve] Verwaltungsbeamter

[original cantons]

er schießt aus einem Versteck

Wilhelm Tell ist ein Nationalheld der Schweiz.° Schillers Drama *Wilhelm Tell* (1804) ist die bekannteste Dramatisierung der Sage vom Apfelschuss: Ein tyrannischer, österreichischer Vogt° zwang den einfachen Schweizer Wilhelm Tell dazu, einen Apfel vom Kopf seines Sohnes zu schießen. Schiller rückt dieses Ereignis eng an den Schwur auf dem Rütli im Jahr 1291, mit dem die drei Schweizer Urkantone° ihren Kampf um Unabhängigkeit vom deutschen Reich begannen.

Der Jäger Tell will erst nicht an der Rebellion der anderen Bauern und Bürger gegen den Vogt teilnehmen. Nach der Provokation (dem Apfelschuss) tötet er den Tyrannen Gessler allein und aus dem Hinterhalt°. Er beruft sich auf seine Pflicht, die Familie zu schützen. Der Vogt hat gegen die Natur gehandelt und muss deshalb sterben. Tell sieht sich nur als Werkzeug° Gottes und der Natur. [tool]

Der Schuss passiert im 4. Akt, 3. Szene:

TELL *tritt auf mit der Armbrust°:* [crossbow]

> Durch diese hohle Gasse muss er kommen,
> Es führt kein andrer Weg nach Küssnacht° - Hier [name of a town]
> Vollend ich's - Die Gelegenheit ist günstig.
> Dort der Holunderstrauch° verbirgt mich ihm, [bush of elderberry]
> Von dort herab kann ihn mein Pfeil erlangen,
> Des Weges Enge wehret den Verfolgern.
> Mach deine Rechnung mit dem Himmel, Vogt,
> Fort musst du, deine Uhr ist abgelaufen.
>
> Ich lebte still und harmlos – Das Geschoss
> War auf des Waldes Tiere nur gerichtet,
> Meine Gedanken waren rein von Mord –
> Du hast aus meinem Frieden mich heraus
> Geschreckt, in gärend° Drachengift° hast du [fermenting poison of dragons]
> Die Milch der frommen Denkart mir verwandelt,
> Zum Ungeheuren° hast du mich gewöhnt – ungeheuer (*Adjektiv*) [egragious, monstrous]
> Wer sich des Kindes Haupt zum Ziele setzte,
> Der kann auch treffen in das Herz des Feinds.
>
> Die armen Kindlein, die unschuldigen,
> Das treue Weib muss ich vor deiner Wut
> Beschützen, Landvogt – Da, als ich den Bogenstrang
> Anzog - als mir die Hand erzitterte° - (er-)zittern [to tremble]
> Als du mit grausam teuflischer° Lust [devilish]
> Mich zwangst, aufs Haupt des Kindes anzulegen° – anlegen auf [to aim at]
> Als ich ohnmächtig flehend rang° vor dir, ringen [to struggle]
> Damals gelobt° ich mir in meinem Innern geloben [to swear]
> Mit furchtbarm Eidschwur, den nur Gott gehört,
> Dass meines nächsten Schusses erstes Ziel
> Dein Herz sein sollte - Was ich mir gelobt
> In jenes Augenblickes Höllenqualen°, [agonies of hell]
> Ist eine heil'ge° Schuld°, ich will sie zahlen. [holy obligation]
>
> Du bist mein Herr und meines Kaisers Vogt,
> Doch nicht der Kaiser hätte sich erlaubt
> Was du - Er sandte dich in diese Lande,
> Um Recht zu sprechen - strenges, denn er zürnet° - zürnen, zornig sein [to be angry]
> Doch nicht um mit der mörderischen Lust

sich erfrechen [to insult]

Dich jedes Greuels straflos zu erfrechen°,
Es lebt ein Gott zu strafen und zu rächen.

[. . .]

Sonst wenn der Vater auszog, liebe Kinder,
Da war ein Freuen, wenn er wiederkam,
Denn niemals kehrt' er heim, er bracht euch etwas,
War's eine schöne Alpenblume, war's
Ein seltner Vogel oder Ammonshorn,
Wie es der Wandrer findet auf den Bergen -

[prey]

Jetzt geht er einem andern Weidwerk° nach,
Am wilden Weg sitzt er mit Mordgedanken.

[to lurk]

Des Feindes Leben ist's, worauf er lauert°.
- Und doch an euch nur denkt er, lieben Kinder,

[lovely, meek]

Auch jetzt - Euch zu verteid'gen, eure holde° Unschuld
Zu schützen vor der Rache des Tyrannen
Will er zum Morde jetzt den Bogen spannen!

Steht auf.

[. . .]

Hier wird Tells Monolog unterbrochen durch Leute, die zufällig vorbeikommen. Auch der Vogt und sein Begleiter (Rudolf der Harras) nähern sich. Eine Frau wirft sich vor den Vogt und bittet ihn, ihren Mann, der ohne Urteil im Gefängnis ist, frei zu lassen. Der Vogt reagiert böse und lässt sie abführen und einsperren. Alles dies zeigt: Er ist grundböse.

Tipp: Wilhelm-Tell-Festival in New Glarus, Wisconsin <www.wilhelmtell.org>: Es ist nicht nötig, nach Interlaken in der Schweiz zu fahren, um "Wilhelm Tell" zu sehen. Schon seit 1938 präsentiert die Stadt New Glarus in Wisconsin jährlich zu *Labor Day* dieses Spiel auf Deutsch!

[...]
GESSLER.

Ein allzu milder Herrscher bin ich noch
Gegen dies Volk - die Zungen° sind noch frei,

figurativ Meinungen [tongues]

Es ist noch nicht ganz wie es soll gebändigt° -

[tamed, subdued]

Doch es soll anders werden, ich gelob' es,
Ich will ihn brechen diesen starren Sinn,

[perky, bold]

Den kecken° Geist der Freiheit will ich beugen.
Ein neu Gesetz will ich in diesen Landen
Verkünden - Ich will -

Ein Pfeil durchbohrt ihn, er fährt mit der Hand ans Herz und will sinken. Mit matter Stimme:

Gott sei mir gnädig!

RUDOLF DER HARRAS:

    Herr Landvogt - Gott was ist das? Woher kam das?

ARMGARD *auffahrend:*

    Mord! Mord! Er taumelt, sinkt! Er ist getroffen!

    Mitten ins Herz hat ihn der Pfeil getroffen!

RUDOLF DER HARRAS *springt vom Pferde:*

    Welch grässliches° Ereignis - Gott - Herr Ritter -   [horrible, dreadful]

    Ruft die Erbarmung Gottes an - Ihr seid

    Ein Mann des Todes! -

GESSLER:

    Das ist Tells Geschoss°.   [projectile]

Ist vom Pferde herab dem Rudolf Harras in den Arm gegleitet°   gleiten (Perfekt heute
und wird auf der Bank niedergelassen.   "geglitten") [to slide]

TELL *erscheint oben auf der Höhe des Felsen.*

    Du kennst den Schützen, suche keinen andern!

    Frei sind die Hütten, sicher ist die Unschuld

    Vor dir, du wirst dem Lande nicht mehr schaden.

Verschwindet von der Höhe. Volk stürzt herein.

[. . .]

Ist das nicht dramatisch und spannend? Schiller macht deutlich: Nicht jeder darf einfach einen unbequemen Herrscher töten. Tell ist Repräsentant des ganzen Volkes.

Am Ende kontrastiert das Drama Tell mit einem anderen Mörder, der aus egoistischen Motiven handelte und deshalb bestraft werden oder Buße°   [to do penance]
tun° muss.

Immer strebend: Faust

Auch Faust war eine historische Gestalt, ein Gelehrter im späten Mittelalter, der angeblich einen Bund mit dem Teufel machte, weil er alles wissen und erleben wollte. So erzählte man, und die Geschichten wurden immer länger und komplexer. Sie gelangten auch nach England und waren als Spiel mit Marionetten und auf dem Theater beliebt.

Goethe war sein Leben lang von der Gestalt Faust und dem Thema "Pakt mit dem Teufel" fasziniert. Sein erstes Drama schrieb er nicht fertig, das zweite veröffentlichte er als Fragment (1790). Das wichtigste und am meisten gespielte ist *Faust. Der Tragödie erster*

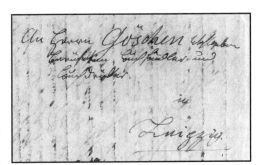

2a.6 Göschen in Leipzig war ein wichtiger Verleger der Zeit. Hier seine Adresse in der Handschrift von Helene Friederike Unger. Die "deutsche" Schrift war damals die normale Schreibschrift

Teil (1808). Die Fortsetzung, *Faust II*, beendete Goethe erst kurz vor seinem Tod, und es wurde erst aus dem Nachlass gedruckt.

In *Faust I* verband Goethe zwei Themen: 1) der Gelehrte Faust und sein Bund mit dem Teufel (Mephisto ist hier sein Name); 2) die Geschichte von Margarete, die von Faust verführt wird, ihr Kind tötet und dafür hingerichtet wird.

In der ersten Szene hält Faust einen langen Monolog über sich selbst und seine Lage. Es ist Nacht. Faust ist allein an seinem Schreibtisch mit seinen Büchern.

FAUST.

Habe nun, ach! Philosophie,
Juristerei und Medizin,
Und leider auch Theologie
Durchaus studiert, mit heißem Bemühn.
Da steh ich nun, ich armer Tor°!
Und bin so klug als wie zuvor;
Heiße Magister, heiße Doktor gar
Und ziehe schon an die zehen° Jahr
Herauf, herab und quer° und krumm°
Meine Schüler an der Nase herum –
Und sehe, daß wir nichts wissen können!
Das will mir schier° das Herz verbrennen.
Zwar bin ich gescheiter als all die Laffen°,
Doktoren, Magister, Schreiber und Pfaffen°;
Mich plagen keine Skrupel noch Zweifel,
Fürchte mich weder vor Hölle noch Teufel –
Dafür ist mir auch alle Freud entrissen,
Bilde mir nicht ein, was Rechts zu wissen,
Bilde mir nicht ein, ich könnte was lehren,
Die Menschen zu bessern und zu bekehren.
Auch hab ich weder Gut noch Geld,
Noch Ehr und Herrlichkeit der Welt;
Es möchte kein Hund so länger leben!
Drum hab ich mich der Magie ergeben,
Ob mir durch Geistes Kraft und Mund
Nicht manch Geheimnis würde kund°;
Daß ich nicht mehr mit saurem Schweiß
Zu sagen brauche, was ich nicht weiß;
Daß ich erkenne, was die Welt
Im Innersten zusammenhält,
Schau alle Wirkenskraft und Samen,
Und tu nicht mehr in Worten kramen.
O sähst du, voller Mondenschein,

der Tor [fool]

hier: zehn
[aslant and twisted]

[nearly]
[dandies]
[clerics]

kund werden = bekannt werden

Zum letzenmal auf meine Pein,
Den ich so manche Mitternacht
An diesem Pult° herangewacht: [desk]
Dann über Büchern und Papier,
Trübsel'ger° Freund, erschienst du mir!   [dismal]
Ach! könnt ich doch auf Bergeshöhn
In deinem lieben Lichte gehn,
Um Bergeshöhle mit Geistern schweben,
Auf Wiesen in deinem Dämmer weben,
Von allem Wissensqualm entladen,
In deinem Tau gesund mich baden!

Und die Frauen?

Wir sollten nicht vergessen, dass es Frauen waren, die die hohe Zeit von
Weimar ermöglicht haben. Carl Augusts Mutter, Herzogin Anna Amalia,
hat als Witwe regiert, bis dieser volljährig° war. Sie hat viele bedeutende   alt genug zu regieren [of age]
Männer nach Weimar geholt, darunter den Schriftsteller Wieland als
Erzieher für ihren Sohn und den Theologen Herder. Sie hat komponiert.
Charlotte von Stein war nicht nur ein wichtiger Einfluss auf Goethe; sie
hat auch klassizistische Dramen geschrieben. Eine Frau, Charlotte von Kalb,
hat Schiller in Darmstadt mit Herzog Carl August bekannt gemacht. Sie
hat selber einen Roman geschrieben. Auch die Schwester von Schillers Frau,
Caroline von Wolzogen, hat ein Drama geschrieben.

Nur Klassiker?

Auch um 1800 wollten die Leute nicht immer nur Belehrung und
Erziehung. Sie wollten sich gut unterhalten, lachen und staunen, ob im
Theater oder zuhause mit einem Buch. Bücher wurden oft laut vorgelesen.
Immer mehr Leute lasen, aber die meisten mochten einfache, triviale Ritter-,
Räuber-, Gespenster- und Zaubergeschichten und Komödien. Goethes
späterer Schwager Christian August Vulpius schrieb Romane, die zu
Bestsellern wurden. Auf den Theatern war es August von Kotzebue (1761–
1808), der am meisten gespielt wurde. Eine beliebte Buchform war der
Jahreskalender in Taschenbuchformat, auch Almanach genannt. Er enthielt
den Kalender für das ganze Jahr und literarische Texte und Illustrationen.

Über Goethes Freundinnen sind viele Bücher geschrieben worden. Er
heiratete schließlich eine einfache Bürgerliche°, Christiane Vulpius (1765–   eine Frau aus dem Bürgertum
1816). Vorher lebte er schon viele Jahre mit ihr zusammen und hatte Kinder   [a middle-class woman]
mit ihr. (Nur eines wurde erwachsen.) In Weimar war das ein Skandal.

Schiller war konservativer: Er heiratete eine Adlige, Charlotte von
Lengefeld (1766–1826), und sie hatten vier Kinder.

Aufgaben zur Literatur

Goethe

Es gibt viele Museen, die den Namen Goethes tragen. Finden Sie sie auf dem Internet und finden Sie heraus, warum sie seinen Namen tragen.

"Mignon"

Was ist gleich und was ist unterschiedlich in den drei Strophen des Gedichtes? Kreuzen Sie an.

	... ist in allen Strophen gleich.	... ist in jeder Strophe anders.
Die Rolle des Adressaten (das Du) ...		
Das Ich stellt Fragen. Das ...		
Das Ich beschreibt das Land (Italien). Das ...		
Die Länge der Strophe ...		
Das Ich ist der einzige Sprecher. Das ...		
Das Ich drückt seine Sehnsucht aus. Das ...		

Iphigenie

a) Die Sprache ist in hohem Stil. Welche Sätze aus der Zusamenfassung und aus den Zitaten drücken das gleiche aus? Kombinieren Sie Zahlen und Buchstaben.

Zusammenfassung	Zitat
1. Orest hat seine Mutter Klytemnästra getötet.	a. O nehmt den Wahn ihm von dem starren Auge,
2. Er glaubt seine Schwester Iphigenie ist tot.	b. Ich folge zum Altar. Der Brudermord ist hergebrachte Sitte.
3. Ihr Vater Agamemnon hatte sie geopfert, aber sie wurde von der Göttin Diana auf die Insel Tauris gebracht.	c. Doch sein geschwungner Arm traf ihre Brust. Die Mutter fiel.
4. Hier ist sie Priesterin im Tempel der Diana.	d. Gefangen bist du, dargestellt zum Opfer.
5. Sie muss alle Fremden, die auf die Insel kommen, als Opfer für die Göttin töten.	e. Sie ist hier, Die längst verlorne Schwester.
6. Iphigenie betet für die Heilung Orests.	f. Vom Altar Riss mich die Göttin weg und rettete Hierher mich in ihr eigen Heiligtum.
7. Orest ist bereit zu sterben.	g. Und findest in der Priesterin die Schwester.

b) Internet-Aufgabe: Informieren Sie sich über den Verfasser, den Inhalt und die Bedeutung der Dramen über die Atriden. Benutzen Sie dabei folgende Fragen als Leitfaden:

1. Wer war der Verfasser der Dramen über die Atriden?

2. Wie heißt Tauris heute und zu welchem Land gehört es?

3. Was hilft im originalen Drama entscheidend, dass Iphigenie Orest nicht töten muss und beide nach Griechenland abfahren?

4. Könnte das eine Lösung für Goethe sein?

5. Was könnte eine moderne Lösung sein?

6. Goethe war ab 1791 Direktor des Weimarer Theaters und bestimmte das Programm. Warum ließ er *Iphigenie* erst 1802 aufführen? (Er hatte das Drama von 1779-1787 geschrieben.)

Das Weltbild der Klassik

Welchen Zusammenhang von Kunst, Ästhetik, Ethik und Freiheit sehen Schiller und Goethe? Verbinden Sie die folgenden Begriffe durch Pfeile ("⇒" heißt, dass eine logische Verbindung besteht):

Harmonie

Überwindung von Gegensätzen

der Mensch wird frei

Sinn für das Schöne

Ruhe und Bewegung

Literatur und Kunst

der Mensch ist gut

"Der Zauberlehrling"

1. Wer spricht in diesem Gedicht? Und in der letzten Strophe?

2. Wer ist der Adressat?

3. Zeichnen Sie, was in den Strophen passiert.

4. Gibt es eine Spannungskurve in diesem Gedicht? Wenn ja, dann zeichnen Sie sie.

5. Lesen Sie das Gedicht laut und überlegen Sie dann:

   a. Wo gibt es Reime?

   b. Was wiederholt sich?

   c. Woran erinnert Sie so eine Form?

   d. Welche anderen musikalischen Elemente finden Sie in diesem Gedicht?

6. Goethe hat gesagt, dass eine Ballade alle drei Gattungen (Epik, Lyrik, Dramatik) "wie in einem lebenden Ur-Ei" in sich vereint (*Über Kunst und Altertum*). Könnte man das auch über den "Zauberlehrling" sagen? Welche Aspekte der drei Gattungen finden Sie in dieser Ballade?

Faust

1. Finden Sie Informationen zu Bearbeitungen des Faust-Themas in der englischen Literatur.

2. Suchen Sie in einem englischen Wörterbuch die Bedeutung von "faustian".

3. Wie viele andere Faust-Dramen und Romane können Sie finden?

4. Informieren Sie sich über den historischen Faust.

Zeittafel

Politische Geschichte (Deutschsprachige Länder)	Literatur und Kultur	Internationales
1804 Napoleon erhebt den Kurfürsten von Bayern und den Herzog von Württemberg zu Königen, weil sie ihn unterstützt haben. Der König von Österreich-Ungarn, Franz, der zugleich – noch – deutscher Kaiser ist, erklärt sich daraufhin zum Kaiser von Österreich-Ungarn.	**1778-88** Goethes Italienreise. Die meiste Zeit verbringt er in Rom und auf Sizilien.	**1789** Die Französische Revolution fordert die Beseitigung der Vorrechte des Adels und der Kirche.
	1787 Goethes Drama Iphigenie erscheint in der Versfassung.	**1790** In England arbeitet das erste Walzwerk mit Dampfantrieb.
1806 Niederlage Preußens gegen Frankreich. Gründung des Rheinbundes. Offizielles Ende des Heiligen Römischen Reichs Deutscher Nation.	**1788** Mozart: Jupiter-Sinfonie	**1792** Frankreich wird Republik und beginnt Krieg gegen Österreich. Beginn der 'Koalitionskriege' gegen Frankreich.
	1788-91 Das Brandenburger Tor in Berlin wird gebaut. Architekt Langhans. Die Quadriga-Skulptur (Viergespann; Bildhauer Schadow) wurde 1794 aufgesetzt.	**1793** Hinrichtung König Ludwigs XVI. von Frankreich. Bis 1794 Jakobiner-Herrschaft. Der französische Maler David malt *Der ermordete Marat*.
1809 In Österreich findet eine erfolglose Rebellion gegen Napoleon statt.	**1791** Mozart stirbt. Sein letztes vollendetes Werk ist die Oper *Die Zauberflöte*.	
	1794 Beginn der Zusammenarbeit und Freundschaft zwischen Goethe und Schiller.	**1795** Napoleon Bonaparte erobert die italienischen Gebiete.
	1796 Die Impfung [immunization] gegen Pocken wird eingeführt.	**1799** Napoleon wird Konsul. Beginn seiner Alleinherrschaft. Zweiter Koalitionskrieg.
	1798 Der sogenannte "Balladen-Almanach" von Goethe und Schiller, Ergebnis des "Balladenjahres" erscheint.	**1800** Thomas Jefferson wird Präsident der USA.
	1798 Joseph Haydn: *Die Schöpfung* (Oratorium)	**1804** Napoleon krönt sich zum Kaiser der Franzosen.
	1800 Schilller: *Maria Stuart* (Drama), Ludwig van Beethoven: 1. Sinfonie. Gauss publiziert die mathematische Abhandlung *Disquisitiones Arithmeticae* (auf Latein).	**1805** Dritte Koalition gegen Napoleon. Schlacht bei Trafalgar.
	1804 Schiller: *Wilhelm Tell* (Drama). Beethoven 3. Sinfonie ("Eroica"). Joseph Anton Koch malt die *Heroische Landschaft mit Regenbogen*.	
	1805 Schiller stirbt in Weimar.	
	1812 Wilhelm von Humboldt entwickelt das Humanistische Gymnasium als Vorschule der Universität	
	1827 Goethe prägt den Begriff "Weltliteratur"	
	1832 Goethe stirbt in Weimar.	

Die klassisch-romantische Epoche

b. Die Romantik

2b.2   Das Paar in der Laube (vergrößertes Detail)

2b.1   Caspar David Friedrich: Der Sommer (1807). Nur eine natürliche Landschaft? Oder ein Symbol für das Erwachsenenalter, den "Lebenssommer"? Beachten Sie das Liebespaar rechts unten.

Geschichte und Kultur

Begeisterung für die Revolution, Enttäuschung und
 Napoleons Großreich

Das Ende des Alten Reiches und der Wunsch nach Einheit

Europa und Amerika

Romantische Seelenlandschaften

Romantische Musik: Ein Meer von Gefühl

Aufgaben zur Geschichte und Kultur

Literatur

Sinnlichkeit und Synästhesie: Romantische Lyrik

Volkslied

Heinrich Heine: "Lorelei"

Novalis und die Blaue Blume

Heinrich von Ofterdingen

Friedrich Hölderlin

Karoline von Günderode

Heinrich von Kleist

Ernst Theodor Amadeus Hoffmann

Johann Peter Hebel: "Kannitverstan"

Aufgaben zur Literatur

Zeittafel (1795 bis 1830)

Begriffe

Liebe   Romantik ist viel mehr als Romanze. Die Romantiker/innen
fühlen sich in Liebe mit allem verbunden: Familie, Freunden, der Natur,
Geist und Gott.

Märchen   Form der fantasievollen Erzählung. Die Romantiker
schätzen die Gattung Märchen besonders. Sie sammelten Volksmärchen,
die mündlich überliefert waren, und schrieben selber Märchen
(Kunstmärchen).

[excessive enthusiasm or sentimentality]

Romantik   Allgemein als Wort: Träumerei, Schwärmerei°; geheimnisvolle,
abenteuerliche, fantastische Beschaffenheit.

Als Epochenbegriff: Kunst, Literatur und Musik um und nach 1800, in
denen Natur, Volk, (National-) Geschichte, Fantasie und Gefühl große

[reason and intellect]

Bedeutung haben. Die Romantiker finden die Betonung von Vernunft° und
Verstand° einseitig. Sie verstehen das Gefühl als Ergänzung zum Verstand.
Die Romantik als Epoche gab es in ganz Europa in der Literatur, Musik,
Malerei etc.

Volkslied   Mündlich überliefertes, gesungenes Gedicht.

Geschichte und Kultur

Begeisterung für die Revolution, Enttäuschung und Napoleons Großreich

2b.3 Napoleon Bonaparte (Buchillustration, 1814)

Über die Wirkungen der Französischen Revolution, den Aufstieg Napoleons und das Ende des Alten Reiches haben wir im letzten Kapitel schon gesprochen. Viele der Gebildeten in Deutschland wünschten mehr Freiheit und Gerechtigkeit. Manche frühe Romantiker waren radikal gegen die Monarchie. Wie Goethe und Schiller waren einige Romantiker enttäuscht von Gewalt und Massenexekutionen, die auf die Revolution folgten. Andere wollten in den folgenden Kriegen sogar auf der französischen Seite kämpfen. Aber Napoleon brachte nicht die gewünschte Freiheit und Mitregierung durch das Volk. Er gab seinen Verwandten, die er als Regenten einsetzte, und den Fürsten, die seinen Willen taten, besondere Macht. Die Franzosen wollten in ganz Europa ihre neue Verwaltung und das neue Rechtssystem einführen. Napoleon begann als erfolgreicher General und krönte sich 1804 zum Kaiser der Franzosen. Seine große Armee besiegte Österreich (1800 und 1805), Russland (1807) und Preußen (1806). Auch die Schweiz wurde militärisch besetzt und wurde für einige Jahre eine französische "Schwesterrepublik" (1798–1803). 1807 regierte Napoleon über den größten Teil des Kontinents.

Nicht alle waren gegen Napoleon und die französische Regierung. Das Bürgertum erhielt größeren Einfluss, weil der Adel seine Privilegien verlor. Das neue Gesetzbuch ("Code Civil") garantierte ein einheitliches Recht und Religionsfreiheit. Schon 1803 ließ Napoleon alle geistlichen Territorien auflösen; das waren zum Beispiel katholische Territorien, deren Bischof zugleich Fürst war wie in Würzburg. Dieses Land wurde Fürsten gegeben, die Gebiete links des Rheins an Frankreich verloren hatten. Kleine Herrschaftsgebiete und Reichsstädte wie Frankfurt am Main und Regensburg verloren ihre Selbständigkeit. Das hieß weniger Kleinstaaten, und weniger Kleinstaaten war ein wirtschaftlicher Vorteil. Es gab damit weniger Zölle°, [tolls] und das erleichterte und verbilligte den Handel.

Für Preußen war die Niederlage° 1806 ("Jena-Auerstedt") ein Schock. Deshalb [defeat] ließ es große Reformen durchführen im Erziehungs- und Universitätswesen, in der Landwirtschaft und im Militär, um Preußen wieder "groß" zu machen.

Das Ende des Alten Reiches und der Wunsch nach Einheit

Da Napoleon Druck machte, legte der deutsche Kaiser (Franz II.) seine Krone nieder. Es gab keinen deutschen Kaiser mehr. Der Habsburger Franz nannte sich nun stattdessen Kaiser von Österreich. Der Dualismus Deutschland – Österreich verstärkte sich dadurch.

1806 schlossen sich 16 deutsche Staaten zum Rheinbund zusammen. Bis 1811 traten 20 weitere Territorien bei. Es ist ein Paradox: Das "Alte Reich" war aufgelöst, aber die Deutschen begannen nun erst, sich als Nation zu sehen. Lange Zeit hatten sie sich nicht als Deutsche gefühlt, sondern als Bayern, Sachsen, Hessen oder Preußen etc.

Die Sprache der Gebildeten war ohnehin nicht Deutsch gewesen. Die Adligen des 18. Jahrhunderts sprachen und schrieben besser Französisch als Deutsch. Dissertationen waren auf Lateinisch zu schreiben. Das änderte sich nun. Die Literatur und die Tatsache, dass viel mehr Menschen sie lasen, hatten großen Anteil daran. Die Romantiker begeisterten sich für die Geschichte und die Kultur des deutschen Mittelalters. Sie sammelten Volkslieder und Volksmärchen und gaben sie in Büchern heraus, um sie zu erhalten und zu kultivieren.

[occupation]

[war of liberation]

Napoleon brachte weder Freiheit noch Mitsprache des Volkes. In den deutschen Ländern führten die Besatzung° und Napoleons Versuch, Russland zu erobern, 1813 zum Aufstand. Zum ersten Mal zogen Truppen aus allen deutschen Ländern in den Krieg, den "Befreiungskrieg°" gegen Napoleon. Der gemeinsame Kampf ließ viele Bürger darauf hoffen, dass bald alle Deutschen in einem einzigen Staat leben würden.

Die entscheidende Schlacht fand 1813 bei Leipzig statt. Nach der völligen Niederlage Napoleons trafen sich die europäischen Herrscher und ihre wichtigsten Minister zum "Wiener Kongress" (1814–15). Als gemeinsames Ziel hatten sie die "Restauration" (Wiederherstellung) der politischen Grenzen und des Absolutismus wie vor der Revolutionszeit. Der Kongress restaurierte aber nicht das alte deutsche Kaiserreich. Er machte aus dem Rheinbund, den anderen deutschen Territorien und Österreich den "Deutschen Bund". Dieser war eine Vereinigung von Einzelstaaten unter der Führung° Preußens und Österreichs.

[leadership]
Tipp: Mehr Informationen zu Metternich finden Sie im Österreich-Lexikon <www.aeiou.at>
[police surveillance]

Der österreichische Staatsminister Metternich° war sehr konservativ und mächtig. Er führte zum Beispiel eine umfassende Zensur und Polizeibespitzelung° ein (1819).

Der Wiener Kongress erkannte die Schweiz als unabhängigen Staat an. Er garantierte die Fortführung der Neutralität als im Interesse Europas. Sie bestand nun aus 22 Kantonen.

Europa und Amerika

Der Kaiser von Österreich, der preußische König und der Zar von Russland schlossen 1815 die "Heilige Allianz". Ihr traten England, der Vatikan und weitere europäische Monarchien bei. Die Allianz wollte politische Veränderungen verhindern, insbesondere Revolutionen. Dennoch führte Griechenland einen Kampf gegen die Herrschaft der Türken ("Freiheitskampf", 1812–1829). Die ehemaligen spanischen und portugiesischen Kolonien in Mittel- und Südamerika erkämpften ihre Unabhängigkeit (zum Beispiel

Venezuela 1810, Mexiko 1813). Die USA unterstützten diese Länder. Präsident Monroe verkündete die Doktrin "Amerika den Amerikanern": Die europäischen Mächte sollten sich aus Amerika heraushalten, dafür würden die USA nicht in europäische Streitigkeiten eingreifen°.

[interfere in]

Romantische Seelenlandschaften

In der Malerei ist die romantische Sehnsucht° oft im Bild dargestellt: Landschaften mit Blick in die unendliche Ferne, auf das unendliche Meer, den Mond, Personen am Fenster, Täler oder Felsen im Nebel oder bei Sonnenuntergang. Es sind schöne Landschaften, die wie fotografiert wirken, und doch sind sie kunstvoll komponiert und voller Symbole. Die Bilder stellen oft eine einfache, natürliche Welt dar. Beliebt sind nicht mehr mediterrane Landschaften mit antiken Bauwerken, sondern 'deutsche' Landschaften: Mittelgebirge, Orte an Flüssen mit hohen gotischen Türmen, Nord- und Ostsee. Kinder sind wichtige neue Motive, weil sie Unschuld und Hoffnung verkörpern. Armut und andere Probleme der Menschen werden vermieden. Caspar David Friedrich (1770–1843) ist berühmt für seine Landschaften, oft mit kleinen, von hinten gesehenen Figuren.

[longing, desire]
umstritten [controversial]

Maler wie Friedrich feierten in ihren Werken die Sehnsucht nach einer paradiesischen Welt. Sie malten nicht die 'wirkliche' Welt mit ihren Problemen, Zwängen° und Grenzen, sondern eine einfache, natürliche andere Welt. Besonders typisch sind Friedrichs Nebel- und Mondlandschaften, Täler und Felsen, die natürlich aussehen, aber oft viele symbolische Elemente enthalten. Philip Otto Runge malte symbolisch-arabeske Bilder der Tageszeiten. Die Gruppe der sogenannten Nazarener strebte eine Erneuerung der religiösen Malerei an.

[restraints]

Romantische Musik: Ein Meer von Gefühl

Der Wiener Komponist Franz Schubert (1797–1828) komponierte in seinem kurzen Leben beinahe 1000 Werke. Er gilt als Begründer des romantischen Kunstliedes. Robert Schumann (1810-56), der wie seine Frau Clara (geborene Wieck) ursprünglich Klaviervirtuose werden wollte, komponierte in einem sehr poetischen und persönlichen Stil.

In der Musik dauert die Romantik viel länger als in der Literatur. Ein später Höhepunkt ist in den Opern von Richard Wagner (1813–1883) zu sehen, die wie *Der Ring des Nibelungen* und *Tristan und Isolde* germanische Mythen und mittelalterliche Stoffe gestalten. Die Opern verwirklichen Wagners Vision vom "Gesamtkunstwerk". Wegen seines Sendungsbewusstseins und Antisemitismus ist Wagner zugleich einer der umstrittensten° deutschen Komponisten.

umstritten (*Komparativ*)
[controversial]

In der Architektur tritt neben den Klassizismus im Geist der Romantik die Nachahmung° des gotischen Stils. Ein Beispiel dafür ist die Friedrich Werdersche Kirche in Berlin (erbaut 1824–30).

[imitation, emulation]

Aufgaben zur Geschichte und Kultur

Napoleon und der Rheinbund.

Tipp: Historische Landkarten zur Geschichte finden Sie auf dem Server für digitale historische Karten <http://linksammlungen.zlb.de>.

Mini-Referat: Informieren Sie sich über die deutschen Staaten, die den Rheinbund bildeten. Wo liegen sie? Wie heißen sie? Welche Vorteile hatten diese Staaten durch ihren Beitritt zum Rheinbund? Berichten Sie dann in der Klasse, was Sie herausgefunden haben.

Das alte Reich

Mini-Referat: Informieren Sie sich über das Heilige Römische Reich Deutscher Nation. Wie lange hat es gedauert? Wer war der erste Kaiser und wann wurde er gekrönt? Wo lagen die Grenzen des Reiches? Berichten Sie dann in der Klasse.

Romantische Musik

Mini-Referat: Informieren Sie sich über romantische Musik. Wer waren die wichtigsten Komponisten? Was ist neu in der romantischen Musik? Was waren die beliebtesten Instrumente und Genres? Bringen Sie Musik-Beispiele mit in die Klasse und präsentieren Sie sie.

Zusammenfassung

Schreiben Sie die folgenden Sätze zu Ende. Benutzen Sie die Informationen am Anfang dieses Kapitels.

1. Zuerst waren die deutschen Romantiker begeistert von der Französischen Revolution, doch dann …

2. Fürsten, die Gebiete links des Rheins an Frankreich verloren hatten, bekamen nun …

3. Die Romantiker trugen zum neuen Nationalgefühl der Deutschen bei durch …

4. Nach dem Wiener Kongress …

5. Typische Motive für romantische Malerei sind …

Literatur

Sinnlichkeit und Synästhesie°: Romantische Lyrik

Was ist romantisch? Gefühle, die zuviel sind für Worte, die Musik verlangen oder selbst Musik sind, mit allen Sinnen empfinden, Liebe, Verbundenheit mit Menschen und dem Metaphysischen, die Natur, besonders wie Liebende sie am Abend fühlen ...

Romantisches Schreiben verlangt nach Bildern, Metaphern, Farben, Melodie und Musik. (Erlebnis-)Gedichte sind deshalb eine besonders wichtige Gattung. Oft wurden sie vertont. Welche dieser Aspekte finden Sie in den folgenden Gedichten wieder? Welche anderen Gefühle werden ausgedrückt?

[synaesthesia]

Die Töne haben Farbe und Licht und bewegen sich: Die Eindrücke mehrerer Sinne verschmelzen hier. Das nennt man Synästhesie (nach dem griechischen Wort für "to sense at the same time, together").

Abendständchen
(Clemens Brentano)

Hör, es klagt die Flöte wieder,
und die kühlen Brunnen° rauschen!
Golden weh'n° die Töne nieder,
stille, stille, laß uns lauschen!

Holdes° Bitten, mild Verlangen,
wie es süß zum Herzen spricht!
Durch die Nacht, die mich umfangen,
blickt zu mir der Töne Licht!

[well]

[to drift, waft]

[lovely, meek]

Mondnacht
(Joseph von Eichendorff)

Es war, als hätt der Himmel
Die Erde still geküßt,
Daß sie im Blütenschimmer°
Von ihm nun träumen müßt.

Die Luft ging durch die Felder,
Die Ähren° wogten° sacht°,
Es rauschten leis die Wälder,
So sternklar war die Nacht.

Und meine Seele spannte
Weit ihre Flügel aus,
Flog durch die stillen Lande,
Als flöge sie nach Haus.

[glimmer of flowers]

[spike of grain] / wogen = sich hin und her bewegen [to wave] / sacht = leise, leicht [gentle]

Sehnsucht
(Joseph von Eichendorff)

Es schienen so golden die Sterne,
Am Fenster ich einsam stand
Und hörte aus weiter Ferne
Ein Posthorn° im stillen Land.
Das Herz mir im Leib entbrennte°,
Da hab ich mir heimlich gedacht:
Ach, wer da mitreisen könnte
In der prächtigen° Sommernacht!

Zwei junge Gesellen° gingen
Vorüber am Bergeshang,
Ich hörte im Wandern sie singen
Die stille Gegend entlang:
Von schwindelnden Felsenschlüften,
Wo die Wälder rauschen so sacht,
Von Quellen, die von den Klüften
Sich stürzen in die Waldesnacht.

Sie sangen von Marmorbildern,
Von Gärten, die überm Gestein
In dämmernden Lauben° verwildern,
Palästen im Mondenschein,
Wo die Mädchen am Fenster lauschen,
Wann der Lauten Klang erwacht
Und die Brunnen verschlafen rauschen.

[the mail carrier's horn]

entbrennen = anfangen zu brennen

[magnificent]

[journeyman: a man learning a trade who finished his three years of apprenticeship, but is not yet a master]

[arbor]

2b.4 Schlossruine, Wald, Fluss, Kirche: Heidelberg – eine romantische Stadt (Stahlstich, 1842).

Joseph von Eichendorff (Schlesien 1788 – 1857 in Neisse) war Jurist und preußischer Beamter. Viele Jahre arbeitete er diszipliniert in verschiedenen Ministerien in Berlin. Er fand seinen Beruf bürokratisch und unbefriedigend. In seinen vielen Gedichten, Erzählungen und Romanen träumte er sich in eine geheimnisvolle und liebevolle Welt. Für zahllose Leser/innen öffneten seine Zauberworte eine andere Welt, eine Welt nicht der Fakten und des Wissens, sondern voller Geheimnisse, Ahnungen und verborgener Zusammenhänge.

Volkslied

Achim von Arnim und Clemens Brentano sammelten Volkslieder und publizierten sie in drei Bänden mit dem Titel *Des Knaben Wunderhorn*° (1805–08). [cornucopia, horn of plenty]

Andere sind Kinderlieder, zum Beispiel:

Reiterlied auf des Vaters Knie

Troß troß trill,
Der Bauer hat ein Füll°, [Füllen = junges Pferd]
Das Füllen will nicht laufen,
Der Bauer wills verkaufen,
Verkaufen wills der Bauer,
Das Leben wird ihm sauer,
Sauer wird ihm das Leben,
Der Weinstock, der trägt Reben,
Reben trägt der Weinstock,
Hörner hat der Ziegenbock°, [male goat]
Der Ziegenbock hat Hörner,
Im Wald, da wachsen Dörner°, [Dornen (Reim!) [thorns]]
Dörner wachsen im Wald,
Der Winter, der ist kalt,
Kalt ist der Winter,
Vor der Stadt wohnt der Schinder°, [knacker, figurative: oppressor]
Wenn der Schinder gessen° hat, [gegessen]
So ist er satt.

Heinrich Heine

Einer der bekanntesten Lyriker deutscher Sprache war Heinrich Heine (Düsseldorf 1797 – 1856 Paris). Er stammte aus einer jüdischen Kaufmannsfamilie, nahm aber 1825 den christlichen Glauben an. Er hatte ein abgeschlossenes Jurastudium, lebte aber vom Schreiben. Angeblich sagte sein Onkel, als er ihn um Unterstutzung bat: "Hätt' er gelernt was Rechtes, müsst' er nicht schreiben Bücher." Er wird oft zusammen mit den "Jungdeutschen" genannt, weil er 1835 gemeinsam mit ihnen verboten wurde. In seinen satirischen *Reisebildern*, einer kunstvoll-leichten Form der Reisebeschreibung, seinem umfangreichen lyrischen Werk und seiner Essayistik ist der Zusammenhang von sozialem, politischem und kulturellem Leben wichtig. Seine immens populäre Bearbeitung der Sage° [legend, saga] von der Lorelei wurde in der Nazi-Zeit wegen seiner jüdischen Herkunft zum anonymen Volkslied erklärt. Es erschien in dem Zyklus *Die Heimkehr* (1823/24). Heine war einer der ersten, die der Romantik ironisch und kritisch gegenüberstanden.

Tipp: Informationen, Abbildungen, Touristisches zum Loreleifelsen <www.lorelei.de>.

Lorelei

[comb]

Ich weiß nicht was soll es bedeuten,
Daß ich so traurig bin;
Ein Märchen aus alten Zeiten,
Das kommt mir nicht aus dem Sinn.

Die Luft ist kühl und es dunkelt,
Und ruhig fließt der Rhein;
Der Gipfel des Berges funkelt
Im Abendsonnenschein.

[boat]

Die schönste Jungfrau sitzet
Dort oben wunderbar;

[jewelry]

Ihr goldnes Geschmeide° blitzet,
Sie kämmt ihr goldenes Haar.

Sie kämmt es mit goldenem Kamme°
Und singt ein Lied dabei;
Das hat eine wundersame,
Gewaltige Melodei.

Den Schiffer im kleinen Schiffe
Ergreift es mit wildem Weh;
Er schaut nicht die Felsenriffe,
Er schaut nur hinauf in die Höh.

Ich glaube, die Wellen verschlingen
Am Ende Schiffer und Kahn°;
Und das hat mit ihrem Singen
Die Lorelei getan.

2b. 5 Blumen und Feen. Adele Schopenhauer (1797-1849), die Schwester des Philosophen Arthur, machte romantische Scherenschnitte

Die Brüder Jacob (1785–1863) und Wilhelm (1786–1859) Grimm sammelten und bearbeiteten Märchen in Prosa. Ihre *Kinder- und Hausmärchen* (1812, 1815) sollten den Schatz deutscher "Volkspoesie" erhalten und das Bürgertum darin unterrichten. Die Grimm'schen Märchensammlungen gehören in ihren Übersetzungen weltweit zu den meistgedruckten Büchern. Die Romantiker erfanden und schrieben aber auch selbst Märchen, allerdings komplexe, kunstvolle.

Novalis und die Blaue Blume

Friedrich von Hardenberg (1772 –1801) nannte sich als Dichter "Novalis". Sein Vater war Direktor einer Saline, eines Salzbergwerks. Friedrich studierte erst Jura, dann Bergwerkskunde, Chemie und Mathematik. Er wurde Ingenieur und 1799 selbst Mitglied des Salinendirektoriums in Weißenfels. Er verlobte sich schon 1795 mit der erst zwölfjährigen Sophie von Kühn. Sie starb 1797, und es war ein Schock für Friedrich. Er schrieb Gedichte und einen Roman, der Fragment blieb. Er starb jung an Tuberkulose.

[novel]

Sein Roman° *Heinrich von Ofterdingen* (1802) beginnt mit einem Traum. Der Traum ist ein wichtiges romantisches Thema. Im Traum zeigen sich Ängste, aber auch rätselhafte Hoffnungen. Vor dem Einschlafen denkt Heinrich an die Begegnung mit einem geheimnisvollen Fremden. Sein Traum von einer Blauen Blume enthält den Schlüssel zu dem Roman.

Aus *Heinrich von Ofterdingen*

Der Jüngling verlor sich allmählich° in süßen Phantasien und entschlummerte. Da träumte ihm erst von unabsehlichen Fernen, und wilden, unbekannten Gegenden. Er wanderte über Meere mit unbegreiflicher Leichtigkeit; wunderliche Tiere sah er; er lebte mit mannigfaltigen Menschen, bald im Kriege, in wildem Getümmel, in stillen Hütten. Er geriet in Gefangenschaft und die schmählichste° Not. Alle Empfindungen stiegen bis zu einer niegekannten Höhe in ihm. Er durchlebte ein unendlich buntes Leben; starb und kam wieder, liebte bis zur höchsten Leidenschaft, und war dann wieder auf ewig von seiner Geliebten getrennt. Endlich gegen Morgen, wie draußen die Dämmerung anbrach, wurde es stiller in seiner Seele, klarer und bleibender wurden die Bilder. Es kam ihm vor, als ginge er in einem dunkeln Walde allein. Nur selten schimmerte der Tag durch das grüne Netz. Bald kam er vor eine Felsenschlucht, die bergan° stieg. Er mußte über bemooste Steine klettern, die ein ehemaliger Strom herunter gerissen hatte. Je höher er kam, desto lichter wurde der Wald. Endlich gelangte er zu einer kleinen Wiese, die am Hange des Berges lag. Hinter der Wiese erhob sich eine hohe Klippe, an deren Fuß er eine Öffnung erblickte, die der Anfang eines in den Felsen gehauenen Ganges zu sein schien. Der Gang führte ihn gemächlich° eine Zeitlang eben fort, bis zu einer großen Weitung, aus der ihm schon von fern ein helles Licht entgegen glänzte. Wie er hineintrat, ward er einen mächtigen Strahl gewahr, der wie aus einem Springquell bis an die Decke des Gewölbes stieg, und oben in unzählige Funken zerstäubte, die sich unten in einem großen Becken sammelten; der Strahl glänzte wie entzündetes Gold; nicht das mindeste Geräusch war zu hören, eine heilige Stille umgab das herrliche Schauspiel. Er näherte sich dem Becken, das mit unendlichen Farben wogte und zitterte. Die Wände der Höhle waren mit dieser Flüssigkeit überzogen, die nicht heiß, sondern kühl war, und an den Wänden nur ein mattes, bläuliches Licht von sich warf. Er tauchte seine Hand in das Becken und benetzte seine Lippen. Es war, als durchdränge ihn ein geistiger Hauch, und er fühlte sich innigst gestärkt und erfrischt. Ein unwiderstehliches Verlangen ergriff ihn sich zu baden, er entkleidete sich und stieg in das Becken. Es dünkte ihn, als umflösse ihn eine Wolke des Abendrots; eine himmlische Empfindung überströmte sein Inneres; mit inniger Wollust strebten unzählbare Gedanken in ihm sich zu vermischen; neue, niegesehene Bilder entstanden, die auch ineinanderflossen und zu sichtbaren Wesen um ihn wurden, und jede Welle des lieblichen Elements schmiegte° sich wie ein zarter Busen an ihn. Die Flut schien eine Auflösung reizender Mädchen, die an dem Jünglinge sich augenblicklich verkörperten.

[little by little, gradually]

[most shameful]

[uphill]

[leisurely]

sich anschmiegen [to snuggle up to]

Berauscht von Entzücken und doch jedes Eindrucks bewußt, schwamm er gemach dem leuchtenden Strome nach, der aus dem Becken in den Felsen hineinfloß. Eine Art von süßem Schlummer befiel ihn, in welchem er unbeschreibliche Begebenheiten träumte, und woraus ihn eine andere Erleuchtung weckte. Er fand sich auf einem weichen Rasen am Rande einer Quelle, die in die Luft hinausquoll und sich darin zu verzehren° schien. Dunkelblaue Felsen mit bunten Adern erhoben sich in einiger Entfernung; das Tageslicht, das ihn umgab, war heller und milder als das gewöhnliche, der Himmel war schwarzblau und völlig rein. Was ihn aber mit voller Macht anzog, war eine hohe lichtblaue Blume, die zunächst an der Quelle stand, und ihn mit ihren breiten, glänzenden Blättern berührte. Rund um sie her standen unzählige Blumen von allen Farben, und der köstliche Geruch erfüllte die Luft. Er sah nichts als die blaue Blume, und betrachtete sie lange mit unnennbarer Zärtlichkeit. Endlich wollte er sich ihr nähern, als sie auf einmal sich zu bewegen und zu verändern anfing; die Blätter wurden glänzender und schmiegten sich an den wachsenden Stengel, die Blume neigte sich nach ihm zu, und die Blütenblätter zeigten einen blauen ausgebreiteten Kragen, in welchem ein zartes Gesicht schwebte. Sein süßes Staunen wuchs mit der sonderbaren Verwandlung, als ihn plötzlich die Stimme seiner Mutter weckte, und er sich in der elterlichen Stube fand, die schon die Morgensonne vergoldete. Er war zu entzückt, um unwillig über diese Störung zu sein; vielmehr bot er seiner Mutter freundlich guten Morgen und erwiderte ihre herzliche Umarmung.

[to consume]

Die Blaue Blume ist ein zentrales Symbol der Romantik, das Symbol der romantischen Sehnsucht. Sie will die Grenzen des alltäglichen Lebens überwinden und strebt nach dem Unendlichen. Die Romantiker schreiben viele Romane und schätzen diese Gattung besonders. Die Helden sind oft junge Künstler und Reisende oder Gestalten aus dem Mittelalter.

Friedrich Hölderlin

Hölderlin (1770–1843) hat eine sehr romantische Biografie: Er studierte Theologie. Er schrieb Gedichte in klassisch-griechischen Formen, zum Beispiel die Elegie "Brot und Wein", die Hymnen an Heidelberg oder Stuttgart. Seine Lyrik gilt heute als klarer Höhepunkt der deutschen Literatur, aber zu seiner Zeit wollte ihn kaum jemand lesen. Er hatte finanzielle Probleme. Als Hauslehrer des Bankiers Gontard in Frankfurt verliebte er sich in die Ehefrau, Susette Gontard. In seinen Gedichten und Briefen nannte er sie Diotima, nach der Seherin in Platons *Symposium*. Dort lehrte Diotima den jungen Plato die Philosophie der Liebe. Hölderlin musste das Haus verlassen und nahm eine Stelle in Bordeaux (Südfrankreich) an. Er ging zu Fuß dorthin, kam aber schon nach wenigen Monaten zurück in die Heimat in Südwestdeutschland, verwirrt und verwahrlost.

Ein Rätsel ist, warum Hölderlin die zweite Hälfte seines Lebens unheilbar geistesgestört war. Er lebte fast vierzig Jahre in einem Turm° in Tübingen, von einem Freund versorgt. Er hatte sich für die Französische Revolution begeistert, aber auch patriotische Gedichte auf Deutschland gemacht. Es gibt verschiedene Theorien: Wurde er "verrückt" aus unglücklicher Liebe und Verzweiflung über den Tod von Susette? Zog er sich vor der politischen Wirklichkeit nach 1806 zurück? Litt er an Schizophrenie?

Tipp: Der sogenannte Hölderlin-Turm. In ihm ist ein Museum über Hölderlin untergebracht. Siehe zum Beispiel <www.tuebingen-info.de/eintauchen/turm.htm>.

Hälfte des Lebens

Mit gelben Birnen hänget
Und voll mit wilden Rosen
Das Land in den See,
Ihr holden Schwäne
Und trunken von Küssen
Tunkt° ihr das Haupt
Ins heilignüchterne Wasser.

Weh mir, wo nehm ich, wenn
Es Winter ist, die Blumen, und wo
Den Sonnenschein,
Und Schatten der Erde?
Die Mauern stehn
Sprachlos und kalt, im Winde
Klirren° die Fahnen.

tunken in: eintauchen [to dip into]

[to clank, clink, clang] (ein lautmalendes Wort)

Karoline von Günderrode

Frauen waren nicht nur Muse, Inspiration und Geliebte für die Romantiker. Sie waren selbst sehr aktiv und kreativ. Autorinnen wie Dorothea Schlegel (geborene Brendel Mendelssohn), Caroline Schlegel-Schelling, Sophie Mereau, Karoline von Günderrode, Therese Huber und Helene Friederike Unger schrieben Gedichte, Märchen, Romane, Dramen, Autobiografien und Übersetzungen. Dorothea Schlegel war an der großen Neuübersetzung von Shakespeares Werken beteiligt. Benedikte Naubert lebte bis 1819 und gab den empfindsamen Stil nie ganz auf. Ihre historischen Romane waren lange vor dem Einfluss von Walter Scott populär. Die fantasie- und gefühlvollen Briefe der Romantikerinnen waren eine besondere Kunstform. Bettina von Arnim zum Beispiel veröffentlichte später ihre Briefwechsel mit der Günderrode°, mit ihrem Bruder Clemens und mit Goethe. Sie erweiterte die Briefe und machte eine Art Roman daraus. Andere pflegten die hohe Kunst der Konversation und der Geselligkeit° in Salons, zum Beispiel Rahel

2b.6 *Thekla von Thurn*, ein anonym erschienener Roman von Benedikte Naubert

Hinweis: Sie schrieb "Günderode"

[sociability]

Tipp: Das ganze Gedicht finden Sie im "Gutenberg Projekt – DE". Die Orthografie wurde modernisiert.

Varnhagen und Henriette Herz in Berlin und Johanna Schopenhauer in Weimar. Sie diskutierten über auch über Politik und Zeitgeschichte.

Karoline von Günderrode (1780–1806) zum Beispiel sah mit Napoleon eine neue, bessere Zeit anbrechen. Ihr Gedicht "Bonaparte in Ägypten" (1798) enthält diese Zeilen:

> Möge dem Helden das Werk gelingen, Völker
> Zu beglücken, möge der schöne Morgen der Freiheit
> Sich entwinden der Dämmerung finsterem Schoße°.

[lap]

Heinrich von Kleist

Heinrich von Kleist (Frankfurt an der Oder, 1777 – 1811, Potsdam) hatte ebenfalls kein glückliches Leben. Er stammte aus einer adligen Familie und sollte Karriere im Militär machen. Er aber wollte ein berühmter Dramatiker werden. Woran ist er wohl so früh gestorben? Wie Hölderlin verband er Interesse an klassischen Formen und Mythologie mit romantischen. Wie Hölderlin wurde sein Werk erst viel später anerkannt. Kann eine Frau den Mann lieben, der sie vergewaltigt hat? Warum tut ein Mann einer Frau, die er liebt, Gewalt an? Das sind Fragen, auf die es keine einfachen Antworten gibt. Kleist stellt diese Fragen in der Erzählung "Die Marquise von O" (1810). Paradoxes faszinierte ihn. Ganz kurz erzählte er davon in Anekdoten.

[native]

etwas gebührt jemandem = er hat es verdient

[fists]

Blut speien, spie, gespien [to spit blood]

[to cheer]

[bowels]

Anekdote (1810)

Zwei berühmte englische Boxer, der eine aus Portsmouth gebürtig°, der andere aus Plymouth, die seit vielen Jahren von einander gehört hatten, ohne sich zu sehen, beschlossen, da sie in London zusammentrafen, zur Entscheidung der Frage, wem von ihnen der Siegerruhm gebühre°, einen öffentlichen Wettkampf zu halten. Demnach stellten sich beide, im Angesicht des Volks, mit geballten Fäusten°, im Garten einer Kneipe, gegeneinander; und als der Plymouther den Portsmouther, in wenig Augenblicken, dergestalt auf die Brust traf, daß er Blut spie°, rief dieser, indem er sich den Mund abwischte: brav! – Als aber bald darauf, da sie sich wieder gestellt hatten, der Portsmouther den Plymouther, mit der Faust der geballten Rechten, dergestalt auf den Leib traf, daß dieser, indem er die Augen verkehrte, umfiel, rief der letzter: das ist auch nicht übel –! Worauf das Volk, das im Kreise herumstand, laut aufjauchzte°, und, während der Plymouther, der an den Gedärmen° verletzt worden war, tot weggetragen ward, dem Portsmouther den Siegsruhm zuerkannte.– Der Portsmouther soll aber auch Tags darauf am Blutsturz gestorben sein.

Ernst Theodor Amadeus Hoffmann

E. T. A. Hoffmann (Königsberg, 1776 – 1822, Berlin) war Jurist im preußischen Staatsdienst. Ab 1808 begann er, Erzählungen zu schreiben und lebte in Bamberg, Dresden und Leipzig als Musiklehrer, Kapellmeister, Musiker, Maler und Zeichner. Er war ein 'richtiger' Romantiker, verwendete keine antiken Formen und Themen. Seine Erzählungen und Märchen sind sehr fantasievoll, manche unheimlich°. Oft spielt Musik eine große Rolle. [uncanny] Ein Thema, das ihn besonders faszinierte, sind Automaten und Puppen, die lebendig werden oder für lebendig gehalten werden. Denken Sie an Roboter? Genau das war Hoffmanns Fantasie. In anderen Geschichten passieren Verbrechen. "Das Fräulein von Scudery" (1819) ist eine Detektivgeschichte. Sie spielt in Paris zur Zeit des Sonnenkönigs Ludwig XIV.. Scudery ist eine Schriftstellerin, die eine Reihe von mysteriösen Morden aufdeckt. Überrascht? Mit Recht, denn die meisten klassischen Detektive sind Männer.

Hoffmanns Märchen "Nussknacker und Mausekönig" (1816) ist weltweit durch das Ballett *Der Nussknacker°* berühmt geworden. Der russische [nutcracker] Komponist Peter Tschaikowsky schrieb die Musik dazu am Ende des 19. Jahrhunderts. Kunstvoll geschnitzte° Nussknacker-Figuren waren seit dem [carved] 18. Jahrhundert populär, und in Hoffmanns Märchen werden sie lebendig.

Johann Peter Hebel

Hebel (Basel, 1760–1816, Schwetzingen) war evangelischer Priester und ab 1798 Lehrer am Gymnasium in Karlsruhe. Er schrieb Anekdoten und kurze Erzählungen für den Kalender *Der Rheinländische Hausfreund*, den er herausgab. "Kannitverstan" ist eine solche Kalendergeschichte. Hebel schrieb für das einfache Volk, und seine Hauptpersonen sind einfache Leute. Eine Auswahl erschien 1811 als *Schatzkästlein° des Rheinischen Hausfreunds*. [little treasure chest]

Kannitverstan°

Das Wort wird im Text erklärt.

Der Mensch hat wohl täglich Gelegenheit, in Emmendingen und Gundelfingen so gut als in Amsterdam Betrachtungen über den Unbestand° aller irdischen° Dinge anzustellen, wenn er will, und zufrieden zu werden mit seinem Schicksal, wenn auch nicht viel gebratene Tauben für ihn in der Luft herumfliegen. Aber auf dem seltsamsten Umweg kam ein deutscher Handwerksbursche in Amsterdam durch den Irrtum zur Wahrheit und zu ihrer Erkenntnis. Denn als er in diese große und reiche Handelsstadt voll prächtiger Häuser, wogender Schiffe und geschäftiger Menschen gekommen war, fiel ihm sogleich ein großes und schönes Haus in die Augen, wie er auf seiner ganzen Wanderschaft von Tuttlingen bis nach Amsterdam noch keines erlebt hatte. Lange betrachtete er mit Verwunderung dies kostbare Gebäude, die sechs Kamine auf dem Dach, die schönen Gesimse° und die hohen Fenster, größer als an des Vaters [cornice]

Unbeständigkeit [impermance] / [mundane, earthly]

Haus daheim die Tür. Endlich konnte er sich nicht entbrechen, einen Vorübergehenden anzureden. "Guter Freund", redete er ihn an, "könnt Ihr mir nicht sagen, wie der Herr heißt, dem dieses wunderschöne Haus gehört mit den Fenstern voll Tulipanen°, Sternenblumen° und Levkojen°?" – Der Mann aber, der vermutlich etwas Wichtigeres zu tun hatte und zum Unglück geradeso viel von der deutschen Sprache verstand als der Fragende von der holländischen, nämlich nichts, sagte kurz und schnauzig°: "Kannitverstan", und schnurrte vorüber. Dies war nur ein holländisches Wort oder drei, wenn man's recht betrachtet, und heißt auf deutsch soviel als: Ich kann Euch nicht verstehn. Aber der gute Fremdling glaubte, es sei der Name des Mannes, nach dem er gefragt hatte. Das muß ein grundreicher Mann sein, der Herr Kannitverstan, dachte er und ging weiter. Gaß° aus Gaß ein kam er endlich an den Meerbusen, der da heißt: Het Ei, oder auf deutsch: das Ypsilon. Da stand nun Schiff an Schiff und Mastbaum an Mastbaum, und er wußte anfänglich nicht, wie er es mit seinen zwei einzigen Augen durchfechten werde, alle diese Merkwürdigkeiten genug zu sehen und zu betrachten, bis endlich ein großes Schiff seine Aufmerksamkeit an sich zog, das vor kurzem aus Ostindien angelangt war und jetzt eben ausgeladen wurde. Schon standen ganze Reihen von Kisten und Ballen° auf- und nebeneinander am Lande. Noch immer wurden mehrere herausgewälzt und Fässer voll Zucker und Kaffee, voll Reis und Pfeffer und salveni° Mausdreck darunter. Als er aber lange zugesehen hatte, fragte er endlich einen, der eben eine Kiste auf der Achsel heraustrug, wie der glückliche Mann heiße, dem das Meer alle diese Waren an das Land bringe. "Kannitverstan", war die Antwort. Da dacht er: Haha, schaut's da heraus? Kein Wunder, wem das Meer solche Reichtümer an das Land schwemmt, der hat gut solche Häuser in die Welt stellen und solcherlei Tulipanen vor die Fenster in vergoldeten Scherben. Jetzt ging er wieder zurück und stellte eine recht traurige Betrachtung bei sich selbst an, was er für ein armer Teufel sei unter so viel reichen Leuten in der Welt. Aber als er eben dachte: Wenn ich's doch nur auch einmal so gut bekäme, wie dieser Herr Kannitverstan es hat, kam er um eine Ecke und erblickte einen großen Leichenzug°. Vier schwarz vermummte Pferde zogen einen ebenfalls schwarz überzogenen Leichenwagen° langsam und traurig, als ob sie wüßten, daß sie einen Toten in seine Ruhe führten. Ein langer Zug von Freunden und Bekannten des Verstorbenen folgte nach, Paar und Paar, verhüllt in schwarze Mäntel und stumm. In der Ferne läutete ein einsames Glöcklein. Jetzt ergriff unsern Fremdling ein wehmütiges° Gefühl, das an keinem guten Menschen vorübergeht, wenn er eine Leiche sieht, und blieb mit dem Hut in den Händen andächtig stehen, bis alles vorüber war. Doch machte er sich an den letzten vom Zug, der eben in der Stille ausrechnete, was er an seiner Baumwolle gewinnen

(Margin notes: (3) Namen von Blumen / [crossly, annoyed] / Gaß aus Gaß ein: nach vielen Straßen / [bales] / Lateinisch "Entschuldigung" (für das folgende Wort) / [funeral procession] / [hearse, catafalque] / [poignant, wistful])

könnte, wenn der Zentner um 10 Gulden° aufschlüge, ergriff ihn sachte am Mantel und bat ihn treuherzig um Exküse°. "Das muß wohl auch ein guter Freund von Euch gewesen sein", sagte er, "dem das Glöcklein läutet, daß Ihr so betrübt und nachdenklich mitgeht." "Kannitverstan!" war die Antwort. Da fielen unserm guten Tuttlinger ein paar große Tränen aus den Augen, und es ward ihm auf einmal schwer und wieder leicht ums Herz. "Armer Kannitverstan", rief er aus, "was hast du nun von allem deinem Reichtum? Was ich einst von meiner Armut auch bekomme: ein Totenkleid und ein Leintuch° und von allen deinen schönen Blumen vielleicht einen Rosmarin auf die kalte Brust oder eine Raute." Mit diesem Gedanken begleitete er die Leiche, als wenn er dazu gehörte, bis ans Grab, sah den vermeinten Herrn Kannitverstan hinabsenken in seine Ruhestätte und ward von der holländischen Leichenpredigt, von der er kein Wort verstand, mehr gerührt als von mancher deutschen, auf die er nicht achtgab. Endlich ging er leichten Herzens mit den andern wieder fort, verzehrte in einer Herberge°, wo man Deutsch verstand, mit gutem Appetit ein Stück Limburger Käse, und wenn es ihm wieder einmal schwer fallen wollte, daß so viele Leute in der Welt so reich seien und er so arm, so dachte er nur an den Herrn Kannitverstan in Amsterdam, an sein großes Haus, an sein reiches Schiff und an sein enges Grab.

Holländische Währung
Entschuldigung

[linen sheet]

[inn]

Aufgaben zur Literatur

Gedichte

Lesen Sie die Gedichte "Abendständchen" von Brentano, "Mondnacht" und "Sehnsucht" von Eichendorff. Unterstreichen Sie dann alle Nomen und ordnen Sie sie in die Tabelle ein:

Natur	Mensch/Gefühle	Kultur/Gesellschaft

Welche Kategorie dominiert? Beschreiben Sie nun mit Ihren eigenen Worten, was für eine Welt die Gedichte evozieren.

Mini-Referat

Finden Sie heraus, wo die Stadt Hameln liegt und wie heute noch die Rattenfänger Sage die Identität der Stadt bestimmt. Was ist in der Stadt nach dem Rattenfänger benannt und welche Aktivitäten werden für Touristen angeboten? Siehe <www.hameln.de>.

Heinrich Heine: "Lorelei"

1. Zeichnen Sie die Szene in Heines Gedicht.
2. Vergleichen Sie dann Ihre Zeichnung mit Abbildungen, die Sie finden können. (Tipp: Bildsuche auf <www.google.de>.)
3. Wie sieht das Mädchen bei Ihnen aus? Wie auf den Abbildungen?
4. Wo sitzt es?

Novalis: *Heinrich von Ofterdingen*

1. Welche Gefühle beschreibt das Ich in dem Abschnitt? Markieren Sie alle, die Sie im Text finden können:

   _____ Fernweh   _____ Heimweh   _____ Sehnsucht   _____ Verlangen

   _____ Hass   _____ Liebe   _____ Trauer   _____ Ekel

   _____ Zärtlichkeit _____ Entzücken   _____ Wollust   _____ Neugierde

   _____ Verwunderung _____ Leidenschaft _____ Gewissheit   _____ Staunen

2. Zeichnen Sie die Szene in der Höhle. Wie sieht die Höhle aus? Was macht er da? Wo ist die blaue Blume?

Heinrich von Kleist: "Anekdote"

1. Analysieren Sie die Satzstruktur des Textes. Finden Sie zuerst den grammatischen Hauptsatz in jedem Satz, unterstreichen Sie ihn und fügen Sie dann weitere Satzteile hinzu. Unterstreichen Sie dann immer die jeweils subordinierten Satzteile.
2. Was ist strukturell anders im letzten Satz?
3. Welche Dualitäten gibt es im Inhalt des Textes? Füllen Sie die Tabelle aus.

	Figur 1	**Figur 2**
Beruf		
Herkunft		
Wo getroffen?		
Verletzung		
Todeszeitpunkt		

4. Welchen Ton finden Sie im Text? Markieren Sie alle Adjektive, die Sie richtig finden.

_____ lakonisch		_____ fröhlich	
_____ sarkastisch		_____ freundlich	
_____ deprimiert		_____ zynisch	
_____ distanziert		_____ heiter	
_____ bitter			

Hebel: "Kannitverstan"

1. Lesen Sie den ersten Satz des Textes. Wofür können die "gebratenen Tauben" ein Symbol sein?

2. Lesen Sie den letzten Satz. Welche drei "Tauben" werden genannt?

3. Suchen Sie diese drei Themen im Hauptteil des Textes und schreiben Sie sie in die Tabelle:

	"Taube 1:" _____	"Taube 2:" _____	"Taube 3:" _____
Eigenschaften			
Wert			
Reaktion des Tuttlingers darauf			

4. Was heißt "Kannitverstan" auf Deutsch?

5. Wie interpretiert der Tuttlinger das Wort?

Zusammenfassung:

Die romantische Bewegung in der deutschen Literatur. Die folgenden Sätze ergeben eine Definition. Schreiben Sie sie zu Ende:

1. Die folgenden Adjektive beschreiben Aspekte der Romantik: ...

2. Einige der wichtigsten Vertreter der Romantik waren ...

3. Die häufigsten Motive der romantischen Literatur sind ...

4. Deutschland war zur Zeit der Romantik ...

5. Die Blaue Blume ist ...

6. Träume waren wichtig für die Romantiker, weil ...

7. Die Brüder Grimm sammelten und ...

Zeittafel

Deutschsprachige Länder Politik und Wirtschaft	Kultur	Internationales
1798 Revolution in der Schweiz und Errichtung der Helvetischen Republik (bis 1803). **1799** Erste Dampfmaschine in Berlin (später als in England). **1799–1804** Alexander von Humboldt unternimmt eine Forschungsreise nach Mittel- und Südamerika. **1803–13** Die Schweiz wird ein Bundesstaat (19 Kantone), von Frankreich abhängig. **1806** Offizielles Ende des Heiligen Römischen Reichs Deutscher Nation. **1813-15** Befreiungskriege gegen die Vorherrschaft Napoleons in Europa. **1815** Der Wiener Kongress beschließt die Neuordnung Europas. Das Alte Reich wird nicht wiederhergestellt, statt dessen wird der Deutsche Bund gegründet. Österreich erhält einen großen Teil der verlorenen Gebiete zurück. **1818** Bayern und Baden erhalten eine Verfassung und ein Parlament mit Volksvertretung. **1826** Gasbeleuchtung in der Hauptstraße "Unter den Linden" in Berlin.	**1797** Ludwig Tieck *Volksmärchen*. **1802** Der Roman (*Heinrich von Ofterdingen*) von Novalis erscheint. **1805** Schiller stirbt in Weimar. **1805-1808** Achim von Arnim und Clemens Brentano geben eine Sammlung von Volksliedern mit dem Titel *Des Knaben Wunderhorn* heraus. **1811** Der Philosoph J. G. Fichte wird erster Rektor der neuen Universität Berlin. **1812** Wilhelm von Humboldt entwickelt das Humanistische Gymnasium als Vorschule der Universität **1812/15** Die Brüder Jacob und Wilhelm Grimm geben die von ihnen gesammelten und bearbeiteten *Kinder- und Hausmärchen* heraus. **1813** Mit Marie Ellenrieder wird erstmals eine Frau in eine staatliche Kunstakademie (München) aufgenommen **1819** Strenge Zensur, Entlassung von Lehrern und Professoren, die revolutionär denken. **1819–34** *Deutsche Grammatik* von Jacob Grimm. **1821** Oper *Der Freischütz* von Carl Maria von Weber. **1822** Gemälde *Der Mondaufgang am Meer* von Caspar David Friedrich.	**1799** Napoleon wird Konsul. Beginn seiner Alleinherrschaft. Zweiter Koalitionskrieg. **1800** A. Volta (Italien) entdeckt das erste elektrische Element. **1804** Napoleon Bonaparte krönt sich zum Kaiser der Franzosen. **1808** Erster Telegraf. **1813** In GB baut George Stephenson Bergbau-Bahnen. **1821** Die erste Personenbahn fährt zwischen Stockton und Darlington (GB). **1812** Russlandfeldzug Napoleons. **1814** Sturz Napoleons. **1818–24** Georg Lord Byron: *Don Juan* (engl. Fragment) **1823** Verkündigung der Monroe-Doktrin in den USA: "Amerika den Amerikanern". **1821–29** Griechischer Freiheitskampf gegen die türkische Herrschaft. 1822 erklärt Griechenland die Unabhängigkeit.

Zweiter Teil:
Das 19. Jahrhundert

3

Realismus als Epoche

a. Biedermeier und Vormärz

3a.2   Detail: Philip Veits *Germania*. Ihre Fahne ist schwarz-rot-gold. Die Farben standen für die Einigkeit der deutschen Länder.

3a.1   Deutsche Nationalversammlung in der Paulskirche in Frankfurt a.M. 1848 (Lithographie)

3a.3 Ausschnitt aus einem typischen Biedermeier-Portrait auf einem Prospekt des Milwaukee Art Museums 2007.

Geschichte und Kultur

Revolutionen

Industrialisierung

Die Zeit der Bürger bricht an: Von der Ständegesellschaft
     zur Schichtengesellschaft

Zeitungen

Anfänge der Frauenbewegung

Biedermeier–die Kunst und Kultur des Bürgertums

Aufgaben zur Geschichte und Kultur

Literatur

Motiv: Soziale Ungerechtigkeit, Armut und Verbrechen

Georg Büchner: *Der Hessische Landbote*, Woyzeck - Nur ein
     Kriminalfall?

Annette von Droste-Hülshoff: *Die Judenbuche*

Louise Otto-Peters: Die Frauenfrage: "Klöpplerinnen", "Für alle"

Das "sanfte Gesetz"

Adalbert Stifter: *Bergkristall*

Motiv: Ein einiges Deutschland

A. H. Hoffmann von Fallersleben: "Das Lied der Deutschen"

... und noch was Gruseliges

Aufgaben zur Literatur

Zeittafel (1830 bis 1848)

Begriffe

Biedermeier   Ein Stil in der Literatur, aber auch in der Malerei und für
Inneneinrichtung. Als Haltung bezeichnet es die Tendenz, sich auf den Alltag,
das Private, Familie und Heim zu beschränken, von politischen Themen und
öffentlichen Diskussionen zurückzuziehen. Gemütlichkeit ist wichtig.

Flugschrift   Druck von geringem Umfang, oft nur ein Blatt und mit Bild
versehen ("Flugblatt"). Oft anonym verfasst und zum Zweck politischer oder
religiöser Beeinflussung verteilt. Die Flugschrift ergreift Partei in öffentlichen
Auseinandersetzungen und heizt die Stimmung im Volk an.

Ironie   Ein rhetorisches und stilistisches Mittel. Man sagt das Gegenteil von dem,
was man meint, rechnet aber damit, dass Leser/Hörer es erkennen. Ironie dient oft
der Kritik.

Junges Deutschland / Die Jungdeutschen   Bezeichnung für politisch engagierte,
liberale Schriftsteller in dieser Zeit (Ludwig Börne, Karl Gutzkow, Heinrich Laube
und andere). Ihre Schriften waren 1835–1842 verboten. Sie publizierten vor allem
in Zeitungen und waren frühe Journalisten.

Novelle   Eine Erzählung mittlerer Länge über ein Ereignis, das wirklich passiert,
aber unglaublich ist (Goethe: "unerhörte Begebenheit"). Diese Gattung ist im
ganzen 19. Jahrhundert sehr wichtig und weit verbreitet.

Vormärz   Bezeichnung für die Jahre vor der Märzrevolution 1848 und ihre
revolutionären Tendenzen in Politik, Literatur und Kultur.

Geschichte und Kultur

Der Deutsche Bund

Im Juli 1830 kommt es in Frankreich zu einer Revolution gegen die restaurative Politik. Frankreich bleibt Königreich, wird aber liberal, und das Bürgertum erhält die Macht.

Der Deutsche Bund ist nicht zentralisiert wie Frankreich, und so kommt es nur zu einzelnen Unruhen. Die Kritik an der "Restauration" wird jedoch lauter und immer mehr Menschen wollen demokratische Verfassungen. 1832 fordert eine große Demonstration in der Stadt Hambach eine deutsche Republik. Als Folge davon werden Presse- und Versammlungsfreiheit vollständig aufgehoben.

16 Jahre später, 1848, gibt es in Frankreich wieder Revolution, und der König wird gestürzt und flieht nach England. Frankreich wird Republik und radikale Linke führen die provisorische Regierung. Diesmal lassen sich die Deutschen anstecken, und im März 1848 gibt es in fast allen Staaten des Bundes Revolten. Dazu gehören auch Wien, Ungarn, Venedig, Berlin, Mailand, Posen und Prag. In Bayern löst die Affäre des Königs Ludwig I. mit der Tänzerin Lola Montez die Revolution aus, und er muss zurücktreten. Es war die spektakulärste Affäre in Deutschland im 19. Jahrhundert.

Die Menschen fordern das Ende der Privilegien für die Adligen und ein Parlament, und zwar eines für alle Deutschen. Die Masse der Menschen besiegt das Militär. Danach organisieren die Liberalen, dass eine Nationalversammlung gewählt wird. Sie tritt in der Frankfurter Paulskirche zusammen, tagt fast ein Jahr lang und setzt eine freiheitliche Verfassung auf. Der preußische König sollte Kaiser des einigen Deutschland werden. Aber ein Jahr später war die Revolution verraucht und niedergekämpft – und der preußische König lehnte die Verfassung ab. Es blieb beim Deutschen Bund und der Monarchie.

Die fortschrittlichsten Abgeordneten saßen in der Paulskirche auf der linken Seite, die Konservativen, die nur wenig verändern wollten, auf der rechten. Seitdem verwendet man in der Politik die Begriffe "rechts" und "links" für die Parteien.°

Vergleiche die englischen Ausdrücke "left-wing", "right-wing".

In der Wirtschaft geschehen jedoch kleine Schritte zur Einigung: Die Fürsten schafften Zölle im Handel zwischen den deutschen Staaten ab und gründeten den "Deutschen Zollverein°" (1834). Er förderte den Handel und die Industrieproduktion. Österreich gehört allerdings nicht dazu.

[tariff union]

Die Schweiz

Auch in der Schweiz gibt es Versuche, liberale Ideen mit Gewalt durchzusetzen. 1848 erhält die Schweiz die bis heute gültige staatliche Ordnung: eine liberale Bundesverfassung (Bundesparlament aus National- und Ständerat, Regierung und Bundesverwaltung, Bundesgericht, Garantie der bürgerlichen Grundrechte).

Industrialisierung

Die Industrialisierung, im 18. Jahrhundert in England begonnen, setzt sich auf dem Kontinent durch und greift auf Amerika über. Eine Vielzahl von Gütern wird nicht mehr im Kleingewerbe von Hand, sondern massenhaft in Fabriken mit Hilfe von Maschinen hergestellt. Überall entstanden Fabriken, besonders für die Produktion von Textilien und Stahl. Zur Stahlherstellung war Kohle nötig. Die meiste Kohle förderte man in dem Gebiet entlang dem Fluss Ruhr. Das "Ruhrgebiet" wurde zum Mittelpunkt der industriellen Revolution in Deutschland. Gleichzeitig wurden neue Verkehrs- und Transportmittel entwickelt, vor allem Dampfschiff und Eisenbahn.

In Analogie zur "Französischen Revolution" wird der Begriff "Industrielle Revolution" gebildet, denn mit der Produktionstechnik ändern sich auch die wirtschaftlichen und sozialen Verhältnisse dramatisch. Die industrielle Revolution war aber weniger eine plötzliche "Revolution", sondern Höhepunkt einer relativ langen Entwicklung. 1846 gab es in den Ländern des Deutschen Bundes schon 300 Großbetriebe mit 45000 Arbeitern.

Die Bevölkerung wuchs stark, und Massen zogen vom Land in die Industriestädte. Der geringe Fabriklohn reichte kaum für Essen und eine schlechte Wohnung. Kinderarbeit war die Regel. Arbeiter und Handwerker versuchten Revolten und begannen sich zu organisieren. Die "Arbeiterbewegung" antwortete auf die scharfen sozialen Gegensätze.

[soot] Die Luft in Industriegebieten war voll Ruß°. Schutz der Umwelt und der Gesundheit der Arbeiter waren unbekannt.

Im Englischen wird das neue Wort "socialism" gebraucht. Der Fabrikanten-Sohn Friedrich Engels wurde bei einem Aufenthalt in England 1842–1844 Sozialist und schrieb über "Die Lage der arbeitenden Klasse in England". Nach seiner Rückkehr nach Deutschland arbeitete er eng mit Karl Marx zusammen. Marx leitete in den Revolutionsjahren 1848/49 eine revolutionäre Zeitung. Als Programmschrift für den neuen "Bund der Kommunisten" verfassten Marx und Engels das *Kommunistische Manifest*. Es erschien im Revolutionsjahr 1848.

Mit dieser Phase der Industrialisierung ist eine Reihe von Firmen verbunden, die in dieser Zeit gegründet wurden und heute globale Spieler sind: 1846 beginnt Carl Zeiss in Jena mit der Herstellung und dem Handel von optischen Geräten. Krupp spezialisiert sich auf Kanonen aus Guss-Stahl.

Ebenfalls 1846 wurden die Telegrafenbauanstalt Siemens & Halske und die Hamburg-Amerika-Paketfahrt-Aktien-Gesellschaft (Hapag) gegründet.

Die Zeit der Bürger bricht an: Von der Ständegesellschaft° zur Schichtengesellschaft°

[feudal society] / [society with social strata]

Seit der Französischen Revolution gab es in den deutschen Ländern eine intensive Diskussion darüber, wie die Bürger an der Lenkung des Staates beteiligt werden könnten. Obwohl der Wiener Kongress die Herrschaft des Adels wiederherstellte, wirkte die Industrialisierung auch auf die politischen Verhältnisse. Sie schuf neue Reiche (Fabrikanten) und neue Arme (Arbeiter, Proletariat). Nicht mehr nur Adel und Kirche besaßen Land, Fabriken, Häuser, sondern Bürger. Für das aufkommende Proletariat entstand im frühen 19. Jahrhundert der Begriff "der vierte Stand". Sollten nur die reichen Bürger politische Macht erhalten, oder alle Menschen gleiches Stimmrecht haben? Es gab verschiedene politische Modelle.

Zum Beispiel in Preußen wurde 1849 das Dreiklassenwahlrecht eingeführt. Das heißt, dass die Bevölkerung (nur die erwachsenen Männer!) in drei Klassen eingeteilt wurde: jede Klasse bekam ein Drittel der Mandate (Volksvertreter), aber in der reichen ersten Klasse waren nur 4,7 % der Berechtigten, in der armen dritten dagegen 82,7 %.

Die breite Schicht° der Bürger entwickelte in der Restaurationszeit gegensätzliche politische Haltungen: Die liberal und revolutionär Gesinnten° kamen meist aus Künstler- und Professorenkreisen. Die konservativen Biedermeier-Menschen kritisierten die Monarchie nicht. Für Handwerker und Kaufleute und die Menschen auf dem Land war es wahrscheinlicher, dass sie biedermeierlich dachten und die alten Autoritäten nicht kritisierten.

[stratum]

gesinnt (Partizip) [thinking]

Zeitungen

Trotz der Zensur erleben Zeitungen und Buchverlag in den 1830er Jahren einen Aufschwung. Es gibt eine wachsende Zahl von Buchhandlungen und kapitalstarken Verlagen. Pädagogen wie Jakob und Wilhelm Grimm (ja, die Märchen-Herausgeber) setzen sich für Massen- und Volksbildungsliteratur ein. Das Zeitungsfeuilleton° wird ein wichtiges Publikationsmedium für Schriftsteller.

der Unterhaltungteil der Zeitung [arts and entertainment section]

Anfänge der Frauenbewegung

Im Laufe des 19. Jahrhunderts wurde die "Frauenfrage" dringlicher gestellt. Bürgerliche Frauen wollten Berufe erlernen und ausüben, nicht nach dem Willen der Familie verheiratet werden und ihr Leben nur dem Haushalt, der Familie oder religiösen Werten widmen. Das Ziel der Frauenemanzipation lag zunächst in der Forderung nach rechtlicher Gleichstellung mit dem Mann.

"Als die Frauen noch sanft und engelsgleich waren" – der Titel einer Ausstellung zu Frauen im Biedermeier (Titelbild Ausstellungskatalog Westfälisches Landesmuseum Münster, 1997). Im Vormärz verlangten mehr Frauen auch politische Rechte. Zu den ersten deutschen Frauenrechtlerinnen gehört die Schriftstellerin Luise Otto-Peters (1819 Meißen – 1895 Leipzig). Sie gründete 1848 die erste deutsche politische *Frauenzeitung* (bis 1850) und 1865 in Leipzig den "Allgemeinen deutschen Frauenverein".

Biedermeier – Die Kunst und Kultur des Bürgertums

Das Biedermeier bestimmt die neue bürgerliche Kultur. Heute sind Biedermeier-Möbel unter Antiquitäten-Liebhabern gesucht. Biedermeier-Gemälde sind klein. Sie waren fürs Wohnzimmer bestimmt, nicht für Museen oder Schlösser. Motive sind oft Porträts, Familienbilder, idyllische Szenen. Bürgerliche Frauen sehen sanft und engelsgleich aus, tragen Schmuck und perfekt gelockte Haare, schöne Kleider (nur leider unbequem!), Kinder sind rosig und lächeln wohlerzogen.

Der *main stream* der Kunst und Musik dieser Zeit bleibt romantisch. Wichtige Komponist/innen sind zum Beispiel Clara und Robert Schumann, Felix Mendelssohn-Bartholdy, Franz Lizst. In der Architektur bestimmen Klassizismus und die Nachahmung anderer Stile die großen Bauten. Biedermeierstil findet man in Bürgerhäusern.

3a.4 Wichtig in der bürgerlichen Kultur: gemütliche Möbel (Stuhl, ca. 1825, Josef Ulrich Danhauser)

Aufgaben zur Geschichte und Kultur

Revolutionen

Welche Forderungen stellen die Revolutionäre in den turbulenten Jahren 1830 bis 1848?

Jahr	Land	Forderungen
1830	Frankreich	
1831	Deutschland	
1848	Frankreich	
1848	Deutschland	

Welche dieser Ziele wurden erreicht? Was hat sich durch diese Revolutionen für die Bevölkerung in Europa geändert?

Ständegesellschaft

Zeichnen Sie eine Ständepyramide. Welche Rechte hatten die Stände im 19. Jahrhundert in Deutschland?

Vervollständigen Sie die Sätze mit Informationen aus dem Text.

1. Die Industrialisierung begann ...
2. Die Lebensbedingungen der Fabrikarbeiter waren ...
3. Das Ruhrgebiet war wichtig für die industrielle Revolution in Deutschland, weil ...
4. Karl Marx und Friedrich Engels ...
5. Zum "vierten Stand" gehörten ...
6. Das Dreiklassenwahlrecht war ungerecht, weil ...
7. Die Ziele der Frauenbewegung waren rechtlich und politisch, zum Beispiel: ...
8. Die Frauen wollten nicht mehr ...

Mini-Referat

Suchen Sie Gemälde, Zeichnungen, Abbildungen von Möbeln und Portraits aus dem Biedermeier. Stellen Sie sie dann der Klasse vor. (*Power Point Presentation*)

Literatur

Motiv: Soziale Ungerechtigkeit, Armut und Verbrechen

Büchner: *Der Hessische Landbote°*

[country messenger] der Name einer Zeitung für Leute auf dem Land

Georg Büchner (bei Darmstadt 1813 – 1837, Zürich) studierte u. a. Medizin. Als Student schloss er sich der Freiheitsbewegung an und gründete 1834 die "Gesellschaft für Menschenrechte", um gegen die schlimmen Verhältnisse in Hessen zu kämpfen. Seine Flugschrift *Der Hessische Landbote* sollte das Volk auf dem Land gegen die ungerechte Regierung mobilisieren. Er wusste, wie gefährlich es war, was er schrieb, und er musste aus Hessen fliehen. Die Flugschrift beginnt so:

Erste Botschaft [Juli-Fassung]

1. Darmstadt, im Juli 1834

Vorbericht

Adjektiv zu "der Meineid", d.h. jemand, der einen falschen Eid geschworen hat [perjured]

Dieses Blatt soll dem hessischen Lande die Wahrheit melden, aber wer die Wahrheit sagt, wird gehenkt, ja sogar der, welcher die Wahrheit liest, wird durch meineidige° Richter vielleicht gestraft. Darum haben die, welchen dies Blatt zukommt, folgendes zu beobachten:

1. Sie müssen das Blatt sorgfältig außerhalb ihres Hauses vor der Polizei verwahren;

2. sie dürfen es nur an treue Freunde mitteilen;

3. denen, welche sie nicht trauen, wie sich selbst, dürfen sie es nur heimlich hinterlegen;

4. würde das Blatt dennoch bei Einem gefunden, der es gelesen hat, so muß er gestehen, daß er es eben dem Kreisrat habe bringen wollen;

5. wer das Blatt nicht gelesen hat, wenn man es bei ihm findet, der ist natürlich ohne Schuld.

Friede den Hütten! Krieg den Palästen!

Im Jahr 1834 sieht es aus, als würde die Bibel Lügen gestraft. Es sieht aus, als hätte Gott die Bauern und Handwerker am 5ten Tage, und die Fürsten und Vornehmen am 6ten gemacht, und als hätte der Herr zu diesen gesagt: Herrschet über alles Getier, das auf Erden kriecht, und hätte die Bauern und Bürger zum Gewürm gezählt. Das Leben der Vornehmen ist ein langer Sonntag, sie wohnen in schönen Häusern, sie tragen zierliche Kleider, sie haben feiste Gesichter und reden eine eigne Sprache; das Volk aber liegt vor ihnen wie Dünger auf dem Acker. Der Bauer geht hinter dem Pflug und treibt ihn mit den Ochsen am Pflug,

> er nimmt das Korn und läßt ihm die Stoppeln. Das Leben des Bauern ist ein langer Werktag; Fremde verzehren seine Äcker vor seinen Augen, sein Leib ist eine Schwiele°, sein Schweiß ist das Salz auf dem Tische des Vornehmen.

[callus, weal]

Die Flugschrift enthält viele genaue Daten zu den Steuern, die das Volk bezahlt und wofür die Reichen und Mächtigen sie ausgeben.

Woyzeck – Nur ein Kriminalfall?

Was ist es, das in uns "lügt, hurt, stiehlt, mordet?" So fragt die Titelfigur in Georg Büchner's Drama *Dantons Tod*, einem Drama über die Französische Revolution. Die Frage war zentral für den jungen Mediziner, der auch die materialistische Philosophie der Zeit studierte.

1824 wurde ein einfacher Soldat namens Woyzeck hingerichtet, weil er seine Geliebte erstochen hatte. Das medizinische Gutachten meinte, es geschah aus Eifersucht. Büchner machte daraus Dramenszenen, die nahelegen, dass die gesellschaftlichen Verhältnisse, die ihm keine Rechte und Würde ließen, 'schuld' waren. Außerdem war der Mann wahrscheinlich krank, war also mit unserem modernen Wort "unzurechnungsfähig"°.

d.h. er ist nicht juristisch verantwortlich [certifiably insane]

Büchner starb mit 23 Jahren. Das Drama ist nur als lose Szenenfolge überliefert, d. h. die Reihenfolge ist nicht sicher. Es ist ein Fragment und wurde erst 1879 aus dem Nachlass veröffentlicht.

Die Verfilmung mit Klaus Kinski in der Titelrolle macht Woyzecks Geisteskrankheit sehr anschaulich. Sie beginnt mit der Szene, in der Woyzeck den Hauptmann rasiert. Ein ordentlicher Bürger und ein Außenseiter stehen sich gegenüber, einer vertritt die strenge Ordnung und Regierung, der andere ist ihr Opfer. Wie sprechen sie miteinander?

Das Drama spielt in Hessen, in einer kleinen Stadt. Büchner lässt die einfachen Leute in der Umgangssprache und im hessischen Dialekt sprechen.

> ### Aus *Woyzeck* (Szene beim Hauptmann)
>
> *Hauptmann auf dem Stuhl, Woyzeck rasiert ihn.*
>
> HAUPTMANN: Langsam, Woyzeck, langsam; eins nach dem andern! Er macht mir ganz schwindlig. Was soll ich dann mit den 10 Minuten anfangen, die Er heut zu früh fertig wird? Woyzeck, bedenk Er, Er hat noch seine schönen dreißig Jahr zu leben, dreißig Jahr! Macht dreihundertsechzig Monate! und Tage! Stunden! Minuten! Was will Er denn mit der ungeheuren Zeit all anfangen? Teil Er sich ein, Woyzeck!

WOYZECK: Jawohl, Herr Hauptmann.

HAUPTMANN: Es wird mir ganz angst um die Welt, wenn ich an die Ewigkeit denke. Beschäftigung, Woyzeck, Beschäftigung! Ewig: das ist ewig, das ist ewig – das siehst du ein; nur ist es aber wieder nicht ewig, und das ist ein Augenblick, ja ein Augenblick – Woyzeck, es schaudert mich, wenn ich denke, daß sich die Welt in einem Tag herumdreht. Was 'n Zeitverschwendung! Wo soll das hinaus? Woyzeck, ich kann kein Mühlrad mehr sehen, oder ich werd melancholisch.

WOYZECK: Jawohl, Herr Hauptmann.

HAUPTMANN: Woyzeck, Er sieht immer so verhetzt aus! Ein guter Mensch tut das nicht, ein guter Mensch, der sein gutes Gewissen hat. – Red er doch was Woyzeck! Was ist heut für Wetter?

WOYZECK: Schlimm, Herr Hauptmann, schlimm: Wind!

HAUPTMANN: Ich spür's schon, 's ist so was Geschwindes draußen: so ein Wind macht mir den Effekt wie eine Maus. - *Pfiffig*: Ich glaub', wir haben so was aus Süd-Nord?

WOYZECK: Jawohl, Herr Hauptmann.

HAUPTMANN: Ha, ha ha! Süd-Nord! Ha, ha, ha! Oh, Er ist dumm, ganz abscheulich dumm! *Gerührt*: Woyzeck, Er ist ein guter Mensch – aber *Mit Würde*: Woyzeck, Er hat keine Moral! Moral, das ist, wenn man moralisch ist, versteht Er. Es ist ein gutes Wort. Er hat ein Kind ohne den Segen der Kirche, wie unser hocherwürdiger Herr Garnisionsprediger° sagt – ohne den Segen der Kirche, es ist ist nicht von mir.

[garrison preacher]

WOYZECK: Herr Hauptmann, der liebe Gott wird den armen Wurm nicht drum ansehen, ob das Amen drüber gesagt ist, eh er gemacht wurde. Der Herr sprach: Lasset die Kleinen zu mir kommen.

HAUPTMANN: Was sagt Er da? Was ist das für eine kuriose Antwort? Er macht mich ganz konfus mit seiner Antwort. Wenn ich sag': Er, so mein' ich Ihn, Ihn –

altertümlich für "jemand wie er" [the likes of him] / [we; the likes of us]

WOYZECK: Wir arme Leut – Sehn Sie, Herr Hauptmann: Geld, Geld! Wer kein Geld hat – Da setz einmal eines seinesgleichen° auf die Moral in der Welt! Man hat auch sein Fleisch und Blut. Unsereins° ist doch einmal unselig in der und der andern Welt. Ich glaub', wenn wir in Himmel kämen, so müßten wir donnern helfen.

HAUPTMANN: Woyzeck, Er hat keine Tugend! Er ist kein tugendhafter Mensch! Fleisch und Blut? Wenn ich am Fenster lieg', wenn's geregnet hat, und den weißen Strümpfen nachseh', wie sie über die Gassen springen – verdammt, Woyzeck, da kommt mir die Liebe! Ich hab' auch Fleisch und Blut. Aber, Woyzeck, die Tugend! Die Tugend! Wie sollte ich dann die Zeit rumbringen? Ich sag' mir immer: du bist ein tugendhafter Mensch - *gerührt*: -, ein guter Mensch, ein guter Mensch.

WOYZECK: Ja, Herr Hauptmann, die Tugend – ich hab's noch nit so aus. Sehn Sie: wir gemeine Leut, das hat keine Tugend, es kommt nur so die Natur; aber wenn ich ein Herr wär und hätt' ein' Hut und eine Uhr und eine Anglaise und könnt' vornehm reden, ich wollt' schon tugendhaft sein. Es muß was Schönes sein um die Tugend, Herr Hauptmann. Aber ich bin ein armer Kerl!

HAUPTMANN: Gut, Woyzeck. Du bist ein guter Mensch, ein guter Mensch. Aber du denkst zuviel, das zehrt; du siehst immer so verhetzt aus. – Der Diskurs hat mich ganz angegriffen. Geh jetzt, und renn nicht so; langsam, hübsch° langsam die Straße hinunter!

> bonnily

Annette von Droste-Hülshoff: *Die Judenbuche*

Die Novelle *Die Judenbuche* (1842) von Annette von Droste-Hülshoff ist ebenfalls sozialkritisch. Auch sie erzählt einen Mordfall und thematisiert den Einfluss von Armut, Unrecht und Gewalt auf den Charakter und die Moral eines jungen Menschen.

Friedrich Mergel wächst bei seiner Mutter auf. Ihr Mann, ein Alkoholiker, behandelte sie schlecht, und sie war wahrscheinlich an seinem Tod mitschuld. Friedrich gerät unter den Einfluss seines Onkels Simon und von Holz- und Wilddieben. Er spielt eine zweifelhafte Rolle, als ein Förster ermordet wird. (Unser Textauszug beginnt mit dem Verhör dazu.) Dann wird ein jüdischer Händler ermordet. Friedrich wird verdächtigt° und flieht zusammen mit seinem Doppelgänger. Erst nach 28 Jahren kehrt er als Krüppel zurück und erhängt sich. Der Titel bezeichnet den Schauplatz von Mord und Selbstmord, Schuld und Sühne. Der Mörder kehrt zurück an den Ort seiner Tat und bestraft sich selbst: Wirkung des magischen Fluchs, Zufall oder psychologische Einsicht? Dabei war er vielleicht gar nicht der Mörder ...

> verdächtigen [to suspect]]

Im Kern verarbeitete Droste-Hülshoff ebenfalls einen Fall, der wirklich passierte. Der Untertitel lautet "Sittengemälde aus dem gebirgichten Westfalen". Gemälde – die düstere Atmosphäre ist wichtig, die Handlung wird oft nur indirekt oder andeutend geschildert.

[bold] / [interrogation]

Friedrich ward hereingerufen. Er trat ein mit einem Wesen, das sich durchaus nicht von seinem gewöhnlichen unterschied, weder gespannt noch keck°. Das Verhör° währte ziemlich lange, und die Fragen waren mitunter ziemlich schlau gestellt; er beantwortete sie jedoch alle offen und bestimmt und erzählte den Vorgang zwischen ihm und dem Oberförster ziemlich der Wahrheit gemäß, bis auf das Ende, das er geratener fand, für sich zu behalten. Sein Alibi zur Zeit des Mordes war leicht erwiesen. Der Förster lag am Ausgange des Masterholzes; über dreiviertel Stunden Weges von der Schlucht, in der er Friedrich um vier Uhr angeredet und aus der dieser seine Herde schon zehn Minuten später ins Dorf getrieben. Jedermann hatte dies gesehen; alle anwesenden Bauern beeiferten sich,

[to attest]

es zu bezeugen°; mit diesem hatte er geredet, jenem zugenickt.

Der Gerichtsschreiber saß unmutig und verlegen da. Plötzlich fuhr er mit der Hand hinter sich und brachte etwas Blinkendes vor Friedrichs Auge. "Wem gehört dies?" - Friedrich sprang drei Schritt zurück. "Herr Jesus! Ich dachte, Ihr wolltet mir den Schädel einschlagen." Seine Augen waren rasch über das tödliche Werkzeug gefahren und schienen momentan auf einem ausgebrochenen Splitter am Stiele zu haften. "Ich weiß es nicht", sagte er fest. - Es war die Axt, die man in dem Schädel des Oberförsters eingeklammert gefunden hatte. - "Sieh sie genau an", fuhr der Gerichtsschreiber fort. Friedrich faßte sie mit der Hand, besah sie oben, unten, wandte sie um. "Es ist eine Axt wie andere", sagte er dann und legte sie gleichgültig auf den Tisch. Ein Blutfleck ward sichtbar; er schien zu schaudern, aber er wiederholte noch einmal sehr bestimmt: "Ich kenne sie nicht." Der Gerichtsschreiber seufzte vor Unmut. Er selbst wußte um nichts mehr und hatte nur einen Versuch zu möglicher Entdeckung durch Überraschung machen wollen. Es blieb nichts übrig, als das Verhör zu schließen.

Die "Frauenfrage": Louise Otto-Peters

Louise Otto-Peters war eine politisch engagierter Schriftstellerin. In manchen Gedichten redet sie ihr Publikum direkt an und will sie motivieren, etwas gegen Armut und Elend zu tun.

[lace-makers]

Tipp: Vollständig finden Sie dieses and weitere Gedichte von Otto-Peters in der digitalen Bibliothek "Sophie" <sophie.byu.edu>.

KLÖPPLERINNEN°

Seht Ihr sie sitzen am Klöppelkissen
Die Wangen bleich und die Augen rot!
Sie mühen sich ab für einen Bissen,
Für einen Bissen schwarzes Brot!

Großmutter hat sich die Augen erblindet,
Sie wartet, bis sie der Tod befreit –
Im stillen Gebet sie die Hände windet:
Gott schütz' uns in der schweren Zeit.

Die Kinder regen die kleinen Hände,
Die Klöppel fliegen hinab, hinauf,
Der Müh' und Sorge kein Ende, keine Ende!
Das ist ihr künftiger Lebenslauf.

Die Jungfrauen all, daß Gott sich erbarme°,
Sie ahnen nimmer der Jugend Lust –
Das Elend schließt sie in seine Arme,
Der Mangel° schmiegt sich an ihre Brust.

Seht Ihr sie sitzen am Klöppelkissen,
Seht Ihr die Spitzen, die sie gewebt:
Ihr Reichen, Großen – hat das Gewissen
Euch nie in der innersten Seele gebebt?

Ihr schwelgt° und prasset°, wo sie verderben,
Genießt das Leben in Saus und Braus,
Indessen sie vor Hunger sterben,
Gott dankend, daß die Qual nun aus!
[...]

sich erbarmen [to have pity]

[want]

schwelgen, prassen [to feast]

Der folgende Ausschnitt aus dem Gedicht "Für alle" von Louise Otto-Peters mag wie ein lyrisches Gedicht aussehen. Es geht aber nicht um schöne Gefühle, über die man die Wirklichkeit vergisst. Das Gedicht ist ein politischer Aufruf. Deutlich fordert Otto-Peters, der Kirche nicht mehr zu vertrauen, die den Armen den Himmel nach dem Tod verspricht. Das Gedicht ist typisch für die neue Haltung, die auf eine bessere Zukunft hofft, aber nicht erst nach dem Tod, sondern schon auf Erden. Auch die Frauen, denen die Männer seit der Aufklärung den frommen Glauben mehr und mehr überlassen haben, sollen ihre Rechte einklagen. Karl Marx schrieb "Religion ist das Opium des Volkes". Bei Louise Otto-Peters ist es das der Frauen.

Für alle

[...]

Wohl grüßten freie Männer sich als *Brüder*,
Nur Bürger gab es, nicht mehr Herr und Knecht;
Wohl sangen sie der Liebe Bundeslieder
Und fühlten sich als ein erneut' Geschlecht.

3a.5 Stellen Sie sich so eine Schriftstellerin vor? Caroline Pichler schrieb Romane

Doch auf die *Schwestern* blickten stolz sie nieder,
Der *Menschheit Hälfte* blieb noch ohne Recht,
Blieb von dem Ruf: "für alle!" ausgenommen –
Ihr muß erst noch der Tag des Rechtes kommen.

Der Frauen Schar°, die in den Staub getreten,
Ward nur erhoben an des Glaubens Hand.
Die Besten lernten fromm zum Himmel beten,
Weil ja die Erdenwelt sie nicht verstand;
Die andern aber ließen sich bereden
Sie seien nur bestimmt zu Spiel und Tand°,
Es sei ihr höchstes Ziel im süßen Minnen,
Des ganzen Lebens Inhalt zu gewinnen.

die Schar: große Menge
[swarm, hordes]

Tand: Zierde [trumpery, frills]

Das "sanfte Gesetz"

Der Österreicher Adalbert Stifter (1805 in Südböhmen – 1868 in Linz) leitet zum Realismus über. In der Erzählung *Bergkristall* verirren sich ein Junge und seine kleine Schwester im Schnee in den Bergen. Die Beschreibungen von Nordlicht und Gletschergeräuschen sind faszinierend genau und anschaulich.

Aus Adalbert Stifter: *Bergkristall*

In der ungeheueren Stille, die herrschte, in der Stille, in der sich kein Schneespitzchen zu rühren schien, hörten die Kinder dreimal das Krachen des Eises. Was das Starrste scheint und doch das Regsamste und Lebendigste ist, der Gletscher, hatte die Töne hervorgebracht. Dreimal hörten sie hinter sich den Schall, der entsetzlich war, als ob die Erde entzweigesprungen wäre, der sich nach allen Richtungen im Eise verbreitete und gleichsam durch alle Äderchen des Eises lief. Die Kinder blieben mit offenen Augen sitzen und schauten in die Sterne hinaus.

Auch für die Augen begann sich etwas zu entwickeln. Wie die Kinder so saßen, erblühte am Himmel vor ihnen ein bleiches Licht mitten unter den Sternen und spannte einen schwachen Bogen durch dieselben. Es hatte einen grünlichen Schimmer, der sich sachte nach unten zog. Aber der Bogen wurde immer heller und heller, bis sich die Sterne vor ihm zurückzogen und erblaßten. Auch in andere Gegenden des Himmels sandte er einen Schein, der schimmergrün sachte und lebendig

3a.6 Gletscher (Radierung, um 1800)

unter die Sterne floß. Dann standen Garben° verschiedenen Lichtes auf [sheaves]
der Höhe des Bogens wie Zacken einer Krone und brannten. Es floß helle
durch die benachbarten Himmelsgegenden, es sprühte leise und ging in
sanftem Zucken durch lange Räume. Hatte sich nun der Gewitterstoff
des Himmels durch den unerhörten Schneefall so gespannt, daß er in
diesen stummen, herrlichen Strömen des Lichtes ausfloß, oder war es
eine andere Ursache der unergründlichen Natur. Nach und nach wurde
es schwächer und immer schwächer, die Garben erloschen zuerst, bis es
allmählich und unmerklich immer geringer wurde und wieder nichts
am Himmel war als die tausend und tausend einfachen Sterne.

Die Kinder sagten keines zu dem andern ein Wort, sie blieben fort
und fort sitzen und schauten mit offenen Augen in den Himmel.

Werden die Kinder erfrieren oder überleben?

Die Novelle hatte zuerst den Titel *Der Heilige Abend* (1845), denn sie
handelt am 24. Dezember. Mit dem neuen Titel nahm Stifter sie in seine
Anthologie *Bunte Steine* (1853) auf, in der jede Erzählung als Überschrift
den Namen eines Steines/Halbedelsteines trägt. In der Vorrede formulierte
Stifter sein Programm vom "sanften Gesetz". Darin heißt es:

Wir wollen das sanfte Gesetz zu erblicken suchen, wodurch das
menschliche Geschlecht geleitet wird. [...] Es ist [...] das Gesetz der
Gerechtigkeit, das Gesetz der Sitte, das Gesetz, das will, dass jeder
geachtet, geehrt und ungefährdet neben dem andern bestehe, dass er
seine höhere menschliche Laufbahn gehen könne, sich Liebe und
Bewunderung seiner Mitmenschen erwerbe, dass er als Kleinod° gehütet das Kleinod: etwas Kostbares
werde, wie jeder Mensch ein Kleinod für alle andern Menschen ist. [treasure]
Dieses Gesetz liegt überall, wo Menschen neben Menschen wohnen…
Weil wir aber schon einmal von dem Großen und Kleinen reden, so
will ich meine Ansichten darlegen, die wahrscheinlich von denen vieler
anderer Menschen abweichen. Das Wehen der Luft, das Rieseln des
Wassers, das Wachsen der Getreide, das Wogen des Meeres, das Grünen
der Erde, das Glänzen des Himmels, das Schimmern der Gestirne halte
ich für groß: das prächtig einherziehende Gewitter, den Blitz, welcher
Häuser spaltet, den Sturm, der die Brandung treibt, den feuerspeienden
Berg, das Erdbeben, welches Länder verschüttet, halte ich nicht für
größer als obige Erscheinungen, ja ich halte sie für kleiner, weil sie nur
Wirkungen viel höherer Gesetze sind. Sie kommen auf einzelnen Stellen
vor und sind die Ergebnisse einseitiger Ursachen. Die Kraft, welche die
Milch im Töpfchen der armen Frau emporschwellen und übergehen
macht, ist es auch, die die Lava in dem feuerspeienden Berge emportreibt
und auf den Flächen der Berge hinabgleiten läßt. Nur augenfälliger

sind diese Erscheinungen und reißen den Blick des Unkundigen und Unaufmerksamen mehr an sich, während der Geisteszug des Forschers vorzüglich auf das Ganze und Allgemeine geht und nur in ihm allein Großartigkeit zu erkennen vermag, weil es allein das Welterhaltende ist. [...]

So wie es in der äußeren Natur ist, so ist es auch in der inneren, in der des menschlichen Geschlechtes. Ein ganzes Leben voll Gerechtigkeit, Einfachheit, Bezwingung seiner selbst, Verstandesmäßigkeit, Wirksamkeit in seinem Kreis, Bewunderung des Schönen, verbunden mit einem heiteren gelassenen Sterben, halte ich für groß: mächtige Bewegungen des Gemütes, furchtbar einherrollenden Zorn, die Begier nach Rache, den entzündeten Geist, der nach Tätigkeit strebt, umreißt, ändert, zerstört und in der Erregung oft das eigene Leben hinwirft, halte ich nicht für größer, sondern für kleiner, da diese Dinge so gut nur Hervorbringungen einzelner und einseitiger Kräfte sind, wie Stürme, feuerspeiende Berge, Erdbeben. Wir wollen das sanfte Gesetz zu erblicken suchen, wodurch das menschliche Geschlecht geleitet wird.

Motiv: Ein einiges Deutschland

Das sogenannte Deutschlandlied wurde 1841 von August H. Hoffmann von Fallersleben, einem populären liberalen Schriftsteller geschrieben. Er erhielt 1842 Schreibverbot, weil er die Zustände in Deutschland kritisierte und Unruhe stiftete. Er schrieb aber auch viele Kinderlieder.

Auf dem Schiff von Hamburg zu der Insel Helgoland, die damals zu England gehörte, hörte Fallersleben die französische und die englische Nationalhymne und vermisste eine deutsche. Fallersleben schrieb also ein Lied für Deutschland, für ein einiges Deutschland, das es noch nicht gab. Er unterlegte das Gedicht mit der Melodie des *Kaiserquartetts (1797)* von Joseph Haydn, der späteren österreichischen Kaiserhymne. Das Deutschlandlied wurde im Vormärz und in der Märzrevolution viel gesungen und noch mehrmals vertont.

1922 wurde es zur Nationalhymne der Weimarer Republik erklärt. Im Nazi-Reich galt vor allem die erste Strophe, weil die Nazis darin Hegemonie und Expansionsanspruch lasen ("Deutschland, Deutschland über alles, / Über alles in der Welt"). 1945 wurde es verboten. 1952 wurde nur die dritte Strophe wieder erlaubt und als das "Das Lied der Deutschen" zur Nationalhymne der BRD. Diese Strophe lautet:

Hoffmann von Fallersleben: "Das Lied der Deutschen"

Einigkeit und Recht und Freiheit
Für das deutsche Vaterland!
Danach laßt uns alle streben
Brüderlich mit Herz und Hand!
Einigkeit und Recht und Freiheit
Sind des Glückes Unterpfand°:
Blüh im Glanze dieses Glückes,
Blühe, deutsches Vaterland!

eine Sicherheit [pledge, security]

... und noch was Gruseliges

Jeremias Gotthelf (1797–1854) ist ein wichtiger Schweizer Autor der Zeit. Seine Erzählung *Die schwarze Spinne* (1842) verbindet die Schilderung des Lebens von Bauern seiner Zeit mit der pädagogischen Warnung vor dem Bösen, vor Unzufriedenheit, Faulheit, Neugier, Überheblichkeit und Glaubensverlust. Einst nahmen verzweifelte Fron-Arbeiter die Hilfe des Teufels an, der dafür ein neugeborenes, ungetauftes Kind verlangte. Natürlich verweigern die Leute im Dorf dann diese Belohnung. Die Strafe kam in Form der schwarzen Spinne, die fast alle im Dorf tötete. Erst eine opferbereite, liebende Mutter kann sie einsperren.

Bald war es still ums Haus, bald auch still in demselben. Friedlich lag es da, rein und schön glänzte es in des Mondes Schein das Tal entlang, sorglich und freundlich barg° es brave Leute in süßem Schlummer, wie die schlummern, welche Gottesfurcht und gute Gewissen im Busen tragen, welche nie die schwarze Spinne, sondern nur die freundliche Sonne aus dem Schlummer wecken wird. Denn wo solcher Sinn wohnet, darf sich die Spinne nicht regen, weder bei Tage noch bei Nacht. Was ihr aber für eine Macht wird, wenn der Sinn sich ändert, das weiß der, der alles weiß und jedem seine Kräfte zuteilt, den Spinnen wie den Menschen.

bergen: sicher halten [to hold]

Eine Mahnung gegen Modernisierung und Verweltlichung. Das ist biedermeierlich.

Aufgaben zur Literatur

Der Hessische Landbote

Füllen Sie die Tabelle aus. Was steht in der Flugschrift über das Leben der Reichen und Armen?

	Reiche	Arme
Machtposition		
Wohnhäuser		
Kleidung		
Arbeit		
Freiheit		
Körper		

Woyzeck

1. "Übersetzen" Sie den Text in heutiges Deutsch. Benutzen Sie dabei vor allem die 2. Person (du, Sie) als Anredeform.
2. Fassen Sie die Aussagen (8) des Haupmanns mit wenigen Worten zusammen. Worum geht es jeweils?
3. Machen Sie das gleiche für Woyzecks Aussagen (7).
4. Was ist in der 2. Hälfte des Textes anders?
5. Wie fühlt sich der Hauptmann am Ende? Was ist ein anderes Wort für "angegriffen" in diesem Kontext?
6. Was ist, laut Woyzeck, der Unterschied zwischen einem "armen Kerl" und einem "Herrn"?

"Klöpplerinnen"

Zeichnen Sie die Frauen bei der Arbeit, so wie sie das Gedicht beschreibt. An wen richtet sich das Gedicht? Was sollen diejenigen machen/nicht machen?

"Für alle"

Für welche Rechte wurden in den Revolutionen Mitte des 19. Jahrhunderts gekämpft? Wie sah aber die Realität für die Frauen weiterhin aus? Welche Gegensätze zeigt das Gedicht zu diesem Thema auf?

Stifters "sanftes Gesetz"

1. Welche Aspekte der Natur und des menschlichen Lebens bezeichnet Stifter als "groß", welche als "kleiner"?
2. Welche Begründung gibt Stifter für die Unterscheidung zwischen "groß" und "kleiner"?

Die schwarze Spinne

Wofür könnte die Spinne in Gotthelfs Text ein Symbol sein? Wie kann man dann den Textausschnitt in heutiges Deutsch umformulieren?

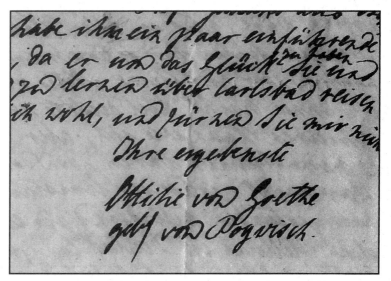

3a.7   Goethes Schwiegertochter benutzt lateinische Buchstaben (1840).

Zeittafel

Politik, Geschichte und Wirtschaft	Literatur und Kultur	Internationales
1830 Unruhen und Aufstände in einigen deutschen Staaten. **1832** Aufhebung der Presse- und Versammlungsfreiheit. **1833** Gründung des deutschen Zollvereins. **1835** Erste deutsche Eisenbahn zwischen Nürnberg und Fürth. **1837** In Göttingen werden sieben demokratisch denkende Professoren entlassen, darunter die Brüder Grimm. **1839** Begrenzung der Arbeitszeit für Kinder und Jugendliche in Preußen. **1844** Aufstand der Weber in Schlesien. **1845-47** Mißernten und Überschwemmungen in Gebieten des Deutschen Bundes. **1848** Märzrevolution im Deutschen Bund (besonders Wien, Berlin). Vertreibung der Österreicher aus Mailand. Wahlen zur Nationalversammlung, die in der Paulskirche in Frankfurt am Main tagt. Im Oktober Konterrevolution in Wien, Soldateneinsatz in Berlin und Auflösung der preußischen Nationalversammlung. Die Schweiz erhält eine föderalistische, demokratische Verfassung. **1849** Wilhelm IV lehnt die Kaiserkrone ab. Österreich schlägt die Revolution in Ungarn militärisch nieder. Wiederherstellung des Deutschen Bundes.	**1834** Georg Büchner wird wegen der Flugschrift *Der Hessische Landbote* polizeilich gesucht. **1835** Die Schriften Heines und des "Jungen Deutschland" werden im Deutschen Bund verboten. **1837** Büchner stirbt in Zürich. Im Jahr davor entstand das Drama *Woyzeck*. **1839** C. Spitzweg: *Der arme Poet* (Gemälde). **1840** H. Hoffmann von Fallersleben: *Unpolitische Lieder* (bis 1841), darin das "Lied der Deutschen". **1841** Eröffnung des Zoologischen Gartens in Berlin. **1842** Annette von Droste-Hülshoff: *Die Judenbuche* (Novelle). Kölner Dombaufest. **1853** Adalbert Stifter: *Studien*. **1848** Gründung zahlreicher Zeitschriften und Zeitungen mit revolutionärem oder satirischem Inhalt.	**1830** Julirevolution in Frankreich. Erste Dreschmaschine und erste Eisenbahnlinie mit Dampfbetrieb in England. Erste große Einwanderungswelle in die USA. **1831** Gemälde des Franzosen E. Delacroix *Die Freiheit auf den Barrikaden*. **1832** Enzyklika des Papstes gegen die "unverschämte Wissenschaft". **1833** In England wird die Sklavenhaltung verboten und die Arbeitszeit für Kinder begrenzt. **1834** Moritz Hermann Jacobi baut den ersten Elektromotor, hält ihn aber für nutzlos. **1837** In England Regierungsantritt der Königin Victoria, Beginn des 'Victorianischen Zeitalters'. **1839** Justus Liebig führt die künstliche Düngung ein. **1842** Charles Darwin (England) begründet die Abstammungslehre. **1845** Die USA annektieren Texas. **1847** Einigungsbewegung in Italien. **1848** Revolution in Frankreich. Entdeckung der kalifornischen Goldfelder und Massenmigration ("gold rush").

Realismus als Epoche

b. Der programmatische Realismus

3b.1 Bismarck – von niemand gibt es in Deutschland mehr Statuen (Denkmal in Hamburg, 1906)

Begriffe

Realismus   Allgemein in der Kunst und Literatur eine wirklichkeitsgetreue Darstellungsweise, die in vielen Epochen mehr oder weniger wichtig ist. In der zweiten Hälfte des 19. Jahrhundert wird "Realismus" Programm auch der deutschen Literatur und deshalb die Bezeichnung für diese Epoche, auch "Programmatischer Realismus" genannt. In England, Frankreich und Russland hatte sich der Realismus früher durchgesetzt.

Gesellschaftsroman   Ein wichtiges Genre des europäischen Realismus, das breit, oft auch kritisch, das Leben, die Probleme und die Konflikte der Gesellschaft (vor allem der sogenannten höheren Gesellschaft) schildert. Höhepunkte bildeten in England Charles Dickens, in Frankreich Honorè de Balzac, Gustave Flaubert und Émile Zola, in Russland Lew (Leo) N. Tolstoj, in Deutschland Theodor Fontane.

Novelle   Eine Erzählung mittlerer Länge über ein unglaubliches, aber wirkliches Ereignis (Goethe: "unerhörte Begebenheit"). Diese Gattung ist im ganzen 19. Jahrhundert sehr wichtig und populär.

Geschichte und Kultur

Deutschland und Österreich – Die neue Macht in Europa

1859 wird ein deutscher Nationalverein gegründet. Er will Deutschland (ohne Österreich) zu einem einzigen Staat unter preußischer Führung einigen. Ab 1862 ist Otto Fürst von Bismarck preußischer Ministerpräsident. Er wird die treibende Kraft hinter dem Streben nach deutscher Einheit. Sein Motto lautet, "Eisen und Blut" müssten ein geeintes Deutschland schaffen, "nicht Reden und Majoritätsbeschlüsse". 1866 kam es zum Krieg gegen Österreich, in dem Preußen siegte. Bismarcks "Emser Depesche" zum Streitpunkt der spanischen Thronfolge führte einige Jahre später zum Krieg gegen Frankreich (1870/71). Der Sieg der zusammengeschlossenen deutschen Truppen führte zur Proklamation von Wilhelm I. zum Deutschen Kaiser. Bismarck hatte sein Ziel der Einigung Deutschlands erreicht.

Das neue deutsche Reich hat eine Verfassung und ist ein Bundesstaat mit Bundesrat und Reichstag. Demokratie spielt aber keine große Rolle, und die Macht ist beim Kaiser, dem Kanzler und den Fürsten. Die Einigung bringt wirtschaftlichen Aufschwung. Der preußische König Wilhelm I. ist zugleich deutscher Kaiser (bis 1888). Bismarck ist Reichskanzler (bis 1890). Bismarck, genannt der "eiserne Kanzler", nicht der Kaiser regiert das Land.

Frankreich und die anderen europäischen Länder fürchteten das größere Deutschland. Bismarck schloss deshalb ein kompliziertes System von Bündnissen, um den Frieden zu sichern.

Österreich und Ungarn bildeten ab 1867 eine Doppelmonarchie: Franz Joseph I. war seit 1848 österreichischer Kaiser, und 1867 erhielt das Kaiserpaar die ungarische Königskrone. Kaiserin Elisabeth hatte zwischen Österreich und Ungarn vermittelt und sich dafür eingesetzt, dass Ungarn weitgehend selbständig blieb. Franz regierte bis 1916. Die "Donaumonarchie" ist ein Vielvölkerstaat, der unter internen Konflikten leidet und zunehmend in Konflikte mit den Interessen des russischen Reichs gerät.

1868 tritt in der Doppelmonarchie das "Staatsgrundgesetz über die allgemeinen Rechte der Staatsbürger" in Kraft. Es legt u. a. die rechtliche Gleichstellung aller Staatsbürger vor dem Gesetz, die Freizügigkeit, die Unverletzlichkeit des Eigentums, Presse- und Glaubensfreiheit fest.

Schweiz

Die Schweiz bekam 1848 eine neue Verfassung, die ihre Neutralität sicherte und die Zentralgewalt stärkte, aber den Kantonen weitgehende Rechte ließ (Bundesstaat nach US-amerikanischem Vorbild). Die Bundesverfassung garantiert die Grundrechte (Gleichheit vor dem Recht, Niederlassungs-, Religions-, Presse- und Vereinsfreiheit) und ist im Kern noch heute gültig. Neue internationale Organisationen wie das Rote Kreuz (1863) lassen sich nieder. 1855 entsteht in Zürich die erste Hochschule des Bundes (Eidgenössische

Mehr zur Bundesverfassung unter <www.geschichte-schweiz.ch>.

Technische Hochschule Zürich ETHZ). Die Totalrevision der Schweizer Bundesverfassung 1874 bringt u.a. volle Bürgerrechte für die Juden.

Industrialisierung, "Volksschule" und "Frauenfrage"

Die Arbeiter erkennen, daß die Fabrikbesitzer reicher werden, während sich ihre Lage nicht verbessert. Die Arbeiter organisieren sich deshalb immer mehr in Arbeitervereinen und Parteien (1863 "Allgemeiner deutscher Arbeiterverein", 1875 "Sozialistische Arbeiterpartei Deutschlands"). Der konservative Bismarck sah in ihnen eine Gefahr. Er führte deshalb selbst Reformen durch und machte progressive Sozialgesetze (Kranken-, Unfall-, Altersversicherung für alle Arbeiter).

1850 wurde in Preußen Frauen verboten, politische Versammlungen zu besuchen und Mitglied in politischen Vereinen zu sein. Außerdem durften Frauen keine Zeitungen mehr publizieren. Diese politische Entmündigung hat die Emanzipation der Frauen entscheidend behindert. In Preußen und Bayern zum Beispiel galt das Verbot bis 1908.

In Berlin wurde 1885 ein Verein für Arbeiterinnen gegründet – und im Jahr darauf verboten. In einem Flugblatt hieß es: "Wir müssen uns aufraffen und im Namen der Gerechtigkeit eine Forderung erheben, deren Erfüllung Rettung verheißt – Lohngleichheit der Männer- und Frauenarbeit!"

Im 19. Jahrhundert wurde das Volk alphabetisiert. Alle sollten Lesen und Schreiben, Rechnen und Kirchenlieder singen lernen und Religionsunterricht erhalten. Die preußische "Volksschule" wurde im geeinten Deutschland durchgesetzt. Sie wurden von Gemeinden und Staat finanziert. Bis 1870 hatten die Kirchen die Aufsicht.

"Frauenbildungsvereine" setzten sich dafür ein, dass Frauen bessere Schulbildung erhalten, studieren und Berufe erlernen durften. An der Universität Zürich konnten bereits 1840 erstmals Frauen studieren. In Österreich ließen die Universität Wien sowie Prag, Graz und Innsbruck 1897 Studentinnen zur Philosophischen Fakultät zu, ein Medizinstudium war ihnen ab 1900 erlaubt.

3b.2 Die Eröffnung der Ringstraße in Wien durch Franz Josef I. (Zeitschriften-Illustration, 1865)

Historismus

Deutsche Geschichte wird ab Mitte des Jahrhunderts als Universitäts-Disziplin wichtig. Aber auch die Bürger interessieren sich für Geschichte, und zahllose historische Romane werden Bestseller. Unterhaltsame Kulturgeschichte ist beliebt, so Gustav Freytag mit seinen *Bildern aus der deutschen Vergangenheit*. Sie erinnert an das Alte Reich und trägt dazu bei, das Bewusstsein einer gemeinsamen deutschen Identität zu stärken.

Auch in der Malerei und Architektur gab es Historismus. Eine Gruppe von Malern ahmt den Stil des späten Mittelalters nach (Präraffaeliten). In den großen öffentlichen Bauten ahmt man alle historischen Stile nach, ob Romanik (Schloss Neuschwanstein), Gotik (Münchner Rathaus), Renaissance (die Semper-Oper in Dresden, 1838–41) oder Barock (Schloss Herrenchiemsee). Die Architektur an der Wiener Ringstraße (Neue Hofburg mit Museumsbauten und Burgtheater, Votivkirche, Rathaus, Oper) ist ganz in dem repräsentativen historisierenden Stil.

Das Denkmal° ist im 19. Jahrhundert der wichtigste Typus von Bildhauerei. Unzählige Goethe- und Schillerstatuen werden aufgestellt. Oft sind sie monumental und repräsentativ.

[monument]

Abbild des Sichtbaren

Die Malerei und Skulptur des Realismus zeigt die sichtbare äußere Wirklichkeit, meist ohne parteiische Deutung und Wertung, zum Beispiel Kritik oder Lob° der Industrialisierung und der bürgerlichen Lebenswelt. Im Unterschied zum späteren Naturalismus konzentriert der Realismus sich auf das Mittlere (nicht das besonders Hässliche oder Problematische oder die Außenseiter).

Ein vielseitiger realistischer Maler ist Adolf von Menzel (1815–1905), der vor allem in Berlin wirkte. Sein *Balkonzimmer* (1845) zeigt früh impressionistischen Stil. Man schätzte besonders seine historischen Gesellschaftsbilder (*Das Flötenkonzert, Die Tafelrunde von Sanssouci*, 1852). Sein *Eisenwalzwerk* (1875) ist die erste Darstellung eines Industriewerks in der deutschen Malerei. Ein anderer wichtiger realistischer Maler ist Wilhelm Leibl. Er ist bekannt für seine genauen Studien von bayerischen Bauern.

Die Fotografie machte schnelle Fortschritte, nachdem der Engländer William Talbot 1835 das Positiv-Negativ-Verfahren erfand. Fotografien konnten nun vervielfältigt werden. Die Kameras waren aber noch sehr groß. Die Fotografie konkurrierte mit der Malerei, besonders bei Porträts. Die Malerei suchte also neue Herausforderungen° und Aufgaben. Bis Mitte des 19. Jahrhunderts malten die meisten Künstler in Ateliers.° Zuerst rebellierten die französischen Impressionisten gegen diese Konvention und begannen, im Freien nach der Natur zu malen.

[challenges]

[studios]

Tipp: Das Braith-Mali-Museum in Biberach an der Riss beherbergt Ateliers aus dieser Zeit <www.biberach-riss.de>.

Geschichte, Geschichten, Mythos: Der verrückte König, die unglückliche Kaiserin

Die österreichische Kaiserin Elisabeth ("Sissi", 1837–1898) wurde zu einem Mythos mit vielen Büchern, Filmen und einem eigenen Musical. 1854 heiratete die 16-jährige Elisabeth, eine bayerische Prinzessin, den jungen österreichischen Kaiser Franz. Sie wurde als Schönheit verehrt und war frustriert von ihrem Leben als Gefangene des Protokolls. Sie war melancholisch, vielleicht anorektisch und wurde von einem Anarchisten ermordet. Heute vergleicht man sie oft mit Lady Diana (1961–1997).

Natürlich kommt auch Ludwig II. von Bayern (1845–1886) nicht zu kurz. Ab 1864 war er König von Bayern. Man nennt ihn "Märchenkönig" oder auch "Mondkönig". Seine Schlösserbauten und seine Unterstützung für die Träume von Richard Wagner ruinierten die Staatskasse zu seiner Zeit, sind aber heute ein wichtiger Tourismusfaktor.

Aufgaben zur Geschichte und Kultur

Deutschland im 19. Jahrhundert

1. Suchen Sie Karten zu Europa 1789 und 1871. Was sind jeweils die größten Staaten? Finden Sie die Grenzen von Deutschland, Österreich, Frankreich und Rußland. Wie hat sich Europa in den 80 Jahren dazwischen verändert?

2. Welche Lebensperspektiven hatten/haben Frauen in Deutschland vor dem 19. Jahrhundert, im 19. Jahrhundert und heute?

Historismus

Welche historisierenden Gebäude finden Sie in Ihrer Heimatstadt (Unistadt)? Welche historische Periode wird imitiert? (Beispiel: "English Country Cottage Style")

Mini-Referat

1. Was ist das "Hermannsdenkmal"? Wo steht es? Wer wird dort geehrt? Wann wurde es gebaut? Könnte man sagen, dass das Hermannsdenkmal ein Beispiel für den historisierenden Baustil ist? Warum? Hinweis: <www.hermannsdenkmal.de>.

2. Welche Bedeutung hat Bismarck noch heute für die deutsche Identität? Finden Sie heraus, auf welche Weise er geehrt wird. (Tipp: Hier riecht's nach Fisch!)

Literatur

Motiv: Genaue Beschreibung mit symbolischer Bedeutung

Conrad Ferdinand Meyer: "Der römische Brunnen"

> Aufsteigt der Strahl und fallend gießt
> Er voll der Marmorschale° Rund,
> Die, sich verschleiernd, überfließt
> In einer zweiten Schale Grund;
> Die zweite gibt, sie wird zu reich,
> Der dritten wallend ihre Flut,
> Und jede nimmt und gibt zugleich
> Und strömt und ruht.

[marble basin]

Können Sie den Brunnen zeichnen?

Ein solcher Brunnen steht auf dem Petersplatz im Vatikan, es gibt ihn aber auch als Zimmer-Springbrunnen. Meyer beschreibt, wie das Wasser aufsteigt und wieder zu Boden fließt. Er sieht darin ein Gleichgewicht von Geben und Nehmen, Strömen und Ruhen, ein faszinierendes Bild für das Leben im allgemeinen. Genaue Beschreibung und Symbolik sind für den "Poetischen Realismus" keine Gegensätze.

Theodor Fontane: *Effi Briest* (Roman, 1895)

Theodor Fontane (1819 Neuruppin – 1898 Berlin) war erst Apotheker, dann Journalist, Kriegsberichterstatter und Redakteur°, und er hatte noch andere Arbeitsstellen. Ein vielseitiger Mann, der erst als alter Mann anfing, Romane zu schreiben. Er ist der wichtigste Autor deutscher realistischer Gesellschaftsromane. Einige tragen Frauennamen im Titel und spielen im Berlin zur Zeit Bismarcks, zum Beispiel *Effi Briest*. Fontanes Romane thematisieren alte und neue gesellschaftliche Schranken und Konventionen. Die Wirtschaft expandiert in der "Gründerzeit°", die Moral ist die alte geblieben, und besonders Frauen leiden darunter. Meistens hat Fontane wirkliche Lebensgeschichten verarbeitet.

[editor]

[years of rapid industrial expansion]

> In Front des schon seit Kurfürst Georg Wilhelm von der Familie von Briest bewohnten Herrenhauses zu Hohen-Cremmen fiel heller Sonnenschein auf die mittagsstille Dorfstraße, während nach der Park- und Gartenseite hin ein rechtwinklig angebauter Seitenflügel einen breiten Schatten erst auf einen weiß und grün quadrierten Fliesengang und dann über diesen hinaus auf ein großes, in seiner Mitte mit einer Sonnenuhr und an seinem Rande mit Canna° indica° und Rhabarberstauden besetzten Rondell° warf. Einige zwanzig Schritte

ein Blumenname

[circular flowerbed]

[ivy]

[swing]

[preferred]

[raised ground floor]

**3b.3 Buchillustration
von Max Liebermann im
impressionistischen Stil
(1926; siehe nächstes Kapitel)**

[tunic-like]

[sailor collar]

weiter, in Richtung und Lage genau dem Seitenflügel entsprechend, lief eine ganz in kleinblättrigem Efeu° stehende, nur an einer Stelle von einer kleinen weißgestrichenen Eisentür unterbrochene Kirchhofsmauer, hinter der der Hohen-Cremmener Schindelturm mit seinem blitzenden, weil neuerdings erst wieder vergoldeten Wetterhahn aufragte. Fronthaus, Seitenflügel und Kirchhofsmauer bildeten ein einen kleinen Ziergarten umschließendes Hufeisen, an dessen offener Seite man eines Teiches mit Wassersteg und angekettetem Boot und dicht daneben einer Schaukel° gewahr wurde, deren horizontal gelegtes Brett zu Häupten und Füßen an je zwei Stricken hing - die Pfosten der Balkenlage schon etwas schief stehend. Zwischen Teich und Rondell aber und die Schaukel halb versteckend standen ein paar mächtige alte Platanen.

Auch die Front des Herrenhauses – eine mit Aloekübeln und ein paar Gartenstühlen besetzte Rampe – gewährte bei bewölktem Himmel einen angenehmen und zugleich allerlei Zerstreuung bietenden Aufenthalt; an Tagen aber, wo die Sonne niederbrannte, wurde die Gartenseite ganz entschieden bevorzugt°, besonders von Frau und Tochter des Hauses, die denn auch heute wieder auf dem im vollen Schatten liegenden Fliesengange saßen, in ihrem Rücken ein paar offene, von wildem Wein umrankte Fenster, neben sich eine vorspringende kleine Treppe, deren vier Steinstufen vom Garten aus in das Hochparterre° des Seitenflügels hinaufführten. Beide, Mutter und Tochter, waren fleißig bei der Arbeit, die der Herstellung eines aus Einzelquadraten zusammenzusetzenden Altarteppichs galt; ungezählte Wollsträhnen und Seidendocken lagen auf einem großen, runden Tisch bunt durcheinander, dazwischen, noch vom Lunch her, ein paar Dessertteller und eine mit großen schönen Stachelbeeren gefüllte Majolikaschale. Rasch und sicher ging die Wollnadel der Damen hin und her, aber während die Mutter kein Auge von der Arbeit ließ, legte die Tochter, die den Rufnamen Effi führte, von Zeit zu Zeit die Nadel nieder und erhob sich, um unter allerlei kunstgerechten Beugungen und Streckungen den ganzen Kursus der Heil- und Zimmergymnastik durchzumachen. Es war ersichtlich, daß sie sich diesen absichtlich ein wenig ins Komische gezogenen Übungen mit ganz besonderer Liebe hingab, und wenn sie dann so dastand und, langsam die Arme hebend, die Handflächen hoch über dem Kopf zusammenlegte, so sah auch wohl die Mama von ihrer Handarbeit auf, aber immer nur flüchtig und verstohlen, weil sie nicht zeigen wollte, wie entzückend sie ihr eigenes Kind finde, zu welcher Regung mütterlichen Stolzes sie voll berechtigt war. Effi trug ein blau und weiß gestreiftes, halb kittelartiges° Leinwandkleid, dem erst ein fest zusammengezogener, bronzefarbener Ledergürtel die Taille gab; der Hals war frei, und über Schulter und Nacken fiel ein breiter Matrosenkragen°. In allem, was sie tat, paarten sich Übermut und Grazie, während ihre lachenden brauen Augen eine große, natürliche Klugheit und viel Lebenslust und Herzensgüte verrieten. Man nannte sie die "Kleine", was sie sich nur gefallen lassen mußte, weil die schöne, schlanke Mama noch um eine Handbreit höher war.

Diese Beschreibung des Hauses und seiner Lage ist so genau, dass man den Grundriss zeichnen könnte. Eine realistische Beschreibung. Und doch: die Beschreibung des Gartens sagt auch etwas über die Situation und den Charakter der Titelfigur aus, bevor sie erstmals genannt und beschrieben wird. Noch an diesem Nachmittag wird Effi Briest den Mann kennenlernen, der sie heiraten wird. Er wird sie kontrollieren und vernachlässigen°, sie wird sich langweilen und ein Verhältnis eingehen, ihr Mann muss seine "Ehre" retten ...

[to neglect]

Von dem abgeschlossenen, privaten Garten aus sieht man den Kirchturm. Zum zentralen Motiv der Gesellschaft und der Stellung des Individuum darin reflektiert eine Romanfigur in *Effi Briest* an zentraler Stelle:

Man ist nicht bloß ein einzelner Mensch, man gehört einem Ganzen an, und auf das Ganze haben wir beständig Rücksicht zu nehmen, wir sind durchaus abhängig von ihm. ... Ging es, in Einsamkeit zu leben, so könnt' ich es gehen lassen ... Aber im Zusammenleben mit den Menschen hat sich ein Etwas ausgebildet, das nun mal da ist und nach dessen Paragraphen wir uns gewöhnt haben, alles zu beurteilen, die andern und uns selbst. Und dagegen zu verstoßen geht nicht; die Gesellschaft verachtet uns, und zuletzt tun wir es selbst und können es nicht aushalten und jagen uns die Kugel durch den Kopf .... jenes, wenn Sie wollen, uns tyrannisierende Gesellschafts-Etwas, das fragt nicht nach Charme und nicht nach Liebe und nicht nach Verjährung.

Motiv: Frauen fordern Bildung und Beruf

Es gab im 19. Jahrhundert einige wichtige und erfolgreiche Schriftstellerinnen. Die meisten von ihnen wurden jedoch als zu wenig anspruchsvoll oder zu beschränkt in ihren Themen abgetan und erst in den letzten Jahrzehnten wiederentdeckt.

Fanny Lewald (1811 Königsberg – 1889 in Dresden) schrieb Romane, Pädagogisches und ihre Lebensgeschichte. Sie unternahm Reisen und schrieb darüber. In allen thematisierte sie die Kämpfe, Grenzen und kleinen Erfolge der bürgerlichen Frauenbewegung. Sie schrieb, was Frauen ihrer Zeit bewegte: sie wollten Berufe erlernen und Geld verdienen, ihre Ehemänner selbst wählen, stritten über die Vor- und Nachteile von Versorgungsehen und die Problematik konfessionell gemischter Ehen (zwischen Christen und Juden).

Aber Fanny Lewalds Leben und ihr Schreiben waren außer der Norm. Schon als Mädchen beneidete sie ihre Brüder, die das Gymnasium besuchten und studieren würden. Gegen die Nicht-Ausbildung der bürgerlichen Frauen schrieb sie in *Für und Wider die Frauen* (1870):

> Und wir Frauen sitzen und sitzen von unserem siebzehnten Jahre ab und warten und warten und hoffen und harren in müßigem Brüten von einem Tage zum andern, ob denn der Mann noch nicht kommt, der uns genug liebt, um sich unserer Hilflosigkeit zu erbarmen…

Ein anderes Zitat:

[protection]

> Alles, was ich für den weiblichen Schriftsteller fordere, ist, dass man ihn ohne Schonung°, aber auch ohne Vorurteile behandle, dass man von ihm absehen und sich an seine Leistung halten möge; mit einem Worte, dass man den weiblichen Schriftsteller dem männlichen gleich verantwortlich und damit gleichberechtigt an die Seite stelle, was noch lange nicht genug bei uns geschieht.

Motiv: Fragen der Moral

Gottfried Keller: *Romeo und Julia auf dem Dorfe*

[redundant imitation]

> Diese Geschichte zu erzählen würde eine müßige° Nachahmung° sein, wenn sie nicht auf einem wirklichen Vorfall beruhte, zum Beweise, wie tief im Menschenleben jede jener Fabeln wurzelt, auf welche die großen alten Werke gebaut sind. Die Zahl solcher Fabeln ist mäßig; aber stets treten sie in neuem Gewande wieder in die Erscheinung und zwingen alsdann die Hand, sie festzuhalten.

So beginnt Gottfried Kellers Novelle *Romeo und Julia auf dem Dorfe*. Die alte "Fabel" ist die Geschichte einer verbotenen Liebe. Diese Geschichte ist in der Literatur oft erzählt worden. Nicht immer endet sie mit dem gemeinsamen Tod der Liebenden. Würden sie bei Keller einen Ausweg finden? Am 3. September 1847 hatte Keller in der Züricher Freitagszeitung folgende Nachricht gelesen:

Das liegt in Sachsen.

[enmity]

> Im Dorfe Altsellershausen bei Leipzig° liebten sich ein Jüngling von neunzehn Jahren und ein Mädchen von siebzehn Jahren, beide Kinder armer Eltern, die aber in einer tödlichen Feindschaft° lebten und nicht in eine Vereinigung des Paares willigen wollten. Am 15. August begaben sich die Verliebten in eine Wirtschaft, wo sich arme Leute vergnügen, tanzten daselbst bis nachts ein Uhr und entfernten sich hierauf. Am Morgen fand man die Leichen beider Liebenden auf dem Felde liegen: Sie hatten sich durch den Kopf geschossen.

Keller skizzierte schon wenige Tage später den Anfang seiner Erzählung: die Beschreibung zweier Schweizer Bauern, die ihre Äcker pflügen. Er verpflanzte die Geschichte also in das Land und die Gesellschaft, die er gut kannte. Die beiden Liebenden sind am Anfang noch Kinder. Ihre beiden Väter sind wohlhabende Bauern und noch nicht miteinander verfeindet. Sie arbeiten nebeneinander auf den Feldern, und die Kinder spielen miteinander.

Was könnte passieren?

Etwa 90 Seiten später enden die beiden als junge Erwachsene. Die letzten Sätze der Erzählung lauten:

> Als man später unterhalb der Stadt die Leichen fand und ihre Herkunft ausgemittelt hatte, war in den Zeitungen zu lesen, zwei junge Leute, die Kinder zweier blutarmen zu Grunde gegangenen Familien, welche in unversöhnlicher Feindschaft lebten, hätten im Wasser den Tod gesucht, nachdem sie einen ganzen Nachmittag herzlich miteinander getanzt und sich belustigt auf einer Kirchweih. Es sei dies Ereignis vermutlich in Verbindung zu bringen mit einem Heuschiff aus jener Gegend, welches ohne Schiffleute in der Stadt gelandet sei, und man nehme an, die jungen Leute haben das Schiff entwendet, um darauf ihre verzweifelte und gottverlassene Hochzeit zu halten, abermals ein Zeichen von der um sich greifenden Entsittlichung und Verwilderung der Leidenschaften.

Marie von Ebner-Eschenbach: *Krambambuli* (1884)

"Krambambuli" heißt ein Hund, ein edler Jagdhund: Ein Jäger (namens Hopp) kauft ihn einem Betrunkenen für Schnaps ab. Es braucht einige Gewalt, bis der Hund seinem neuen Herrn gehorcht. Als der Jäger den früheren Besitzer des Hundes (den "Gelben") beim Wildern ertappt, rennt der Hund irritiert zwischen neuem und alten "Herrchen" hin und her und entscheidet sich schließlich für den Wilddieb, der im nächsten Augenblick vom Jäger erschossen wird. Hier ist dieser Ausschnitt:

> "Pack an!" ruft Hopp seinem Hunde heiser zu: "Pack an!" Und:
> "Herein, zu mir! Herein, Krambambuli!" lockt es drüben mit zärtlicher, liebevoller — ach, mit altbekannter Stimme...
> Der Hund aber —
> Was sich nun begab, begab sich viel rascher, als man es erzählen kann.
> Krambambuli hatte seinen ersten Herrn erkannt und rannte auf ihn zu, bis - in die Mitte des Weges. Da pfeift Hopp, und der Hund macht kehrt, der "Gelbe" pfeift, und der Hund macht wieder kehrt und windet sich in Verzweiflung auf einem Fleck, in gleicher Distanz von dem Jäger wie von dem Wildschützen, zugleich hingerissen und gebannt...

[torment]

Zuletzt hat das arme Tier den trostlos unnötigen Kampf aufgegeben und seinen Zweifeln ein Ende gemacht, aber nicht seiner Qual°. Bellend, heulend, den Bauch am Boden, den Körper gespannt wie eine Sehne, den Kopf emporgehoben, als riefe es den Himmel zum Zeugen seines Seelenschmerzes an, kriecht es — seinem ersten Herrn zu.

Bei dem Anblick wird Hopp von Blutdurst gepackt. Mit zitternden Fingern hat er die neue Kapsel aufgesetzt — mit ruhiger Sicherheit legt er an. Auch der "Gelbe" hat den Lauf wieder auf ihn gerichtet. Diesmal gilt's! Das wissen die beiden, die einander auf dem Korn haben, und was auch in ihnen vorgehen möge, sie zielen so ruhig wie ein paar gemalte Schützen.

Zwei Schüsse fallen. Der Jäger trifft, der Wildschütze fehlt.

[caress]

Warum? Weil er — vom Hunde mit stürmischer Liebkosung° angesprungen - gezuckt hat im Augenblick des Losdrückens. "Bestie!" zischt er noch, stürzt rücklings hin und rührt sich nicht mehr.

Der ihn gerichtet, kommt langsam herangeschritten. Du hast genug, denkt er, um jedes Schrotkorn wär's schad bei dir. Trotzdem stellt er die Flinte auf den Boden und lädt von neuem. Der Hund sitzt aufrecht vor ihm, läßt die Zunge heraushängen, keucht kurz und laut und sieht ihm zu. Und als der Jäger fertig ist und die Flinte wieder zur Hand nimmt, halten sie ein Gespräch, von dem kein Zeuge ein Wort vernommen hätte, wenn es auch statt eines toten ein lebendiger gewesen wäre.

"Weißt du, für wen das Blei gehört?"

"Ich kann es mir denken."

"Deserteur, Kalfakter, pflicht- und treuvergessene Kanaille!"

"Ja, Herr, jawohl."

"Du warst meine Freude. Jetzt ist's vorbei. Ich habe keine Freude mehr an dir."

"Begreiflich, Herr", und Krambambuli legte sich hin, drückte den Kopf auf die ausgestreckten Vorderpfoten und sah den Jäger an.

Ja, hätte das verdammte Vieh ihn nur nicht angesehen! Da würde er ein rasches Ende gemacht und sich und dem Hunde viel Pein erspart haben. Aber so geht's nicht! Wer könnte ein Geschöpf niederknallen, das einen so ansieht? Herr Hopp murmelt ein halbes Dutzend Flüche zwischen den Zähnen, einer gotteslästerlicher als der andre, hängt die Flinte wieder um, nimmt dem Raubschützen noch die jungen Hasen ab und geht.

Eine realistische Geschichte, und doch spricht der Hund? Wie lässt sich das erklären? Die Geschichte ist hier noch nicht zu Ende. Ebner-Eschenbach war eine der ersten, die gegen Gewalt gegen Tiere schrieben. Im 19. Jahrhundert entstehen Tierschutzbewegungen und –organisationen. Die Schriftstellerin bekam einen Preis von ihnen. 1871 wurde Tierschutz ins deutsche Strafgesetzbuch aufgenommen.

Theodor Storm: *Der Schimmelreiter* (1888)

Realismus heißt nicht, dass es gar keine irrationalen Elemente gibt. Um Aberglauben und die Macht der Natur geht es in der Novelle *Der Schimmelreiter*. Sie spielt an der Nordsee und erzählt vom Deichgrafen Hauke Haien. Storm (1817 Husum – 1888 Hademarschen) stammte selbst von der Nordsee und beschrieb die Landschaft in einmaliger Weise. Hauke Haien ist ein fortschrittlicher Mann, der daran glaubt, dass man die Natur bezwingen kann.

Es gibt einen dreifachen Rahmen, also drei Erzähler: Der erste Erzähler erinnert sich an einen Zeitungsbericht. Darin erzählt ein Reisender sein Gespräch mit einem Gastwirt über die Sage vom "Schimmelreiter".

> Was ich zu berichten beabsichtige, ist mir vor reichlich einem halben Jahrhundert im Hause meiner Urgroßmutter, der alten Frau Senator Feddersen, kundgeworden, während ich, an ihrem Lehnstuhl sitzend, mich mit dem Lesen eines in blaue Pappe eingebundenen Zeitschriftenheftes beschäftigte; ich vermag mich nicht mehr zu entsinnen, ob von den "Leipziger" oder von "Pappes Hamburger Lesefrüchten". Noch fühl ich es gleich einem Schauer, wie dabei die linde Hand der über Achtzigjährigen mitunter liebkosend über das Haupthaar ihres Urenkels hinglitt. Sie selbst und jene Zeit sind längst begraben; vergebens auch habe ich seitdem jenen Blättern nachgeforscht, und ich kann daher um so weniger weder die Wahrheit der Tatsachen verbürgen, als, wenn jemand sie bestreiten wollte, dafür aufstehen; nur so viel kann ich versichern, daß ich sie seit jener Zeit, obgleich sie durch keinen äußeren Anlaß in mir aufs neue belebt wurden, niemals aus dem Gedächtnis verloren habe.

Indizien, dass es sich um eine wahre Geschichte handelt, und unsichere Erinnerung sind hier merkwürdig miteinander vermischt. Das Volk glaubt, dass der Deichgraf als Geist auf einem weißen Pferd reitend erscheint. Haien ließ einen größeren neuen Deich bauen, um neues Land zu gewinnen und gegen das Meer zu sichern. Das Volk war gegen den neuen Deich und verdächtigte Haien der Zauberei. In einem Sturm kommen der Deichgraf, seine Frau und sein Kind ums Leben, weil der alte Deich bricht. Geschichte ist hier verwoben mit den Themen Neuerungen, gesellschaftliche Schranken und Konventionen.

> Eine furchtbare Böe kam brüllend vom Meer herüber, und ihr entgegen stürmten Ross und Reiter den schmalen Akt zum Deich hinan. Als sie oben waren, stoppte Hauke mit Gewalt sein Pferd. Aber wo war das Meer? Wo Jeverssand? Wo blieb das Ufer drüben? – – Nur Berge von Wasser sah er vor sich, die dräuend gegen den nächtlichen Himmel stiegen, die in der furchtbaren Dämmerung sich übereinander

> zu türmen suchten und übereinander gegen das feste Land schlugen. Mit weißen Kronen kamen sie daher, heulend, als sei in ihnen der Schrei alles furchtbaren Raubgetiers der Wildnis. Der Schimmel schlug mit den Vorderhufen und schnob mit seinen Nüstern in den Lärm hinaus; den Reiter aber wollte es überfallen, als sei hier alle Menschenmacht zu Ende; als müsse jetzt die Nacht, der Tod, das Nichts hereinbrechen.
>
> Doch er besann sich: es war ja Sturmflut; nur hatte er sie selbst noch nimmer so gesehen; sein Weib, sein Kind, sie saßen sicher auf der hohen Werfte, in dem festen Hause; sein Deich aber – und wie ein Stolz flog es ihm durch die Brust – der Hauke-Haien-Deich, wie ihn die Leute nannten, der mochte jetzt beweisen, wie man Deiche bauen müsse!
>
> Aber – was war das? ...

Die Katastrophe nimmt ihren Lauf.

Motiv: Bürgerliche Normen und Humor

Wilhelm Busch (1832 bei Hannover – 1908 im Harz) schrieb Bildgeschichten und gilt als Erfinder des *comic strips*. Auf seine eigene humorvolle, aber kritische Art thematisierte er zum Beispiel das Thema Erziehung. Seine Geschichten von *Max und Moritz* (1865), den bösen Buben, kennen Sie vielleicht. Es gibt aber noch viel mehr. Fast alle sind in zweizeiligen Versen geschrieben, und Busch hat selbst die Zeichnungen gemacht. Zeichnung und Text wechseln sich ab.

Wilhelm Busch: *Die fromme Helene* (1872)

Helene ist ein Waisenkind. Sie wird bei Onkel und Tante auf dem Land erzogen. Wie Max und Moritz neigt sie zu Streichen° und ärgert ihre Umgebung. Ihr erster Streich heißt "Des Onkels Nachthemd" und beginnt so:

> "Helene!" - sprach der Onkel Nolte -
> "Was ich schon immer sagen wollte!
> Ich warne dich als Mensch und Christ:
>
> Oh, hüte dich vor allem Bösen!
> Es macht Pläsier, wenn man es ist,
> Es macht Verdruß, wenn man's gewesen!"
>
> "Ja leider!" - sprach die milde Tante -
> "So ging es vielen, die ich kannte!
> Drum soll ein Kind die weisen Lehren
> Der alten Leute hochverehren!
> Die haben alles hinter sich
> Und sind gottlob! recht tugendlich!" -

Clicks:

Wilhelm-Busch-Museum Hannover– Deutsches Museum für Karikatur und kritische Grafik

(www.wilhelm-busch-museum.de, www.wilhelm-busch-jahr.de)

[tricks]

"Nun gute Nacht! Es ist schon späte!
Und, gutes Lenchen, bete bete!"

Helene geht. - Und mit Vergnügen
Sieht sie des Onkels Nachthemd liegen.

Die Nadel her, so schnell es geht!
Und Hals und Ärmel zugenäht!! -

Darauf begibt sie sich zur Ruh
Und deckt sich warm und fröhlich zu.

Was wohl dabei herauskommt? Helene bemüht sich, sittsam und fromm zu erscheinen. Am Ende jeder Episode sagt sie sich, "Dies will ich nun / Auch ganz gewiß nicht wieder tun!" Am Ende jedoch ... Aber vielleicht lesen sie selbst.

Die Lehre ist eine bekannte Redensart: "Das Gute – dieser Satz steht fest – ist stets das Böse, was man lässt."

Aufgaben zur Literatur

Conrad Ferdinand Meyer: "Der römische Brunnen"

1. Zeichnen Sie den Brunnen im Gedicht. Vergleichen Sie dann Ihre Zeichnung mit denen der anderen Studierenden.

2. Was passiert in dem Gedicht? Was ändert sich im Laufe des Gedichtes? Wer macht das?

3. Erklären Sie, warum dieses Gedicht ein "Dinggedicht" ist.

4. Lesen Sie das Gedicht wie einen Prosa-Text und markieren Sie, wo natürliche Sprech- und Lesepausen sind.

5. Lesen Sie das Gedicht laut. Achten Sie auf die Betonung und markieren Sie die betonten Silben. Woran erinnert Sie der Rhythmus? Was ist im letzten Vers anders?

6. Beschreiben Sie das Reimschema.

7. Welche Vokale sind in dem Gedicht wichtig? Können Sie sie in zwei Gruppen ordnen? Welche Assoziationen evozieren die Vokalgruppen?

Theodor Fontane: *Effi Briest*

1. Zeichnen Sie das Haus der Familie Briest bzw. die Lage von Haus, Straße, Garten und besonderen Dingen im Garten, Teich, Grenze zum Nachbarn etc., wie es im Textausschnitt beschrieben wird.

2. Vergleichen Sie Ihre Zeichnung mit der Ihres Nachbarn/Ihrer Nachbarin und machen Sie Verbesserungsvorschläge. Hat Ihr Nachbar alle Details richtig in die Zeichnung umgesetzt?

3. Schließen Sie dann das Buch und beschreiben Sie das Haus mit Ihren eigenen Worten, indem Sie sich auf Ihre Zeichnung stützen.

4. Wie finden Sie das Haus, den Garten, die Nachbarschaft? Wie ist die Atmosphäre? Was für Menschen wohnen wohl hier? Was machen diese Menschen in ihrer Freizeit?

Fanny Lewald

Machen Sie eine Liste mit den Rechten, die Fanny Lewald für Frauen fordert.

Gottfried Keller: *Romeo und Julia auf dem Dorfe*

1. Warum nehmen sich Romeo und Julia das Leben?

2. Kennen Sie den Inhalt von Shakespeares Drama? Wenn nicht, nehmen Sie eine Zusammenfassung zuhilfe. Was macht Keller anders?

3. Welche anderen Versionen der verbotenen Liebe verfeindeter Familien kennen Sie noch aus Literatur oder Film?

Marie von Ebner-Eschenbach: "Krambambuli"

1. Welche Hauptfiguren gibt es im Textausschnitt? Wie werden sie genannt und beschrieben?

2. Internet-Aufgabe: Finden Sie heraus, was "Krambambuli" ist, wonach der Hund im Text benannt ist.

3. Spielen Sie die Szene. Improvisieren und verändern oder erweitern Sie den Dialog.

4. Markieren Sie Wörter und Sätze im Text, die Mitleid ausdrücken. Mit wem haben Sie Mitleid?

5. Mini-Referat: Kennen Sie eine andere Hundegeschichte? Berichten Sie.

Theodor Storm: *Der Schimmelreiter*

1. Wie etabliert der Erzähler zu Anfang, dass es sich um eine "wahre" Geschichte handelt? Machen Sie eine Liste mit allen Aspekten, die er nennt.

2. Wer spricht in der Szene am Schluss? Wessen Ängste und Gedanken verfolgen wir?

3. Welche zwei Mächte kämpfen am Ende gegen einander? Wer gewinnt?

4. Lassen Sie sich einen Teil vorlesen. Was fällt Ihnen auf? (Hörprobe zum Beispiel auf <librivox.org/der-schimmelreiter-by-theodor-storm>.

Wilhelm Busch

1. Seine Bildergeschichten muss man laut lesen, um den Sprachwitz auch zu hören! Lesen Sie den Textausschnitt aus *Die fromme Helene* Ihrem Partner vor. Der Partner schaut dabei die Bilder an. Wechseln Sie dann die Rollen.

2. Wie geht es weiter? Was wird passieren, wenn der Onkel ins Bett geht?

3. Schauen Sie sich dann Wilhelm Buschs Zeichnungen an, zum Beispiel auf <gutenberg.spiegel.de>. Was gefällt Ihnen am Stil von Busch?

Zeittafel

Politische Geschichte (Deutschsprachige Länder)	Kulturelles	Internationales
1862 Bismarck wird preußischer Ministerpräsident.	**1848** Karl Marx: *Das Kommunistische Manifest* (Philosophie).	**1839** Edgar Allen Poe: *Der Untergang des Hauses Usher* (Erzählung, USA).
1863 Ferdinand Lassalle gründet den "Allgemeinen Deutschen Arbeiterverein".	**1852** Jacob und Wilhelm Grimm beginnen das *Deutsche Wörterbuch*.	**1846** Papst Pius IX. kämpft gegen den Liberalismus, Positivismus, Materialismus ("Kulturkampf").
1865 "Allgemeiner Deutscher Frauenverein" gegründet: für das Recht auf Bildung und Erwerbstätigkeit.	**1854/55** Gottfried Keller: *Die Leute von Seldwyla* (Erzählungen).	**1850** Anschwellende Emigrationswelle aus Europa in die USA.
1866 Freie Wohnortwahl für Juden in der Schweiz.	**1866** Louise Otto-Peters: *Das Recht der Frau auf Erwerb*. Reclams Universal-Bibliothek gegründet.	**1850** Charles Dickens: *David Copperfield* (engl. Roman).
1867 Gründung des Norddeutschen Bundes unter preußischer Führung. Das österreichische Kaiserpaar Franz Joseph I. und Elisabeth erhält die ungarische Königskrone (Gründer der Doppelmonarchie).	**1875** Menzel: *Das Eisenwalzwerk* (Gemälde).	**1851** Erste Weltausstellung in London.
	1883 Marie von Ebner-Eschenbach: *Dorf- und Schlossgeschichten* (Erzählungen).	**1851** Herman Melville: *Moby Dick* (Roman, USA).
1870/71 Deutsch-Französischer Krieg. Gründung des Deutschen Reichs. Der preußische König Wilhelm I. wird Kaiser, Otto von Bismarck Reichskanzler.	**1883** Friedrich Nietzsche: *Also sprach Zarathustra*.	**1855** In Paris entsteht das erste Warenhaus.
	1888 Theodor Storm: *Der Schimmelreiter* (Novelle).	**1857** Der Franzose Pasteur setzt die Anfänge der Bakteriologie.
1871–76 Der "Kulturkampf" führt zur Trennung von Staat und Kirche.	**1894/95** Theodor Fontane: *Effi Briest*. Roman.	**1861-65** Beginn des nordamerikanischen Bürgerkriegs (bis 1865).
1876 Franziska Tiburtius macht in Zürich ihr medizinisches Doktorexamen und lässt sich als erste deutsche praktische Ärztin in Berlin nieder.		**1864** Gründung des Internationalen Komitees vom Roten Kreuz (IKRK).
1879 Volle Bürgerrechte für die Juden in der Schweiz.		**1865** Aufhebung der Sklaverei in den USA.
1881 Siemens baut die erste elektrische Straßenbahn in Berlin.		**1868/69** Leo Tolstoi: *Krieg und Frieden* (russ. Roman).
1883-89 Bismarcks Sozialgesetze.		**1875-77** Der Otto-Motor wird entwickelt. Der Roman *Tom Sawyer* von Mark Twain (USA) erscheint.
1888 Regierungsbeginn Kaiser Wilhelms II.		**1876** Der Meter wird internationale Maß-Einheit.
1890 Der Kaiser entlässt Kanzler Bismarck.		**1882** In New York entsteht das erste Elektrizitätswerk (Edison).
		1888 George Eastmann macht die erste Rollfilmkamera.
		1889 Der Eiffelturm wird zur Weltausstellung in Paris fertiggebaut.

4

Jahrhundertwende 1900:
Naturalismus und Gegenströmungen

4.1 Armut und Elend naturalistisch: Plakat zu Hauptmanns *Die Weber*

4.2 Typische Jugendstil-Ornamente umrahmen den "Kuss" von P. Behrens (Graphik, 1898)

Geschichte und Kultur
Deutschland: Wilhelminismus und "Ein Platz an der Sonne"
Österreich-Ungarn: Die "Donaumonarchie"
Europa, Asien und USA
Automobile und Luftschiffe
Die Arbeiterfrage und der Kommunismus
Kunst und Architektur
Aufgaben zur Geschichte und Kultur

Literatur
Thema Industrialisierung, Armut und Gewalt
Gerhart Hauptmann: *Bahnwärter Thiel*
Thema Flucht in eine Welt der Kunst und der schönen Worte –
    Symbolisten, Ästheten, Impressionisten
Rainer Maria Rilke: "Der Panther", "Das Karussell"
Das Junge Wien: Hugo von Hofmannsthal und Arthur Schnitzler
Thema: Dekadenz und Flucht in die Kunst
Thomas Mann: *Tonio Kröger*
Thema Frauenbewegung
Lou Andreas-Salomè: *Ketzereien gegen die moderne Frau*
Thema: Humor und Groteskes
Christian Morgenstern: *Galgenlieder*
Aufgaben zur Literatur

Zeittafel (1890 bis 1905)

Begriffe
Dekadenz   Um 1900 waren viele Künstler und Intellektuelle vom "Niedergang" der Kultur in der neuen Massengesellschaft überzeugt. Ihre Schlagworte waren Dekadenz und "fin de siècle" (französisch für Jahrhundert-Ende). Anhänger der Dekadenz pflegten oft einen extravaganten Lebensstil. Sie waren Individualisten.

Impressionismus   Eine Stilrichtung vor allem in der Malerei, die Impressionen (Eindrücke) wiedergibt. Impressionismus gibt es auch in der Literatur, vor allem in Form von Naturgedichten.

Jugendstil   Eine Reformbewegung in Architektur, Malerei und in den dekorativen Künsten einschließlich Buchillustrationen. Die illustrierte Kulturzeitschrift *Jugend* gab der Stilrichtung den Namen.

Naturalismus   Die Richtung in der Kunst und vor allem in der Literatur, die an den Realismus anknüpft und radikalisiert. Er stellt soziale, psychologische und biologische Themen und Probleme. Im Mittelpunkt stehen die Lebensverhältnisse der Unterschicht, nicht mehr des Bürgertums.

Symbolismus   Ebenfalls eine Stilrichtung, die gegen Realismus, Alltag und Hässliches in der Literatur opponiert. Symbolik, ungewöhnliche Bilder, Sprachkunst, das Schöne um des Schönen° willen sind wichtig.

Wiener Moderne   Bezeichnung der Epoche Jahrhundertwende in Wien. Sie umfasst Literatur, Malerei, Architektur, Musik.

Vgl. auf Englisch "art for art's sake".

Geschichte und Kultur

Deutschland: Wilhelminismus und "Ein Platz an der Sonne"

4.3 Industrie und Export brauchen Werbung: Ein Werbeschild für eine Druckerei (1897)

[navy]

Nachdem 1888 Wilhelm II. Kaiser wird, entlässt er den langjährigen verdienten Reichskanzler Bismarck (1890). Das ist entwürdigend für den Reichsgründer. Danach führt Wilhelm II. sein "persönliches Regiment" und vernachlässigt Bismarcks Diplomatie. Es gibt ein Parlament (Reichstag), aber es hat keine Macht. Deswegen nennt man diese politische Epoche "Wilhelminische Ära" oder "Zeit des Wilhelminismus". Man liebte alles Militärische: Uniformen, Paraden und Aufmärsche. Nur Männer, die in der Armee "gedient" hatten, machten Karriere.

Unter Wilhelm II. tritt das deutsche Reich in Konkurrenz mit Großbritannien, Frankreich und Russland und strebt nach Weltmacht. Unter anderem wird der Bau einer Kriegsflotte° beschlossen. "Ohne das Deutsche Reich und ohne den deutschen Kaiser darf keine große Entscheidung mehr fallen," soll Wilhelm II. gesagt haben. Deutschland hat sich zum modernen Industriestaat entwickelt, war in Europa führend und hatte entsprechenden Bedarf an Rohstoffquellen und Absatzmärkten.

Der Kaiser wollte ferne Länder mit Bodenschätzen besetzen und zu Kolonien machen, wie sie England hatte. Deutschland war damit eigentlich verspätet, und die Kolonien hatten wenig Bedeutung mehr. Das deutsche Kolonialreich, der "Platz an der Sonne", umfasste schließlich einige Länder in Afrika südlich der Sahara und Inseln im Pazifik. Für die Menschen in den Kolonien brachte die Besetzung — wie in allen Kolonien—Armut und Unterdrückung. Die Kolonialherren hielten Europa für das Zentrum und Beste der Welt und glaubten, durch die europäische Kultur und christliche Religion ein besseres Leben zu bringen.

Österreich-Ungarn: Die "Donaumonarchie"

Die österreichisch-ungarische "Doppelmonarchie" oder K&K-Monarchie bestand von 1867 bis 1918. Der Kaiser von Österreich war zugleich König von Ungarn. Beide Länder waren selbständig und gleichberechtigt°, zusammen aber eine wichtige Macht in Europa. Sie bestanden wieder aus mehreren Reichen. Das Kaiserreich Österreich schloss u. a. Böhmen, Dalmatien, Galizien und Istrien ein und das Königreich Ungarn Siebenbürgen, Kroatien, Slawonien, Bosnien und Herzegowina. Die Politik der Doppelmonarchie wird zunehmend durch Nationalitätenkonflikte im Südosten belastet. In der Doppelmonarchie lebten 47 % Slawen, 24 % Deutschsprachige und 20 % Ungarn. Die unterdrückten "Minderheiten" wollten eigene National-Staaten. Der Monarch regierte zusammen mit dem Reichsrat (nur 6 % der Bevölkerung hatten das Wahlrecht dazu). Die Bürger interessierten sich zunehmend für Politik und Vertretung

mit gleichen Rechten [having equal rights]

ihrer Interessen in Parteien. 1907 wurde das allgemeine, gleiche und direkte Wahlreicht eingeführt (Frauen blieben aber ausgeschlossen).

Automobile und Luftschiffe

Durch die Industrialisierung waren das Großbürgertum und auch viele Kaufleute reich geworden. Überall wurden neue Eisenbahnen und Brücken gebaut. Der Schweizer Simplontunnel (gebaut 1896–1906) blieb bis zum Ende des 20. Jahrhunderts der längste Eisenbahntunnel der Welt. Die ersten Automobile erschienen neben Pferd und Kutsche. Ferdinand Graf Zeppelin entwickelte das mit Gas gefüllte Luftschiff, den "Zeppelin". Telegrafenleitungen spannten sich über das Land und ermöglichten schnelle Kommunikation.

Auch Frauen sind dabei: Käthe Paulus, die erste deutsche "Luftschifferin", unternimmt zwischen 1892 und 1914 516 Ballonfahrten und 145 Fallschirmabsprünge. Sie wird die "Primadonna der Lüfte" und die "Sensation des anbrechenden Jahrhunderts" genannt.

Die Arbeiterfrage und der Kommunismus

Im 19. Jahrhundert veränderte sich die Gesellschaft fundamental. 100 Jahre zuvor waren Bauern die größte Berufsgruppe. Um 1900 lebte die Mehrheit der Menschen in Städten, und die größte Berufsgruppe waren Arbeiter und Handwerker. Ihre Einwohnerzahl verzehnfachte sich in wenigen Jahrzehnten. Die Städte wuchsen sehr schnell, und es entstanden Viertel mit großen Villen im Jugendstil, aber auch trostlose Arbeiterviertel, die man "Mietskasernen"nannte.

Die Idee des Kommunismus findet Verbreitung. Karl Marx und Friedrich Engels hatten schon im *Kommunistischen Manifest* (1848) ein radikales Programm verkündet: Die "Klasse der Arbeiter" müsse eine Revolution machen gegen die "Klasse der Bürger" und es dürfe kein Privateigentum, nur noch Volksbesitz geben. Das Manifest endet mit der Aufforderung°: "Proletarier aller Länder, vereinigt euch."

[request, calling]

Schon 1864 entsteht die Erste Internationale (Internationale Arbeiterassoziation, bis 1876). 1889 folgt die marxistische Zweite Internationale, die bis 1914 besteht.

Kunst und Architektur

Bei impressionistischer Kunst denkt man wohl zuerst an Van Gogh und die französischen Maler Renoir und Monet. Aber auch in deutschsprachigen Ländern gab es wichtige impressionistische Maler: die Deutschen Max Liebermann, Max Slevogt und Lovis Corinth, der Schweizer Giovanni Segantini, der Österreicher Emil Jakob Schindler. Dem Vorbild der französischen Impressionisten folgte auch eine Gruppe von Künstlern, die in Worpswede (in der Nähe von Bremen) die Natur suchten, eine neue Ästhetik pflegten und um 1900 berühmt wurden: zu ihnen gehören Heinrich Vogeler, Otto Modersohn und die unkonventionelle Paula Modersohn-Becker. Sie schrieb einmal an den Lyriker Rainer Maria Rilke: "Ich bin nicht Modersohn und ich bin auch nicht mehr Paula Becker. Ich bin – Ich – und hoffe, es immer mehr zu werden. Das ist wohl das Endziel von allem unserem Ringen."

Gustav Klimt bis Egon Schiele markieren die Kunst des Wiener fin de siècle. Hauptexponent des Wiener Sezessionsstils is Gustav Klimt, dessen goldener "Kuss" ein beliebtes Karten- und Postermotiv ist. Egon Schiele leitet zum Expressionismus über. Ferdinand Hodler, ein Symbolist, der die monumentale Wandmalerei erneuerte, stammte aus der Schweiz. Ein Beispiel ist "Der Auserwählte" (1893, Bern, Kunstmuseum).

Tipp: Besuchen Sie es online <www.kunstmuseumbern.ch>.

Der Name "Jugendstil" nannte sich nach der Zeitschrift *Die Jugend*, die ab 1894 in München erschien und gegen die Kunst der 'Alten' arbeitete. Dresden, Darmstadt und Wien waren weitere Zentren. Der Jugendstil betonte das Formale (Hans Vogeler) und Ornamentale. Der Jugendstil schuf Designs, Umschläge°, sogar Drucktypen für kunstvolle Bücher, obwohl Bücher nun massenhaft und billig hergestellt werden konnten.

[book covers]

Jugendstil-Architekten wollten nicht mehr alte Stile nachahmen. In Deutschland verhalf dem Jugendstil die Darmstädter Ausstellung (1901) zum Durchbruch. Otto Wagner, Mitglied der 1897 gegründeten "Wiener Sezession", entwickelte sich zu einem Pionier der modernen Architektur.

In der Bildhauerei° erschlossen der Jugendstil und der Expressionismus neue Möglichkeiten.

[sculpture]

4.4 Ein Selbstbildnis von Paula Modersohn-Becker (1903)

4.5 Die Impressionisten können nicht richtig malen – sagten ihre Gegner (*Wannseegarten* von Max Liebermann)

Aufgaben zur Geschichte und Kultur

Begriffe

Welche Begriffe beschreiben die dominierenden politischen Ideen und Kräfte der Zeit von 1888 bis 1918 in Deutschland? Kreuzen Sie alle an, die passend sind.

_____ Zeitalter der Diplomatie

_____ Demokratie

_____ Wilhelminische Ära

_____ Militarismus

_____ Agrargesellschaft

_____ Pazifismus

_____ soziale Gerechtigkeit

_____ Kolonialismus

_____ Industrialisierung

_____ Revolution

_____ Imperialismus

_____ Kommunismus

Mini-Referat: Die wichtigsten Elemente und Begriffe der Freud'schen Psychoanalyse.

Kunst

Finden Sie die beiden Gemälde auf dem Internet. Vergleichen Sie sie dann. Was ist gleich, wo gibt es Unterschiede?

	Max Liebermann: *Stevenstift in Leiden* (1889)	Paula Modersohn-Becker: *Moorgraben* (1900-1902)
Thema		
Atmosphäre		
Farben		
Pinselstrich		
Perspektive		
Vordergrund		
Hintergrund		
Menschen		
Auffälliges		

Literatur

Thema: Industrialisierung, Armut und Gewalt

Gerhart Hauptmann: *Bahnwärter° Thiel* (Erzählung, 1888)

auch: Stellwärter [signalman]

Die Erzählung trägt den Untertitel "novellistische Studie aus dem märkischen Kiefernforst". Wie in einer wissenschaftlichen Studie untersucht der Autor, wie Gewalt entsteht, und fragt, was davon Vererbung°, was "Naturgewalt" ist. Thiel regelt die Gleise für den Zug. Der Zug, Inbegriff° der Industrialisierung, ist eine gewaltige Maschine, wird aber wie ein lebendes Ungetüm° geschildert.

[heredity]

[epitome]

[monster]

> Ein Keuchen° und Brausen schwoll stoßweise fernher durch die Luft. Dann plötzlich zerriß die Stille. Ein rasendes Tosen° und Toben° erfüllte den Raum, die Geleise bogen sich, die Erde zitterte – ein starker Luftdruck – eine Wolke von Staub, Dampf und Qualm, und das schwarze, schnaubende Ungetüm war vorüber. So wie sie anwuchsen, starben nach und nach die Geräusche. Der Dunst verzog sich. Zum Punkte eingeschrumpft, verschwand der Zug in der Ferne, und das alte heilige Schweigen schlug über dem Waldwinkel° zusammen.

[wheeze, roar]

[bluster] / [uproar]

[forestnook, corner in the forest]

Die Eisenbahn wird zum Symbol von Gewalt und Aggression. Thiel hat nach dem Tod seiner ersten Frau die Magd Lene geheiratet. Er hat ein Kind mit ihr, hängt aber an seiner ersten Frau und an Tobias, seinem ersten Sohn. Trotzdem tut er nichts dagegen, dass Lene den kleinen Tobias vernachlässigt° und misshandelt. Als er einmal überraschend nach Hause kommt, weil er sein Mittagessen vergessen hat, spielt sich folgendes ab:

[neglected]

> Der Ton einer kreischenden° Stimme unterbrach die Stille so laut und schrill, daß der Wärter° unwillkürlich mit Laufen innehielt°. Ein Schwall heftig herausgestoßner, mißtönender Laute schlug an sein Ohr, die aus dem offnen Giebelfenster eines niedrigen Häuschen zu kommen schienen, welches er nur zu wohl kannte. Das Geräusch seiner Schritte nach Möglichkeit dämpfend, schlich er sich näher und unterschied nun ganz deutlich die Stimme seiner Frau. Nur noch wenige Bewegungen, und die meisten ihrer Wort wurden ihm verständlich.
>
> "Was, du unbarmherziger°, herzloser Schuft! Soll sich das elende Wurm die Plautze ausschreien vor Hunger? – wie? – na, wart nur, wart, ich will dich lehren aufpassen! – du sollst dran denken." Einige Augenblicke blieb es still; dann hörte man ein Geräusch, wie wenn Kleidungsstücke ausgeklopft würden; unmittelbar darauf entlud sich ein neues Hagelwetter von Schimpfworten.

[screechy]

kurz für Bahnwärter / innehalten [to stop]

[merciless]

[greenhorn]

"Du erbärmlicher Grünschnabel°," scholl es im schnellsten Tempo herunter, "meinst du, ich sollte mein leibliches Kind wegen solch einem Jammerlappen, wie du bist, verhungern lassen?" – "Halt's Maul!" schrie es, als ein leises Wimmern hörbar wurde, "oder du sollst eine Portion kriegen, an der du acht Tage zu fressen hast."

Das Wimmern verstummte nicht.

Der Wärter fühlte, wie sein Herz in schweren, unregelmäßigen Schlägen ging. Er begann leise zu zittern. Seine Blicke hingen wie abwesend am Boden fest, und die plumpe und harte Hand strich mehrmals ein Büschel nasser Haare zur Seite, das immer von neuem in die sommersprossige Stirne hineinfiel.

Schwäche [faintness, languor]

Einen Augenblick drohte es ihn zu überwältigen. Es war ein Krampf, der die Muskeln schwellen machte und die Finger der Hand zur Faust zusammenzog. Es ließ nach, und dumpfe Mattigkeit° blieb zurück.

Unsicheren Schrittes trat der Wärter in den engen, ziegelgepflasterten Hausflur. Müde und langsam erklomm er die knarrende Holzstiege.

hämisch [malicious]
feige [cowardly] / [lout, tyke]

"Pfui, pfui, pfui!" hob es wieder an; dabei hörte man, wie jemand dreimal hintereinander mit allen Zeichen der Wut und Verachtung ausspie. "Du erbärmlicher, niederträchtiger, hinterlistiger, hämischer°, feiger°, gemeiner Lümmel°!" Die Worte folgten einander in steigender Betonung, und die Stimme, welche sie herausstieß, schnappte zuweilen über vor Anstrengung.

[brat]

"Meinen Buben willst du schlagen, was? Du elende Göre° unterstehst dich, das arme, hilflose Kind aufs Maul zu schlagen? – wie? – he, wie? – Ich will ich nur nicht dreckig machen an dir, sonst — ..."

In diesem Augenblick öffnete Thiel die Tür des Wohnzimmers, weshalb der erschrockenen Frau das Ende des begonnenen Satzes in der Kehle steckenblieb. Sie war kreidebleich vor Zorn, ihre Lippen zuckten bösartig, sie hatte die Rechte erhoben, senkte sie und griff nach dem Milchtopf, aus dem sie ein Kinderfläschen vollzufüllen versuchte. Sie ließ jedoch diese Arbeit, da der größte Teil der Milch über den Flaschenhals auf den Tisch rann, halb verrichtet, griff vollkommen fassungslos vor Erregung bald nach diesem, bald nach jenem Gegenstand, ohne ihn länger als einige Augenblicke festhalten zu können, und ermannte sich endlich so weit ihren Mann heftig anzulassen: was es denn heißen solle, daß er um diese ungewöhnliche Zeit nach Hause käme, er würde sie

[to eavesdrop]

doch nicht etwa gar belauschen° wollen. "Das wäre noch das Letzte," meinte sie, und gleich darauf: sie habe ein reines Gewissen und brauche vor niemand die Augen niederzuschlagen.

Thiel hörte kaum, was sie sagte. Seine Blicke streiften flüchtig das heulende Tobiaschen. Einèn Augenblick schien es, als müsse er gewaltsam etwas Furchtbares zurückhalten, was in ihm aufstieg, dann

die Miene [face, expression]

legte sich über die gespannten Mienen° plötzlich das alte Phlegma, von

> einem verstohlnen begehrlichen° Aufblitzen der Augen seltsam belebt.
> Sekundenlang spielte sein Blick über den starken Gliedmaßen seines
> Weibes, das, mit abgewandtem Gesicht herumhantierend°, noch immer
> nach Fassung suchte. Ihre vollen, halbnackten Brüste blähten sich vor
> Erregung und drohten das Mieder° zu sprengen, und ihre aufgerafften
> Röcke ließen die breiten Hüften noch breiter erscheinen. Eine Kraft
> schien von dem Weibe auszugehen, unbezwingbar°, unentrinnbar°, der
> Thiel sich nicht gewachsen fühlte.

[covetous]

[plying, gesticulating]

[bodice]

[impregnable, invincible] / [inescapable]

Als Tobias aber von einem Zug überfahren wird, weil Lene nicht aufpasst, kann Thiel "es" nicht mehr zurückhalten. Er ist plötzlich verwandelt und brutal erschlägt er Lene und ihr gemeinsames Kind.

Gerhart Hauptmann: *Die Weber* (Drama, 1892)

1892 machte Gerhart Hauptmann aus dem Aufstand der schlesischen Weber (1844), der ersten Revolte von Arbeitern, ein Drama im naturalistischen Stil in vier Akten. Die Uraufführung fand 1893 in Berlin als private Vorstellung statt, denn die preußische Zensur wollte die Aufführung verhindern. Das Drama könne Demonstrationen der Arbeiter auslösen. Aber es ließ sich nicht unterdrücken und Hauptmann wurde damit berühmt.

Die Weber arbeiten nicht in einer Fabrik, sondern an Webstühlen zuhause ("Heimarbeiter"). Sie sind vom Fabrikanten Zwanziger abhängig, der die Stoffe gegen ganz wenig Geld (sogenannter Hungerlohn) kauft. Die ersten drei Akte schildern die Ausbeutung und die verzweifelte Revolte der Weber. Der letzte Akt deutet an, dass der Aufstand scheiterte.

Es gibt in diesem Drama keinen individuellen Helden. Hauptmann meinte, die "Heldin" seines Dramas sei vielmehr die "Not". Eine Eigenart naturalistischer Dramen ist, dass die AutorInnen die Gestaltung der Bühne detailliert vorschrieben, ebenso das Aussehen der Personen. Das Milieu sollte "naturalistisch" wiedergeben werden. Zum Beispiel wird am Anfang des fünften Aktes das "Weberstübchen des alten Hilse" beschrieben. Die Regieanweisung für den alten Hilse lautet:

> [E]in bärtiger, starkknochiger, aber nun von Alter, Arbeit, Krankheit
> und Strapazen° gebeugter und verfallener Mann. Veteran, einarmig. Er
> ist spitznasig, von fahler Gesichtsfarbe, zittrig°, scheinbar nur Haut,
> Knochen und Sehne und hat die tiefliegenden, charakteristischen,
> gleichsam wunden Weberaugen.

[exertions]

[shaky]

Gerhart Hauptmann (1862–1946) erhielt 1912 den Nobelpreis für Literatur.

Thema: Flucht in eine Welt der Kunst und der schönen Worte – Symbolisten, Ästheten, Impressionisten

Rainer Maria Rilke

Die Naturalisten thematisieren die Welt der Industrie, der Maschinen und des Lärms im Namen des Fortschritts, Krankheiten, Verbrechen und den Gegensatz von Arm und Reich. Rilke (Prag 1875 – 1926 in Val-Mont, Schweiz) dagegen erstaunte in seinen ersten Gedichtbänden mit ungewöhnlichen Bildern aus Worten, die das Schweigen, das Langsame, das staunende Sehen betonen. Seine "Dinggedichte" beschreiben äußere Gegenstände mit viel Einfühlungsvermögen.

Der Panther
Im Jardin des Plantes°, Paris

Sein Blick ist vom Vorübergehn der Stäbe°
so müd geworden, daß er nichts mehr hält.
Ihm ist, als ob es tausend Stäbe gäbe
und hinter tausend Stäben keine Welt.

Der weiche Gang geschmeidig° starker Schritte,
der sich im allerkleinsten Kreise dreht,
ist wie ein Tanz von Kraft um eine Mitte,
in der betäubt ein großer Wille steht.

Nur manchmal schiebt der Vorhang der Pupille
sich lautlos auf -. Dann geht ein Bild hinein,
geht durch der Glieder angespannte Stille -
und hört im Herzen auf zu sein.

(margin notes:)
französische Bezeichnung

[staves, rods (of a cage)]

[smooth, limber]

Mehr von und über Rilke finden Sie z. B. auf <http://gutenberg.spiegel.de> und auf <www.rilkegedichte.de>

Solchen Dinggedichten geht es nicht um Genauigkeit oder Objektivität, sondern den subjektiven Eindruck davon. Das ist impressionistisch.

Das Karussell
Jardin du Luxemburg

Mit einem Dach und seinem Schatten dreht
sich eine kleine Weile der Bestand°
von bunten Pferden, alle aus dem Land,
das lange zögert°, eh es untergeht.
Zwar manche sind an Wagen angespannt,
doch alle haben Mut in ihren Mienen;
ein böser roter Löwe geht mit ihnen
und dann und wann ein weißer Elefant.

(margin notes:)
vorhandene Menge

zögern [to hesitate]

Sogar ein Hirsch ist da, ganz wie im Wald,
nur daß er einen Sattel trägt und drüber
ein kleines blaues Mädchen aufgeschnallt.

Und auf dem Löwen reitet weiß ein Junge
und hält sich mit der kleinen heißen Hand,
dieweil der Löwe Zähne zeigt und Zunge.

Und dann und wann ein weißer Elefant.

Und auf den Pferden kommen sie vorüber,
auch Mädchen, helle, diesem Pferdesprunge
fast schon entwachsen; mitten in dem Schwunge
schauen sie auf, irgendwohin, herüber -

Und dann und wann ein weißer Elefant.

Und das geht hin und eilt sich, daß es endet,
und kreist und dreht sich nur und hat kein Ziel.
Ein Rot, ein Grün, ein Grau vorbeigesendet,
ein kleines kaum begonnenes Profil -.
Und manchesmal ein Lächeln, hergewendet,
ein seliges, das blendet und verschwendet
an dieses atemlose blinde Spiel...

Das Junge Wien: Hugo von Hofmannsthal und Arthur Schnitzler

Schrieben die Naturalisten in der drastischen Sprache der Armen, oft im Dialekt, so feiern die Neuromantiker und Symbolisten die Schönheit und Musik in der Sprache und den inneren Erlebnisreichtum.

Hugo von Hofmannsthal (1874 Wien – 1929 bei Wien) war wie Rilke jüdischer Herkunft. Neben seiner Lyrik und seinen Dramen waren seine Opernlibretti (*Der Rosenkavalier, Ariadne auf Naxos*) besonders wirkungsvoll. Sein Drama *Jedermann* (1911) wird seit 1920 jährlich bei den Salzburger Festspielen auf dem Domplatz aufgeführt. Hofmannsthal gehörte zu den Gründern der Festspiele. Er bearbeitete das "Spiel vom Sterben des reichen Mannes" (so der Untertitel) aus dem Mittelalter. Sein Jedermann ist ein moderner Mensch, er erkennt keine höhere Macht an. Am Schluss helfen ihm die Liebe der Mutter und die Personifikationen "Glaube" und "Werke".

Ein Zitat aus Hofmannsthals Vorrede° zu Schnitzlers Drama *Anatol*:

> Das aktuelle Programm der Festspiele für dieses Jahr finden Sie auf <www.viennaclassic.com>.

> [Preface to]

[...]
also spielen wir Theater
spielen unsere eignen Stücke,
früh gereift und zart und traurig,
die Komödie unsrer Seele,
unsres Fühlens Heut und Gestern,
böser Dinge hübsche Formel.

4.6   Der junge Thomas Mann (1905)

Das ist der Kern der Vorrede, die Hugo von Hofmannsthal für Arthur Schnitzlers Stück *Anatol* schrieb. So drückt er das Lebensgefühl im Wien der Jahrhundertwende aus. Schnitzler war Mediziner und interessierte sich für die Psychoanalyse seines Kollegen Sigmund Freud. Um Hofmannsthal und Schnitzler formierte sich das sogenannte "Junge Wien", eine Teilgruppe der "Wiener Moderne".

Thema: Dekadenz und Flucht in die Kunst

Thomas Mann: *Tonio Kröger* (Novelle, 1903)

"Tonio", das klingt nach Italien, Süden, Kunst, Genuss – "Kröger" klingt nach Norden, Kaufmannsfamilie, gutes Benehmen, Disziplin. Die Titelgestalt fühlt sich zu beidem hingezogen. Tonio Kröger ist ein junger Schriftsteller, der ganz für seine Begabung und für die Kunst lebt, aber sich doch von den gewöhnlichen Menschen und ihren einfachen Freuden angezogen fühlt. Er bleibt ausgeschlossen. Der Gegensatz von Künstler und Bürger ist eines der konstanten und wichtigen Themen von Thomas Mann in seinem umfassenden Werk.

In der Mitte der Erzählung spricht Kröger lange mit einer russischen Malerin über Kunst und Leben. Sie diagnostiziert Krögers Künstlerdasein als Zuflucht eines "verirrten Bürgers". Tonio Kröger sagt unter anderem:

> "Ich bin am Ziel, Lisaweta. Hören Sie mich an. Ich liebe das Leben – dies ist ein Geständnis. Nehmen Sie es und bewahren sie es, – ich habe es noch keinem gemacht. Man hat gesagt, man hat es sogar geschrieben und drucken lassen, daß ich das Leben hasse oder fürchte oder verachte oder verabscheue. Ich habe dies gern gehört, es hat mir geschmeichelt°; aber darum ist es nicht weniger falsch. Ich liebe das Leben … Sie lächeln, Lisaweta, und ich weiß, worüber. [...] Nein, das 'Leben', wie es als ewiger Gegensatz dem Geiste und der Kunst gegenübersteht, – nicht als eine Vision von blutiger Größe und wilder Schönheit, nicht als das Ungewöhnliche stellt es uns Ungewöhnlichen sich dar; sondern das Normale, Wohlanständige und Liebenswürdige ist das Reich unserer Sehnsucht, ist das Leben in seiner verführerischen Banalität! Der ist noch lange kein Künstler, meine Liebe, dessen letzte und tiefste Schwärmerei das Raffinierte, Exzentrische und Satanische ist, der die Sehnsucht nicht kennt nach dem Harmlosen, Einfachen und Lebendigen, nach ein wenig Freundschaft, Hingebung, Vertraulichkeit und menschlichem Glück, - die verstohlene und zehrende° Sehnsucht, Lisaweta, nach den Wonnen der Gewöhnlichkeit! …
>
> [...]

schmeicheln [to flatter]

[wastily, sapping one's energy]

Denn schließlich – welcher Anblick wäre kläglicher als der des Lebens, wenn es sich in der Kunst versucht? Wir Künstler verachten niemand gründlicher als den Dilettanten, den Lebendigen, der glaubt, obendrein bei Gelegenheit einmal ein Künstler sein zu können. Ich versichere Sie, diese Art von Verachtung gehört zu meinen persönlichsten Erlebnissen. Ich befinde mich in einer Gesellschaft in gutem Hause, man ißt, trinkt und plaudert°, man versteht sich aufs beste, und ich fühle mich froh und dankbar, eine Weile unter harmlosen und regelrechten Leuten als ihresgleichen verschwinden zu können. Plötzlich (dies ist mir begegnet) erhebt sich ein Offizier, ein Leutnant, ein hübscher und strammer° Mensch, dem ich niemals eine seines Ehrenkleides unwürdige Handlungsweise zugetraut hätte, und bittet mit unzweideutigen Worten um die Erlaubnis, uns einige Verse mitzuteilen, die er angefertigt habe. Man gibt ihm, mit bestürztem Lächeln, diese Erlaubnis, und er führt sein Vorhaben aus, indem er von einem Zettel, den er bis dahin in seinem Rockschoß verborgen gehalten hat, seine Arbeit vorliest, etwas an die Musik und die Liebe, kurzum, ebenso tief empfunden wie unwirksam°. Nun bitte ich aber jedermann: ein Leutnant! Ein Herr der Welt! Er hätte es doch wahrhaftig nicht nötig...! Nun, es erfolgt, was erfolgen muß: lange Gesichter, Stillschweigen, ein wenig künstlicher Beifall und tiefstes Mißbehagen° ringsum. [...]

"Sind Sie nun fertig, Tonio Kröger?"

"Nein. Aber ich sage nichts mehr."

"Und es genügt auch. - Erwarten Sie eine Antwort?"

"Haben Sie eine?"

"Ich dächte doch. - Ich habe Ihnen gut zugehört, Tonio, von Anfang bis zu Ende, und ich will Ihnen die Antwort geben, die auf alles paßt, was Sie heute nachmittag gesagt haben, und die die Lösung ist für das Problem, das Sie so sehr beunruhigt hat. Nun also! Die Lösung ist die, daß Sie, wie Sie da sitzen, ganz einfach ein Bürger sind."

"Bin ich?" fragte er und sank ein wenig in sich zusammen...

"Nicht wahr, das trifft Sie hart, und das muß es ja auch. Und darum will ich den Urteilsspruch um etwas mildern, denn das kann ich. Sie sind ein Bürger auf Irrwegen, Tonio Kröger - ein verirrter Bürger."

– Stillschweigen. Dann stand er entschlossen auf und griff nach Hut und Stock. "Ich danke Ihnen, Lisaweta Iwanowna; nun kann ich getrost nach Hause gehn. *Ich bin erledigt.*"

plaudern [to chat]

stramm [taut, martial]

[ineffective, feeble]

[uncomfortable feeling]

Thema: Frauenbewegung

[heresies]

Lou Andreas-Salomé: *Ketzereien° gegen die moderne Frau* (Essay, 1899)

Lou Andreas-Salomé (St. Petersburg 1861–1937 Göttingen) wurde zuerst berühmt (bzw. berüchtigt) durch ihre Affäre als verheiratete Frau mit dem viel jüngeren Rilke. Sie galt als "femme fatale", die Männer sammelte, aber auch künstlerisch und intellektuell inspirierte.

Sie lebte genau das, was sie 1882 an einen Freund schrieb: "Ich kann weder Vorbildern nachleben noch werde ich jemals ein Vorbild darstellen können, für wen es auch sei, hingegen mein eigenes Leben nach mir selber bilden, das werde ich ganz gewiss … Damit habe ich ja kein Prinzip zu vertreten, sondern etwas viel Wundervolleres – etwas, das in einem steckt". Sie lebte in verschiedenen europäischen Metropolen, schrieb Essays und Erzählungen, aber auch Journalistisches. In ihrem Aufsatz *Der Mensch als Weib* (1899) trat sie nicht für Gleichheit ein, sondern für die Geschlechterdifferenz. Freiheit war für sie das wichtigste Prinzip.

[…] Sollen etwa deshalb die Frauen keine Bücher mehr schreiben? Das mögen sie thun, so oft es sie dazu treibt, wie sie überhaupt Alles thun mögen, wozu es sie treibt. Das stört Keinen und Manchen freut es. Denn Weiblichkeit ist ja ein fröhliches Blühen – wenn nur alle Frauen einsähen, ein wie fröhliches! –, nicht aber irgend eine Zwangsanstalt mit vorgeschriebenen Bewegungen. Nur so entsetzlich ernsthaft und wichtig sollen sie es nicht nehmen. Sie sollen ihre literarische Thätigkeit als das Accessorische, nicht als das Wesentliche an ihrer weiblichen Auslebung betrachten und, weit davon entfernt, Artikel zu ihrer besseren Würdigung durch Männerurtheil zu schreiben, sich lieber dagegen wehren, daß man sachliche Vergleiche mit ihnen anstellt und sachliche Censuren, wie öffentliche Ordensverleihungen, ihnen, leutselig lobend, ausstellt. Wenn die Verleger es erlaubten, sollten sie am Liebsten noch anonym ihren Herzen Luft machen. Ungefähr so, wie man jauchzt oder weint, ohne den eigenen Namen darunter zu schreiben. Gerade das stofflich Persönlichere, das minder künstlerisch Geformte an ihren Werken sollte

[in exchange, for a consideration]

[cipher]

sie zum Entgelt° dafür gleichgültig machen gegen die persönlichste Eitelkeit des Berühmtwerdens. Der große, wahre Künstler setzt mit seinem Namen unter sein Werk im Grunde nur eine Chiffre°: sein Werk ist nicht er noch einmal, nicht seine Wiederholung, es hat nur ihn benutzt, um ein Ding ganz für sich zu werden, und wenn der Beschauer oder Leser ihn selbst darin fühlt und findet, so ist es indirekt und auf dem künstlerischen Umwege der Drangebung der eigenen ergriffenen Persönlichkeit im künstlerischen Genuß. Frauenwerke wirken, aus Gründen ihrer Vorzüge nicht minder als ihrer Mängel, viel direkter und indiskreter, sie wirken als Frauen-Wiederholungen; und dadurch, daß eine Wiederholung vollkommen gelungen ist, wird der Werth ihres Originals gar nicht erhöht, – im Gegentheil: es wird fast überflüssig. Zum Glück wird das nur selten annähernd der Fall sein können, und wer ein Frauenbuch liebgewonnen hat, wird es auf sich wirken lassen dürfen wie eine Rose, die von blühendem Strauch gebrochen wurde. Aber ich kann nicht umhin, einigen Argwohn° zu hegen, ob dies köstliche Gefühl einer zarten persönlichen Frauenberührung sich gleich bleiben wird bei der vehementen Art der heutigen Frau, sich auch schriftstellerisch mit Ellenbogenstößen° auf den Kampfplatz zu schieben. Sie verbraucht dadurch jetzt so viel, so entsetzlich viel von ihrer intimsten Kraft zu ihren Wesens-Wiederholungen auf Papier. Wird sie dann, wenn man ihr persönlich naht, wirklich noch wie ein blühender Strauch wirken, der Rosen abwirft, oder erschöpft und verbraucht, wie Jemand, der Kostbareres, Unersetzlicheres fortgegeben hat als nur seinen blühenden Überschuß?

[distrust]

[pushes, blows with one's elbows]

Tipp: Den ganzen Essay finden Sie im Projekt "Sophie" <sophie. byu.edu>

Thema: Humor und Groteskes

Christian Morgenstern: *Galgenlieder* (Gedichte, 1905)

Gegen den Ernst der Literatur sowohl in Naturalismus wie Symbolismus schrieb Christian Morgenstern (1871 in München – 1914 in Meran). 1905 veröffentlichte er groteske Gedichte unter dem Titel *Galgenlieder*. Verkündigte Friedrich Nietzsche die "Umwertung aller Werte", so experimentierte Morgenstern mit Lauten, grammatischen Formen und neuen Wörtern. Er nannte es die "Umwortung aller Worte".

Fisches Nachtgesang

```
            ‾
          U U
         ‾‾ ‾
        U U U U
         ‾‾ ‾
        U U U U
         ‾‾ ‾
        U U U U
         ‾‾ ‾
        U U U U
         ‾‾ ‾
          U U
            ‾
```

Das große Lalula

Kroklokwafzi? Sememei!
Seiokrontro -- prafriplo:
Bifzi, bafzi; hulalemi:
quasti basti bo...
Lalu lalu lalu lalu la!

Hontraruru miromente
zasku zes rü rü?
Entepente, leiolente
klekwapufzi lü?
Lalu lalu lalu lala la!

Simarat kos malzlpempu
silzuzankunkrei (;)!
Marjomar dos: Quempu Lempu
Siri Suri Sei []!
Lalu lalu lalu lalu la!

Aufgaben zur Literatur

Hauptmann: *Bahnwärter Thiel.*

1. Thema "Naturgewalt": Vergleichen Sie die Beschreibungen von dem Zug und Lene. Füllen Sie dazu zuerst die linke, dann die rechte Spalte der Tabelle aus.

	der Zug	Lene
Macht was für ein Geräusch?		
Hat welchen Effekt auf die Umgebung?		
Verschwindet wie?		

2. Wer übt Gewalt aus? Welche? Über wen? Zeichnen Sie Pfeile, die diese Gewalt ausdrücken, und beschriften Sie sie.

Lene

Thiel   *Zug*

Kind

Rilke: "Der Panther"

Analysieren Sie zuerst die Form des Gedichts.

1. Welches Reimschema gibt es?

2. Welche Vokale dominieren in den Reimen?

3. Haben diese Vokale auch eine Bedeutung für den Rest des jeweiligen Verses? Können Sie hier Wiederholungen finden?

4. Zählen Sie die Hebungen und Senkungen in den Versen. Welches Muster gibt es? Welche Zeile ist anders?

5. Welche Wörter werden im Gedicht wiederholt?

Jetzt konzentrieren Sie sich auf den Inhalt.

1. Wer spricht in dem Gedicht?

2. Mit wem?

3. Worüber?

4. Welche Perspektive hat das "Ich"?

5. Wo lebt der Panther?

6. Was macht er da?

7. Zeichnen Sie den Panther in seinem "Zuhause".

Zeigen Sie jetzt Parallelen zwischen Form und Inhalt auf:

1. Welche geometrische Form symbolisiert der Rhythmus des Gedichtes?

2. Wo im Text wird diese Form explizit erwähnt?

3. Wo wird diese Form suggeriert? Wodurch?

Warum nennt man dieses Gedicht ein "Dinggedicht"?
Was ist an diesem Gedicht "impressionistisch"?

Rilke: "Das Karusell"

Analysieren Sie die Form und den Inhalt des Gedichtes. Orientieren Sie sich an den Fragen zu "Der Panther". Gibt es Ähnlichkeiten zwischen den beiden Gedichten?

Das Junge Wien

Schreiben Sie die folgenden Sätze zu Ende.

1. Hofmannsthal und Schnitzler schrieben nicht im Dialekt, weil ...

2. Hofmannsthal war sehr vielseitig. Er ...

3. Das Junge Wien interessierte sich sehr für die Psychoanalyse Freuds, weil ...

Thomas Mann: *Tonio Kröger*

1. Vervollständigen Sie die Tabelle von Gegensätzen mit Informationen aus dem Text.

	Kröger
Süden	
	Leben
Genuss	
Schriftsteller	
	Normales
	Wohlanständiges
Ungewöhnliches	
	Harmloses
Exzentrisches	
	Lebendiges

2. Welches Beispiel gibt Tonio für diese Gegensätze?
3. Auf welcher Seite der Tabelle sieht er sich selbst?
4. Wo sieht ihn die Malerin Lisaweta? Warum?
5. Was ist Tonios Grundproblem?

Lou Andreas-Salomé: Frauenbewegung

1. Wie macht die Gesellschaft weibliche Schriftsteller unfrei?
2. Warum sollen weibliche Autoren nicht ihre Namen unter ihre Werke stellen?
3. Auf welche Weise kann Schreiben Freiheit ausdrücken?

Morgenstern: "Das große Lalula"

Analysieren Sie zuerst die Form des Gedichtes (kein Witz!).

1. Welche Strophenform sehen Sie?
2. Gibt es Wiederholungen?
3. Welches Reimschema gibt es?
4. Wie lang sind die einzelnen Zeilen?
5. Welche Satzzeichen finden Sie?

Nun zum Inhalt:

1. Nachdem Sie die Form analysiert haben, was erwarten Sie nun vom Inhalt?
2. Lesen Sie das Gedicht laut vor.
3. Woran erinnert Sie das Gedicht?
4. Welchen Gegensatz zwischen Form und Inhalt gibt es?
5. Auf welche Weise ist Ihre Erwartung an ein Gedicht aus dieser Zeit erfüllt oder nicht erfüllt worden?
6. Was soll das Gedicht? Macht es Sinn? Wenn ja, welchen?

Zeittafel

Politische Geschichte und Wirtschaft	Literatur und Kultur	Internationales
1890 Aus der deutschen Arbeiterpartei wird die "Sozialdemokratische Partei Deutschlands" (SPD). Die Schweizer Regierung führt Sozialversicherung ein.	**1891** Gustav Mahler: Symphonie Nr. 1.	**1879** Henrik Ibsen: *Nora oder ein Puppenheim* (Norwegisches Drama).
	1892 Gerhart Hauptmann: *Die Weber* (Drama).	**1879/80** Emile Zola: *Nana* (frz. Roman).
1891 Einführung der Volksinitiative in der Schweiz.	**1895** Erste Filmvorführungen in Paris und Berlin.	**1890** Vincent Van Gogh stirbt.
1892 Diesel lässt sich den Verbrennungsmotor patentieren.	**1896** Gründung der Kulturzeitschrift *Jugend* und der politisch-satirischen Wochenzeitschrift *Simplicissimus* in München.	**1891** Oscar Wilde: *Das Bildnis des Dorian Grey* (Drama, Irland).
1893 Karl Benz konstruiert ein Auto.		**1892** Tschaikovsky: *Der Nussknacker* (russ. Ballet).
1894 Der "Bund deutscher Frauenvereine" setzt sich für freie Berufswahl und Zulassung zum Studium ein.	**1899** An der Berliner Universität dürfen nun auch Frauen promovieren.	**1896** Der Franzose Henri Becquerel entdeckt die radioaktive Strahlung des Urans.
1898 Ein Anarchist ermordet in Genf die österreichische Kaiserin Elisabeth.	**1900** Sigmund Freud: *Die Traumdeutung* (Medizin, Psychologie). Friedrich Nietzsche stirbt.	**1898** Die USA besetzen die Philippinen.
1900 Erster Zeppelin. Das deutsche Flottengesetz regelt den Bau einer Kriegsflotte.	**1901** Thomas Mann: *Buddenbrooks* (Roman). Eröffnung von Kabaretts in Berlin und München.	**1900** Der "Boxeraufstand" in China gegen die Europäer wird unter deutscher Führung niedergeschlagen.
1906 In der Schweiz ersetzen Postautos die Postkutschen	**1902** Rainer Maria Rilke: *Das Buch der Bilder* (Gedichte).	**1900** Anton Tschechow: *Drei Schwestern* (russ. Drama).
1911 Wilhelm II. beansprucht in einer Rede Deutschlands "Platz an der Sonne".	**1902** Oskar Messter: *Salome* (Film)	**1901** Erste Verleihung des Nobelpreises in Schweden.
1918 Abdankung und Exil von Wilhelm II.	**1903** Thomas Mann: *Tonio Kröger* (Erzählung).	**1901** Die britische Königin Victoria stirbt.
	1905 Christian Morgenstern: *Galgenlieder* (Gedichte).	**1903** Erster gelenkter Motorflug der Brüder Wright.
	1911 Hugo von Hofmannsthal: *Jedermann* (Drama).	**1903** Erste Tonaufnahme einer Oper: Verdis *Ernani*. Richard Steiff entwirft Teddybären (benannt nach Theodore Roosevelt, der 1904 zum US-Präsident gewählt wird).
	1912 Gerhart Hauptmann erhält den Literatur-Nobelpreis.	**1904** Aufstand in der Kolonie Deutsch-Südwestafrika (Namibia). Allianz zwischen England und Frankreich.
	1917 Hofmannsthal, Richard Strauß und Max Reinhardt initiieren die Salzburger Festspiele.	**1904/05** Russisch-japanischer Krieg.
		1905 Revolution in Russland, die scheitert.

Dritter Teil: Das 20. Jahrhundert

5

Moderne: Zeit des Ersten Weltkriegs und der Weimarer Republik

a. Expressionismus

5a.1　Titelseite der expressionistischen Kunst-Zeitschrift *Der Sturm* (1910) mit Zeichnung und Text von Oskar Kokoschka

5a.2 *Der Blaue Reiter* (Holzschnitt in den Farben Blau und Schwarz als Titelbild des gleichnamigen Buchs, 1914)

Geschichte und Kultur
"Hurra" für den Krieg
Novemberrevolution und Demokratie
Das Ende der Doppelmonarchie
Expressionistische Kunst
Film und Tanz
Architektur
Aufgaben zur Geschichte und Kultur

Literatur
Thema: Schülerprobleme – Probleme der Schule
Hermann Hesse: *Unterm Rad*
Robert Musil: *Die Verwirrungen des Zöglings Törleß*
Heinrich Mann: *Professor Unrat*
Thema: Radikaler Ausdruck und "Menschheitsdämmerung"
Else Lasker-Schüler: "Mein Volk"
Thema: Der Krieg in der Literatur
Georg Heym: "Der Krieg"
Kafkaeske Erfahrungen
Franz Kafka: *Die Verwandlung*
Aufgaben zur Literatur

Zeittafel (1905 bis 1919)

Begriffe
Expressionismus   Künstlerischer und literarischer Stil und Haltung, die dem Ausdruck (Expression) größere Bedeutung geben als den Eindrücken (Impressionen). Die Expressionisten schlossen sich meist in Gruppen zusammen, zum Beispiel "Die Brücke" oder "Die Pathetiker".
Ekstase   Rauschhafter Zustand, Verzückung. Im Expressionismus wird dringender Ausdruck zu Ekstase oder "Außersichseins". Malerische Expressivität drückt sich in lauten Farben und harten Formen aus, literarische in häufigen Ausrufen. Weitere literarische Merkmale sind die Auflösung geordneter Satzkonstruktionen und Wortreihungen.
Moderne   Der Begriff ist international, vielseitig und nicht festzulegen. Er wurde seit dem 18. Jahrhundert immer wieder für die jeweils neue Strömung angewendet. Auch die Naturalisten nannten sich "modern", ebenso die neuen Strömungen von Beginn bis über die Mitte des 20. Jahrhunderts. Moderne Literatur ist vielschichtig° und doppeldeutig. Alte Gattungsgrenzen gelten nicht mehr. Die Sprache ist oft experimentell.

[multilayered]

Geschichte und Kultur

"Hurra" für den Krieg

Historiker sprechen vom "Pulverfass° Europa" am Anfang des 20. Jahrhunderts. Die imperialistischen Ansprüche des deutschen Kaiserreichs stießen auf die der Nachbarländer und schufen Konflikte. Alle Länder hatten aufgerüstet, und ein kleiner Funke konnte eine große Katastrophe auslösen. Das Deutsche Reich und die Donaumonarchie gerieten außenpolitisch in zunehmende Isolation, weil England, Frankreich und Russland sich annäherten. Viele glaubten, dass ein Krieg alle Probleme lösen würde, und sie waren enthusiastisch dafür.

Österreich-Ungarn war ein Vielvölkerstaat, in dem es viele Konflikte gab. 1908 annektierte es Bosnien. Am 28. Juni 1914 ermordeten in Sarajewo (Bosnien) Nationalisten den österreichischen Thronfolger Franz Ferdinand und seine Frau. Dies löste eine Reihe von Reaktionen und damit den Ersten Weltkrieg aus, die Ursachen waren aber komplexer. Österreich erklärte Serbien den Krieg, das mit Russland verbündet war. Russland war mit Frankreich und Großbritannien alliiert. Zu Österreich traten Deutschland, die Türkei und Bulgarien, zu den Alliierten Japan, Italien, die USA (1917) und andere Länder. Es wird der erste mit industriellen Mitteln geführte Krieg und dauert vier Jahre. An der Front war die Begeisterung der Soldaten bald vorbei. In den Städten gab es bald kaum noch Lebensmittel. Als der Krieg 1918 zu Ende ging, hatte Deutschland verloren.

etwas Explosives [powder keg]

Novemberrevolution und Demokratie

Als im Oktober 1918 die Marine gegen England auslaufen sollte, obwohl die Diplomaten schon über einen Waffenstillstand verhandelten, rebellierten zuerst die Matrosen°. Die Revolution verbreitete sich schnell ins ganze Land. Überall stürzten Arbeiter und Soldaten die alte Ordnung und bildeten Räte nach dem Vorbild der russischen Revolution (Novemberrevolution). Der Kaiser, Wilhelm II., floh vor der Revolution aus Berlin und dankte° ab. Die Monarchie war damit beendet. Der Reichskanzler übergab die Regierung an Friedrich Ebert, den Vorsitzenden der SPD.

Arbeiter auf Schiffen [seamen]

abdanken [to abdicate]

Die deutschen Sozialdemokraten (SPD) glaubten, im Parlament mehr für die Arbeiter tun zu können als durch einen Umsturz wie in Russland. Der Spartakusbund (Führung Karl Liebknecht und Rosa Luxemburg) dagegen forderte die "freie sozialistische Republik" nach sowjetischem Vorbild. Der Bund versuchte Anfang 1919 mit einem bewaffneten Aufstand, die neue Kommunistische Partei Deutschlands (KPD) an die Macht zu bringen ("Spartakusaufstand"). Er wurde von konservativen Gruppen niedergeschlagen. Liebknecht und Luxemburg wurden ermordet. Ein kommunistisches System war damit verhindert.

Nach dem 9. November 1918 wurde Deutschland Republik. Es wurde zum ersten Mal demokratisch regiert. Die Friedensverträge von Versailles regelten Gebietsabtretungen, die Ausmaße des wirtschaftlichen Aufbaus und militärischen Wiederaufrüstung sowie die Reparationen an die Siegermächte. Die Vertragsbedingungen waren eine Last für die neue Republik und wurden später von den Nazis ausgenutzt.

Das Ende der Doppelmonarchie

Auch in Österreich gehört die Beseitigung der Monarchie zu den Folgen des Krieges. Ungarn wurde ein eigenes, viel kleineres Königreich (ohne König). Beide mussten Gebiete abtreten, aus denen eigene Staaten hervorgingen: Polen wurde ein eigener Staat. In Prag wurde die tschechoslowakische Republik ausgerufen. Die Serben, Kroaten und Slowenien gründeten einen südslawisches Königreich (ab 1919 Jugoslawien). Andere Gebiete kamen zu Italien und Rumänien.

Die Habsburger mussten ins Exil. In den Verträgen von Paris wurden die Gebiete und Grenzen der Nachfolgestaaten offiziell festgelegt. Österreich wurde der Anschluss an Deutschland verboten, ebenso die Verwendung des Begriffs "Deutsch" im Staatsnamen ("Republik Österreich").

Expressionistische Kunst

In der Malerei ist der Expressionismus eine deutsche Besonderheit. Er wird getragen von Gruppen wie der "Brücke" in Dresden oder "Der Blaue Reiter" in München. Zu ihnen gehörten zum Beispiel Ernst Ludwig Kirchner, Karl Schmidt-Rottluff, Emil Nolde, Franz Marc oder Gabriele Münter. Mit dem Expressionismus begann die abstrakte Malerei.

Gabriele Münter (1877–1962) war eine bedeutende deutsche Malerin des Expressionismus und gehörte als Mitglied der Künstlervereinigung "Der Blaue Reiter" zur Avantgarde. Ihre Bilder zeigen Landschaften, Stilleben und Porträts in klaren, kontrastreichen Farben. Noch 1916 sagte sie: "Ich war in vieler Augen doch nur eine unnötige Beigabe zu Kandinsky. Dass eine Frau ein ursprüngliches, echtes Talent haben und ein schöpferischer Mensch sein kann, das wird gern vergessen." Käthe Kollwitz schuf expressive Zeichnungen und Graphiken, die aber gleichzeitig humanitäre und sozialkritische Tendenzen haben.

Ernst Barlach (1870–1938) war Bildhauer, Grafiker und Schriftsteller. Er gestaltete mehrfach den Krieg als erbarmungslose Vernichtung und als modernen Totentanz. Max Beckmann war von Expressionismus und Kubismus beeinflusst. Großen Einfluss auf die moderne Malerei hatte auch der Schweizer Paul Klee.

Tipp: Googeln Sie das Bild.

5a.3 Käthe Kollwitz: Die Eltern. Denkmal für ihren 1914 gefallenen Sohn (1932)

Expressionistische Skulpturen schufen Ernst Barlach und Wilhelm Lehmbruck. Käthe Kollwitz schuf das Modell für das "Trauernde Elternpaar" für den Soldatenfriedhof Roggevelde in Belgien. Ihr Sohn Peter fiel 1914 im Krieg. Hans Arp und Rudolf Belling sind für die ersten abstrakten (ungegenständlichen) Skulpturen bekannt.

Film und Tanz

Im Film setzt sich der Expressionismus erst in den 20er Jahren durch. Einige der bedeutenden Filme von Fritz Lang (*Dr. Mabuse*, 1922), Friedrich Wilhelm Murnau (*Faust*, 1926) oder Robert Wiene (*Das Kabinett des Dr. Caligari,* 1920) kennen Sie vielleicht. Ein frühes Beispiel für einen expressionistischen Film ist Paul Wegeners *Der Student von Prag* (1913).

Wie die Kunst und Literatur will der expressionistische Film die Welt nicht objektiv darstellen, sondern er betont den subjektiven Ausdruck. Moderne Menschen machen die Erfahrung, dass man der Realität und sich selbst nicht entkommen° kann. Hundert Jahre früher beschrieb Goethe Fausts Seele als in zwei gespalten. Moderne Menschen fühlen ihre Seele mehrfach gebrochen, die Welt ist instabil und nur wie in Alpträumen darzustellen.

Der Expressionismus brachte auch ganz Neues im Tanz. Der Ausdruckstanz ist die deutsche Form des amerikanischen "Modern Dance". Als die deutsche Schöpferin des Ausdruckstanzes gilt Mary Wigman (eigentlich Marie Wiegmann, 1886–1973). 1914 tanzte sie die erste eigene Choreografie, den *Hexentanz.* Ihr Tanz erzählte keine romantischen Märchen, war nicht anmutig° und leicht, sondern kraftvoll und elementar. Wissenschaftler wie Freud schrieben über die verdrängten Seiten der Seele und verborgene Ängste, über das "Ich" und das "Es". Wigmann brachte im Tanz das Verdrängte und die Angst zum Ausdruck, tanzte mit dem Dämon des Ich. Sie machte im Tanz triebhafte und animalische Kräfte sichtbar.

Architektur

Nach dem stark ornamentalen Jugendstil entstanden nun erste rein zweckorientierte Industriebauten (zum Beispiel die AEG Turbinenfabrik) in Berlin, Deutschlands erstes Stahl-und-Glas-Gebäude.

Weiterführende clicks zur Filmgeschichte und zum expressionistischen Film: <www.35millimeter.de>

[to escape]

[graceful]

Aufgaben zur Geschichte und Kultur

Expression

1. Was sehen Sie auf dem Titelbild der Zeitschrift *Der Sturm*? Beschreiben Sie es.
2. Suchen Sie in Ihren Notizen zu Kapitel 3b. die Zeichnung, die Sie von Meyers "Brunnen" angefertigt haben.
3. Beschreiben Sie, was Sie auf Ihrer Zeichnung sehen.
4. Wie unterscheiden sich die beiden Darstellungen?

Der Erste Weltkrieg

Schreiben Sie die folgenden Sätze zu Ende.

1. Die Verbündeten im Ersten Weltkrieg waren auf der einen Seite ...
2. Die Gründe für den Ersten Weltkrieg waren ...
3. Der Anlass für den Ersten Weltkrieg war ...
4. Der Erste Weltkrieg dauerte ...
5. Im Versailler Vertrag wurde bestimmt, dass ...

Mini-Referate

1. Der Erste Weltkrieg als der erste "Massenvernichtungskrieg". Suchen Sie Zahlen zu den Opfern. Wie viele Menschen kamen direkt und indirekt auf der ganzen Welt durch diesen Krieg ums Leben?
2. Die "Fischer-Kontroverse". Was war das?
3. Rosa Luxemburg und Karl Liebknecht. Finden Sie heraus, wer diese zwei Personen waren. In vielen deutschen Städten gibt es Straßen und Plätze, die nach Rosa Luxemburg und Karl Liebknecht benannt sind. Viele andere Straßen mit kommunistischen Namen wurden nach 1990 ersetzt. Warum gibt es diese Straßennamen noch heute?

Der 9. November in der deutschen Geschichte.

1. Was ist an diesem Tag alles passiert?
2. Legen Sie eine Liste an, die Sie dann in den nächsten Kapiteln weiterführen (1918, 1923, 1938, 1989).
3. Nach der Vereinigung der DDR und BRD 1990 wurde diskutiert, welcher Tag nun der neue Nationalfeiertag sein sollte. Warum wurde nicht der 9. November gewählt?

Literatur

Thema: Schülerprobleme – Probleme der Schule

Hermann Hesse: *Unterm Rad* (Roman, 1905, 1906)

Der militärische Charakter der Wilhelminischen Zeit beherrschte auch die Schule. Der Roman von Hermann Hesse (1877–1962) verarbeitet die negativen Erfahrungen des Autors in der höheren Schule.

Die Hauptfigur, Hans Giebenrath, ist ein guter Sohn einfacher Leute in einem kleinen Dorf im Schwarzwald. Er ist begabt und bekommt ein Stipendium, um das "Seminar" zu besuchen, das ihn auf das Theologiestudium vorbereitet. Das ganze Dorf ist stolz auf ihn. Hans will die Erwartungen seiner Eltern und Lehrer erfüllen. Der Mitschüler, der sein Freund wird, ist ein anderer Typus. Er rebelliert gegen die Regeln und Forderungen und wird zur Strafe aus der Schule geworfen. Ein Professor hat Hans schon gewarnt vor dem schlechten Einfluss. Er soll vorsichtig sein, damit er nicht "unters Rad kommt"°. Hans gerät in eine schwere Krise, wird krank und muss ebenfalls die Schule verlassen. Er beginnt eine Lehre als Schlosser und stirbt bei einem Unfall.

Ein schönes Zitat aus dem Roman über die Schule:

> Ein Lehrer hat lieber zehn notorische Esel als ein Genie in seiner Klasse, und genau betrachtet hat er ja recht, denn seine Aufgabe ist es nicht, extravagante Geister heranzubilden, sondern gute Lateiner, Rechner und Biedermänner. Wer aber mehr und Schwereres vom anderen leidet, der Lehrer vom Knaben oder Tyrann, mehr Quälgeist° ist, und wer von beiden es ist, der dem anderen Teil seine Seele und seines Lebens verdirbt° und schändet°, das kann man nicht untersuchen, ohne bitter zu werden.

Das Ende ist leider sehr traurig:

> Beim Vater und der alten Anna, die ununterbrochen heulte, blieb der Meister Flaig am Grabe zurück.
> "Ja, so was ist herb°, Herr Giebenrath."
> "Er ist so begabt gewesen, und alles ist ja auch gut gegangen, Schule, Examen – und dann auf einmal ein Unglück übers andere."
> Der Schuhmacher deutete den durchs Kirchhoftor abziehenden Gehröcken nach. "Dort laufen ein paar Herren", sagte er leise, "die haben auch mitgeholfen, ihn kaputt zu machen."
> "Was?" fuhr der andere auf und starrte den Schuster zweifelnd und erschrocken an. "Ja, sapperlot, wieso denn?"
> "Seien Sie ruhig, Herr Nachbar. Ich hab' bloß die Schulmeister gemeint."

Umgangssprachlich (auch "unter die Räder kommen"): den moralischen Halt verlieren, moralisch sinken, in üble Gesellschaft geraten

jemand, der andere quält [nuisance]

verderben [to corrupt] / [to defile]

bitter

Weiterführende clicks: im "Projekt Gutenberg" finden Sie *Unterm Rad* und andere Werke Hesses als Text und Hörbuch.

> "Wieso? Wie denn?"
> "Ach, nichts weiter. Und Sie und ich, wir haben vielleicht auch allerlei an dem Buben versäumt, meinen Sie nicht?"
> Über dem Städtchen war ein fröhlich blauer Himmel ausgespannt, im Tale glitzerte der Fluß, die Tannenberge blauten weich und sehnlich in die Weite. Der Schuhmacher lächelte fein und traurig und nahm des Mannes Arm, der aus der Stille und seltsam schmerzlichen Gedankenfülle dieser Stunde zögernd und verlegen den Niederungen seines gewohnten Daseins entgegenschritt.

Hermann Hesse gehört zu den meistgelesenen europäischen Erzählern des 20. Jahrhunderts.

Robert Musil: *Die Verwirrungen des Zöglings Törleß* (Erzählung, 1906)

[boarding school]

"Zögling" ist ein veraltetes Wort für einen Jugendlichen, der einem Internat° zur Erziehung anvertraut ist. Törleß erlebt die Erziehung nicht als Entwicklung, sondern als "Verwirrungen". Sie geben der Erzählung von Robert Musil (1880 in Klagenfurt –1942 in Genf) den Titel. Musil hat sie mit 22 Jahren geschrieben, als er schon Ingenieur war. Sie spielt im Milieu einer österreichischen Militärerziehungsanstalt. Musil hat selbst eine Militärschule besucht, da er Offizier werden wollte.

Protagonist des Romans ist der Schüler Törleß. Er ist sensibel und nachdenklich, ein Einzelgänger. In dem nächsten Zitat schildert er einem Kameraden namens Beineberg seine Gefühle:

> [...] Er verfolgte ein Gefühl, das melancholisch, wie ein Nebel, in ihm aufstieg.
> "Es hat keinen Zweck. Du hast recht. Aber man darf sich das gar nicht sagen. Von alldem, was wir den ganzen Tag lang in der Schule tun, – was davon hat eigentlich einen Zweck? Wovon hat man etwas? Ich meine etwas für sich haben, – du verstehst? Man weiß am Abend, daß man wieder einen Tag gelebt hat, daß man so und so viel gelernt hat, man hat dem Stundenplan genügt, aber man ist dabei leer geblieben, – innerlich, meine ich, man hat sozusagen einen ganz innerlichen Hunger ..."

brummen [to grumble]

> Beineberg brummte° etwas von üben, Geist vorbereiten, – noch nichts anfangen können, – später...
> "Vorbereiten? Üben? Wofür denn? Weißt du etwas Bestimmtes? Du hoffst vielleicht auf etwas, aber auch dir ist es ganz ungewiß. Es ist so: Ein ewiges Warten auf etwas, von dem man nichts anderes weiß, als daß man darauf wartet .... Das ist so langweilig ...."
> "Langweilig..." dehnte Beineberg nach und wiegte mit dem Kopfe.

Dieses Gefühl der Langeweile teilt die Hauptfigur fast mit einer ganzen Generation, die sich 1914 für den Krieg begeisterte.

Die Gruppe Beineberg, Reiting und Törleß merkt, dass ein anderer Klassenkamerad (er heißt Basini) gestohlen hat. Die drei beraten gemeinsam, was mit Basini zu tun ist. Für Törleß ist es selbstverständlich, dass sie den Diebstahl beweisen und Basini bei der Schulleitung melden, die ihn hinauswerfen wird. Reiting und Beineberg jedoch haben ganz andere Gefühle. Sie möchten ihre persönliche Macht an einem Menschen erproben°.   °testen Deswegen überstimmen die beiden Törleß und beginnen ihr erpresserisches und zerstörerisches Spiel. Reiting zeigt sich als Sadist. Beineberg verhält sich wie ein Wissenschaftler, der die Psyche Basinis erforschen möchte.

[...] Aber Beineberg sprach weiter und wandte sich nun wieder Basinis Schicksal zu.

"Meinst du noch immer, daß wir Basini anzeigen sollen?" aber Törleß gab keine Antwort. Er wollte Beineberg sprechen hören, dessen Worte klangen ihm wie das Hallen von Schritten auf hohlem, untergrabenem Erdreich, und er wollte diesen Zustand auskosten.

Beineberg verfolgte seine Gedanken weiter. "Ich denke, wir behalten ihn vorderhand für uns und strafen ihn selbst. Denn bestraft muß er werden – allein schon wegen seiner Anmaßung. Die vom Institute würden ihn höchstens entlassen und seinem Onkel einen langen Brief dazu schreiben; – du weißt ja beiläufig, wie geschäftsmäßig das geht. Eure Exzellenz, Ihr Neffe hat sich vergessen ... irregeleitet ... geben ihn Ihnen zurück ... hoffen, daß es Ihnen gelingen wird ... Weg der Besserung ... einstweilen jedoch unter den anderen unmöglich ... usw. Hat denn so ein Fall ein Interesse oder einen Wert für sie?"

"Und was für einen Wert soll er für uns haben?"

"Was für einen Wert? Für dich vielleicht keinen, denn du wirst einmal Hofrat werden oder Gedichte machen; – du brauchst das schließlich nicht, vielleicht hast du sogar Angst davor. Aber ich denke mir mein Leben anders!"

Törleß horchte diesmal auf

"Für mich hat Basini einen Wert, – einen sehr großen sogar. Denn sieh, – du ließest ihn einfach laufen und würdest dich ganz damit beruhigen, daß er ein schlechter Mensch war." Törleß unterdrückte ein Lächeln. "Damit bist du fertig, weil du kein Talent oder kein Interesse hast, dich selbst an einem solchen Fall zu schulen. Ich aber habe dieses Interesse. Wenn man meinen Weg vor sich hat, muß man die Menschen ganz anders auffassen. Deswegen will ich mir Basini erhalten, um an ihm zu lernen."

"Wie willst du ihn aber bestrafen?"

Beineberg hielt einen Augenblick mit der Antwort aus, als überlegte er noch die zu erwartende Wirkung. Dann sagte er vorsichtig und

> zögernd: "Du irrst, wenn du glaubst, daß mir so sehr um das Strafen zu tun ist. Freilich wird man es ja am Ende auch eine Strafe für ihn nennen können, ... aber, um nicht lange Worte zu machen, ich habe etwas anderes im Sinn, ich will ihn ... nun sagen wir einmal ...: quälen ..."

Heinrich Mann: *Professor Unrat oder das Ende eines Tyrannen* (Roman, 1905)

"Professor Unrat°" ist der Spitzname eines Gymnasiallehrers, der eigentlich "Raat" heißt. Er versteht sich als treuer Diener der Autoritäten und gehört selbst zum Typus des autoritären Bürgers, der in der Schule für strenge Disziplin und Ruhe sorgt. Er pocht° bei den Schülern auf Moral, aber als er die Kabarett-Tänzerin Rosa Fröhlich kennen lernt, ist es vorbei damit. Er heiratet Rosa und darf deshalb nicht mehr Lehrer sein. Nun zeigt sich seine anarchistische Seite: er betreibt einen Spiel-Club mit Rosa als Attraktion und zieht andere Bürger in den Ruin. Natürlich bleibt eine Eifersuchtsszene nicht aus... Wird er als Unrat enden?

Das Kabarett, in dem Rosa tanzte und sang, hieß "Der blaue Engel". Unter diesem Namen wurde der Roman 1930 mit Marlene Dietrich verfilmt und wurde ein sensationeller Erfolg. Der Roman beginnt mit Reflexionen über den Spitznamen und einer Beschreibung der Titelfigur:

> Da er Raat hieß, nannte die ganze Schule ihn Unrat. Nichts konnte einfacher und natürlicher sein. Der und jener Professor wechselten zuweilen ihr Pseudonym. Ein neuer Schub Schüler gelangte in die Klasse, legte mordgierig eine vom vorigen Jahrgang noch nicht genug gewürdigte Komik an dem Lehrer bloß und nannte sie schonungslos bei Namen. Unrat aber trug den seinigen seit vielen Generationen, der ganzen Stadt war er geläufig, seine Kollegen benutzten ihn außerhalb des Gymnasiums und auch drinnen, sobald er den Rücken drehte. Die Herren, die in ihrem Hause Schüler verpflegten und sie zur Arbeit anhielten, sprachen vor ihren Pensionären vom Professor Unrat. Der aufgeweckte Kopf, der den Ordinarius der Untersekunda hätte neu beobachten und nochmals abstempeln° wollen, wäre nie durchgedrungen; schon darum nicht, weil der gewohnte Ruf auf den alten Lehrer noch so gut seine Wirkung übte wie vor sechsundzwanzig Jahren. Man brauchte nur auf dem Schulhof, sobald er vorbeikam, einander zuzuschreien:
>
> "Riecht es hier nicht nach Unrat?" Oder: "Oho! Ich wittere° Unrat!"
>
> Und sofort zuckte der Alte heftig mit der Schulter, immer mit der rechten, zu hohen, und sandte° schief aus seinen Brillengläsern einen grünen Blick, den die Schüler falsch nannten, und der scheu und

---

Schmutz, Abfall; auch figürlich für "Schlechtes"

pochen auf [to insist on, appeal to]

jdm. einen Spitznamen geben

riechen [to smell]

einen Blick senden [to shoot a glance]

rachsüchtig war: der Blick eines Tyrannen mit schlechtem Gewissen, der in den Falten der Mäntel nach Dolchen° späht. Sein hölzernes Kinn mit dem dünnen, graugelben Bärtchen daran klappte herunter und hinauf. Er konnte dem Schüler, der geschrien hatte, "nichts beweisen" und mußte weiterschleichen auf seinen magern, eingeknickten Beinen und unter seinem fettigen Maurerhut.

eine Waffe [dagger]

Zu seiner Jubelfeier im Vorjahr hatte das Gymnasium ihm einen Fackelzug gebracht. Er war auf seinen Balkon getreten und hatte geredet. Während alle Köpfe, in den Nacken gelegt, zu ihm hinaufsahen, war plötzlich eine unschöne Quetschstimme losgegangen: "Da ist Unrat in der Luft!" Andere hatten wiederholt: "Unrat in der Luft! Unrat in der Luft!"

Heinrich Mann (Lübeck 1871 – 1950 in Santa Monica, Kalifornien), der ältere Bruder von Thomas Mann, hat selbst die höhere Schulbildung, das Gymnasium, abgebrochen. Schon vor dem Ende des Ersten Weltkriegs argumentierte er entschieden für eine deutsche Republik.

Thema: Radikaler Ausdruck und "Menschheitsdämmerung"

Else Lasker-Schüler

Else Lasker-Schüler (1869 in Elberfeld, Westfalen – 1945 in Jerusalem), Tochter eines deutsch-jüdischen Architekten, gehörte zu den Wegbereiterinnen des Expressionismus in Berlin. Wie die Manns stammte sie aus einer großbürgerlichen Familie.

Gottfried Benn, selbst ein bedeutender Lyriker, nannte Lasker-Schüler die "größte Lyrikerin, die Deutschland je hatte". Besonders in den *Hebräischen Balladen* (1913) tauchte sie in Motive aus der hebräischen Bibel ein. Das Gedicht "Mein Volk" stammt daraus, wurde aber zuerst 1905 publiziert.

5a.4 Lithografie von Else Lasker-Schüler (1923)

Mein Volk

Der Fels wird morsch°,
Dem ich entspringe
Und meine Gotteslieder singe ...
Jäh° stürz ich vom Weg
Und riesele ganz in mir
Fernab, allein über Klagegestein
Dem Meer zu.

[decayed]

sehr schnell [abruptly]

abströmen: abfließen [to flow off]

ein rätselhaftes Bild: vergoren wie Most [fermented like cider]

Hab mich so abgeströmt°
Von meines Blutes
Mostvergorenheit°.
Und immer, immer noch der Widerhall
In mir,
Wenn schauerlich gen Ost
Das morsche Felsgebein
Mein Volk
Zu Gott schreit.

Gedichte von insgesamt 23 Autor/innen erschienen zuerst in der Anthologie *Menschheitsdämmerung* (1919/20), einer der wichtigsten Publikationen des Expressionismus. Der Titel spielt auf Richard Wagners Oper *Götterdämmerung* an und deutet an, dass das Ende einer Epoche erreicht ist. Expressionistische Lyrik zeigt nicht nur radikale Gefühle und Ausdruck, sondern fordert Erneuerung und Besserung der Menschheit.

Thema: Der Krieg in der Literatur

5a.5 Expressionistischer Farbholzschnitt von Ernst Ludwig Kirchner auf dem Einband einer Gedichtausgabe (1924)

Georg Heym: "Der Krieg" (1911)

Georg Heym (1887 in Hirschberg in Schlesien – 1912) war ein Lyriker, der viele Gedichte voller ekstatischem Ausdruck zum Thema Not, Krieg und Revolution schrieb, aber auch über die Großstadt Berlin ("Der Gott der Stadt", 1910), die dämonisch und doch faszinierend erscheint. Er fand grausige Bilder.

Das Gedicht "Der Krieg" stammt aus der Zeit der Balkankriege, in denen sich schon die Gefahr eines "großen Krieges" ankündigte. Es beginnt mit der Strophe:

Aufgestanden ist er, welcher lange schlief,
Aufgestanden unten aus Gewölben tief.
In der Dämmrung steht er, groß und unerkannt,
Und den Mond zerdrückt er in der schwarzen Hand.

Es gibt von Georg Heym noch ein anderes Gedicht mit dem Titel "Der Krieg":

Hingeworfen weit in das brennende Land
Über Schluchten und Hügel die Leiber gemäht
In verlassener Felder Furchen gesät
Unter regnenden Himmeln und dunkelndem Brand,

Fernen Abends über den Winden kalt,
Der leuchtet in ihr zerschlagenes Haus,
Sie zittern noch einmal und strecken sich aus,
Ihre Augen werden sonderbar alt.

Die Nebel in frierende Bäume zerstreut,
In herbstlichen Wäldern irren die Seelen allein
Tief in die Wildnis und kühles Dunkel hinein,
Sich zu verbergen vor dem Lebenden weit.

Aber riesig schreitet über dem Untergang
Blutiger Tage groß wie ein Schatten der Tod,
Und feurig tönet aus fernen Ebenen rot
Noch der Sterbenden Schreien und Lobgesang.

Tipp: Lesen Sie beide Gedichte im "Project Gutenberg."

Kafkaeske Erfahrungen / Motiv: Vater-Sohn-Konflikt

Franz Kafka: *Die Verwandlung* (Erzählung, 1915)

Franz Kafka (1883–1924) schrieb nicht im Stil des Expressionismus. Er ist ein Autor eigener Art, war aber in dieser Zeit produktiv. Autoritäten und ihre Anweisungen sind oft ein Thema bei ihm. Er stammte aus Prag (das zur "Donaumonarchie" gehörte) und war der Sohn eines jüdischen Kaufmanns. In der Erzählung *Die Verwandlung*, die Sie vielleicht auf Englisch gelesen haben, gibt es eine Familie von Vater, Mutter, Tochter, Sohn. Eines Morgens erwacht der Sohn grundlos als riesiger Käfer. Was könnte seine Hilflosigkeit den Autoritäten gegenüber radikaler ausdrücken? Hier ist der Anfang.

Als Gregor Samsa eines Morgens aus unruhigen Träumen erwachte, fand er sich in seinem Bett zu einem ungeheuren Ungeziefer verwandelt. Er lag auf seinem panzerartig harten Rücken und sah, wenn er den Kopf ein wenig hob, seinen gewölbten, braunen, von bogenförmigen Versteifungen° geteilten Bauch, auf dessen Höhe sich die Bettdecke, zum gänzlichen Niedergleiten bereit, kaum noch erhalten konnte. Seine vielen, im Vergleich zu seinem sonstigen Umfang kläglich° dünnen Beine flimmerten ihm hilflos vor den Augen.

"Was ist mit mir geschehen?", dachte er. Es war kein Traum. Sein Zimmer, ein richtiges, nur etwas zu kleines Menschenzimmer, lag ruhig zwischen den vier wohlbekannten Wänden. Über dem Tisch, auf dem eine auseinandergepackte Musterkollektion von Tuchwaren ausgebreitet war - Samsa war Reisender - hing das Bild, das er vor kurzem aus einer illustrierten Zeitschrift ausgeschnitten und in einem hübschen, vergoldeten Rahmen untergebracht hatte. Es stellte eine Dame dar, die mit einem Pelzhut und einer Pelzboa versehen, aufrecht dasaß und einen

[stiff, rigid parts: part of his body surface that had stiffened]

Mitleid oder Verachtung erregend [miserably]

schweren Pelzmuff, in dem ihr ganzer Unterarm verschwunden war, dem Beschauer entgegenhob.

Gregors Blick richtete sich dann zum Fenster, und das trübe Wetter - man hörte Regentropfen auf das Fensterblech aufschlagen - machte ihn ganz melancholisch. "Wie wäre es, wenn ich noch ein wenig weiterschliefe und alle Narrheiten vergäße", dachte er, aber das war gänzlich undurchführbar, denn er war gewöhnt, auf der rechten Seite zu schlafen, konnte sich aber in seinem gegenwärtigen Zustand nicht in diese Lage bringen. Mit welcher Kraft er sich auch auf die rechte Seite warf, immer wieder schaukelte er in die Rückenlage zurück. Er versuchte es wohl hundertmal, schloß die Augen, um die zappelnden Beine nicht sehen zu müssen, und ließ erst ab, als er in der Seite einen noch nie gefühlten, leichten, dumpfen Schmerz zu fühlen begann.

"Ach Gott", dachte er, "was für einen anstrengenden Beruf habe ich gewählt! Tag aus, Tag ein auf der Reise. Die geschäftlichen Aufregungen sind viel größer, als im eigentlichen Geschäft zu Hause, und außerdem ist mir noch diese Plage des Reisens auferlegt, die Sorgen um die Zuganschlüsse, das unregelmäßige, schlechte Essen, ein immer wechselnder, nie andauernder, nie herzlich werdender menschlicher Verkehr. Der Teufel soll das alles holen!" Er fühlte ein leichtes Jucken oben auf dem Bauch; schob sich auf dem Rücken langsam näher zum Bettpfosten, um den Kopf besser heben zu können; fand die juckende Stelle, die mit lauter kleinen weißen Pünktchen besetzt war, die er nicht zu beurteilen verstand; und wollte mit einem Bein die Stelle betasten, zog es aber gleich zurück, denn bei der Berührung umwehten ihn Kälteschauer.

Er glitt wieder in seine frühere Lage zurück. "Dies frühzeitige Aufstehen", dachte er, "macht einen ganz blödsinnig. Der Mensch muß seinen Schlaf haben. Andere Reisende leben wie Haremsfrauen. Wenn ich zum Beispiel im Laufe des Vormittags ins Gasthaus zurückgehe, um die erlangten Aufträge zu überschreiben, sitzen diese Herren erst beim Frühstück. Das sollte ich bei meinem Chef versuchen; ich würde auf der Stelle hinausfliegen. Wer weiß übrigens, ob das nicht sehr gut für mich wäre. Wenn ich mich nicht wegen meiner Eltern zurückhielte, ich hätte längst gekündigt, ich wäre vor den Chef hin getreten und hätte ihm meine Meinung von Grund des Herzens aus gesagt. Vom Pult hätte er fallen müssen! Es ist auch eine sonderbare Art, sich auf das Pult zu setzen und von der Höhe herab mit dem Angestellten zu reden, der überdies wegen der Schwerhörigkeit des Chefs ganz nahe herantreten muß. Nun, die Hoffnung ist noch nicht gänzlich aufgegeben; habe ich einmal das Geld beisammen, um die Schuld der Eltern an ihn abzuzahlen - es dürfte noch fünf bis sechs Jahre dauern - , mache ich die Sache unbedingt. Dann wird der große Schnitt gemacht. Vorläufig allerdings muß ich aufstehen, denn mein Zug fährt um fünf."

Kafka hat einen langen, langen "Brief an den Vater" geschrieben, als er seine vierte Verlobte, Julie Wohryzek, heiraten wollte, der Vater aber dagegen war. Die Hochzeit fand nicht statt, weil das Paar keine Wohnung fand. Der Schluss lautet:

[...] So groß ist ja nicht einmal Dein Mißtrauen gegen andere, wie mein Selbstmißtrauen, zu dem Du mich erzogen hast. Eine gewisse Berechtigung des Einwurfes, der ja auch noch an sich zur Charakterisierung unseres Verhältnisses Neues beiträgt, leugne ich nicht. So können natürlich die Dinge in Wirklichkeit nicht aneinanderpassen, wie die Beweise in meinem Brief, das Leben ist mehr als ein Geduldspiel; aber mit der Korrektur, die sich durch diesen Einwurf ergibt, einer Korrektur, die ich im einzelnen weder ausführen kann noch will, ist meiner Meinung nach doch etwas der Wahrheit so sehr Angenähertes erreicht, daß es uns beide ein wenig beruhigen und Leben und Sterben leichter machen kann.

Franz

Aufgaben zur Literatur

Schülerprobleme – Probleme der Schule

1. Vergleichen Sie die drei Textbeispiele. Füllen Sie dazu zuerst die Tabelle aus.

	Unterm Rad	*Törleß*	*Professor Unrat*
Welche Ziele der schulischen Erziehung werden genannt?			
Welchen Effekt hat die Schule auf die Hauptfigur?			
Welche Interessen außerhalb der Schule hat die Hauptfigur?			
Wer ist ungerecht zu wem?			
Welche Werte des Militärs spielen eine Rolle?			
Welche Widersprüche zwischen Anspruch und Realität der schulischen Erziehung zeigt der Text auf?			
Wer zieht den Kürzeren? (Wer verliert?)			

2. Diese drei Texte kritisieren die Schule und ihre Auswirkungen auf alle Beteiligten. Warum kritisieren die Autoren die Schule? Welche anderen gesellschaftlichen Institutionen hätten sie sonst noch beschreiben können?

3. Welche der dargestellten Schulprobleme gibt es heute noch?

4. Welche Lösungen suggerieren die Texte? Finden Sie die heute auch akzeptabel?

Lasker-Schüler: "Mein Volk"

Analysieren Sie wieder zuerst die Form des Gedichtes:

1. Welche Strophen können Sie erkennen?

2. Welche Länge haben die Verse? Wo liegen Hebungen und Senkungen?

3. Welches Reimschema gibt es?

4. Lesen Sie das Gedicht laut. Welchen Rhythmus können Sie hören? Erinnert Sie der Klang des Gedichtes an etwas?

5. Machen Sie eine Liste mit allen Nomen, Verben und Adjektiven in diesem Gedicht.

6. Was fällt Ihnen dabei auf?

7. Was evozieren die Wörter in Klang und Bedeutung?

Konzentrieren Sie sich dann auf den Inhalt:

1. Wer spricht?

2. Mit wem?

3. In welcher Situation?

4. Worüber?

5. Können Sie das "Ich" visualisieren"? Wie würde es aussehen? Zeichnen Sie es.

6. Vergleichen Sie Ihre Zeichnung mit der Ihres Nachbarn/Ihrer Nachbarin im Kurs.

7. Das Gedicht wurde bereits 1905 publiziert. Warum "schreit" das "Volk zu Gott"?

8. Benennen Sie die Gefühle, die das Gedicht ausdrückt.

Kafka: *Die Verwandlung*

1. Markieren Sie im Text alle Stellen, in denen der "Käfer" beschrieben wird. Zeichnen Sie ihn dann in seinem Zimmer.

2. Welche Probleme gehen Gregor durch den Kopf?

3. Wofür könnten die folgenden Elemente symbolisch sein: sein Zimmer, Dame auf dem Bild, das Ungeziefer, der Zug?

4. Welche Stellen im Text erscheinen nicht realistisch?

5. Mini-Referat: Suchen Sie eine Definition von "Groteske" und stellen Sie sie der Klasse vor.

6. Meinen Sie, Kafkas Geschichte ist eine Groteske? Was macht sie dazu?

7. Was haben Sie erwartet, als Sie den Titel "Die Verwandlung" und den ersten Satz lasen?

8. Wurden Ihre Erwartungen erfüllt oder nicht?

Zeittafel

Politik und Wirtschaft	Literatur und Kultur	Internationales
1908 Österreich-Ungarn annektiert Bosnien ("Bosnienkrise").	**1905** Hermann Hesse: *Unterm Rad* (Roman). Heinrich Mann: *Professor Unrat* (Roman). In Dresden wird die Künstlergruppe "Die Brücke" gegründet.	**1905** Picasso beginnt in Paris seine "Rosa Phase".
1912 Die Schweiz führt gesetzliche Kranken- und Unfallversicherung ein.	**1906** Edgar Wallace: *The Four Just Men*.
1914 28. Juni Attentat von Sarajevo.	**1906** Robert Musil: *Die Verwirrungen des Zöglings Törless* (Roman).	**1907** Erste Kubismus-Ausstellung in Paris.
1914–18 Erster Weltkrieg.	**1908** AEG-Turbinenfabrik in Berlin.	**1907** In Philadelphia wird der "Muttertag" etabliert.
1916 Rosa Luxemburg gründet den "Spartakusbund", aus dem 1918 die Kommunistische Partei Deutschlands (KPD) hervorgeht.	**1909** Gustav Mahler: Symphonie Nr. 9. Richard Strauss: *Elektra* (Oper)	**1908** Gründung von *General Motors*.
1918 Kapitulation und Waffenstillstand.	**1909** Frauen dürfen an deutschen Universitäten studieren. Arnold Schoenberg: *Drei Klavierstücke*, op. 11.	**1906–11** Chinesische Revolution. China wird Republik.
1918 Generalstreik in der Schweiz.		**1910** Der südamerikanische Tanz "Tango" wird in Europa und den USA populär.
1918 Spartakusaufstand. Novemberrevolution in Deutschland. Deutschland und Österreich werden Republiken.	**1910** Die expressionistische Zeitschrift *Der Sturm* beginnt zu erscheinen.	**1913** Mahatma Gandhi, Führer der indischen Bewegung für passiven Widerstand, wird verhaftet.
1918 Deutschland wird vom Rat der Volksbeauftragten regiert.	**1910** Georg Heym: *Der Gott der Stadt* (Gedichte)	**1914** Eröffnung des Panamakanals.
1918 Pariser Verträge über die Nachfolgestaaten Österreich-Ungarns.	**1912** Franz Marc: *Blaue Pferde* (Gemälde)	**1917** Oktoberrevolution in Russland. Der Zar wird gestürzt. Lenin schließt Waffenstillstand mit Deutschland. Die USA treten in den Krieg ein.
1919 Rosa Luxemburg und Karl Liebknecht werden in Berlin ermordet. Friedensvertrag von Versailles.	**1915** Kafka: *Die Verwandlung* (Erzählung)	**1918** US-Präsident Wilson verkündet die "Vierzehn Punkte". Ungarn wird selbständiges Königreich. Gründung der Tschechoslowakei und Polens; aus Serbien-Kroatien-Slowenien wird das neue Königreich Jugoslawien.
	1915 Albert Einstein postuliert seine Relativitätstheorie.	
	1916 Dadaismus in Zürich.	
	1917 Goerge Grosz: *Das Gesicht der herrschenden Klasse* (Graphik).	In Großbritannien erhalten Frauen über 30 das Wahlrecht.
	1917 Gründung der Universum Film AG (UFA).	**1918/19** In einer Grippewelle sterben weltweit über 25 Millionen Menschen.
	1919 Mary Wigmann tritt als Ausdruckstänzerin auf.	

Moderne: Zeit des Ersten Weltkriegs und der Weimarer Republik

b. Neue Sachlichkeit und Surrealismus

5b.1 Umschlagtitel von Döblins Roman *Berlin Alexanderplatz* (1929)

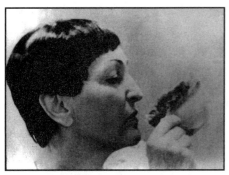

5b.2 Meret Oppenheims "Pelztasse" ist eine surrealistische Skulptur.

Geschichte und Kultur
Die Weimarer Verfassung und Gefahren für die Republik
Die "goldenen" Zwanziger
Österreich und die Schweiz
Kunst und Architektur
Dadaismus und Surrealismus
Aufgaben zur Geschichte und Kultur

Literatur
Kabarett / Kleinkunstbühnen
Bertolt Brecht: Episches Theater und "Gebrauchslyrik"
Bracht: "Vom armen B.B."
Erich Kästner
Thema: Der "kleine Mann" als Opfer
...der Politik und des Kriegs – Erich Maria Remarque: *Im Westen nichts Neues*
...der Großstadt – Alfred Döblin: *Berlin Alexanderplatz*
...der Bürokratie: Carl Zuckmayer: *Der Hauptmann von Köpenick*
...der Wirtschaftskrise: Hans Fallada: *Kleiner Mann – Was nun?*
Thema: Die "neue Frau": Irmgard Keun
Dada!!!!
Aufgaben zur Literatur

Zeittafel (1919 bis 1932)

Begriffe
Dadaismus   Protestbewegung gegen die bürgerliche Gesellschaft und ihre Normen und Ideale. Sie wurde 1916 in Zürich gegründet. Dadaisten wollen schockieren. Das "sinnlose" Lautgedicht aus Lauten und Silben ist eine beliebte Form.
Kabarett   "Kleinkunstbühne" (französisch "cabaret") mit häufig zeitkritischen und sozialkritischen Beiträgen.
Neue Sachlichkeit   Künstlerische und literarische Bewegung, die sich gegen den Expressionismus richtet. Die Neue Sachlichkeit betont die Wiedergabe der Verhältnisse ohne Illusionen und viel Emotionen. In der Literatur sind besonders Dokumentation und Reportage ihre angemessenen Genres.
Surrealismus   In Frankreich entstandene Richtung der modernen Literatur und bildenden Kunst. Viele Surrealisten gingen aus dem Dadaismus hervor. Der Surrealismus will u. a. die Logik ausschalten und die normalen Dimensionen auflösen.

Geschichte und Kultur

Die Weimarer Verfassung und Gefahren für die Republik

In den Wahlen zur Nationalversammlung 1919 siegten die gemäßigten Sozialdemokraten und die alten Parteien. Die Nationalversammlung trat im Februar 1919 in Weimar zusammen, weil in Berlin Aufstände drohten. Sie machte eine Verfassung, die auch nach heutigen Maßstäben sehr demokratisch war und das gleiche Wahlrecht für alle Frauen und Männer garantierte. Die Schwäche der Verfassung war, dass sie extreme Parteien erlaubte, die die Demokratie abschaffen wollten. Das zeigte sich in den wirtschaftlichen Krisen der nächsten Jahrzehnte.

Die erste republikanische Regierung (SPD, Deutsche Demokratische Partei und Zentrum) hatte eine Mehrheit von 78 Prozent. Mit 41 weiblichen Abgeordneten hatte auch die Frauenbewegung ein wichtiges Ziel erreicht.

Die Friedensverträge 1919 verbieten den Zusammenschluss von Deutschland und Österreich. Aus dem Ersten Weltkrieg sind Deutschland und Österreich nicht nur als Verlierer mit großen Gebietsverlusten hervorgegangen. Die Siegermächte fordern Wiedergutmachung in unvorstellbarer Höhe. Dies belastet die Außen- und Innenpolitik. Das politisch-soziale Spektrum radikalisiert sich und reicht vom revolutionären Marxismus bis zum rechten Militarismus. Die Gegner der Republik verbreiteten die "Dolchstoßlegende": Militärs erklärten, die Armee sei nicht im Krieg besiegt worden, sondern durch den Sozialismus "von hinten erdolcht" worden.

Die Wirtschaft war nach dem Ersten Weltkrieg geschwächt und wurde durch den anhaltenden Konflikt mit Frankreich um Reparationszahlungen und Besetzung des Industriegebiets an der Ruhr belastet. Die folgende Inflation und Arbeitslosigkeit erreichte 1923 ihren Höhepunkt. Ein US-Dollar war vier Millionen deutsche Mark wert. Danach wurden die Reparationen erleichtert. Deutschland wurde in den Völkerbund, den Vorläufer der UNO aufgenommen.

Ende 1923 rief in München Adolf Hitler zum Putsch° und Sturz der Regierung auf. Er war Vorsitzender der noch kleinen Nationalsozialistischen Deutschen Arbeiterpartei (NSDAP). Der Putsch scheiterte und Hitler wurde inhaftiert.

° politischer
Umsturz(versuch) [coup]

Die "goldenen" Zwanziger

In den Jahren zwischen 1923 und der Wirtschaftskrise 1929 gab es wirtschaftliche Erholung (dank Krediten aus den USA) und einen starken Aufschwung in den Wissenschaften. Naturwissenschaftler wie die Chemiker Friedrich Bergius, Wilhelm Ostwald und Carl Bosch oder der Mediziner Otto Warburg gehörten zur Weltspitze und erhielten Nobelpreise. Göttingen war das Zentrum des "goldenen Zeitalters der Physik". Hier lösten Max Born und Werner Heisenberg das Quantenrätsel. Kunst und Literatur blühten. Literatur, Malerei, Musik und der noch junge Film entwickelten neue Stilrichtungen, die internationale Anerkennung fanden. In Berlin wurde die "Universum Film AG" (UFA) gegründet.

Berlin wurde zur Metropole, die ein neues Lebensgefühl ermöglichte. Es gab unzählige Revuen und Kleintheater. Die "neue Frau" hatte einen Beruf, trug kurze Haare, gewagte Kleider oder Männeranzüge und rauchte. Aber Berlin hatte nicht nur glänzende Seiten, sondern auch Probleme wie Drogen, Kriminalität und Prostitution.

Unter der "goldenen" Oberfläche gab es schwere Probleme. Es gab viele kleine Parteien. Regierungskoalitionen waren nicht stabil. Die Weimarer Republik hatte in 14 Jahren 20 verschiedene Regierungen. Die Wirtschaft war abhängig von den USA und wurde vom "Schwarzen Freitag" 1929 in eine schwere Krise mitgerissen. In der Massenarbeitslosigkeit Anfang der 1930er Jahre wandten sich viele an radikale Parteien. Die von Hitler geführte republikfeindliche NSDAP versprach "Arbeit für alle", "nationale Größe" und Schutz vor dem Kommunismus. Damit wurde sie schnell zur stärksten Partei in Deutschland.

In der Weimarer Republik erhielten Frauen das Wahlrecht. Die meisten Frauen waren nach dem Krieg wieder auf Familie und Haus beschränkt, aber eine kleine Gruppe, vor allem aus dem reichen Bürgertum und dem Adel, brachen mit den Traditionen und eroberten "männliche" Domänen. Viele von ihnen studierten und wurden Journalistinnen, Schriftstellerinnen, Tänzerinnen oder Künstlerinnen. Mit der Weltwirtschaftskrise und der folgenden Nazi-Ideologie verschwanden sie wieder aus dem Alltag. Diese "neuen Frauen" sind aktiv, berufstätig, selbständig, ungebunden und unabhängig. Mode ist ihnen wichtig, ebenso moderne Sportarten, die aus dem angloamerikanischen Raum kamen, vor allem Tennis und Golf.

Österreich und die Schweiz

In der Schweiz gab es 1918 einen Generalstreik der Arbeiter. Er wurde mit Hilfe der Arme niedergeschlagen. Das Arbeitsgesetz wurde geändert: die maximale Arbeitszeit in Industriebetrieben wurde auf 48 Stunden pro Woche reduziert.

Österreich hieß ab 1919 "Republik Österreich" und war eine parlamentarische Demokratie. Man spricht von der "Ersten Republik". Es war ein Bundesstaat. 1921 wurde das Burgenland, der überwiegend deutsch besiedelte Teil Westungarns, aufgenommen. Auch die österreichische Hauptstadt Wien genoss unglaubliche Anziehungskraft. Man nannte es das "Rote Wien" oder das "Wilde Wien".

Kunst und Architektur

Im Gegensatz zum Expressionismus ist die "Neue Sachlichkeit" wieder realistisch und kritisiert Gesellschaft und Politik direkt. Die Bezeichnung "Neue Sachlichkeit" stammt vom Titel einer Kunstausstellung in Mannheim im Jahr 1925. Die Einladung an die Maler forderte Werke, die "weder impressionistisch aufgelöst noch expressionistisch abstrakt" sind, sondern die der "greifbaren Wirklichkeit ... treugeblieben sind". Das objektiv Sichtbare rückt wieder in den Mittelpunkt, schließt aber die Technik der Verfremdung ein. Die Kritik an der Gesellschaft führte oft zur Karikatur. Otto Dix und George Grosz gehören dazu.

In der Architektur wurden unter dem Begriff "Funktionalismus" die Technisierung vorangetrieben und vermehrt die neuen Baumaterialien Stahlbeton und Glas verwendet. Man beschränkte sich auf das Nützliche und lehnte Ornamente ab. Das "Bauhaus" (Martin Gropius und Mies van der Rohe) bestimmte die Richtung.

5b.3 Die Schrifttypen des "Bauhaus"-Stiles gibt es heute als Font für Computerschrift

Im Film bringt die Neue Sachlichkeit dokumentarische Werke hervor wie zum Beispiel Walter Ruttmanns *Berlin – Die Sinfonie der Großstadt* (1927). Auch entstanden Filme über die Arbeiter wie *Kuhle Wampe* (1932), zu dem Bertolt Brecht das Drehbuch schrieb. Wichtigster Regisseur war Georg Wilhelm Pabst.

Dadaismus und Surrealismus

Die Dada-Bewegung begann 1916 in Zürich (Hugo Ball etc.). Einzige Schweizerin war Sophie Täuber-Arp, die gleichzeitig ihre ersten abstrakten Bilder malte. Weitere Zentren des Dadaismus waren Berlin (mit George Grosz, Hannah Höch), Köln (mit Hans Arp, Max Ernst) und New York. In Hannover entstand mit dem "Merz"-Bau im Sprengelmuseum die einzige Dada-Architektur. Das Zentrum des Dadaismus verlagerte sich um 1920 nach Paris. Hannah Höch und Raoul Hausmann entwickeln das Prinzip der Fotomontage.

Der dadaistische Maler, Bildhauer und Schriftsteller Kurt Schwitters gehörte zu den ersten, die noch vor 1920 abstrakte Plastiken schufen. Die deutsch-schweizerische Künstlerin Meret Oppenheim stellt 1936 *Die Pelztasse* aus. Das Werk wird zum Inbegriff des Surrealismus. Oppenheim schrieb auch Gedichte.

5b.4 Umschlagtitel einer Gedichtsammlung (1923) von Kurt Schwitters

Aufgaben zur Geschichte und Kultur

1. Schreiben Sie kurze Definitionen der folgenden Begriffe. Suchen Sie die Informationen oben im Text und in anderen Quellen wie Lexika und Internet. Vergleichen Sie dann im Kurs Ihre Definitionen mit denen der anderen Studierenden.

   Weimarer Republik, Dolchstoßlegende, Reparationen, Schwarzer Freitag, Völkerbund, NSDAP

Die "neue" Frau

1. Was unterschied diese Frauen von dem traditionellen Bild der Frau? Vervollständigen Sie die Tabelle.

	die "neue" Frau	die traditionelle Frau
Berufe		Hausfrau
politische Rolle		hat kein Wahlrecht
Selbstverständnis		passiv, definiert sich durch den Mann
Rolle in der Gesellschaft		Ehefrau, Mutter
Interessen		Haushaltsführung, Kochen, Erziehung der Kinder
Freizeitbeschäftigungen		Kinder, Handarbeiten

2. In welchen Ländern herrscht Ende der Zwanziger Jahre eine Diktatur und wo findet sich ein demokratisches System? Welche Länder werden oben im Text genannt?

3. Mini-Referat: Stellen Sie der Klasse die Konzepte und Projekte des "Bauhauses" vor. Zeigen Sie auch Beispiele für den Bauhaus-Stil in Amerika.

4. Hier ist eine Liste der Titel einiger der bekanntesten Filme von G. W. Pabst. Welche Gemeinsamkeiten können Sie aufzeigen? Worum geht es wohl in den Filmen?

   - *Man spielt nicht mit der Liebe* (1926)
   - *Die Liebe der Jeanne Ney* (1927)
   - *Abwege* (1928)
   - *Tagebuch einer Verlorenen* (1929)
   - *Westfront 1918* (1930)
   - *Skandal um Eva* (1930)
   - *Kameradschaft* (1931)
   - *Die Herrin von Atlantis* (1932)
   - *A Modern Hero* (1934)

Literatur

Kabarett / Kleinkunstbühnen

Die "Kleinkunst" erlebt eine Blütezeit. Es geht nicht nur um leichten Gesang und Tanz. Viele kleine Theater üben Kritik an der Politik und haben ein sozialistisches Programm. Auch Erika und Klaus Mann, zwei der fünf Kinder von Thomas Mann, gründen in Berlin ein solches politisches Kabarett. Bedeutende Schriftsteller wie Erich Kästner und Kurt Tucholsky schreiben Gedichte und Lieder für Kabarett, die das Publikum direkt ansprechen, zum Lachen und Kritisieren bringen. Themen sind unter anderem die Probleme der Inflationszeit, Spekulanten, aber auch der Alltag und die Liebe. In München sind Karl Valentin und Liesl Karlstadt mit ihren Wortverdrehungen° und [twisted words and meanings] Missverständnissen Lieblinge des Publikums. Das Radio ist für sie ein wichtiges Medium. Sie sind bis nach dem Zweiten Weltkrieg aktiv.

Bertolt Brecht: Episches Theater und "Gebrauchslyrik"

Bertolt Brecht (Augsburg, 1898 – 1956 Ostberlin) studierte Medizin und Literatur. Ab 1924 erarbeitete er in Berlin die Theorie und Praxis des "epischen Theaters". Es ist ein didaktisches Theater und will die Zuschauer in ein kritisch-beobachtendes, distanziertes Verhältnis zu dem Geschehen auf der Bühne versetzen. Sie sollen nicht "glotzen", sondern denken. Sie sollen erkennen, dass das Verhalten veränderbar ist. Das wichtigste Mittel dazu ist Verfremdung ("Verfremdungs-Effekt"). Mittel dazu sind Heraustreten des Schauspielers aus seiner Rolle, Lieder und Songs, die nicht direkt zur Handlung gehören, Inhaltsangaben auf Tafeln oder als Projektion.

Brecht lernte intensiv über den Marxismus und entwickelte die Form des "Lehrstücks". Im Lehrstück geht es darum, wie sich ein neues sozialrevolutionäres Bewusstsein und kollektives Handeln entwickeln kann. Die Lehrstücke sollen nicht in normalen Theatern gespielt werden, sondern in Betrieben und auf Parteiversammlungen

Großen Erfolg hat 1928 die *Dreigroschenoper* (Musik: Kurt Weill). Es ist ein Theaterstück mit Musik nach *The Beggar's Opera* (1728) des Engländers John Gay, das eine Parodie auf Opernspektakel war. Regisseur war Erwin Piscator, der 1920 in Berlin das "Proletarische Theater" eröffnete (1921 verboten) und mit anderen Theaterformen experimentierte. Die *Dreigroschenoper* verhalf der Sängerin Lotte Lenya zum Durchbruch. Die Lieder daraus sind berühmt geworden, zum Beispiel "Die Moritat von Mackie Messer" oder "Die Seeräuber-Jenny".

Brecht nutzte das neue Medium Schallplatte. Die Schallplatten-Aufnahme enthält folgende Vorbemerkung von Brecht:

> Sie werden jetzt eine Oper hören. Weil diese Oper so prunkvoll° gedacht war, wie nur Bettler sie erträumen, und weil sie so billig sein sollte, dass Bettler sie bezahlen können, heißt sie "Die Dreigroschenoper".

prächtig, übertrieben luxuriös [pompous]

1927 erschien von Brecht die Gedichtsammlung *Die Hauspostille*. Ähnlich wie die Maler der "Neuen Sachlichkeit" ist Brecht gegen die "hübschen Bilder" des Impressionismus und das expressive Pathos des Expressionismus. Seine Alternative heißt "Gebrauchslyrik". Am Anfang der Sammlung erklärt er: "Diese Hauspostille ist für den Gebrauch der Leser bestimmt. Sie soll nicht sinnlos hineingefressen werden." Brecht will Lesegewohnheiten verändern. Er "verfremdet" auch Gedichtformen durch neue Inhalte, zum Beispiel die Fabel° in dem Gedicht "Historie vom verliebten Schwein Malchus". Wie bitte? Ein verliebtes Schwein? Unter "Historie" stellt man sich meist was Ernsteres vor.

Die *Hauspostille* enthält das folgende unromantische, illusionslose Gedicht:

Fabel: Lehrhafte Beispielerzählung in Vers oder Prosa, in der oft Tiere handeln und reden.

Vom armen B. B. (1927)

1

Ich, Bertolt Brecht, bin aus den schwarzen Wäldern.
Meine Mutter trug mich in die Städte hinein
Als ich in ihrem Leibe lag. Und die Kälte der Wälder
Wird in mir bis zu meinem Absterben sein.

2

In der Asphaltstadt bin ich daheim. Von allem Anfang
Versehen mit jedem Sterbsakrament:
Mit Zeitung. Und Tabak. Und Branntwein.
Misstrauisch und faul und zufrieden am End.

3

Ich bin zu den Leuten freundlich. Ich setze
Einen steifen Hut auf nach ihrem Brauch.
Ich sage: Es sind ganz besonders riechende Tiere
Und ich sage: Es macht nichts, ich bin es auch.

4

In meine leeren Schaukelstühle vormittags
Setze ich mir mitunter ein paar Frauen
Und ich betrachte sie sorglos und sage ihnen:
In mir habt ihr einen, auf den könnt ihr nicht bauen.

5

Gegen Abend versammle ich um mich Männer
Wir reden uns da mit "Gentlemen" an.
Sie haben ihre Füße auf meinen Tischen
Und sagen: Es wird besser mit uns. Und ich
frage nicht: Wann?

6

Gegen Morgen in der grauen Frühe pissen die Tannen
Und ihr Ungeziefer, die Vögel, fängt an zu schrein.
Um die Stunde trink ich mein Glas in der Stadt aus
                        und schmeiße
Den Tabakstummel weg und schlafe beunruhigt ein.

7

Wir sind gesessen, ein leichtes Geschlechte
In Häusern, die für unzerstörbare galten
(So haben wir gebaut die langen Gehäuse des
                        Eilands Manhattan
Und die dünnen Antennen, die das Atlantische Meer
                        unterhalten).

8

Von diesen Städten wird bleiben: der durch sie
                        hindurchging, der Wind!
Fröhlich machet das Haus den Esser: er leert es.
Wir wissen, daß wir Vorläufige sind
Und nach uns wird kommen: nichts Nennenswertes.

9

Bei den Erdbeben, die kommen werden, werde ich hoffentlich
Meine Virginia nicht ausgehen lassen durch Bitterkeit
Ich, Bertolt Brecht, in die Asphaltstädte verschlagen
Aus den schwarzen Wäldern in meiner Mutter in
                        früher Zeit.

Erich Kästner

Ein wichtiger Autor von Gedichten im neuen sachlichen Stil ist auch Erich Kästner (Desden 1889 – 1974 München). Er ist vor allem für seine immer-jungen beliebten Kinderbücher bekannt (*Emil und die Detektive*, 1928, *Das fliegende Klassenzimmer*, 1933, *Das doppelte Lottchen*, 1949).

In Dresden gibt es ein Museum zu Kästner <www.erich-kaestnermuseum.de>.

Sachliche Romanze

Als sie einander acht Jahre kannten
(und man darf sagen: sie kannten sich gut),
kam ihre Liebe plötzlich abhanden,
Wie andern Leuten ein Stock oder Hut.

Sie waren traurig, betrugen sich heiter,
versuchten Küsse, als ob nichts sei,
und sahen sich an und wußten nicht weiter.
Da weinte sie schließlich. Und er stand dabei.

Eine schöne Vertonung der "Sachlichen Romanze" von Jürgen von der Lippe hören Sie auf <www.gedichte.vu>.

> Vom Fenster aus konnte man Schiffen winken.
> Er sagte, es wäre schon Viertel nach Vier
> und Zeit, irgendwo Kaffee zu trinken.
> Nebenan übte ein Mensch Klavier.
>
> Sie gingen ins kleinste Café am Ort
> und rührten in ihren Tassen.
> Am Abend saßen sie noch immer dort.
> Sie saßen allein, und sie sprachen kein Wort
> und konnten es einfach nicht fassen.

Kästner schrieb viele politikkritische Gedichte. Ein bekanntes Beispiel ist "Kennst Du das Land, wo die Kanonen blühn?" Deshalb erhielt er 1933 Publikationsverbot und publizierte danach in der Schweiz.

Thema: Der "kleine Mann" als Opfer

... der Politik und des Kriegs – Erich Maria Remarque: *Im Westen nichts Neues* (Roman, 1929)

Im Westen nichts Neues (1929) ist ein Anti-Kriegs-Roman von Erich Maria Remarque. Das war das Pseudonym von Erich Paul Remark (Osnabrück 1898–1970 in Locarno, Italien). Der Roman wurde in mehr als 30 Sprachen übersetzt und bereits 1930 von Lewis Milestone verfilmt (*All Quiet on the Western Front,* USA 1930). Der Roman schildert den Krieg aus der Perspektive eines jungen Soldaten namens Bäumer. Der Autor wurde selbst im Alter von 18 Jahren zur Armee einberufen und 1917 an der Westfront verwundet.

Im Vorwort schreibt Remarque: "Dieses Buch soll weder eine Anklage noch ein Bekenntnis sein. Es soll nur den Versuch machen, über eine Generation zu berichten, die vom Kriege zerstört wurde – auch wenn sie seinen Granaten entkam." Der Ich-Erzähler schildert illusionslos den Alltag an der Front zwischen "Trommelfeuer, Verzweiflung und Mannschaftsbordells°". Der Titel ist vom Schluss des Romans genommen: Ein Er-Erzähler beschließt den Roman in wenigen lapidaren Sätzen und bemerkt, dass Bäumer an einem Tag gegen Kriegsende starb, an dem der offizielle Bericht "sich auf den Satz beschränkte, im Westen sei nichts Neues zu melden." Dieses und die anderen Bücher Remarques wurden 1933 verbrannt. Der Autor lebte ab 1932 in der Schweiz, ab 1939 in den USA und nach 1948 wieder in der Schweiz.

Prostituierte für die Kompanie. Hinweis: Suchen Sie das Zitat in den folgenden Ausschnitten.

> Der am Boden ist ein Rekrut. Seine Hüfte ist blutverschmiert; er ist so erschöpft, dass ich nach meiner Feldflasche greife, in der ich Rum mit Tee habe. Kat hält meine Hand zurück und beugt sich über ihn: "Wo hat's dich erwischt, Kamerad?"

Er bewegt die Augen; er ist zu schwach zum Antworten. Wir schneiden vorsichtig die Hose auf. Er stöhnt. "Ruhig, ruhig, es wird ja besser – ."

Wenn er einen Bauchschuss hat, darf er nichts trinken. Er hat nichts erbrochen, das ist günstig. Wir legen die Hüfte bloss. Sie ist ein einziger Fleischbrei mit Knochensplittern. Das Gelenk ist getroffen. Dieser Junge wird nie mehr gehen können.

Ich wische ihm mit dem befeuchteten Finger über die Schläfe und gebe ihm einen Schluck. In seine Augen kommt Bewegung. Jetzt erst sehen wir, dass auch der rechte Arm blutet.

Kat zerfasert zwei Verbandspäckchen so breit wie möglich, damit sie die Wunde decken. Ich suche nach Stoff, um ihn lose darüberzuwickeln. [...]

Kat hat inzwischen aus den Taschen eines Toten noch Päckchen geholt, die wir vorsichtig an die Wunde schieben. Ich sage dem Jungen, der uns unverwandt ansieht: "Wir holen jetzt eine Bahre°."

Da öffnet er den Mund und flüstert: "Hierbleiben ..." Kat sagt: "Wir kommen ja gleich wieder. Wir holen für dich eine Bahre." Man kann nicht erkennen, ob er verstanden hat, er wimmert wie ein Kind hinter uns her: "Nicht weggehen ..."

Kat sieht sich um und flüstert: "Sollte man da nicht einfach einen Revolver nehmen, damit es aufhört?"

Der Junge wird den Transport kaum überstehen, und höchstens kann es noch einige Tage mit ihm dauern. Alles bisher aber wird nichts sein gegen diese Zeit, bis er stirbt. Jetzt ist er noch betäubt und fühlt nichts. In einer Stunde wird er ein kreischendes Bündel unerträglicher Schmerzen werden. Die Tage, die er noch leben kann, bedeuten für ihn eine einzige rasende Qual. Und wem nützt es, ob er sie noch hat oder nicht."

Ich nicke. "Ja, Kat, man sollte einen Revolver nehmen." – "Gib her", sagt er und bleibt stehen. Er ist entschlossen, ich sehe es. Wir blicken uns um, aber wir sind nicht mehr allein. Vor uns sammelt sich ein Häuflein, aus den Trichtern und Gräbern kommen Köpfe.

Wir holen eine Bahre.

Kat schüttelt den Kopf. "So junge Kerle." Er wiederholt es: "So junge, unschuldige Kerle."

° darauf transportiert man Verwundete und Tote [stretcher]

Der Schluss des Romans lautet:

Es ist Herbst. Von den alten Leuten sind nicht mehr viele da. Ich bin der letzte von den sieben Mann aus unserer Klasse hier.

Jeder spricht von Frieden und Waffenstillstand. Alle warten. Wenn es wieder eine Enttäuschung wird, dann werden sie zusammenbrechen, die Hoffnungen sind zu stark, sie lassen sich nicht mehr fortschaffen, ohne zu explodieren. Gibt es keinen Frieden, dann gibt es Revolution.

Ich habe vierzehn Tage Ruhe, weil ich etwas Gas geschluckt habe. In einem kleinen Garten sitze ich den ganzen Tag in der Sonne. Der Waffenstillstand kommt bald, ich glaube es jetzt auch. Dann werden wir nach Hause fahren.

Hier stocken meine Gedanken und sind nicht weiterzubringen. Was mich mit Übermacht hinzieht und erwartet, sind Gefühle. Es ist Lebensgier, es ist Heimatgefühl, es ist das Blut, es ist der Rausch der Rettung. Aber es sind keine Ziele.

Wären wir 1916 heimgekommen, wir hätten aus dem Schmerz und der Stärke unserer Erlebnisse einen Sturm entfesselt°. Wenn wir jetzt zurückkehren, sind wir müde, zerfallen, ausgebrannt, wurzellos und ohne Hoffnung. Wir werden uns nicht mehr zurechtfinden können.

Man wird uns auch nicht verstehen – denn vor uns wächst ein Geschlecht, das zwar die Jahre hier gemeinsam mit uns verbrachte, das aber Bett und Beruf hatte und jetzt zurückgeht in seine alten Positionen, in denen es den Krieg vergessen wird, – und hinter uns wächst ein Geschlecht, ähnlich uns früher, das wird uns fremd sein und uns beiseite schieben. Wir sind überflüssig für uns selbst, wir werden wachsen, einige werden sich anpassen, andere sich fügen, und viele werden ratlos sein; – die Jahre werden zerrinnen, und schließlich werden wir zugrunde gehen.–

Aber vielleicht ist auch alles dieses, was ich denke, nur Schwermut und Bestürzung, die fortstäubt, wenn ich wieder unter den Pappeln stehe und dem Rauschen ihrer Blätter lausche. Es kann nicht sein, daß es fort ist, das Weiche, das unser Blut unruhig machte, das Ungewisse, Bestürzende, Kommende, die tausend Gesichter der Zukunft, die Melodie aus Träumen und Büchern, das Rauschen und die Ahnung der Frauen, es kann nicht sein, daß es untergegangen ist in Trommelfeuer, Verzweiflung und Mannschaftsbordells.

Die Bäume hier leuchten bunt und golden, die Beeren der Ebereschen stehen rot im Laub, Landstraßen laufen weiß auf den Horizont zu, und die Kantinen summen wie Bienenstöcke von Friedensgerüchten.

Ich stehe auf.

Ich bin sehr ruhig. Mögen die Monate und Jahre kommen, sie nehmen mir nichts mehr, sie können mir nichts mehr nehmen. Ich bin

entfesseln: beginnen [to unleash]

so allein und so ohne Erwartung, daß ich ihnen entgegensehen kann ohne Furcht. Das Leben, das mich durch diese Jahre trug, ist noch in meinen Händen und Augen. Ob ich es überwunden° habe, weiß ich nicht. Aber solange es da ist, wird es sich seinen Weg suchen, mag dieses, das in mir "Ich" sagt, wollen oder nicht.

Er fiel im Oktober 1918, an einem Tage, der so ruhig und still war an der ganzen Front, daß der Heeresbericht sich nur auf den Satz beschränkte, im Westen sei nichts Neues zu melden.

Er war vornübergesunken und lag wie schlafend an der Erde. Als man ihn umdrehte, sah man, daß er sich nicht lange gequält haben konnte. Sein Gesicht hatte einen so gefaßten Ausdruck, als wäre er beinahe zufrieden damit, daß es so gekommen war.

> etwas überwinden: damit fertig werden [to overcome something]

... der Großstadt – Alfred Döblin: *Berlin Alexanderplatz. Die Geschichte vom Franz Biberkopf* (Roman, 1929)

> Aktuelle Bilder und Informationen zur Geschichte des Alexanderplatzes finden Sie auf <www.berlin.de/tourismus/sehenswuerdigkeiten>.

Der Alexanderplatz war das pulsierende Zentrum Berlins in den Zwanziger Jahren.

Berlin hatte sich zur Großstadt entwickelt, und *Berlin Alexanderplatz* ist der erste deutsche Großstadt-Roman. Er schildert die moderne Stadt mit modernen Stilmitteln. Dazu gehört vor allem die Montage. Döblin montiert "Stimmen" aus der Werbung, aus Statistiken, aus dem täglichen Umgang und der Wissenschaft. Es gibt keine einheitliche Perspektive und Betrachtungsweise. Als die Hauptfigur nach Berlin kommt, sieht man diese Übersicht:

5b.5 Sie sehen richtig: auch dieser moderne Roman erschien zuerst in der "alten" Frakturschrift.

Vielleicht erinnert Sie dies an heutige "Links" auf der Internet-Seite einer Stadt. Es folgen Ausschnitte, in denen die verschiedenen Bereiche der Stadt "sprechen", zum Beispiel "Der Rosenthaler Platz unterhält sich."

Die "Geschichte" von Franz Biberkopf ist nur ein Teil des langen Romans, der gut tausend Seiten hat. Biberkopf war ein einfacher Transportarbeiter. Er hat seine Frau Ida ermordet und war dafür zehn Jahre im Gefängnis. Er wird entlassen und will nun ein ehrlicher Mann sein und ein ordentliches Leben führen. Er ist gutmütig, aber auch jähzornig°. Aber die Stadt, modern, betriebsam, komplex und kompliziert, hat zu viele Verlockungen und strenge Gesetze. Es ist, als ob sie gegen ihn arbeitet.

zu plötzlicher Wut neigend [hot-tempered]

Das Werk ist in "Bücher" eingeteilt. Am Anfang von jedem Buch steht eine Art Zusammenfassung und Kommentar. Zum Beispiel lautet sie zum dritten Buch:

> Hier erlebt Franz Biberkopf, der anständige, gutwillige, den ersten Schlag. Er wird betrogen. Der Schlag sitzt. –
>
> Biberkopf hat geschworen, er will anständig sein, und ihr habt gesehen, wie er wochenlang anständig ist, aber das war gewissermaßen nur eine Gnadenfrist. Das Leben findet das auf die Dauer zu fein und stellt ihm hinterlistig ein Bein. Ihm aber, dem Franz Biberkopf, scheint das vom Leben nicht besonders schick, und er hat eine geraume Zeit lang solch gemeines, hundsföttisches, aller guten Absicht wiedersprechendes Dasein dick.
>
> Warum das Leben so verfährt, begreift er nicht. Er muß noch einen langen Weg gehen, bis er es sieht.

Die nüchterne Darstellung der Stadt und ihrer Gesellschaft macht diesen Text zu einem hervorragenden Beispiel für Neue Sachlichkeit. Es gibt hier keine Illusionen, keine romantischen Ideen, auch kein Pathos über Erotik, Technik und die Wirtschaftskrise. Anders als die Naturalisten einige Jahrzehnte früher glaubt der Autor nicht, dass die Welt mit naturwissenschaftlicher Genauigkeit beschrieben werden kann.

Alfred Döblin (1878 in Stettin – 1957 in Emmendingen, Baden-Württemberg) war Arzt für Innere Medizin und Nervenkrankheiten und im Krieg Militärarzt. 1918 gehörte er zu den Kritikern der Republik und sympathisierte mit dem neuen Russland. Er war jüdischer Herkunft und emigrierte 1933.

... der Wirtschaftskrise: Hans Fallada: *Kleiner Mann – Was nun?* (Roman, 1932)

Der Angestellte Johannes Pinneberg wird in der Zeit der Wirtschaftskrise arbeitslos. Der Roman erzählt seinen Abstieg. Hier gibt es eine glückliche Liebesgeschichte, die ein Gegengewicht zur Arbeitswelt bildet. Die Beziehung zwischen Pinneberg und seiner Frau, die er "Lämmchen" nennt, ist unerschütterlich°.

°nicht zu zerstören

Mit dem Erfolg dieses Buchs rettete der Autor den Verlag seines Freundes Ernst Rowohlt° vor dem Bankrott. Hans Fallada (1893 Greifswald – 1947 Berlin) hieß eigentlich Rudolf Ditzen. Auch er fiel 1933 unter die Kategorie "unerwünschter Autor" und wurde von den Nazis verboten.

°Tipp: Den gibt es heute <www.rowohlt.de>.

VORSPIEL DIE SORGLOSEN

Pinneberg erfährt etwas Neues über Lämmchen und faßt einen großen Entschluß

Es ist fünf Minuten nach vier. Pinneberg hat das eben festgestellt. Er steht, ein nett aussehender, blonder junger Mann, vor dem Hause Rothenbaumstraße 24 und wartet.

Es ist also fünf Minuten nach vier, und auf drei Viertel vier ist Pinneberg mit Lämmchen verabredet. Pinneberg hat die Uhr wieder eingesteckt und sieht erst auf ein Schild, das am Eingang des Hauses Rothenbaumstraße 24 angemacht ist. Er liest:

Dr. Sesam

Frauenarzt Sprechstunden 9-12 und 4-6

Eben! Und nun ist es doch wieder fünf Minuten nach vier. Wenn ich mir noch eine Zigarette anbrenne, kommt Lämmchen natürlich sofort um die Ecke. Lass' ich es also. Heute wird es schon wieder teuer genug.

Er sieht von dem Schild fort. Die Rothenbaumstraße hat nur eine Häuserreihe, jenseits des Fahrdammes, jenseits eines Grünstreifens, jenseits des Kais fließt die Strela, hier schon hübsch breit kurz vor ihrer Einmündung in die Ostsee. Ein frischer Wind weht herüber, die Büsche nicken mit ihren Zweigen, die Bäume rauschen ein wenig.

So müßte man wohnen können! denkt Pinneberg. – Sicher hat dieser Sesam sieben Zimmer. Muß ein klotziges Geld verdienen.

Eine Liebesgeschichte, aber sachlich erzählt. Pinneberg schwelgt nicht in Emotionen. Seine Gedanken sind bei seiner Frau, aber er nimmt vor allem die Welt um sich herum bewusst wahr.

Thema: Die "neue Frau": Irmgard Keun

Die zwanziger Jahre brachten eine Reihe von provozierenden Schriftstellerinnen hervor: Vicki Baum (Wien 1888 – 1960 in Los Angeles) stammte aus österreichisch-jüdischer Familie und schrieb in den Zwanziger Jahren eine Reihe von Bestsellern (*Menschen im Hotel*, 1929). Heute ist sie unterschätzt. Irmgard Keun (Berlin 1905 – 1982 Köln) war Schauspielerin. Sie begann zu schreiben, besonders über die "neue Frau" in der Großstadt, und damit wurde sie sofort berühmt. Ihr Roman *Das kunstseidene Mädchen* (1932) wird auch als Theaterstück häufig gespielt.

Ein Zitat: "Ich gehe und gehe durch Friedrichstraße und gehe und sehe und glänzende Autos und Menschen, und mein Herz blüht schwer." Das könnte auch ein heutiger Tourist in Berlin denken, der durch die Straßen geht und von der Großstadt fasziniert ist. Hier noch einige schöne Zitate aus *Das kunstseidene Mädchen*:

"Hurra! Eine schreibende Frau mit Humor, sieh mal an!" (Kurt Tucholsky über Irmgard Keun)

maßlos: sehr groß, viel [excessive]

Gefunkel (zu Verb "funkeln"): etwas Leuchtendes [something sparkling] / Feh: Eichhörnchen; hier wohl ein Schal oder Mantel aus Pelz

"Ich bin in Berlin. Seit ein paar Tagen. Mit einer Nachtfahrt und noch neunzig Mark übrig. Damit muss ich leben, bis sich mir Geldquellen bieten. Ich habe Maßloses° erlebt. Berlin senkte sich auf mich wie eine Steppdecke mit feurigen Blumen. Der Westen ist vornehm mit hochprozentigem Licht – wie fabelhafte Steine ganz teuer und mit so gestempelter Einfassung. Wir haben hier ganz übermäßige Lichtreklame. Und ich war ein Gefunkel°. Und ich mit dem Feh°. Und schicke Männer wie Mädchenhändler, ohne dass sie gerade mit Mädchen handeln, was es ja nicht mehr gibt – aber sie sehen danach aus, weil sie es tun würden, wenn was bei rauskäme. Sehr viel glänzende schwarze Haare und Nachtaugen so tief im Kopf. Aufregend. Auf dem Kurfürstendamm sind viele Frauen. Die gehen nur. Sie haben gleiche Gesichter und viel Maulwurfpelz – also nicht ganz erste Klasse- aber doch schick – so mit hochmütigen Beinen und viel Hauch um sich. Es gibt eine Untergrundbahn, die ist wie ein beleuchteter Sarg auf Schienen – unter der Erde und muffig, und man wird gequetscht. Damit fahre ich. Es ist sehr interessant und geht schnell."

"Ich denke nicht an Tagebuch – das ist lächerlich für ein Mädchen von achtzehn und auch sonst auf der Höhe. Aber ich will schreiben wie Film, denn so ist mein Leben und wird noch mehr so sein. […] Und wenn ich später lese, ist alles wie Kino – ich sehe mich in Bildern."

Dada!!!!

Die dadaistischen Künstler wurden besonders durch den als sinnlos erlebten Krieg beeinflusst. Die Verbindung von Geräusch, Wort und Bildlichem ist besonders wichtig. Die Dadaisten gaben eine Reihe von Zeitschriften heraus, darunter *Der Dada* von Raoul Hausmann, John Heartfield und George Grosz. Franz Jung, Wieland Herzfelde und Richard Huelsenbeck standen hinter dem *Dadaistischen Manifest*, das 1918 von 20 Künster/innen unterzeichnet und veröffentlicht wurde. Darin heißt es:

> Die Unterzeichner dieses Manifestes haben sich unter dem Streitruf
> DADA!!!!
> zur Propaganda einer Kunst gesammelt, von der sie die Verwirklichung neuer Ideale erwarten. Was ist nun der DADAISMUS?
>
> Das Wort Dada symbolisiert das primitivste Verhältnis zur umgebenden Wirklichkeit, mit dem Dadaismus tritt eine neue Realität in ihre Rechte. Das Leben erscheint als ein simultanes Gewirr von Geräuschen, Farben und geistigen Rhythmen, das in die dadaistische Kunst unbeirrt° mit allen sensationellen Schreien und Fiebern seiner verwegenen Alltagspsyche und in seiner gesamten brutalen Realität übernommen wird. Hier ist der scharf markierte Scheideweg°, der den Dadaismus von allen bisherigen Kunstrichtungen und vor allem von dem FUTURISMUS trennt, den kürzlich Schwachköpfe als eine neue Auflage impressionistischer Realisierung aufgefaßt haben. Der Dadaismus steht zum erstenmal dem Leben nicht mehr ästhetisch gegenüber, indem er alle Schlagworte von Ethik, Kultur und Innerlichkeit, die nur Mäntel für schwache Muskeln sind, in seine Bestandteile zerfetzt.

Ein virtuelles internationales Dada-Archiv, in dem die ganze Zeitschrift und viele andere Dokumente zu sehen sind, gibt es an der Universität Iowa <www.lib.uiowa.edu /dada>.

konsequent [without second thoughts]

Entscheidungssituation [crossroad]

5b.6 Hannah Höch mit ihren Dada-Puppen (Foto, 1920)

Aufgaben zur Literatur

Bertolt Brecht

1. Theater. Im Text finden Sie die folgenden Elemente des Epischen Theaters. Was ist in einem traditionellen Theater anders? Erinnern Sie sich an ein traditionelles Theaterstück, das Sie gesehen haben, und füllen Sie dann die Tabelle aus.

	Episches Theater	traditionelles Theater
Intention	*didaktisch, Lehrstück: Ziel sind sozialrevolutionäres Bewußtsein und kollektives Handeln*	
Zuschauerperspektive	*distanziert*	
Zuschauerrolle	*Denken*	
Weltbild	*Welt ist veränderbar*	
Effekt des Geschehens	*Verfremdung*	
Schauspieler	*treten aus der Rolle*	
Handlung	*lose Elemente*	
andere Objekte auf der Bühne	*Inhaltsangabe auf Tafeln oder Projektion*	
Musik	*Lieder und Songs*	

2. "Vom armen B. B."
    a. Wer spricht in diesem Gedicht?
    b. Mit wem?
    c. Worüber?
    d. Nennen Sie Adjektive im Gedicht, die die Gemütsstimmung des Ichs beschreiben.
    e. Wo wohnt das Ich?
    f. Woher kommt das Ich?
    g. Warum heißt das Gedicht "Vom <u>armen</u> B. B."?
    h. Warum nennt der Autor dieses Gedicht "Gebrauchslyrik"? Wozu kann der/die Leser/in das Gedicht "gebrauchen"?

Erich Kästner: "Sachliche Romanze"

1. Machen Sie je eine Liste mit den Worten im Gedicht, die "sachlich" sind, und eine mit denen, die das Gedicht als "Romanze" kennzeichnen.

2. Welche Adjektive assoziieren Sie normalerweise mit einer "Romanze"? Beschreiben Ihre Adjektive auch dieses Gedicht? Begründen Sie Ihre Meinung.

3. Was machen die beiden Personen im Gedicht, nachdem das Café an diesem Abend schließt?

Erich Maria Remarque: *Im Westen nichts Neues*

1. Zeichnen Sie die Szene, die im ersten Textausschnitt beschrieben wird. Wo befinden sich die Personen? Was ist dabei schwer zu zeichnen? Warum?

2. Lesen Sie die folgenden Aussagen über den zweiten Textausschnitt und sagen Sie, ob sie richtig (R) oder falsch (F) sind. Korrigieren Sie die falschen Aussagen.

_____   Es ist noch Krieg.

_____   Er hat eine Schusswunde.

_____   Er sitzt zu Hause im Garten und entspannt sich.

_____   Er will nicht mehr in die Heimat zurück fahren.

_____   Die jungen Menschen der Zeit sind alle orientierungslos und ohne Zukunft.

_____   Die älteren Kameraden haben Familien und Berufe, zu denen sie zurück kehren können.

_____   Er hat Angst, dass seine Jugendträume durch die Realität des Krieges verdrängt wurden.

_____   Er will jetzt zuerst in ein Bordell gehen.

_____   Er geht im Oktober nach Hause.

_____   Er schläft am Ende des Textes.

Alfred Döblin: *Berlin Alexanderplatz*

1. Suchen Sie im Internet historische Fotos vom Alexanderplatz. Machen Sie eine Liste von allem, was Sie identifizieren können.

2. Lesen Sie die Kategorien auf der Übersicht. Was haben alle gemeinsam? Können Sie eine ähnliche Liste für das Leben in einer heutigen Großstadt aufsetzen?

Hans Fallada: *Kleiner Mann – Was nun?*

1. Zeichnen Sie die Szene.

2. Welche Fakten werden in den Textausschnitt wiederholt? Machen Sie eine Liste.

3. Welchen Effekt haben diese Wiederholungen?

4. Was wird jetzt als nächstes im Text passieren? Was glauben Sie?

Irmgard Keun: *Das kunstseidene Mädchen*

In diesem Text finden sich mehrere Vergleiche. Was passt zusammen?

A. ein beleuchteter Sarg auf Schienen	1. der Westen
B. Film	2. alles
C. eine Steppdecke mit feurigen Blumen	3. schreiben
D. Mädchenhändler, ohne dass sie gerade mit Mädchen handeln	4. Berlin
E. fabelhafte Steine ganz teuer und mit so gestempelter Einfassung	5. schicke Männer
F. Kino	6. die Untergrundbahn

Dada

Mini-Referat: Dadaismus. Finden Sie Beispiele für Dada-Gedichte und tragen Sie sie der Klasse vor.

Zeittafel

Politik und Wirtschaft	Literatur und Kultur	Internationales
1919 Nationalversammlung in Weimar und Verfassung der Republik. Erster Präsident der deutschen Republik wird Friedrich Ebert (SPD). Friedensverträge von Versailles mit Deutschland und Saint-Germain mit Österreich. Österreich darf nicht mit Deutschland vereinigt werden. **1919** Österreich erhält die offizielle Bezeichnung "Republik Österreich". **1920** Die neue österreichische Verfassung tritt in Kraft. Gründung der NSDAP. **1923** In Deutschland erreicht die Inflation ihren Höhepunkt. Ein Putschversuch Hitlers in München scheitert. **1926** Deutschland tritt dem Völkerbund (*Vereinte Nationen*) bei. **1927** "Schwarzer Freitag" in Deutschland: die Wirtschaft bricht zusammen. **1932** Die NSDAP bildet die stärkste Fraktion im Reichstag. Der in Österreich geborene Hitler erhält die deutsche Staatsbürgerschaft. Auf der Konferenz von Lausanne (Schweiz) wird das Ende der deutschen Reparationszahlungen beschlossen.	**1916** Beginn des Dadaismus in Zürich. **1919/20** Hannah Höch: *Schnitt mit dem Küchenmesser Dada durch die letzte Weimarer Bierbauchkulturepoche Deutschlands* (Fotomontage). **1925** Egon Erwin Kisch: *Der rasende Reporter* (Reportagen). **1927** Bertolt Brecht: *Die Hauspostille* (Gedichte). **1928** Bertolt Brecht, Kurt Weill: *Die Dreigroschenoper* (Uraufführung Berlin). **1928** Erich Kästner: *Emil und die Detektive* (Kinderbuch), *Herz auf Taille* (Gedichte) **1929** Alfred Döblin: *Berlin Alexanderplatz* (Roman). **1929** Erich Maria Remarque: *Im Westen nichts Neues* (Roman). Thomas Mann erhält den Nobelpreis für Literatur. **1930** Gründung der "Bonner Musiktage". **1932** Hans Fallada: *Kleiner Mann – was nun?* (Roman). Irmgard Keun: *Das kunstseidene Mädchen* (Roman). **1933** Erika Mann emigriert in die Schweiz und tourt bis 1937 mit ihrem Kabarett "Die Pfeffermühle". **1936** Meret Oppenheim: *Die Pelztasse* (Skulptur).	**1913–27** Marcel Proust: *Auf der Suche nach der verlorenen Zeit* (frz. Roman) **1919** Gründung des Völkerbundes und erste Sitzung in Paris. Rassenunruhen in Chicago. In Großbritannien wird zum ersten Mal eine Frau in das Parlament gewählt. **1922** In Italien kommt die Partei der Faschisten (Mussolini) an die Macht (Diktatur bis 1943). Ende des Osmanischen Reiches und Gründung der türkischen Republik. Die sowjetischen Staaten formen die Sowjetunion (UdSSR). James Joyce: *Ulysses* (Roman, Irland). **1924** Tod Lenins bei Moskau. Stalin wird sowjetischer Diktator. In den USA sind 2,5 Millionen Radios in Gebrauch. **1926** A. A. Milne: *Winnie the Pooh* (Kinderbuch, England) **1928** Herbert Hoover wird Präsident der USA. **1928** Virginia Woolf: *Orlando* (Roman, England) **1929** Ernest Hemingway: *A Farewell to Arms* (Roman, USA) **1929** Beginn der Weltwirtschaftskrise. In New York wird das "Museum of Modern Art" eröffnet. **1932** Roosevelt wird Präsident der USA.

6

Literatur der NS-Zeit und Exil

6.1 Umschlagtitel des Ausstellungsführers "Entartete Kunst" (1936). Mit der Skulptur "Der neue Mensch" (1912) von Otto Freundlich

Geschichte und Kultur

Deutschland und Österreich – das "dritte Reich"
Die Schweiz
Europa und Übersee
Nazikunst und -architektur
Musik im Angesicht des Todes
Aufgaben zur Geschichte und Kultur

Literatur

Bücherverbrennung und totalitäre Kulturpolitik
Emigration und "innere Emigration"
Anna Seghers
Thema: Widerstand gegen den Nationalsozialismus
Seghers: *Das siebte Kreuz*
Thema: Ist der Wissenschaftler dafür verantwortlich, was
    andere mit seinen Entdeckungen machen?
Brecht: *Leben des Galilei*
Thema: Menschliches Verhalten in Parabeln und Geschichten
Brecht: : *Geschichten vom Herrn Keuner*
Thema: Unmenschliches Verhalten – ein "Meister aus
    Deutschland" oder allgemeinmenschlich?
Aufgaben zur Literatur

Zeittafel (1933 bis 1945)

Begriffe

Bücherverbrennung   Öffentliche Verbrennung von Werken
"unerwünschter" Schriften, besonders von jüdischen oder linksgerichteten
Autoren. Sie wurde am 10. Mai 1933 in Berlin und anderen deutschen
Städten durchgeführt.

[degenerate art] **Entartete Kunst°**   Schlagwort der Nationalsozialisten für Werke, die
nicht ihren Kunstvorstellungen entsprachen. Es dient der Unterdrückung
aller Formen der Kunst und Literatur, die ihrer Ideologie widersprechen. Im
Bereich der Plastik und Malerei wurde ab 1937 die Entfernung sämtlicher
"entarteter" Kunstwerke aus den öffentlichen Sammlungen betrieben und
[destruction] führte zu ihrer weitgehenden Vernichtung°.

Exil   Aufenthalt im Ausland nach Flucht oder Emigration, der durch
Verfolgung im Heimatland notwendig wurde.

Innere Emigration   Schlagwort für das Verhalten von Künstlern und
Schriftstellern, die in Deutschland und Österreich blieben, ohne sich der
NS-Partei und ihren Vorgaben anzuschließen.

Geschichte und Kultur

Deutschland und Österreich – Das "dritte Reich"

Der Begriff "Drittes Reich" stammte ursprünglich aus der christlichen Theologie des Mittelalters. Er wurde zuerst propagandistisch und später umgangssprachlich benutzt für das Deutsche Reich zwischen 1933 und 1945 während der Hitler-Diktatur (Zeit des Nationalsozialismus).

Das junge demokratische System in Österreich und Deutschland war den instabilen Verhältnissen der Zeit nicht gewachsen. In Österreich übernahmen 1933 noch nicht die Nationalsozialisten die Macht, aber konservative Kräfte schalteten das Parlament weitestgehend aus und errichteten einen autoritären Ständestaat°, der sich bis 1938 halten konnte.

Im deutschen Reichstag erhielt die NSDAP erhielt bei den Wahlen 1933 keine Mehrheit. Der Reichspräsident Paul von Hindenburg ernannte Hitler zum Reichskanzler, weil er und die konservativen Politiker glaubten, ihn kontrollieren zu können. Hitler baute die Demokratie ab und errichtete mit den Nationalsozialisten eine Diktatur. Er setzte im Reichstag das "Ermächtigungsgesetz" durch: die Regierung konnte damit auch ohne Zustimmung des Parlaments Gesetze erlassen. Rundfunk und Presse wurden "gleichgeschaltet": Sie durften nur noch berichten, was Propagandaminister Joseph Goebbels vorschrieb.

Hitler ließ die Wirtschaft auf Rüstung umstellen und organisierte den Bau von Autobahnen. Dadurch sank die Arbeitslosigkeit, und die Mehrheit der Deutschen begrüßte den Aufstieg Hitlers. Die Nazis nutzten die Wirkung von Aufmärschen und programmatischen Reden auf das Volk, auch durch das neue Medium Rundfunk. Organisationen wie die "Hitlerjugend" und die "NS-Frauenschaft" propagierten das Parteiprogramm und die "Volksgemeinschaft". Wer sich ausschloss oder offen Kritik übte, konnte ohne Gerichtsverfahren in eines der Konzentrationslager gebracht werden. Viele Politiker, Wissenschaftler, Schriftsteller und Künstler emigrierten. Die Nazis nutzten die Olympischen Spiele 1936 in Berlin zu internationaler Propaganda.

Hitler wollte einen Staat mit nur einer Partei und "arischer" Bevölkerung. Zu diesem Zweck organisierten die Nationalsozialisten "Säuberungen". Ihre Opfer waren politische Gegner, Homosexuelle, Sinti und Roma ebenso wie die Deutschen jüdischer Herkunft. Die Entrechtung der Juden erfolgte schrittweise. Die "Nürnberger Gesetze" (1935) hoben die Bürgerrechte der Juden auf. In der Nacht vom 9. November 1938 wurden Synagogen angezündet und Juden auf offener Straße erschlagen.

1938 begann die schrittweise Ausweitung des Machtbereichs zum "Großdeutschen Reich": Österreich und Böhmen wurden "angeschlossen" und die Tschechei besetzt. 1939 löste der deutsche Überfall auf Polen den Zweiten Weltkrieg aus. Die "Blitzkriege" waren durch die veränderte Technik

Ständestaat: ein nach Berufsgruppen organisierter Staat

möglich geworden. Panzer und Flugzeuge bestimmten die Schlachten, nicht mehr Schützengräben und Kanonen wie noch im Ersten Weltkrieg.

Die Nazis führten zugleich einen Vernichtungskrieg gegen das jüdische Volk: 1942 bestätigte die Wannseekonferenz die "Endlösung° der Judenfrage" durch die Deportation der jüdischen Bevölkerung in Vernichtungslager.

Euphemismus für Vernichtung

Allein in den Vernichtungslagern (Auschwitz-Birkenau, Chelmno, Belzec, Majdanek, Sobibór, Treblinka etc.) ermordeten Deutsche über 2,5 Millionen Juden. Weitere 3,5 Millionen Juden starben entweder an den Folgen von Krankheiten und Hunger in Konzentrationslagern oder in den Massen-Erschießungen. Vor 1933 hatten im deutschen Sprachraum ungefähr 750 000 Juden gelebt, 1945 waren drei Viertel von ihnen tot. Von den Überlebenden wanderten viele nach dem Krieg in den neuen Staat Israel aus. Die einstmal lebendige jüdische Kultur in Deutschland erholte sich erst Jahrzehnte später: In den 1980er Jahren wurden jüdische Realschulen und Kulturzentren gegründet. Besonders in den Großstädten wie Berlin und Hamburg gibt es heute wieder eine starke jüdische Präsenz im Kulturleben.

Der Krieg endete am 8. Mai 1945. Die Wehrmacht hatte bedingungslos kapituliert. Deutschland war besetzt, die Städte zerbombt. Das "Dritte Reich" war vollständig zusammengebrochen. In so gut wie jeder Familie gab es Kriegstote, viele Menschen verloren ihre Heimat und ihr gesamtes Eigentum und mussten fliehen. Mehrere Millionen Soldaten waren in Gefangenschaft. Kaum jemand konnte sich vorstellen, wie das zerstörte Land wieder funktionieren sollte und die Menschen wieder Hoffnungen und Träume entwickeln konnten. Am Anfang ging es nur ums Überleben. Es gab viel zu wenig Lebensmittel und Wohnraum.

Die Schweiz

1920 war die Schweizer Neutralität international bestätigt worden. Die Schweiz blieb im zweiten Weltkrieg als eines von wenigen Ländern Europas von kriegerischen Handlungen verschont.

1942 wurde die Grenze für Flüchtlinge aus dem deutschen Reich gesperrt, obwohl eine kirchliche und liberale Minderheit protestierte. Bis 1945 wurden rund 25.000 vor allem jüdische Flüchtlinge in den sicheren Tod zurückgeschickt. Die restriktive Flüchtlingspolitik und die unrechtmäßige Annahme von "Raubgold°" wurde erst in jüngster Zeit aufgedeckt und diskutiert.

Raubgold: unrechtmäßig entgegengenommenes Vermögen und Konten von Vermissten

Europa und Übersee

Ab 1929 gab es eine Weltwirtschaftskrise. In den USA wurde sie durch den Beginn sozialstaatlicher Politik unter Präsident Franklin D. Roosevelt (Amtszeit 1933–1945) überwunden.

In Spanien gab es einen Bürgerkrieg (1936–1939). Er endete mit der Diktatur Francos. Das faschistische Italien und der Militärstaat Japan wurden Verbündete der Deutschen. Hitler machte einen Pakt mit Stalin (1939), der vorerst die Neutralität der Sowjetunion sicherte. Als Frankreich gegen Deutschland unterlag, wurde es geteilt. Der Norden mit Paris ist von Deutschland besetzt, und der unbesetzte Süden hatte Vichy als neue Hauptstadt (1940–1944).

Der Krieg wurde auf dem Land von Norwegen bis Nordafrika ausgetragen. 1941 griff Deutschland die Sowjetunion an. Darauf traten die USA in den Krieg ein. Die USA wurden Ende 1941 von Japan angegriffen. Die "Großen Drei" (Großbritannien, USA, Sowjetunion) vereinbarten auf Kriegskonferenzen ihre militärischen und politischen Ziele.

Nazikunst und -architektur

Die meisten Maler und anderen Künstler, die im Sinne der nationalsozialistischen Ideologie schufen, sind heute nicht mehr sehr bekannt. Die modernen und avantgardistischen Künstler fanden in der Schweiz noch ein Refugium oder emigrierten nach Amerika und entwickelten dort ihre Kunst weiter. Max Beckmann und Paul Klee gehören zu ihnen. Vertreter der konkreten Kunst gründeten 1937 in der Schweiz die Gruppe "Allianz".

Im Jahr 2006 wurde eine Ausstellung über Arno Breker, Hitlers liebsten Bildhauer, zu einem Publikumsmagneten und sorgte für Kontroversen. Sollen Nazikunst und Nazifilme wieder öffentlich gezeigt und diskutiert werden?

Das nationalsozialistische Regime stoppte das "Neue Bauen." Fortschrittliche Architekten wie Gropius und Mies van der Rohe emigrierten. Das NS-Machtstreben sollte in monumentalen Staatsbauten verkörpert werden. Die offizielle Kulturpolitik unterbrach auch die abstrakte Kunst in Deutschland. Solche Künstler verloren ihre Ämter, erhielten Berufsverbot, ihre Werke wurden als "entartet" deklariert.

Musik im Angesicht des Todes

Die Nazis verboten Jazz und andere moderne Musik. Aber sogar in den Konzentrationslagern gab es noch Musik und Lieder. Noch in extremen Verhältnissen, in Gefängnissen, Zuchthäusern und Ghettos ebenso wie in den Konzentrations-, Strafgefangenen- und Vernichtungslagern des Regimes wurde gesungen. Das Konzentrationslager Theresienstadt (Terezín im heutigen Tschechien) wurde nach außen als eine Modellsiedlung präsentiert, in der es gute Schulen und ein reiches kulturelles Leben gab. Es gab mehrere Orchester, und es wurden Theaterstücke und Opern (zum Beispiel *Der Kaiser von Atlantis* von Victor Ullmann mit dem Libretto von Peter Kien) geschrieben und aufgeführt.

6.2 Orchester in einem Konzentrationslager (Zeichnung)

Aufgaben zur Geschichte und Kultur

1. Lesen Sie die folgenden Aussagen. Entscheiden Sie: Sind sie richtig (R) oder falsch (F)? Korrigieren Sie die falschen Aussagen.

   _____ Hitler kam durch einen Putsch an die Macht.

   _____ Die Mehrheit der Deutschen war gegen Hitler und protestierte aktiv gegen die Machtübernahme.

   _____ Die Nazis verbreiteten ihre Propaganda vor allem bei Volksaufmärschen und übers Radio.

   _____ Die Nazis haben rechtstaatliche Prinzipien abgeschafft.

   _____ Die Nazis verfolgten ihre politischen Gegner, so dass viele emigrieren mussten, um nicht ermordet zu werden.

   _____ Am 9. November 1938 zündeten die Juden die Synagogen an und erschlugen die Deutschen auf offener Straße.

   _____ Polen löst durch den Überfall auf Deutschland den Zweiten Weltkrieg aus.

   _____ In den Konzentrations- und Vernichtungslagern ermorden Deutsche jüdische Mitbürger, Homosexuelle, politische Gegner, Sinti und Roma.

   _____ Deutschland gewann 1945 den Zweiten Weltkrieg.

   _____ Deutschland war nach dem Krieg total zerstört, die meisten jungen Männer waren in Gefangenschaft, verwundet oder tot, und die Überlebenden litten Hunger und Kälte, da sie keine Wohnhäuser hatten.

   _____ Erst 15 Jahre nach Ende des Holocaust gibt es wieder ein reges jüdische Kulturleben in Deutschland.

2. Welche Rolle spielten diese Länder während der Nazi-Zeit? Kreuzen Sie die beste Beschreibung an.

Land	Beziehung zu Deutschland		
	verbündet	Gegner	neutral
Schweiz			
Österreich			
Polen			
Frankreich			
USA			
Japan			
Italien			
England			
Sowjetunion			

3. Suchen Sie die Daten für die folgenden Ereignisse. Wann ist das passiert?

    a. Beginn und Ende des "Dritten Reiches"

    b. Beginn und Ende des Zweiten Weltkrieges

    c. Nürnberger Gesetze/Entrechtung der Juden

    d. Wannseekonferenz/Beschlüsse zur Vernichtung der Juden

    e. Weltwirtschaftskrise

    f. Hitler-Stalin-Pakt

    g. Kriegseintritt der USA

4. Mini-Referate:

    a. NS-Architektur. Stellen Sie Beispiele vor. Welche bekannten NS-Bauten in Deutschland stehen noch heute? Wer war Albert Speer?

    b. Theresienstadt. Finden Sie heraus, wie viele Menschen hier inhaftiert waren, wohin sie von da aus dann kamen und wie viele von ihnen den Holocaust überlebten.

    c. "Entartete Kunst". Welche Künstler wurden in dieser Ausstellung gezeigt? Warum? Stellen Sie der Klasse vor, was diese Künstler repräsentieren. (Tipp: Vielleicht gibt es in Ihrer Kunstbibliothek das Buch von Stephanie Barron, ed. *'Degenerate Art:' The Fate of the Avant-Garde in Nazi Germany.* New York: Harry N. Abrams, 1991. Die Website auf der *wikipedia* is ausführlich und informativ und hat weitere Quellen. Auch auf den Websites von Universitätskursen finden Sie mehr, zum Beispiel <http://fcit.usf.edu/HOLOCAUST/arts/artDegen.htm>.

    d. Vernichtungslager. Was ist der Unterschied zwischen Konzentrations- und Vernichtungslagern? Wie viele Menschen wurden in den Vernichtungslagern ermordet? Wie wurden die Menschen ermordet? Warum wurden die Menschen ermordet? Wer hat sie ermordet?

6.3 Gründgens in der Verfilmung von _Faust_ (1960)

Literatur

Bücherverbrennung und totalitäre Kulturpolitik

Die Kontrolle kultureller Produkte war ein wichtiger Faktor der nationalsozialistischen Politik. Im Februar 1933 wird die Zensur wieder eingeführt ("Verordnung zum Schutz von Volk und Staat"). Am 10. Mai 1933 werden Bücher "undeutscher" Autoren öffentlich verbrannt. Im September 1933 bestimmt ein neues Gesetz die Bildung von "Reichsschrifttums- und Reichspressekammer": Wer veröffentlichen will, muss Mitglied dieser Organisationen sein. Ab 1935 werden Autor/innen jüdischer Herkunft ausgeschlossen, dürfen also generell nicht mehr publizieren (Berufsverbot). Außerdem wird gegenseitige Beobachtung angeordnet. Ab 1935 gibt es das "Reichsministerium für Volksaufklärung und Propaganda" mit den Abteilungen Film, Theater, Schrifttum, Bildende Kunst, Musik und volkskulturelle Arbeit. Es wird von Joseph Goebbels geleitet. Ebenfalls 1935 wird eine "Anordnung über schädliches und unerwünschtes Schrifttum" verfügt. Das heisst, der Staat kontrolliert Buchmarkt und Bibliotheken. Die Verlage können die Zensur nicht umgehen. Noch bevor sie Manuskripte annehmen, müssen ihre Programme durch die "Beratungsstelle der Verleger für Volksliteratur" genehmigt werden.

Wie Kulturschaffende im NS-Regime Karriere machten und dafür sogar einen Pakt mit dem Bösen schlossen, schildert der Roman _Mephisto. Roman einer Karriere_ (1936) von Klaus Mann. Klaus war der älteste Sohn von Thomas Mann und wurde im Exil in den USA zur zentralen Figur der internationalen antifaschistischen Publizistik. Die Hauptfigur des Romans verschlüsselt den Schauspieler und Theaterleiter Gustav Gründgens (1899–1663). Er wurde berühmt in seiner Rolle als Mephistopheles in Goethes _Faust_ – auch nach dem Krieg ein Klassiker. Gründgens Sohn prozessierte gegen den Verlag: Der Roman verletze das Grundrecht auf Unverletztheit der Person, und er wurde 1966 (bis 1971) in Deutschland verboten. Es handelt sich um den wichtigsten Prozess um die Freiheit der Literatur in Deutschland im 20. Jahrhundert.

Schon bei Erscheinen des Romans (1936) musste Klaus Mann öffentlich erklären:

> Ich bin genötigt, feierlich zu erklären: Mir lag nicht daran, die Geschichte eines bestimmten Menschen zu erzählen, als ich _Mephisto, Roman einer Karriere_ schrieb. Mir lag daran, einen Typus darzustellen und mit ihm die verschiedenen Milieus (mein Roman spielt keineswegs nur im braunen), die soziologischen und geistigen Voraussetzungen, die einen solchen Aufstieg erst möglich machten... Mein Mephisto ist nicht dieser oder jener. In ihm fließen vielerlei 'Züge' zusammen. Hier handelt es sich um kein 'Porträt', sondern um einen symbolischen Typus – der Leser wird beurteilen, ob auch um einen lebensvollen, dichterisch geschauten und gestalteten Menschen.

Emigration und "innere Emigration"

Ab 1933 verlassen etwa 400.000 Deutsche ihr Heimatland und gehen ins Exil. Die wichtigsten zwei Gründe dafür sind: Verfolgung wegen ihrer politischen oder künstlerischen Einstellung oder wegen ihrer jüdischen Herkunft. Beides trifft oft zusammen. Viele Emigranten hoffen auf einen raschen Zusammenbruch der NS-Diktatur und eine baldige Rückkehr. Sie lassen sich in den benachbarten Ländern nieder. In der Schweiz leben zum Beispiel Thomas Mann und Else Lasker-Schüler, in Frankreich Alfred Döblin, Heinrich Mann und Anna Seghers. Bertolt Brecht lebte zuerst in Prag, dann in der Schweiz, dann in Dänemark. Auch Verleger gehen mit ihren Verlagen ins Exil, so der Berliner Samuel Fischer (1936 in Wien, ab 1938 in Schweden).

Besonders ab 1940 emigrieren viele in die USA, darunter Brecht, Heinrich und Thomas Mann, Döblin und Lion Feuchtwanger. Viele Länder nehmen die Flüchtlinge auf, darunter Mexiko (Egon Erwin Kisch und Anna Seghers), Brasilien (Stefan Zweig) und Palästina (Lasker-Schüler).

Ein Zitat: "Eigentlich ist es für uns praktisch ja ganz wurscht, ... wo wir leben... Wir sind überall zu Haus." Franz Werfel an seine Frau Alma Mahler-Werfel.

Anna Seghers

Das Warten auf einen Schiffsplatz für die Flucht und die Ungewissheit beschreibt Anna Seghers in ihrem Roman *Transit*, der 1944 zuerst in Mexiko auf Spanisch und in Boston auf Englisch erschien. Der folgende Ausschnitt handelt in einem Café in Marseille (Südfrankreich) um 1940.

Der Teil des Cafés, in dem wir saßen, stieß an die Cannebière. Ich konnte von meinem Platz aus den Alten Hafen übersehen. Ein kleines Kanonenboot lag vor dem Quai des Belges. Die grauen Schornsteine standen hinter der Straße zwischen den dürren Masten der Fischerboote über den Köpfen der Menschen, die den Mont Vertoux mit Rauch und Geschwätz° erfüllten. Die Nachmittagssonne stand über dem Fort. Die Gesichter der Menschen, die durch die Drehtür hereinkamen, waren gespannt von Wind und von Unrast. Kein Mensch bekümmerte sich um die Sonne über dem Meer, um die Zinnen der Kirche Saint-Victor, um die Netze, die auf der ganzen Länge des Hafendamms zum Trocknen lagen. Sie schwatzten alle unaufhörlich von ihren Transits, von ihren abgelaufenen Pässen, von Dreimeilenzone und Dollarkursen, von Visa de Sortie und immer wieder von Transit. Ich wollte aufstehen und fortgehen. Ich ekelte mich. – Da schlug meine Stimmung um. Wodurch? Ich weiß nie, wodurch bei mir dieser Umschlag kommt. Auf einmal fand ich all das Geschwätz nicht mehr ekelhaft, sondern großartig. Es war uraltes Hafengeschwätz, so alt wie der Alte Hafen selbst und noch älter. Wunderbarer, uralter Hafentratsch, der nie verstummt ist, solange es ein mittelländisches Meer gegeben hat, phönizischer Klatsch und kretischer, griechischer Tratsch und römischer, niemals waren die

[chatter]

Tratscher alle geworden, die bange waren um ihre Schiffsplätze und um ihre Gelder, auf der Flucht vor allen wirklichen und eingebildeten Schrecken der Erde. Mütter, die ihre Kinder, Kinder, die ihre Mütter verloren hatten. Reste aufgeriebener Armeen, geflohene Sklaven, aus allen Ländern verjagte Menschenhaufen, die schließlich am Meer ankamen, wo sie sich auf die Schiffe warfen, um neue Länder zu entdecken, aus denen sie wieder verjagt wurden; immer alle auf der Flucht vor dem Tod, in den Tod. Hier mußten immer Schiffe vor Anker gelegen haben, genau an dieser Stelle, weil hier Europa zu Ende war und das Meer hier einzahnte, immer hatte an dieser Stelle eine Herberge° gestanden, weil hier eine Straße auf die Einzahnung mündete. Ich fühlte mich uralt, jahrtausendealt, weil ich alles schon einmal erlebt hatte, und ich fühlte mich blutjung, begierig auf alles, was jetzt noch kam, ich fühlte mich unsterblich. Doch dieses Gefühl schlug abermals um, es war zu stark für mich Schwachen. Verzweiflung überkam mich, Verzweiflung und Heimweh. Mich jammerten meine siebenundzwanzig vertanen, in fremde Länder verschütteten Jahre.

[inn]

Von "innerer Emigration" spricht man bei Autor/innen, die in Deutschland (oder nach 1938 in Österreich) blieben, ohne sich der offiziellen Kulturpolitik zu unterwerfen. Das war ihnen möglich, indem sie zum Beispiel betont christliche Themen gestalteten und damit indirekt dem "Ungeist" des Nationalsozialismus konterten (Gertrud von Le Fort, Werner Bergengruen). Andere publizierten vorübergehend im Ausland oder gar nicht mehr (Erich Kästner, Gottfried Benn ab 1935) oder schrieben geschichtliche Bücher (Ricarda Huch).

Ricarda Huch

Ricarda Huch war eine der ersten Frauen, die in Geschichte promoviert hatten. Sie hatte um 1900 zu den rebellischen Schriftstellerinnen mit bewegtem Lebenslauf (Scheidung, alleinerziehende Mutter etc.) gehört und war nun eine anerkannte, konservative Schriftstellerin. Neben geschichtlichen Themen publizierte sie auch weiterhin "unpolitische" Gedichte, wie das folgende, das sich mit dem Tod beschäftigt. Es erschien in dem Gedichtband *Herbstfeuer* (1944).

Tief in den Himmel verklingt
Traurig der letzte Stern,
Noch eine Nachtigall singt
Fern – fern.

Geh schlafen, mein Herz, es ist Zeit.
Kühl weht die Ewigkeit.

Matt° im Schoß liegt die Hand,
Einst so tapfer am Schwert.
War, wofür du entbrannt,
Kampfes wert?

Geh schlafen, mein Herz, es ist Zeit.
Kühl weht die Ewigkeit.

[weak]

Auf dem ersten deutschen° Schriftstellerkongreß nach dem 2. Weltkrieg (1947 in Berlin) wurde Ricarda Huch das Ehrenpräsidium übergeben. Ihr letztes, unvollendetes Buch war ein "Gedenkbuch" für die hingerichteten Männer und Frauen des Widerstands.

1947 gab es noch nicht zwei deutsche Staaten.

Thema: Widerstand gegen den Nationalsozialismus

Anna Seghers: *Das siebte Kreuz. Ein Roman aus Hitlerdeutschland* (1942)

Anna Seghers (Mainz 1900 – 1983 Ost-Berlin) war 1927 der kommunistischen Partei beigetreten und wurde 1933 verhaftet. Nach ihrer Freilassung emigrierte sie.

Der Roman erschien zuerst 1942 in Mexiko, wohin Anna Seghers 1941 geflohen war. Trotzdem ist er zuerst auf Deutsch erschienen. Vor dem ersten Kapitel steht eine Widmung°. Das Buch ist den "toten und lebenden Antifaschisten Deutschlands" gewidmet. Seghers wollte die Leute in Deutschland erreichen. Der "Roman aus Hitlerdeutschland" sollte ein Appell zur Solidarität im Kampf und Widerstand gegen den Nationalsozialismus und seinen Terror sein.

[dedication]

Das erste Kapitel beginnt:

Vielleicht sind in unserem Land noch nie so merkwürdige Bäume gefällt worden, als die sieben Platanen° auf der Schmalseite der Baracke III. Ihre Kronen waren schon früher gekuppt worden aus einem Anlass, den man später erfahren wird. In Schulterhöhe waren gegen die Stämme Querbretter genagelt, sodass die Platanen von weitem sieben Kreuzen glichen.

eine Baumart [sycamores]

Der neue Lagerkommandant, er hiess Sommerfeld, liess alles sofort zu Kleinholz zusammenschlagen. Er war eine andre Nummer als sein Vorgänger Fahrenberg, der alte Kämpfer [...]. War der erste Kommandant ein Narr° gewesen, mit furchtbaren, unvoraussehbaren Fällen von Grausamkeit, so war der neue ein nüchterner° Mann, bei dem sich alles voraussehen liess. Fahrenberg war imstande gewesen, uns plötzlich alle zusammenschlagen zu lassen, — Sommerfeld war imstande, uns alle in Reih und Glied antreten und jeden Vierten herauszählen und zusammenschlagen zu lassen. Das wussten wir damals auch noch nicht. Und selbst wenn wir es gewusst hätten! Was hätte es ausgemacht gegen

[fool]

[hardheaded]

das Gefühl, das uns übermannte, als die sechs Bäume alle gefällt wurden und dann auch noch der siebte! Ein kleiner Triumph gewiss, gemessen an unserer Ohnmacht, an unseren Sträflingskleidern. Und doch ein Triumph, der einen die eigene Kraft plötzlich fühlen ließ nach wer weiß wie langer Zeit, jene Kraft, die lange genug taxiert worden war, sogar von uns selbst, als sei sie bloß eine der vielen gewöhnlichen Kräfte der Erde, die man nach Maßen und Zahlen abtaxiert, wo sie doch die einzige Kraft ist, die plötzlich ins Maßlose wachsen kann, ins Unberechenbare.

[...] Wir dachten nur an das Holz, das vor unseren Augen verbrannte. Hans sagte leise, mit einem schiefen Blick auf den Posten, ohne den Mund zu bewegen: "Das knackt." Erwin sagte: "Das siebte." Auf allen Gesichtern lag jetzt ein schwaches merkwürdiges Lächeln, ein Gemisch von Unvermischbarem, von Hoffnung und Spott, von Ohnmacht und Kühnheit°. Wir hielten den Atem an. Der Regen schlug bald gegen die Bretter, bald gegen das Blechdach. Der Jüngste von uns, Erich, sagte mit einem Blick aus den Augenwinkeln, einem knappen Blick, in dem sich sein ganzes Innere zusammenzog und zugleich unser aller Innerstes: "Wo mag er jetzt sein?"

[Kühnheit]

Etwas ist passiert, aber wir erfahren erst allmählich, was: Aus dem Konzentrationslager Westhofen (in der Nähe von Mainz) sind im Oktober 1937 sieben Häftlinge geflohen. Werden sie es schaffen, über die Grenze zu kommen?

Der Lagerkommandant Fahrenberg ist dafür verantwortlich, dass die Geflohenen wieder gefangen werden. Er lässt auf dem Appellplatz des Konzentrationslagers sieben Kreuze aufstellen. An ihnen sollen die Geflohenen zu Tode gequält werden. Ein großer Teil des Romans schildert, wie ein Flüchtling, Georg Heisler, die Flucht erlebt. Er war im Lager, weil er Kommunist und Widerstandskämpfer war. Gleich am Anfang seiner Flucht (Kapitel III) hört er folgendes:

Plötzlich fing etwas Neues an. Erst einen Augenblick später merkte er, dass garnichts angefangen hatte, sondern etwas aufgehört: Die Sirene. Das war das Neue, die Stille, in der man die scharf voneinander abgesetzten Pfiffe hörte und die Kommandos vom Lager her und von der Außenbaracke. Die Posten über ihm liefen hinter den Hunden zum äußersten Ende des Weidendamms. Von der Außenbaracke laufen die Hunde gegen den Weidendamm, ein dünner Knall und dann noch einer, ein Aufklatschen, und das harte Gebell der Hunde schlägt über einem anderen dünnen Gebell zusammen, das garnicht dagegen aufkam und gar kein Hund sein kann, aber auch keine menschliche Stimme, und wahrscheinlich hat der Mensch, den sie jetzt abschleppen, auch nichts Menschliches mehr an sich. Sicher Albert, dachte Georg. Es gibt einen

Grad von Wirklichkeit, der einen glauben macht, dass man träume, obwohl man nie weniger geträumt hat. Den hätten sie, dachte Georg, wie man im Traum denkt, den hätten sie. Wirklich konnte das ja nicht sein, dass sie schon jetzt nur noch Sechs waren.

[...]

Das ging vorbei. Er wurde fast ruhig. Er dachte kalt: "Wallau und Füllgrabe und ich kommen durch. Wir drei sind die besten. Beutler haben sie. Belloni kommt vielleicht auch durch. Aldinger ist zu alt. Pelzer ist zu weich." Als er sich jetzt auf den Rücken drehte, war es schon Tag. Der Nebel war gestiegen. Goldnes kühles Herbstlicht lag über dem Land, das man hätte friedlich nennen können.

Heisler bekommt auf seiner Flucht die Unterstützung von Genossen aus der kommunistischen Partei. Aber auch Menschen, die seine politische Meinung nicht teilen und aus verschiedenen sozialen Schichten kommen, helfen ihm, weil sie Mut haben und Kraft und Hoffnung. Der Roman wurde schon 1944 in den USA verfilmt.

Thema: Ist der Wissenschaftler dafür verantwortlich, was andere mit seinen Entdeckungen machen?

Bertolt Brecht: *Leben des Galilei* (Drama, 1943)

Das Drama wurde in der ersten Fassung 1943 in Zürich aufgeführt. Es geht darin nicht nur um das Leben des italienischen Mathematikers, Physikers und Astronomen Galileo Galilei (1564–1642). Dem Physiker Otto Hahn gelang 1938 die Atomkernspaltung. Brecht sah, dass die Atomkraft das Weltbild ebenso umwälzen würde wie Galileis Beweis, dass nicht die Erde, sondern die Sonne den Mittelpunkt unseres Sonnensystems bildet. Die kirchlichen Autoritäten vertraten das Interesse der alten wissenschaftlichen und sozialen Ordnung. Sie zwangen Galilei, seine Erkenntnisse zu widerrufen.

In der ersten Szene erklärt Galilei dem Sohn der Haushälterin das heliozentrische Weltsystem. Beachten Sie die ausführliche Szenenüberschrift, das Motto und die Szenenanweisung. Sie sind typische Elemente von Brechts "epischem Theater".

Galileo Galilei, Lehrer der Mathematik zu Padua, will das neue kopernikanische Weltsystem beweisen

In dem Jahr sechzehnhundertundneun
Schien das Licht des Wissens hell
Zu Padua aus einem kleinen Haus.

Galileo Galilei rechnete aus:
Die Sonn steht still, die Erd kommt von der Stell.

Das ärmliche Studierzimmer des Galilei in Padua. Es ist morgens. Ein Knabe, Andrea, der Sohn der Haushälterin, bringt ein Glas Milch und einen Wecken.

GALILEI *sich den Oberkörper waschend, prustend und fröhlich:* Stell die Milch auf den Tisch, aber klapp kein Buch zu.

ANDREA Mutter sagt, wir müssen den Milchmann bezahlen. Sonst macht er bald einen Kreis um unser Haus, Herr Galilei.

GALILEI Es heißt: er beschreibt einen Kreis, Andrea.

ANDREA Wie Sie wollen. Wenn wir nicht bezahlen, dann beschreibt er einen Kreis um uns, Herr Galilei.

GALILEI Während der Gerichtsvollzieher, Herr Cambione, schnurgerade auf uns zu kommt, indem er was für eine Strecke zwischen zwei Punkten wählt?

ANDREA *grinsend:* Die kürzeste.

[...]

GALILEI Hast du, was ich dir gestern sagte, inzwischen begriffen?

ANDREA Was? Das mit dem Kippernikus seinem Drehen?

GALILEI Ja.

ANDREA Nein. Warum wollen Sie denn, dass ich es begreife? Es ist sehr schwer, und ich bin im Oktober erst elf.

GALILEI Ich will gerade, dass auch du es begreifst. Dazu, dass man es begreift, arbeite ich und kaufe die teuren Bücher, statt den Milchmann zu bezahlen.

ANDREA Aber ich sehe doch, dass die Sonne abends woanders hält als morgens. Da kann sie doch nicht stillstehn! Nie und nimmer.

GALILEI Du siehst! Was siehst du? Du siehst gar nichts. Du glotzt nur. Glotzen ist nicht sehen: *Er stellt den eisernen Waschschüsselständer in die Mitte des Zimmers.* Also das ist die Sonne. Setz dich. *Andrea setzt sich auf den einen Stuhl. Galilei steht hinter ihm.* Wo ist die Sonne, rechts oder links?

ANDREA Links.

GALILEI Und wie kommt sie nach rechts?

ANDREA Wenn Sie sie nach rechts tragen, natürlich.

GALILEI Nur so? *Er nimmt ihn mitsamt dem Stuhl auf und vollführt mit ihm eine halbe Drehung.* Wo ist jetzt die Sonne?

ANDREA Rechts.

GALILEI Und hat sie sich bewegt?

ANDREA Das nicht.

GALILEI Was hat sich bewegt?

ANDREA Ich.

GALILEI *brüllt*: Falsch! Dummkopf! Der Stuhl!

ANDREA Aber ich mit ihm!

GALILEI Natürlich. Der Stuhl ist die Erde. Du sitzt drauf.

FRAU SARTI *ist eingetreten, das Bett zu machen. Sie hat zugeschaut:* Was machen Sie eigentlich mit meinem Jungen, Herr Galilei?

GALILEI Ich lehre ihn sehen, Sarti.

FRAU SARTI Indem Sie ihn im Zimmer herumschleppen?

ANDREA Lass doch, Mutter. Das verstehst du nicht.

FRAU SARTI So? Aber du verstehst es, wie? Ein junger Herr, der Unterricht wünscht. Sehr gut angezogen und bringt einen Empfehlungsbrief. *Übergibt diesen.* Sie bringen meinen Andrea noch so weit, dass er behauptet, zwei mal zwei ist fünf. Er verwechselt schon alles, was Sie ihm sagen. Gestern abend bewies er mir schon, dass die Erde sich um die Sonne dreht. Er ist fest überzeugt, dass ein Herr namens Kippernikus das ausgerechnet hat.

ANDREA Hat es der Kippernikus nicht ausgerechnet, Herr Galilei? Sagen Sie es ihr selber!

FRAU SARTI Was, Sie sagen ihm wirklich einen solchen Unsinn? Dass er es in der Schule herumplappert und die geistlichen Herren zu mir kommen, weil er lauter unheiliges Zeug vorbringt. Sie sollten sich schämen, Herr Galilei.

GALILEI *frühstückend:* Auf Grund unserer Forschungen, Frau Sarti, haben, nach heftigem Disput, Andrea und ich Entdeckungen gemacht, die wir nicht länger der Welt gegenüber geheimhalten konnen. Eine neue Zeit ist angebrochen, ein großes Zeitalter, in dem zu leben eine Lust ist.

FRAU SARTI So. Hoffentlich können wir auch den Milchmann bezahlen in dieser neuen Zeit, Herr Galilei. [...]

Galilei lebt gern gut und braucht mehr Geld als er verdient. Er ist nicht nur ein positiver Charakter. Die Kirche übt Druck auf Galilei aus, und er schwört seiner Lehre ab. Er tut dies, um heimlich weiterarbeiten zu können, und läßt sein nächstes Werk ins Ausland schmuggeln.

In *Leben des Galilei* geht es nicht (nur) um die Wissenschaft in der fernen Vergangenheit, sondern in der Gegenwart und Zukunft. Das Wissen um die Atomspaltung blieb nicht im Physikerlabor. Es gelangte in die Hände des Militärs, und 1945 wurden im Krieg die ersten Atombomben eingesetzt. Die Menschen fühlten sich bedroht durch die Atomkraft. Brecht schrieb deshalb noch eine zweite und dritte Fassung (1957 in Ost-Berlin aufgeführt), die diese Gefahr verarbeitet und Galileis Verhalten deshalb anders beurteilt.

Thema: Menschliches Verhalten in Parabeln und Geschichten

Bertolt Brecht: *Geschichten vom Herrn Keuner* (1930, 1931, 1953) und *Kalendergeschichten* (Erzählungen, 1949)

Die *Geschichten vom Herrn Keuner* sind extrem kurz und bestehen oft nur aus wenigen Sätzen. Keuner überrascht, irritiert und fordert zu Widerspruch heraus. Oft geht es um Gewalt und Unterdrückung und wie die Menschen darauf reagieren.

Erfolg

Herr K. sah eine Schauspielerin vorbeigehen und sagte: "Sie ist schön." Sein Begleiter sagte: "Sie hat neulich Erfolg gehabt, weil sie schön ist." Herr K. ärgerte sich und sagte: "Sie ist schön, weil sie Erfolg gehabt hat."

Wenn Herr K. einen Menschen liebte

"Was tun Sie", wurde Herr K. gefragt, "wenn Sie einen Menschen lieben?" "Ich mache einen Entwurf° von ihm", sagte Herr K., "und sorge°, daß er ihm ähnlich wird." "Wer? Der Entwurf?" "Nein", sagte Herr K., "der Mensch."

Das Wiedersehen

Ein Mann, der Herrn K. lange nicht gesehen hatte, begrüßte ihn mit den Worten: "Sie haben sich gar nicht verändert." "Oh!" sagte Herr K. und erbleichte°.

Skizze [sketch, plan] / sich bemühen [to take care]

to turn pale

Brecht schrieb viele Erzählungen, die von merkwürdigen Ereignissen und Menschen handeln. 1949 erschienen sie gesammelt in einem Buch mit dem Titel *Kalendergeschichten*. Damit bezog er sich auf die Tradition der Volkskalender oder Almanache, in denen es Anekdoten, unterhaltende und lehrhafte Geschichten gab.

Thema: Unmenschliches Verhalten – ein "Meister aus Deutschland" oder allgemeinmenschlich?

Natürlich kehrten nicht alle Emigranten nach 1945 an ihren früheren Lebensort zurück. Paul Celan (1920 in Tschernowitz – 1970 in Paris) stammte aus der jüdisch-deutschen Minderheit in der heutigen Ukraine. Er verlor seine Eltern im Holocaust. Er selbst konnte fliehen und emigrierte nach Paris. Er publizierte aber nach Kriegsende in der BRD.

Celan schrieb so berühmte Gedichte wie die "Todesfuge°" (erschienen 1952 in *Mohn und Gedächtnis*). Das Gedicht spricht vom Tod in den Vernichtungslagern der Nazis. Darin wird der Ausdruck mehrmals wiederholt "Der Tod ist ein Meister aus Deutschland". Die letzte Strophe lautet:

Eine Fuge ist ein musikalisches Genre [fugue].

> Schwarze Milch der Frühe wir trinken dich nachts
> wir trinken dich mittags der Tod ist ein Meister aus
>   Deutschland
> wir trinken dich abends und morgens wir trinken und trinken
> der Tod ist ein Meister aus Deutschland sein Auge ist blau
> er trifft dich mit bleierner Kugel er trifft dich genau
> ein Mann wohnt im Haus dein goldenes Haar Margarete
> er hetzt seine Rüden auf uns er schenkt uns ein Grab in der
>   Luft
> er spielt mit den Schlangen und träumet der Tod ist ein
>   Meister aus Deutschland
>
> dein goldenes haar Margarete
> dein aschenes haar Sulamith

Tipp: Hier finden Sie das ganze Gedicht und mehr von Celan <www.celan-projekt.de>.

Aufgaben zur Literatur

NS-Kulturpolitik

1. Was passt zusammen?

   a. Verordnung zum Schutz von Volk und Staat

   b. Reichsschrifttums- und Reichspressekammer

   c. Reichsministerium für Volksaufklärung und Propaganda

   d. Reichsschrifttums- und Reichspressekammer

   e. Anordnung über schädliches und unerwünschtes Schrifttum

   f. Beratungsstelle der Verleger für Volksliteratur

   1. Genehmigung von Manuskripten

   2. staatliche Kontrolle von Buchmarkt und Bibliotheken

   3. Veröffentlichungsverbot für Nicht-Mitglieder

   4. Zensur/Bücherverbrennung

   5. oberste Behörde der Kulturpolitik

   6. Ausschluss von Autor/innen jüdischer Herkunft

2. Welche Optionen hatten Autoren während des NS-Regimes? Wie bewerten Sie die Optionen? Vergleichen Sie Ihre Bewertungen im Kurs und rechtfertigen Sie sie.

	1	2	3	4	5
	für die NS-Ideologie		neutral		gegen die NS-Ideologie

"Innere Emigration"   _____

Emigration/Exil   _____

offener Protest/Widerstand   _____

Widerstand im Untergrund   _____

Schreiben von NS-Literatur   _____

nicht mehr schreiben   _____

Hinweis: Ergänzen Sie diese Übung, wenn Sie mit dem Kapitel zu Ende sind.

3. Widerstand gegen die NS-Kulturpolitik oder "Pakt mit dem Bösen"? Füllen Sie die Felder der Tabelle aus, für die Sie im Text Informationen finden. Konsultieren Sie auch das Kapitel "Weimarer Klassik"!

	Wann hat er gelebt?	Wo hat er gelebt?	Was war sein Beruf?	Was hat er geschrieben?	Was für einen "Pakt" hat er geschlossen? Mit wem? Warum?
Mephisto					
Gustav Gründgens					
Klaus Mann					
Goethe					
Faust					

Alternativen

1. Exil. Wer emigrierte in diese Länder? Schweiz, Frankreich, Dänemark, Schweden, USA, Mexiko, Brasilien, Palästina.

2. Anna Seghers: *Transit* (1944).
   a. Zeichnen Sie die beschriebene Szene. Wo sitzt das "Ich"? Was sieht es?
   b. Suchen Sie die folgenden Wörter im Text und erklären Sie, was sie bedeuten: *ekeln/ekelhaft, umschlagen (das Gefühl schlägt um), jammern*
   c. Markieren Sie alle Adjektive im Text. Können Sie jetzt den Textausschnitt unterteilen? Wie viele Unterabschnitte finden Sie? Was kennzeichnet sie? Welche Rolle spielen die Adjektive?

3. Ricarda Huch: "Innere Emigration".
   a. Wer spricht in dem Gedicht?
   b. Mit wem?
   c. Worüber?
   d. Gibt es in diesem "unpolitischen" Gedicht Hinweise auf die Meinung der Autorin über den Nationalsozialismus?

4. Widerstand. Anna Seghers: *Das siebte Kreuz* (1942)
   a. Wo spielt der Romananfang? Machen Sie eine Liste mit Wörtern im Text, die den Handlungsort benennen.
   b. Welche Atmosphäre herrscht hier?
   c. Zeichnen Sie ein Kreuz und schreiben Sie daneben, was Sie mit dem Kreuz assoziieren.
   d. Zeichnen Sie die Szene. Wo ist Georg?
   e. Mit welchen Mitteln wird nach den Geflohenen gesucht?
   f. Wer ist dafür verantwortlich, dass sie gefangen werden?

    g. Einer wurde bereits gefangen. Wie?

    h. Glauben Sie, dass Georg und den anderen 5 Männern die Flucht gelingt? Warum oder warum nicht?

    i. Der Roman erzählt nicht alles chronologisch: die Kreuze werden am Anfang des Romans verbrannt. Worauf könnte das vorausdeuten?

5. Bertolt Brecht: *Leben des Galilei* (1943)

    a. Spielen Sie die erste Szene von Brechts Stück im Kurs nach.

    b. Welches Problem hat die Haushälterin?

    c. Wovor hat sie Angst?

    d. Mini-Referate: Stellen Sie Galileo Galilei und Otto Hahn vor.

    e. Was glaubten die Menschen im 16. Jahrhundert über die Erde und Sonne?

    f. Warum gibt Galileo nach und schwört seiner Lehre ab?

    g. Warum wollten wohl die kirchlichen Autoritäten nicht, dass die Menschen ihr Weltbild änderten?

    h. Vor welchen neuen wissenschaftlichen Erkenntnissen haben heute die Menschen, kirchlichen Autoritäten und Politiker Angst? Warum?

6. Bertolt Brecht: *Geschichten vom Herrn Keuner*

    a. Warum ärgert sich Herr K. über die Schönheit der Schauspielerin?

    b. Wer soll sich ändern, der Entwurf oder der Mensch? Warum?

    c. Warum wurde Herr K. blass oder weiß im Gesicht?

Zusammenfassung

Erklären Sie die folgenden Begriffe mit Ihren eigenen Worten. Schreiben Sie eine kurze Definition.

1. Drittes Reich

2. Zweiter Weltkrieg

3. Judenverfolgung und –vernichtung

4. Exilliteratur

Zeittafel

Politik und Wirtschaft	Literatur und Kultur	Internationales
1933 Reichspräsident Hindenburg beruft Hitler zum Reichskanzler ("Machtergreifung"). Vierjahresplan zur Beseitigung der Arbeitslosigkeit. Aufhebung der Grundrechte. Bücherverbrennung. Errichtung von Konzentrationslagern für politische Gegner, Juden, Zeugen Jehovas, Sinti und Roma, Homosexuelle etc.	**1933** "Gleichschaltung" der Kunst: Moderne und experimentelle Formen werden unterdrückt.	**1933** Hungerkatastrophe in der UdSSR.
	1933–39 etwa 60000 Künstler/innen und Schriftsteller/innen emigrieren aus Deutschland.	**1935** George Gershwin: *Porgy and Bess* (Oper, USA).
		1935 Aus Jazz entsteht "Swing".
1935 Die "Nürnberger Gesetze" heben die Bürgerrechte der Juden auf und verbieten "gemischte" Ehen.	**1934** Eugen Hadamovsky: *Der Rundfunk im Dienst der Volksführung* (theoretische Schrift).	**1936–39** Stalinistische "Säuberung" in der UdSSR. In Spanien endet der Bürgerkrieg mit der Diktatur von General Franco.
	1936 Ausstellung *Entartete Kunst*.	**1936** BBC London richtet Fernsehservice ein.
1936 Olympische Spiele in Berlin.	**1932** Fritz Lang: *M.* (Film).	
1938 "Anschluss" Österreichs. "Reichskristallnacht" 9. Nov.	**1937** Carl Orff: *Carmina Burana* (Liedkompositionen).	**1937** Picasso: *La Guernica* (Gemälde) für die Pariser Weltausstellung.
1939 Deutscher Einmarsch in die Tschechei.	**1939** Anna Seghers: *Das siebte Kreuz* (Roman).	**1937** Disney: *Schneewittchen* (Film, US).
1939 Der deutsche Überfall auf Polen am 1. Sept. löst den Zweiten Weltkrieg aus.	**1941** Bertolt Brecht: *Mutter Courage und ihre Kinder* (Drama).	**1938** Howard Hughes (USA) fliegt in unter 4 Tagen um die Welt.
	1946 *Das Tagebuch der Anne Frank*. Originalausgabe auf Niederländisch.	**1939** Der Hitler-Stalin-Pakt führt zur Aufteilung Polens.
1940 Die Judenverfolgung wird zum organisierten Völkermord mit Vernichtungslagern in den besetzten Gebieten.	**1947** Thomas Mann: *Doktor Faustus* (Roman)	**1939** John Steinbeck: *The Grapes of Wrath* (Roman, USA).
	1949 Nelly Sachs: *Sternverdunklung* (Gedichte)	**1939** *Gone with the Wind* (Film, USA), *The Wizard of Oz* (Film, USA).
1941 Deutscher Überfall auf die UdSSR. Hitler erklärt den USA den Krieg.	**1951** Hannah Arendt: *Elemente und Urspünge totaler Herrschaft* (Philosophie, USA, deutsch-jüdische Emigrantin).	**1940** Charlie Chaplin: *The Great Dictator* (Film, USA).
1945 Kapitulation Deutschlands und Kriegsende am 7./8. Mai.		**1940** Kapitulation Frankreichs.
		1941 Winston Churchill: *Blood, Sweat, and Tears* (Rede).
		1941 Kriegseintritt der USA.
		1942 Beginn der russischen Gegenoffensive bei Stalingrad.
		1943 Michael Curtiz (Regie): *Casablanca* (Film, USA).
		1943/44 Invasion der Alliierten in Italien und Nordfrankreich.
		1944 Tennessee Williams: *The Glass Menagerie* (Drama, USA).
		1945 Einsatz von Atombomben in Japan. Kriegsende.

7

Nachkriegszeit, Teilung Deutschlands und Wirtschaftswunder bis 1965

a. Literatur im Ostsektor und in der Deutschen Demokratischen Republik

7a.1   Bertolt Brecht und Helene Weigel bei der Mai-Demonstration 1954

Geschichte und Kultur

Nachkriegszeit: Ein Land wird geteilt

Deutsche Demokratische Republik

Die Berliner Mauer

Kunst und Kultur

Architektur

Aufgaben zur Geschichte und Kultur

Literatur

Thema: Wiederaufbau und eine neue Gesellschaftsform

Brecht: "Aufbaulied"

Anna Seghers: *Die Rückkehr*

Thema: Rückkehr aus Exil und KZ und neue Anfänge

Johannes R. Becher: "Auferstanden aus Ruinen"

Bruno Apitz: *Nackt unter Wölfen*

Sozialismus als Programm: Der "Bitterfelder Weg"

Politische Skepsis

Thema: Die bessere Gesellschaftsform und die Teilung
   Deutschlands

Christa Wolf: *Der geteilte Himmel*

Aufgaben zur Literatur

Zeittafel (1945 bis 1965)

Begriffe

Bitterfelder Weg   Auf der Schriftstellerkonferenz in Bitterfeld 1959 wurde das Ziel formuliert, die Trennung zwischen "Kunst und Leben" aufzuheben. Autoren sollten auch (Fabrik-)Arbeiter sein und dieses Leben kennen. Umgekehrt sollten Arbeiter Literatur schreiben.

Sozialistischer Realismus   Das offizielle politische Ziel von Literatur und Kunst im Ostblock seit 1945 (in der UdSSR schon seit 1934): Sie sollen durch die Darstellung des "neuen Menschen" den Aufbau des Sozialismus unterstützen.

[literally "owned by the people"]   **VEB**   Abkürzung für "volkseigener° Betrieb": Betriebe in der DDR waren
[stock corporations]   Staatseigentum, nicht in Privatbesitz oder Aktiengesellschaften°. Auch die meisten Verlage waren "volkseigen"; achten Sie auf die Abkürzung VEB in den Copyright- und bibliographischen Angaben in Büchern aus der DDR.

Geschichte und Kultur

Nachkriegszeit: Ein Land wird geteilt

Das besiegte Deutschland musste Gebiete im Osten (östlich der Flüsse Oder und Neiße°) an die Sowjetunion und Polen abtreten. 1945 und 1946 wurden die Deutschen, die noch nicht aus diesen Gebieten geflohen waren, ausgewiesen. Insgesamt flohen 12 Millionen.

Oder und Neiße: so heißen zwei Flüsse

Die Alliierten (USA, Großbritannien, Frankreich und die Sowjetunion) beschlossen in den Konferenzen von Jalta und Potsdam (1945), das frühere deutsche Reich (einschließlich Österreich und die ehemalige Hauptstadt Berlin) in vier Besatzungszonen einzuteilen und gemeinsam zu verwalten.

Die NSDAP und alle Nazi-Organisationen wurden verboten, die Wehrmacht für aufgelöst erklärt. Für die "Entnazifizierung" wurde eine Art eigene Gerichte eingeführt: Ihr Ziel war, ehemalige Nationalsozialisten aus einflussreichen Stellungen zu entfernen und zu bestrafen. Es gab fünf Kategorien: Hauptschuldige, Belastete, Minderbelastete, Mitläufer, Entlastete. Das sollte eine demokratische Neuordnung ermöglichen. Viele Nazis entkamen jedoch. In mehreren Gerichtsverfahren, den "Nürnberger Prozessen", urteilten Richter der Alliierten über die Hauptverantwortlichen der Nazizeit. Die Deutschen wurden mit den Verbrechen, besonders in den Konzentrationslagern, konfrontiert.

Zwischen der Sowjetunion (UdSSR) und den westlichen Siegermächten gab es schon 1945 politische Spannungen. Diesen neuen Konflikt nannte man den "Kalten Krieg". Die Fronten bestimmten die nächsten vier Jahrzehnte lang die Weltpolitik. Für die drei Westzonen und die Sowjetische Besatzungszone (SBZ) bedeutete der "Kalte Krieg" unterschiedliche Entwicklungen. In der SBZ errichtete die Besatzungsmacht einen sozialistischen Staat nach sowjetischem Vorbild, während die westlichen Mächte den Weg zur Demokratie mit kapitalistischem Wirtschaftssystem förderten.

Deutsche Demokratische Republik

1945 wurden in der SBZ Justiz- und Schulreformen durchgeführt. Privatbesitz (einschließlich Industrie und Landwirtschaft) wurde enteignet und verstaatlicht°. Es entstanden Volkseigene Betriebe (VEB) und Landwirtschaftliche Produktionsgenossenschaften° (LPG). Bedarf und Produktion wurde geplant (Planwirtschaft). Die Arbeiter mussten staatliche Normen erfüllen.

er gehört nun dem Staat [nationalized] / Großbetrieb; ein Synonom ist Kolchose; in ihr sind mehrere Höfe und Gemeinden zusammengeschlossen, die kollektiv, ohne Privateigentum produzieren.

In der SBZ waren nur die sozialistischen Parteien KPD und SPD erlaubt. 1946 wurden sie auf Druck der Sowjetunion zur SED (Sozialistischen Einheitspartei Deutschlands) zusammengeschlossen. Ihr Ziel war die Errichtung einer sozialistischen Gesellschaft. Der Westen wurde zum "Klassenfeind" erklärt, der zu bekämpfen war.

Aus der SBZ geht 1949 die Deutsche Demokratische Republik (DDR) hervor. Die DDR erhielt am 7. Oktober 1949 eine Verfassung, und die erste Regierung wurde am 11. Oktober gebildet. Damit war Deutschland in zwei Staaten geteilt. Nur einmal, 1952, schlug der sowjetische Regierungschef Josef Stalin Gespräche über das Ende der Teilung vor, die Westmächte lehnten aber ab.

Die Ostgrenze der DDR bildet gemäß dem Potsdamer Abkommen die Oder-Neiße-Linie. Die Westgrenze wurde entlang historischer Ländergrenzen gezogen (zu Schleswig-Holstein, Niedersachsen, Hessen und Bayern).

Die Macht der SED stützt sich wesentlich auf den Staatssicherheitsdienst (SSD bzw. Stasi), eine Geheimpolizei, die der Bekämpfung "jeder staatsfeindlichen Tätigkeit" im In- und Ausland dient.

"Niemand hat die Absicht, eine Mauer zu bauen." (Der DDR-Staatsratsvorsitzende Walter Ulbricht am 15. Juni 1961, zwei Monate vor dem Mauerbau.)

Die Berliner Mauer

Auch in der DDR gelang der Aufbau nach dem Krieg unerwartet schnell. Aber nach etwa einem Jahrzehnt zeigte sich, dass die Planwirtschaft nicht so leistungsfähig war wie die freie Marktwirtschaft im Westen. Die Planwirtschaft sorgte für alle für das Nötige, war aber gegen Luxus. Viele im Westen selbstverständliche Artikel gab es nicht oder nur selten zu kaufen.

dass sie weniger streng kommunistisch sei [liberalization]

Als Stalin im März 1953 starb, hofften die Menschen auf eine Lockerung° der Politik. Die Regierung der DDR erhöhte jedoch die Arbeitsnormen. Es kam zu einem Streik der Bauarbeiter, aus dem am 17. Juni 1953 ein nationaler Aufstand wurde. Hunderttausende Demonstranten forderten den Rücktritt der Regierung und eine demokratische Wahl. Die sowjetische Besatzungsarmee schlug den Aufstand mit Panzern nieder.

Immer mehr Menschen verließen die DDR: mehr als 2,5 Millionen bis 1961. Als Konsequenz schloss die DDR 1961 die Grenzen in den Westen, errichtete die "Berliner Mauer" und die "Zonengrenze". An der Grenze nach Westen herrschte Schießbefehl. Rund 5000 DDR-Bürgern gelang trotzdem die Flucht, aber viele starben.

Kunst und Kultur

Nach Kriegsende gab es eine ziemlich liberale Phase, in der emigrierte, vom Kommunismus überzeugte Künstler zurückkehrten und an die Tendenzen der Zeit der Weimarer Republik und der Exilzeit anknüpften. In der DDR blieb die Entwicklung der Kunst nach 1945 stark davon abhängig, was die SED bestimmte. Es gab keinen privaten Kunsthandel, sondern die Produktion wurde zentral gesteuert. Öffentliche Aufträge (für Museen, die Parteiorgane, die Volksarmee, aber auch Betriebe) wurden von der Partei bestimmt. Das heißt, die SED konnte die Künstler auf ihre Richtlinien festlegen und disziplinieren.

Die SED erklärte das "klassisch-nationale Erbe" für wichtig. 1950 wurde eine Akademie der Künste gegründet, aber die liberalen Mitglieder wurden kritisiert. Das Zentralkomitee der SED beschloss 1951 den "Kampf gegen den Formalismus in Kunst und Literatur, für eine fortschrittliche deutsche

Kunst". Das heißt, es gab eine strenge Zensur. Eine Ausstellung des auch von den Nazis verbotenen Bildhauers Ernst Barlach wurde verboten, weil seine Werke einen "düsteren, bedrückenden, pessimistischen Charakter" hätten und ihre Wirkung nicht gut sei für das Volk.

1953 begann eine Kampagne gegen abstrakte Kunst. Die jährliche große Kunstausstellung der DDR proklamierte die Kunst in der DDR als volksverbunden, parteilich, lebensecht und optimistisch. Walter Ulbricht erklärte, die Darstellung "fauler Fische und Mondlandschaften" dürfe keine staatliche Förderung genießen.

In den 1950er Jahren dominierte der durch die SED verordnete sozialistische Realismus. Er folgte sowjetischem Vorbild und propagierte den idealisierten Helden. Natur- und Landschaftsbilder wurden in den 50er Jahren immer mehr zu Produktionspropaganda. Es gab fast nur noch Industrie- und Bergbauanlagen und Kolchosefelder° mit pflügenden Traktoren zu sehen. Nicht Familien oder Individuen ließen sich porträtieren, sondern "Arbeiter und Bauern" und Gruppen aus Industrie und Landwirtschaft. Nicht das Individuum ist wichtig, sondern das kollektive Arbeitsprinzip wird verherrlicht. Bernhard Kretzschmars Industriepanorama von *Eisenhüttenstadt* (1955/58), Günther Brendels *Braunkohletagebau* (1958) und vor allem Rudolf Berganders *Hausfriedenskomitee* (1952) sind Beispiele hierfür. Das Programm "Bitterfelder Weg" propagierte die Zusammenarbeit von Künstlern (mit Ausbildung) und Laien.

[collectively farmed fields]

Architektur

Auch in der Architektur war die Richtung in den Nachkriegsjahren offen, bis der sowjetische Stil auch für die DDR vorbildlich wurde. Wie in der Kunst wurde das "nationale Erbe" betont, aber Rationalisierung setzte sich durch. Sogar westliche Architekten studierten den sozialistischen Städtebau in der DDR.

Was blieb davon? Negativ: Öde Plattensiedlungen und zerfallende Altstädte (die nach 1990 rasend schnell restauriert wurden). Positiv: Sozialer Wohnungsbau in den Innenstädten (während in westlichen Innenstädten kaum noch Menschen wohnen). Positiv: Die Altstädte verfielen zwar, aber sie wurden nicht abgerissen wie im Westen.

Aus der Erklärung der Bauakademie 1954:

Tipp: Mehr Fotos auf der DDR-Seite des Hamburger Architekturarchivs <www.architekturarchiv-web.de/ddr.htm>.

> Während im Westen unseres Vaterlandes die amerikanische Interventionsmacht unter Teilnahme des wiedererstandenen deutschen Imperialismus die Zerstörung der deutschen Kultur systematisch fortführt, wurde im östlichen Teile Deutschlands, entsprechend den Grundsätzen der Politik der Sowjetregierung, die Entfaltung einer nationalen Kultur gefördert. Mit der Errichtung der Arbeiter- und Bauernmacht wurde die Voraussetzung für ein Aufblühen der deutschen Architektur geschaffen.

7a.2 Die 1949 bis 1960 wiederaufgebaute "Stalinallee" (Frankfurter Allee) war die neue Prachtstraße Ostberlins im sozialistischen Stil

Aufgaben zur Geschichte und Kultur

1. Lesen Sie die folgenden Aussagen und entscheiden Sie, ob sie richtig (R) oder falsch (F) sind. Korrigieren Sie die falschen Aussagen.

   _____ Direkt nach dem Ende des Krieges gab es zwei Teile Deutschlands.

   _____ Die Alliierten waren Deutschland, Italien und Japan.

   _____ Viele Nazis flohen aus Deutschland und wurden nie bestraft.

   _____ Die Gegner im Kalten Krieg waren die Sowjetunion und die USA mit ihren jeweiligen Verbündeten.

   _____ Der Kalte Krieg dauerte von 1945 bis zur deutschen Teilung.

   _____ In der DDR gab es ein kapitalistisches Wirtschaftssystem.

   _____ Die BRD entstand aus der SBZ.

   _____ Die Stasi war das neue Militär der DDR.

   _____ Der Warschauer Pakt war ein Militärbündnis.

   _____ Am 17. Juni 1953 feierten die Menschen in der DDR den wirtschaftlichen Aufschwung.

   _____ 1961 wurde die Mauer gebaut. Sie verlief entlang der Grenze zur Bundesrepublik.

   _____ Die Zonengrenze teilte Berlin in vier Besatzungszonen.

2. Schreiben Sie die folgenden Sätze zu Ende. Die Informationen finden Sie im Text zur Kunst und Kultur in der DDR.

   a. In der liberalen Phase direkt nach dem Krieg …

   b. Die SED bestimmte …

   c. Als "fortschrittlich" wurden die Teile der deutschen Kunst bezeichnet, die …

3. Welche Aspekte der Kunst gehören zum sozialistischen Realismus? Kreuzen Sie an.

   _____ idealisierter Held

   _____ schöne Natur- und Landschaftsbilder

   _____ Pessimismus

   _____ Industrie- und Bergbauanlagen

   _____ Felder mit Traktoren

   _____ Arbeitertypen

   _____ abstrakte Malerei

   _____ Individuen

   _____ Verherrlichung des kollektiven Arbeitsprinzips

   _____ idyllisches Familienleben

4. Mini-Referate:

    a. Die Nürnberger Prozesse

    b. Oder-Neiße-Grenze

    c. Stasi

    d. Tag der Deutschen Einheit

    e. 17. Juni 1953

Literatur

Thema: Wiederaufbau und eine neue Gesellschaftsform

Brecht: *Aufbaulied* (1948)

Brechts Gedichte aus der Nachkriegszeit sind bestimmt von Ermutigung zum Neubeginn und Warnung vor Selbsttäuschung°. Der Refrain wird nach jeder Strophe wiederholt.

Illusion [self-deception]

Aufbaulied

1

Keiner plagt sich gerne, doch wir wissen:
Grau ist's allzeit, wenn ein Morgen naht.
Und trotz Hunger, Kält und Kümmernissen
Stehn zum Handanlegen wir parat°.

bereit [ready]

    Fort mit den Trümmern
    und was Neues hingebaut!
    Um uns selber müssen wir uns selber kümmern
    Und heraus gegen uns, wer sich traut

2

Jeder sitzt mal gerne unterm Dache.
Drum ist Aufbaun gar kein schlechter Rat.
Aber es muß sein in eigner Sache.
Und so baun wir erst nen neuen Staat.

    Fort mit...

3

Und das Schieberpack° das uns verblieben
Das nach Freiheit jammert früh und spat°
Und die Herren, die die Schieber schieben
Schieben wir per Schub aus unserm Staat.

    Fort mit...

das Pack: negativ für Gruppe; Schieber: jemand, der illegale Geschäfte macht [wangler] / eigentlich "spät"

4
Denn das Haus ist hin, doch nicht die Wanzen
Junker Unternehmer Potentat.
Schaufeln wir, Mensch, schaufeln wir den ganzen
Klumpatsch heiter jetzt aus unserm Staat.
Fort mit...

5
Besser als gerührt sein, ist: sich rühren.
Denn kein Führer führt aus dem Salat!
Selber werden wir uns besser führen:
Fort mit dem alten, her den neuen Staat!
Fort mit...

Paul Dessau vertonte den Text 1949, und es wurde das "Aufbaulied" der Freien Deutschen Jugend (fdj), der Nachkriegsgeneration.

Brecht, Weigel, das "Berliner Ensemble" und politisches Theater

Bertolt Brecht und seine Ehefrau, die Schauspielerin Helene Weigel, gründen nach ihrer Rückkehr aus dem Exil in Ost-Berlin die Theatergruppe "Berliner Ensemble". Seit 1954 besitzt es das Theater am Schiffbauerdamm. Brecht und Weigel inszenierten nicht nur Brechts eigene Stücke modellhaft, sondern auch Stücke aus anderen Kulturen mit politischem Engagement. Brecht baute Theorie und Praxis des "epischen Theaters" zum sozialistischen Theater aus. Es unterstützt die sozialistische Gesellschaft. Der Zuschauer soll kritisch beobachten und Einsichten in die allgemeinen menschlichen und sozialen Probleme des Fortschritts gewinnen.

Im Jahr des Volksaufstandes (1953) inszeniert Brecht das Drama *Katzgraben* von Erwin Strittmatter. Der Titel benennt das Dorf, in dem es spielt. Dort soll eine Straße gebaut werden, und es kommt zum Konflikt zwischen Volk und politischer Führung. Brecht erklärte dabei seinen Standpunkt: "Überall müssen wir das Krisenhafte, Problemerfüllte, Problematische, Konfliktreiche des neuen Lebens aufdecken – wie könnten wir sonst sein Schöpferisches zeigen?" Brecht wehrte sich dagegen, dem Sozialismus Propaganda zu liefern.

Das Berliner Ensemble ist nach wie vor berühmt für seine gewagten Inszenierungen und Premieren <www.berlinerensemble. de>. Mit Brechts Geflecht von Beziehungen und Mitarbeiterinnen, deren Arbeit oft hinter seinem Namen verschwand, setzt sich der Film *Abschied aus Buckow [Farewell: Brecht's Last Summer]* (Regie Jan Schütte, BRD 2000) auseinander.

Anna Seghers: *Die Rückkehr* (Erzählung, 1949)

Anna Seghers kehrte 1947 aus dem Exil nach Ost-Berlin zurück. In der Erzählung *Die Rückkehr* (1949) geht es um einen aus sowjetischer Kriegsgefangenschaft entlassenen Soldaten. Der erste Teil spielt in der sowjetischen Besatzungszone. Funk hasst die Russen und die sozialistischen Parolen und geht in den Westen, vorerst ohne seine Frau und Tochter. Aber auch dort macht er negative Erfahrungen: er sieht die alten Nazis wieder in ihren Posten, die Konkurrenz der Arbeiter untereinander und die antikommunistische Propaganda zur Zeit der Berlin-Blockade. Er kehrt in den Osten zurück, um dort beim Aufbau einer gerechteren Gesellschaft mitzuhelfen. Im letzten Teil besucht er noch einmal den Westen Berlins, aber er ist enttäuscht, denn er sieht überall das Geld regieren. Er weiß, dass seine Entscheidung der Rückkehr in den Osten richtig war. Hier stehen die folgenden Sätze. Aus dieser Leseprobe spricht der Optimismus der jungen DDR:

7a.3 Anna Seghers spricht beim Tag des freien Buches 1947 in Berlin (Foto)

> Als Funk nach diesem Besuch über den Potsdamer Platz ging, war ihm zumute, als trüge er Siebenmeilenstiefel. Hinter der gegenüberliegenden Häuserwand begann eine andere Welt, die sich bis zum Stillen Ozean erstreckte, eine Welt mit neuen Lebensgesetzen und neuen Zielen und Plänen. Sie war glasklar und zugleich geheimnisvoll wie die Zukunft. Darin gab es ein kleines enges Zimmer, in dem er freudig erwartet wurde. Was hinter ihm lag, war schon am Vermodern°. [...]

vermodern: verderben [to decay]

Thema: Rückkehr aus Exil und KZ und neue Anfänge

Johannes R. Becher: "Auferstanden aus Ruinen" (1949)

Johannes R. Becher (München in 1891 – 1958 in Ost-Berlin) hatte als expressionistischer Lyriker begonnen und dem "Bund proletarisch-revolutionärer Schriftsteller" angehört. Er emigrierte 1933 in die Sowjetunion und kehrte 1945 nach Ost-Berlin zurück. Kurz nach Gründung der DDR schrieb er den Text für die Nationalhymne. Sie wurde von Hanns Eisler komponiert. Ab 1954 leitete Becher das Ministerium für Kultur der DDR.

Auferstanden aus Ruinen

Und der Zukunft zugewandt°,
Laß uns dir zum Guten dienen,
Deutschland, einig Vaterland.
Alte Not gilt es zu zwingen,
Und wir zwingen sie vereint,
Denn es muß uns doch gelingen,
Daß die Sonne schön wie nie
Über Deutschland scheint.

Glück und Friede sei beschieden
Deutschland, unserm Vaterland.
Alle Welt sehnt sich nach Frieden,
Reicht den Völkern eure Hand.
Wenn wir brüderlich uns einen,

darauf sehend [facing]

Tipp: Hören Sie die Hymne mit der Musik auf der Seite des Deutschen Historischen Museums, Rubrik Nachkriegsjahre <www.dhm.de/lemo/html >.

Tipp: <www.auferstanden-aus-ruinen.de> ist eine Website für "Kurioses und Historisches aus der alten DDR".

Schlagen wir des Volkes Feind!
Laßt das Licht des Friedens scheinen,
Daß nie eine Mutter mehr
Ihren Sohn beweint.

Laßt uns pflügen, laßt uns bauen,
Lernt und schafft wie nie zuvor,
Und der eignen Kraft vertrauend,
Steigt ein frei Geschlecht empor.
Deutsche Jugend, bestes Streben
Unsres Volks in dir vereint,
Wirst du Deutschlands neues Leben,
Und die Sonne schön wie nie
Über Deutschland scheint.

Bruno Apitz: *Nackt unter Wölfen* (Roman, 1958)

Bruno Apitz (1900 in Leipzig – 1979 in Ost-Berlin) schrieb das erste deutsche Buch über das Leben in einem Konzentrationslager. Apitz war in der Weimarer Republik Mitglied im "Bund Proletarisch-Revolutionärer Schriftsteller". Unter den Nazis wurde er 1934 inhaftiert und war zuletzt bis 1945 im KZ Buchenwald bei Weimar. *Nacht unter Wölfe*n spielt in Buchenwald und verarbeitet authentische Ereignisse: Unmenschlichkeit und Terror der Wachmannschaft, aber auch Menschlichkeit und Zusammenhalt der Häftlinge.

Frühjahr 1945. Es dringt sogar ins Lager vor, dass die endgültige deutsche Niederlage bevorsteht. Unter den Häftlingen gibt es ein geheimes Komitee, das einen Aufstand plant, da ohnehin die Vernichtung bevorsteht. Die Hauptfigur heißt Krämer. Aber ein anderer Gefangener hat heimlich ein dreijähriges Kind ins Lager gebracht. Die Häftlinge verstecken das Kind vor den Nazis. Es kommt zum Konflikt zwischen dem Wunsch nach Freiheit und Solidarität mit dem Kind. Die Menschlichkeit siegt.

Das Buch wurde in viele Sprachen übersetzt und 1962/63 in der DDR von Frank Beyer verfilmt. Apitz schrieb selbst das Drehbuch. Das Buch wurde als vorbildlich für den "Sozialistischen Realismus" gelobt. Es ist pro-kommunistisch, indem die Häftlinge im Buch sich selbst befreien. Historisch waren es US-Truppen, die das Lager befreiten. Die folgenden Ausschnitte stammen vom Beginn des Romans. Sie schildern die Umgebung und die Ankunft des Kindes.

Fotos und Szenenbilder aus dem Archiv Frank Beyer finden Sie im Filmmuseum Potsdam <www.filmmuseum-potsdam.de/de/453-1105.htm>

DIE BÄUME auf dem Gipfel des Ettersberges troffen vor Nässe und ragten reglos in das Schweigen hinein, das den Berg umhüllte und ihn absonderte von der Landschaft ringsum. Laub, vom Winter ausgelaugt und verbraucht, moderte naßglänzend am Boden. Hier kam der Frühling nur zögernd herauf. Schilder, zwischen den Bäumen aufgestellt, schienen ihn zu warnen. "Kommandanturbereich des Konzentrationslagers Buchenwald. Achtung, Lebensgefahr! Beim Weitergehen wird ohne Anruf scharf geschossen." Darunter ein Totenkopf und zwei sich kreuzende Knochen als Signum. Der ewige Nebelregen klebte auch an den Mänteln der fünfzig SS-Leute, die an diesem Spätnachmittag des März 1945 auf der betonierten Plattform standen, die von einem Regendach geschützt wurde. Diese Plattform, Bahnhof Buchenwald genannt, war das Ende des Eisenbahngleises, das von Weimar nach dem Gipfel des Berges führte. In der Nähe befand sich das Lager. Auf seinem weitgestreckten, nach Norden hin abfallenden Appellplatz waren die Häftlinge zum Abendappell angetreten. Block neben Block, Deutsche, Russen, Polen, Franzosen, Juden, Holländer, Österreicher, Tschechen, Bibelforscher, Kriminelle ..., eine unübersehbare Masse, zu einem exakt ausgerichteten Riesenquadrat zusammenkommandiert. Heute gab es unter den angetretenen Häftlingen ein heimliches Geflüster. Irgendwer hatte die Nachricht mit in's Lager gebracht, die Amerikaner hätten bei Remagen den Rhein überschritten.

[...]

Von der SS wurde dem Lager gegenüber der Krieg geflissentlich ignoriert. Hier ging es weiter Tag für Tag, als ob nichts die Zeit bewegte. Doch unter dem automatischen Abrollen des Tageslaufs floß der Strom. Vor einigen Tagen erst waren Kolberg und Graudenz "... im heldenhaften Kampf der Übermacht des Feindes erlegen ..."

Die Rote Armee!

"Rheinübergang bei Remagen ..."

Die Alliierten! Die Zange griff zu!

"Die Häftlinge der Bekleidungskammer zur Bekleidungskammer. Die Blockfriseure zum Bad!"

Nichts Neues war dieser Befehl fürs Lager. Es kam nur wieder, wie seit Monaten oft, ein neuer Transport an. Im Osten waren die Konzentrationslager geräumt worden. Auschwitz, Lublin ...

Buchenwald, obwohl schon zum Bersten voll, mußte aufnehmen, soviel es konnte. Wie die Säule im Fieberthermometer stieg die Zahl der fast täglich Ankommenden. Wohin mit den Menschen? Um die Massen der Zugänge unterzubringen, mußten im abseitigen Gelände innerhalb des Lagers Notbaracken errichtet werden. In ehemalige Pferdeställe wurden sie zu Tausenden hineingetrieben. Ein doppelter Stacheldrahtzaun um die Ställe, und fortan hieß, was hier entstanden war, das "Kleine Lager".

Ein Lager im Lager, abgesondert und mit eigenen Lebensgesetzen. Menschen aus allen europäischen Nationen hausten hier, von denen niemand wußte, wo einstmals ihr Zuhause gewesen war, deren Gedanken niemand erriet und die eine Sprache sprachen, die keiner verstand. Menschen ohne Namen und Angesicht.

Von denen, die aus den fremden Lagern kamen, war die Hälfte bereits auf dem Marsch gestorben oder von der begleitenden SS zusammengeknallt worden. Auf den Straßen blieben dann die Leichen liegen. Die Transportlisten stimmten nicht, die aufgeführten Häftlingsnummern gerieten durcheinander. Welche gehörte einem Lebenden, welche zu einem Toten? Wer wußte noch Namen und Herkunft dieser Menschen? –

"Abrücken!"

Reineboth stellte das Mikrophon ab. Das Riesenquadrat wurde lebendig. Die Blockältesten kommandierten. Block nach Block schwenkte ein. Das riesige Menschengebilde zerfloß und strömte den Appellplatz hinunter, den Baracken zu. Oben verschwanden die Blockführer durchs Tor. –

Auf dem Bahnhof rollte zur gleichen Zeit der Güterzug mit dem Transport ein. Noch ehe er richtig zum Halten kam, liefen etliche SS-Leute, die Karabiner von den Schultern reißend, den Zug entlang. Sie zerrten die Verriegelungen auf und stießen die Wagentüren auseinander.

"'raus, ihr Mistsäue! 'raus hier! 'raus!"

Mann an Mann gedrängt, standen die Häftlinge in der stinkenden Enge der Wagen, und der plötzlich einströmende Sauerstoff machte die Menschen taumeln. Unter dem Geschrei der SS quetschten sie sich durch die Öffnungen, einer über den anderen stürzend und kollernd. Die übrige SS-Mannschaft trieb sie zu einem wirren Haufen zusammen. Wie aufbrechende Geschwüre gaben die Wagen ihren Inhalt von sich.

Als einer der letzten sprang der polnische Jude Zacharias Jankowski vom Wagen. Von einem SS-Mann erhielt er mit dem Gewehrkolben einen Schlag auf die Hand, als er seinen Koffer nachzerren wollte.

Sozialismus als Programm: Der "Bitterfelder Weg"

Mitte der 50er Jahre stellen sich Kunst und Literatur das Ziel, die "noch vorhandene Trennung zwischen Kunst und Leben" zu überwinden°. Auf der ersten Schriftsteller-Konferenz in Bitterfeld (bei Halle 1959) wird dazu ein neues Programm aufgestellt. Es fordert die Schriftsteller auf, am sozialistischen Arbeits- und Wirtschaftsleben teilzunehmen, und ermutigt° andererseits die Arbeiter, über ihre Erfahrungen selbst zu schreiben. "Dichter in die Produktion" und "Greif zur Feder, Kumpel!" lauten die Schlagworte.

beseitigen [to overcome]

ermutigen: Mut machen [to encourage]

Es folgten einige Textsammlungen wie *Ich schreibe. Arbeiter greifen zur Feder* (1960). Die Dichter in den Fabriken schrieben allerdings auch kritisch über die Planwirtschaft, was nicht erwünscht war. Die zweite Bitterfelder Konferenz (1964) verpflichtet deshalb die Schriftsteller, das sozialistische Bewusstsein "positiv" mitzugestalten.

Politische Skepsis

1950 erschien der erste Gedichtband von Günter Kunert (geb. 1929 in Berlin). Er wurde einer der am meisten gelesenen DDR-Autoren. Seit den 60er Jahren wurden seine Kurzprosa und Verse skeptischer. Er bekam Probleme mit den DDR-Kulturbehörden und siedelte 1979 in die BRD über.

> **Über einige Davongekommene**
>
> Als der Mensch
> Unter den Trümmern
> Seines
> Bombardierten Hauses
> Hervorgezogen wurde,
> Schüttelte er sich
> Und sagte:
> Nie wieder.
>
> Jedenfalls nicht gleich.

Das Engagement für die sozialistische Gesellschaft schloss Skepsis nicht aus. In Brechts *Buckower Elegien* (entstanden 1953) heißt es:

> **Der Radwechsel**
>
> Ich sitze am Straßenrand
> Der Fahrer wechselt das Rad.
> Ich bin nicht gern, wo ich herkomme.
> Ich bin nicht gern, wo ich hinfahre.
> Warum sehe ich den Radwechsel
> Mit Ungeduld?

Thema: Die bessere Gesellschaftsform und die Teilung Deutschlands

Christa Wolf: *Der geteilte Himmel* (Roman, 1963)

Der Roman hat eine Art Prolog und beginnt dann so:

> In jenen letzten Augusttagen des Jahres 1961 erwacht in einem kleinen Krankenhauszimmer am Rand der Stadt das Mädchen Rita Seidel. Sie hat nicht geschlafen, sie war ohnmächtig. Wie sie die Augen aufschlägt, ist es Abend, und die saubere weiße Wand, auf die sie zuerst sieht, ist nur noch wenig hell. Hier ist sie zum ersten Mal, aber sie weiß gleich wieder, was mit ihr, heute und vorher, geschehen ist. Sie kommt von weit her. Sie hat noch undeutlich ein Gefühl von großer Weite, auch Tiefe. Aber man steigt rasend schnell aus der unendlichen Finsternis in die sehr begrenzte Helligkeit. Ach ja, die Stadt. Enger noch das Werk, die Montagehalle. Jener Punkt auf den Schienen, wo ich umkippte. Also hat irgendeiner die beiden Waggons noch angehalten, die da von rechts und links auf mich zukamen. Die zielten genau auf mich. Das war das Letzte. Die Krankenschwester tritt an das Bett, sie hat beobachtet, wie das Mädchen wach geworden ist und sich mit eigentümlich stillen Augen im Zimmer umsieht, sie spricht sie leise und freundlich an. "Sie sind gesund", sagt sie munter. Da dreht Rita das Gesicht zur Wand und beginnt zu weinen, hört auch die Nacht über nicht mehr auf, und als morgens der Arzt nach ihr sieht, ist sie nicht fähig, zu antworten.

Im Film nennt man diese Erzähltechnik "Rückblende".

Was könnte passiert sein? Der Roman schildert das aus der Rückerinnerung° parallel mit Ritas Heilung. Rita Seidel ist fast fertig mit ihrem Studium als Lehrerin. Sie macht ein Praktikum in einer Waggonfabrik. Sie ist im Krankenhaus, weil sie einen Selbstmordversuch machte, der wie ein Unfall aussah. Der Roman thematisiert offen Zweifel und Kritik an den Verhältnissen in der DDR, besonders in den Gesprächen der Arbeiter. Rita glaubt an die neue Gesellschaftsform. Sie ist verlobt mit dem Chemiker Manfred. Manfred bekommt ein gutes Angebot aus dem Westen und begeht "Republikflucht" wie viele andere. Rita besucht ihn in West-Berlin, ist aber enttäuscht und kehrt in den Ostteil zurück. Da werden fast über Nacht die Grenzen geschlossen und die Berliner Mauer errichtet. (Beachten Sie die Zeitangabe im Ausschnitt oben.) Rita und Manfred sind nicht nur durch ihre verschiedenen Überzeugungen getrennt, sondern durch die Mauer. Der Roman zeigt am Einzelschicksal den Schock, den der Mauerbau auslöste.

Christa Wolf nahm teil am Programm des "Bitterfelder Weges"; im Roman zeigt es sich in Ritas Arbeit in der Fabrik.

Hier ist noch ein Ausschnitt. Zuerst spricht Rita mit ihrem Arbeitskollegen und Freund Erwin Schwarzenbach über ihren Besuch in West-Berlin, dann folgt in einer Rückblende ein Teil ihres letzten Gesprächs mit Manfred.

"Waren Sie schon einmal dort?" fragt Rita Erwin Schwarzenbach. "Ja", sagt der. "Vor Jahren."

"Dann wissen Sie ja, wie das ist. Vieles gefällt einem, aber man hat keine Freude daran. Man hat dauernd das Gefühl, sich selbst zu schaden. Man ist schlimmer als im Ausland, weil man die eigene Sprache hört. Man ist auf schreckliche Weise in der Fremde."

So sagte sie es auch Manfred, als er sie beim Essen fragte:

"Gefällt es dir?"

Er meinte nur das Lokal, das modern und schön war. Er nahm aber ihre Antwort hin, die sich auf viel mehr bezog. Die Antwort reizte ihn, doch er beherrschte sich.

"Natürlich", sagte er. "Du hast noch diese politische Brille. Ich weiß doch selbst: Es ist nicht leicht, sie loszuwerden. Aber in Westdeutschland ist alles anders. Nicht so hysterisch wie in diesem verrückten Berlin. Ich war zwei Wochen da. Dorthin gehen wir. Sie haben Wort gehalten. Zum Ersten habe ich meine Stellung. Alles ist perfekt."

"Ich war gerade drüben, als – Mutter starb", sagte er mit Überwindung, weil er einsah, daß man nicht umhin konnte, davon zu sprechen. "Vaters Telegramm bekam ich erst, als sie schon beerdigt war." [...]

"Wir haben gerade eine schwere Zeit", sagte sie, scheinbar ohne Zusammenhang mit ihrem Gespräch.

"Wer: Wir?" fragte Manfred.

"Alle", sagte sie "Der Druck nimmt zu. Besonders im Werk haben wir's gemerkt: Meternagel, Hänschen, Ermisch ..." Wendlands Namen nannte sie nicht, obwohl sie einen Augenblick lang dachte: Warum eigentlich nicht? "Ich bin wieder im Werk für die Ferien."

Manfred sagte: "Als du zum erstenmal im Werk warst, hatten sie auch gerade eine schwere Zeit. Erinnerst du dich?" In Rita stieg Widerspruch hoch. Willst du sagen: Die schweren Zeiten reißen nicht ab? Es lohnt nicht, auf ihr Ende zu warten?

"Das alles liegt hinter mir", sagte Manfred, ohne Bitterkeit. "Daran will ich gar nicht mehr denken. Diese sinnlosen Schwierigkeiten. Diese übertriebenen Eigenlobtiraden, wenn eine Kleinigkeit glückt. Diese Selbstzerfleischungen. Ich kriege jetzt eine Arbeit, da werden andere extra dafür bezahlt, daß sie mir jede Störung wegorganisieren. So was hab ich mir immer gewünscht. Drüben hab ich das nie – jedenfalls nicht zu meinen Lebzeiten. Du wirst sehen, wie uns das gefällt."

Uns? Dachte Rita. Von mir ist doch gar keine Rede. Oder soll ich "dort" Lehrerin werden?

Und wieso kommt mir das unmöglich vor?

Manchmal hatte sie selbst gedacht: Der Meternagel macht sich umsonst kaputt. Er hat sich mehr vorgenommen, als er schaffen kann.

> Aber gerade deshalb hätte sie nicht fertiggebracht, ihn im Stich zu lassen. Auch mit Worten nicht. Auch nicht mit Zweifeln, die sie aussprach.
>
> "Stell dir vor", sagte sie zu Manfred (sie fühlte deutlich, daß jetzt *sie* es war, die über unpassende Dinge sprach). "Neulich sollten zwei aus der Brigade gehen, weil sie die Norm um zweihundert Prozent überboten hatten!"
>
> "Ach", sagte er. Es fiel ihm schwer, wenigstens Interessse zu heucheln.

Der Roman schildert den Abschied und Ritas Krise danach sehr bewegend. Warum heißt der Roman *Der geteilte Himmel?* Vielleicht finden Sie die Antwort in den letzten Sätzen, die das Paar wechselt, bevor sie sich verabschieden:

> "Früher suchten sich Liebespaare vor der Trennung einen Stern, an dem sich abends ihre Blicke treffen konnten. Was sollen wir uns suchen?
>
> "Den Himmel wenigstens können sie nicht zerteilen", sagte Manfred spöttisch.
>
> Den Himmel? Dies ganze Gewölbe von Hoffnung und Sehnsucht, von Liebe und Trauer? "Doch", sagte sie leise. "Der Himmel teilt sich zuallererst."

Nach einiger Zeit wächst in Rita die Überzeugung, dass sie sich richtig entschieden hat, in die DDR zurückzukehren.

Christa Wolf wurde zu einer der prominentesten DDR-Schriftstellerinnen. Der Roman wurde bereits 1964 verfilmt (Regie Konrad Wolf) und zu einem "Kassenschlager".

Aufgaben zur Literatur

Bertolt Brecht: "Aufbaulied"

Welche Wörter aus dem Gedicht passen hier?

Aspekte des Aufbaus	Wörter im Gedicht, die dazu passen
Arbeit trotz körperlicher Not	
verdeckte Geschäftemacherei nicht mehr zulassen	
adelige Faulpelze sollen gehen	
das Volk regiert sich selbst	
Gegner der Idee sollen gehen	
die alten Ruinen beseitigen	
jetzt Entbehrungen erleiden für eine bessere Zukunft	

Anna Seghers: *Die Rückkehr*

Was gefällt dem Protagonisten im Osten und im Westen jeweils nicht? Wohin geht er aber lieber? Warum?

Johannes R. Becher: "Auferstanden aus Ruinen"

1. Wer spricht in diesem Lied?
2. Mit wem?
3. Worüber?
4. Welche Funktion haben die Imperativformen im Text

Bruno Apitz: *Nackt unter Wölfen*

1. Zeichnen Sie den Handlungsort zu Beginn des Romans. Wo spielt die erste Szene? Was "sieht" man?
2. In welcher Reihenfolge werden die folgenden Personen(gruppen) im Text genannt? Nummerieren Sie sie.

   _____ Zacharias Jankowski   _____ die Toten

   _____ fünfzig SS-Leute   _____ die Häftlinge im Zug

   _____ die Blockältesten   _____ die Masse der Lagerhäftlinge

   _____ Reineboth   _____ der SS-Mann

3. Zeichnen Sie den Handlungsort am Ende der ersten Szene. Was hat sich geändert?

4. Welche Hoffnung läßt die Häftlinge die unmenschliche Situation ertragen? Was, glauben sie, steht kurz bevor?

5. Wie sieht aber die Realität aus?

Der "Bitterfelder Weg"

Schreiben Sie die folgenden Sätze mit den Informationen aus dem Text zu Ende.

1. Die Schriftsteller sollen ...

2. Die Arbeiter sollen ...

3. Die Grundstimmung in den Texten soll ...

4. Brigitte Reimann verfolgte die Ziele des Bitterfelder Weges, indem sie ...

5. Die Hauptfiguren in Reimanns Roman arbeiten ...

6. In der BRD wurde parallel zum Bitterfelder Weg ...

Politische Skepsis

Reiner Kunze: "Über einige Davongekommene"; Bertolt Brecht: "Radwechsel".

1. Schließen Sie das Buch und hören Sie zu. (Ihre Lehrerin/Ihr Lehrer liest jetzt die beiden Gedichte zweimal laut vor.)

2. Schreiben Sie beim zweiten Lesen den Text mit und setzen sie Zeilensprünge.

3. Vergleichen Sie Ihre Gedichte mit denen der anderen Studenten. Warum haben Sie die Zeilensprünge dort gesetzt, wo sie sind? Schlagen Sie dann das Buch wieder auf und vergleichen Sie Ihre Version mit dem Original. Was ist anders?

4. Wie ändert sich die Betonung bei den verschiedenen Zeilensprüngen?

5. Ändert sich damit auch die Bedeutung?

Christa Wolf: *Der geteilte Himmel*.

1. Welche Aspekte, Meinungen und Verbindungen zu den beiden deutschen Staaten haben Rita und Manfred?

2. Am Romananfang (erster Ausschnitt) erinnert sich Rita, wie zwei Waggons auf sie zukamen. Vergleichen Sie diese Vorstellung mir Ritas Haltung zur DDR und zur BRD. Wie fühlt sie sich?

Zeittafel

Politik und Wirtschaft	Literatur und Kultur	Internationales (siehe auch Kap. 7b)
1945 Enteignung **1946** Die Parteien SPD und KPD schließen sich zur Sozialistischen Einheitspartei Deutschlands (SED) zusammen. Mit vier weiteren sozialistischen Parteien bildet sie die Nationale Front. **1949** Gründung der Deutschen Demokratischen Republik. Das Wirtschaftssystem Planwirtschaft ist in der Verfassung festgelegt. Wilhelm Pieck ist der erste Präsident (bis 1960). **1953** Am 17. Juni Volksaufstand in der DDR gegen die Regierung. **1958** Der Parteitag der SED proklamiert die "sozialistische Kulturrevolution". **1960** Das Staatsoberhaupt heißt nicht mehr Präsident, sondern Vorsitzender des Staatsrats (1960–1973 Walter Ulbricht). **1961** Bau der Berliner Mauer.	**1949** Bertolt Brecht und Helene Weigel gründen in Ost-Berlin das Theater "Berliner Ensemble". **1949** Anna Seghers: *Die Rückkehr*. **1950** Gründung der Akademie der Künste. **1953** Kampagne gegen abstrakte Kunst. **1955–58** Bernhard Kretzschmar: *Eisenhüttenstadt* (Gemälde). **1956** Tod Brechts. **1958** Bruno Apitz: *Nackt unter Wölfen* (Roman). Heiner Müller: *Der Lohndrücker* (Drama). **1959** 1. Bitterfelder Konferenz. Uwe Johnson verlässt die DDR. **1961** Brigitte Reimann: *Ankunft im Alltag* (Roman). **1963** Christa Wolf: *Der geteilte Himmel* (Roman).	**1948–49** Die Sowjetarmee blockiert Westberlin. **1953** Tod Stalins und anschließend "Tauwetter-Periode" in der sowjetischen Kulturpolitik. **1955** Militärbündnis "Warschauer Pakt" zwischen der Sowjetunion und anderen Ländern des Ostblocks einschließlich der DDR. **1955** Auf Vermittlung des BRD-Bundeskanzlers Adenauer lässt die Sowjetunion die letzten deutschen Kriegsgefangenen frei. **1956** Volksaufstand in Ungarn gegen das kommunistische Regime. **1957** Boris Pasternak: *Doktor Schiwago* (russ. Roman). **1961** Treffen in Wien zwischen Kennedy (USA) und Chruschtschow (Sowjetunion). **1957** Die Sowjetunion schießt den Satelliten "Sputnik" in die Erdumlaufbahn.

Nachkriegszeit, Teilung Deutschlands und Wirtschaftswunder bis 1965

b. Westsektoren, Bundesrepublik, Österreich und die Schweiz

7b.1 Ideal der 50er-Jahre: Ehepaar beim Fernsehen (Zeitschrift-Titelseite 1952)

Begriffe

Dokumentarische Literatur   Literatur, die hauptsächlich authentische Dokumente (Presseberichte, Gerichtsprotokolle, Reportagen, Archivfilme im Theater) verwendet, um die Verhältnisse "sachlich" zu kritisieren.

Gruppe 47   Vereinigung von Schriftsteller/innen, Journalisten und Verlegern, die sich zuerst 1947 trafen. Es gab bis 1968 regelmäßig Tagungen. 1977 löste sich die Gruppe auf. Sie veranstaltete Lesungen für neue Werke und vergab einen Preis.

Kurzgeschichte   Eine Form der Erzählung, die von der amerikanischen "short story" beeinflusst ist. Sie entsprach besonders der Verstörtheit, Illusionslosigkeit und Zusammenhanglosigkeit der Nachkriegszeit. Sie ist zu erkennen an extrem knapper Handlung, einfacher Sprache, Themen aus dem Alltag und Perspektive der Außenseiter.

Trümmerliteratur   Tendenz der Nachkriegsliteratur. Sie zeigt Not und Elend in den zerstörten Städten ohne Illusionen. Heinrich Böll verwendete den Begriff in seinem Essay *Bekenntnis zur Trümmerliteratur* (1952).

Geschichte und Kultur

Entstehung der Bundesrepublik

Schon 1945 werden Parteien wieder zugelassen. Die wichtigsten sind die SPD, die die Arbeiterinteressen vertritt, und CDU und CSU (in Bayern), die besonders für den Mittelstand und Unternehmer attraktiv sind.

Die drei westdeutschen Besatzungszonen entwickeln sich zu einem gemeinsamen Wirtschaftsgebiet. Die USA unternehmen ein umfangreiches ökonomisches Hilfsprogramm, um die Verbreitung des Kommunismus zu verhindern. Unter dem Marshall-Plan erhalten die drei westlichen Zonen und Westberlin 17 Milliarden US-Dollar Unterstützung. 1948 wird eine neue Währung, die Deutsche Mark (DM), eingeführt. Die Wirtschaft wird danach wieder stärker, und es gibt wieder Lebensmittel.

Die Sowjetunion beansprucht auch die drei westlichen Zonen von Berlin und blockiert von Juni 1948 bis Mai 1949 alle Wege dahin. Die westlichen Mächte geben aber ihre Sektoren von Berlin nicht auf und unterstützen die mehr als 2 Millionen Bewohner mit Lebensmitteln und Brennstoffen durch Flugzeuge aus dem Westen ("Luftbrücke"). Es wird klar, dass es es zwei deutsche Staaten geben wird.

Noch im Mai 1949 wird die Bundesrepublik Deutschland gegründet. Eine demokratische Verfassung, das "Grundgesetz", wird ausgearbeitet. Im September 1949 gibt es die ersten Wahlen, und Konrad Adenauer wird Bundeskanzler. Das kleine Bonn am Rhein wird provisorische Hauptstadt. Adenauers Politik will die BRD schrittweise wieder zu einem souveränen Staat machen und wirtschaftlichen Aufschwung fördern.

Tatsächlich wird die BRD 1955 selbständig, d. h. jede der Westmächte gibt "ihrem" Teil die staatlichen Rechte. Nur Besatzungstruppen bleiben stationiert, und die Alliierten behalten ein Mitspracherecht über gesamtdeutsche (BRD und DDR) Fragen. 1955 wird die BRD auch in die NATO aufgenommen und die Bundeswehr° neu geschaffen. Die Rechte der Armee wurden aber strikt auf den Verteidigungsfall reduziert.

Je mehr sich die BRD an NATO und Europa orientiert, desto mehr bindet die Sowjetunion die DDR fester in das System der kommunistischen Staaten in Osteuropa. Die Teilung Deutschlands verfestigt sich.

Österreich

Schon 1943 hatte die "Moskauer Deklaration" der Alliierten festgestellt, dass sie den Anschluss Österreichs an das Deutsche Reich Hitlers nicht anerkannten und die Befreiung Österreichs eines ihrer Kriegsziele war. Nach der Kapitulation und dem Ende des Zweiten Weltkriegs 1945 wird Österreich ebenfalls in vier Besatzungszonen aufgeteilt, ebenso Wien. Die Sowjets beauftragen Karl Renner, den ersten Staatskanzler der 1. Republik, mit der Bildung einer provisorischen Regierung.

Artikel I: "Die Würde des Menschen ist unantastbar. Sie zu achten und zu schützen ist Verpflichtung aller staatlichen Gewalt." Aus dem Grundgesetz der BRD.

Streitkräfte [army] der BRD einschließlich ihrer Verwaltung

Auch in Österreich kommt es zu einer geteilten Entwicklung in West und Ost, die aber nicht anhält. In der sowjetischen BSZ (Oberösterreich nördlich der Donau, Niederösterreich und Burgenland) werden viele Industriekomplexe etc. demontiert. In den westlichen Besatzungszonen gilt dagegen der Marshall-Plan. Wegen dieser Ungleichheit blieb der Osten lange ökonomisch im Nachteil.

Auch in Österreich gibt es eine Währungsreform. Es macht ebenfalls 1955 einen Staatsvertrag mit den vier Besatzungsmächten. Diese "2. Republik" erhält (anders als BRD und DDR) die volle Selbständigkeit. Dafür muss Österreich in der Verfassung militärpolitische Neutralität festlegen.

Die Schweiz

Die Schweiz behält ihre Neutralität bei und tritt keinem der beiden Militärbündnisse (NATO oder Warschauer Pakt) bei. Es ist aber deutlich, dass sie eine freiheitliche Demokratie ist und so dem Westen nicht nur geografisch, sondern auch ideologisch näher steht als dem Ostblock.

1959 wird eine Formel für die Kräfteverteilung in der Regierung eingeführt, die bis in die 90er Jahre stabil bleibt: Die Freiheitlich Demokratische Partei (FDP), die Christlichdemokratische Volkspartei (CVP) und die Sozialdemokratische Partei (SP) stellen je zwei Bundesräte (Regierungsmitglieder), die rechtspopulistische Schweizerische Volkspartei (SVP, sie hieß bis 1971 Bauern-, Gewerbe- und Bürgerpartei BGB) stellt einen Bundesrat.

Westeuropa und Amerika

Die BRD ist beteiligt, als 1956 die Europäische Wirtschaftsgemeinschaft (EWG) gegründet wird. Die EWG bildete die Basis für die heutige Europäische Union (EU). Ihr Organ ist das Europäische Parlament. 1960 wird die Europäische Freihandelszone (EFTA) gegründet, zu der u. a. Österreich und die Schweiz gehören.

[reconciliation] Ein wichtiger Bereich der westdeutschen Europapolitik ist die Aussöhnung° mit Frankreich.

1945 gründen 50 Staaten die Vereinten Nationen (UNO). Aber die Ost-West-Konfrontation wächst weiter. 1949 entsteht das Militärbündnis NATO zwischen Nordamerika (USA, Kanada) und Westeuropa.

Wirtschaftswunder und Fußball

Der Marshall-Plan funktionierte, und die Arbeiter halfen fleißig mit. Industrie und Handel in Westdeutschland erholten sich so schnell vom Krieg, dass es für viele wie ein Wunder war. Immer mehr Menschen konnten sich die Produkte des "Wirtschaftswunders" leisten: einen Volkswagen, einen [full employment] Kühlschrank oder eine Ferienreise. Schon 1955 gab es Vollbeschäftigung°. Aus Italien wurde sogar um erste "Gastarbeiter" geworben.

1954 wurde die deutsche Nationalmannschaft in der Schweizer Stadt Bern Fußballweltmeister. Für viele trug das "Wunder von Bern" dazu bei, dass die Deutschen in der Welt wieder ein besseres Ansehen hatten. "Wir sind wieder wer" lautete das Schlagwort dazu.

Abstrakte Kunst und moderne Architektur

Verspätet entfaltete sich in der BRD und in Österreich nach 1945 die abstrakte Malerei und erreicht um 1950 einen Höhepunkt. Gerade avantgardistische Künstler wie Max Beckmann und Paul Klee, die in der NS-Zeit emigriert waren, wirkten auf die neue Generation von Künstlern. In der "Wiener Schule" beginnt 1950 der "fantastische Realismus". "Pop-Art" ist eine neue Richtung ab 1960.

In Kassel findet 1955 die erste *documenta* statt. Seitdem gibt es sie alle 5 Jahre. Sie hat sich als eines der wichtigsten Kunstereignisse der Welt etabliert. 1955 war das Ziel nicht nur, einen Überblick über die internationale Kunst zu geben. Jene Künstler, die von den Nationalsozialisten als "entartet" aus den Museen und dem Bewusstsein verbannt worden waren, sollten wieder gezeigt werden. Die erste *documenta* war eine Sensation. Es kamen 130 000 Besucher.

Die Architektur findet erst ab Ende der 50er Jahre wieder Anschluss an internationale Entwicklungen. Beispiele sind das Thyssenhaus in Düsseldorf (1957–60) oder die Philharmonie in Berlin-West (1960–63). Ab den 60er Jahren entstehen viele Hochhäuser, geplante Satellitenstädte und große Kulturbauten.

Film, Fernsehen und Popmusik

Mit Kriegsende und Zusammenbruch des Dritten Reichs kam im Mai 1945 die gesamte deutsche Filmindustrie zum Erliegen°. Die Produktionsgesellschaften des Hitler-Reichs (Ufa und andere) wurden von den Alliierten aufgelöst.

In den ersten Nachkriegsjahren kontrollierten die Behörden der Alliierten, dass nur solche Filme gezeigt wurden, die politisch unbedenklich waren. Erst ab 1950 gab es erste Lizenzen für deutsche Filmproduktionen. Bei den schwer arbeitenden Frauen und Männern des Wirtschaftswunders waren unpolitische Heimatfilme° und Komödien beliebt, die eine heile Welt und fröhliche Menschen zeigten. Die *Sissi*-Melodramen und die Komödien mit Heinz Ehrhardt sind heute Klassiker und zugleich wichtige Dokumente über die Kultur der 50er Jahre.

Zu den neuen Dingen, die die Mittelschicht sich nun leisten konnte, gehörten Fernseher. Das Fernsehen wurde zur Konkurrenz zum Kino und ein wichtiger Teil des Familienlebens.

Bei der Jugend waren natürlich Rockmusik beliebt, besonders Rock 'n' Roll und Beat, die in den 50er Jahren im angloamerikanischen Raum entstanden.

Tipp: Mehr zur Filmgeschichte bis 1966 auf der Seite der Friedrich-Wilhelm Murnau-Stiftung (www.murnau stiftung.de). Sie wurde 1966 gegründet und benannt nach dem Regisseur Murnau.

zum Erliegen kommen [to come to a standstill]

Drama in schöner Landschaft, in dem die Schönheit der Natur wichtig ist

Aufgaben zur Geschichte und Kultur

1. Lesen Sie die folgenden Aussagen und entscheiden Sie, ob sie richtig (R) oder falsch (F) sind. Korrigieren Sie die falschen Aussagen.

_____ Der amerikanische Marshall-Plan finanziert den Wiederaufbau West-Deutschlands.

_____ Die westlichen Mächte blockieren die sowjetische Zone Berlins.

_____ Berlin wird zur ersten Nachkriegshauptstadt West-Deutschlands ernannt.

_____ Seit 1955 gibt es wieder ein Militär in (West-) Deutschland.

_____ Österreich ist seit 1945 eine in Ost und West geteilte Republik.

_____ Die Schweiz bleibt auch nach dem Ende des Krieges neutral.

_____ 1956 wird die EU gegründet.

_____ Die UNO ist ein Bündnis westlicher Staaten.

_____ Den Gewinn der Fußball Weltmeisterschaft 1954 in Bern bezeichnet man auch als Wirtschaftswunder.

_____ In Kunst und Architektur finden Deutschland und Österreich erst verspätet in den 1950er Jahren wieder Anschluss an die internationale Entwicklung.

_____ Die *Sissi*-Filme waren politisch und befassten sich mit der Aufarbeitung der Nazi-Zeit.

_____ Die Menschen in Deutschland sahen in den 50er Jahren am liebsten Komödien und Heimatfilme.

2. Was passt nicht dazu? Streichen Sie aus jeder Gruppe einen Ausdruck.

a. NATO
   CDU
   UNO
   EWG

b. Luftbrücke
   westdeutsche Besatzungszonen
   Oberösterreich
   Marshall-Plan

c. Schweiz
   Adenauer
   Bonn
   Grundgesetz

d. Fußballweltmeister
   Entkolonialisierung
   Kühlschrank
   Wirtschaftswunder

3. Mini-Referate:
   a. CDU/CSU und SPD
   b. Luftbrücke
   c. Schweizer Neutralität
   d. NATO
   e. Warschauer Pakt
   f. Volkswagen
   g. *Sissi*

Literatur

Thema: Ruinen, Trümmer und Heimkehrer

Wolfgang Borchert: *Nachts° schlafen die Ratten doch* (Kurzgeschichte, 1947)

Tipp: Betonen Sie den Titel auf "nachts" (im Gegensatz zu "am Tag").

Wolfgang Borchert (1921 in Hamburg – 1947 in Basel) war als junger Mann widerwillig Soldat an der Front. Er kam mehrmals wegen Kritik am Krieg ins Gefängnis. 1945 kehrte er schwer erkrankt zurück und lebte nur noch zwei Jahre. In dieser Zeit schrieb er Kurzgeschichten, das Hörspiel und Drama *Draußen vor der Tür* (1947) und Aufrufe gegen den Krieg.

Der Titel der Kurzgeschichte *Nachts schlafen die Ratten doch* ist aus dem Dialog genommen.

Das hohle Fenster in der vereinsamten Mauer gähnte blaurot voll früher Abendsonne. Staubgewölke flimmerte zwischen den steilgereckten Schornsteinresten. Die Schuttwüste döste.

Er hatte die Augen zu. Mit einmal wurde es noch dunkler. Er merkte, daß jemand gekommen war und nun vor ihm stand, dunkel, leise. Jetzt haben sie mich! dachte er. Aber als er ein bißchen blinzelte°, sah er nur zwei etwas ärmlich behoste Beine. Die standen ziemlich krumm vor ihm, daß er zwischen ihnen hindurchsehen konnte. Er riskierte ein kleines Geblinzel an den Hosenbeinen hoch und erkannte einen älteren Mann. Der hatte ein Messer und einen Korb in der Hand. Und etwas Erde an den Fingerspitzen.

[to blink]

"Du schläfst hier wohl, was?" fragte der Mann und sah von oben auf das Haargestrüpp herunter. Jürgen blinzelte zwischen den Beinen des Mannes hindurch in die Sonne und sagte: "Nein, ich schlafe nicht. Ich muß hier aufpassen." Der Mann nickte: "So, dafür hast du wohl den großen Stock da?"

"Ja", antwortete Jürgen mutig und hielt den Stock fest.

"Worauf paßt du denn auf?"

"Das kann ich nicht sagen." Er hielt die Hände fest um den Stock.

"Wohl auf Geld, was?" Der Mann setzte den Korb ab und wischte das Messer an seinen Hosenbeinen hin und her.

"Nein, auf Geld überhaupt nicht", sagte Jürgen verächtlich. "Auf ganz etwas anderes."

"Na, was denn?"

"Ich kann es nicht sagen. Was anderes eben."

"Na, denn nicht. Dann sage ich dir natürlich auch nicht, was ich hier im Korb habe." Der Mann stieß mit dem Fuß an den Korb und klappte das Messer zu.

"Pah, kann mir denken, was in dem Korb ist", meinte Jürgen geringschätzig°, "Kaninchenfutter".

[with disdain]

7b.2 Die zerbombten Städte am Ende des 2. Weltkriegs sind heute schwer vorstellbar. Als Mahnmal hat man einen Teil der Kaiser-Wilhelm-Gedächtniskirche im Zentrum Berlins als Ruine gelassen.

"Donnerwetter, ja!" sagte der Mann verwundert, "bist ja ein fixer Kerl. Wie alt bist du denn?"

"Neun."

"Oha, denk mal an, neun also. Dann weißt du ja auch, wieviel drei mal neun sind, wie?"

"Klar", sagte Jürgen, und um Zeit zu gewinnen, sagte er noch: "Das ist ja ganz leicht." Und er sah durch die Beine des Mannes hindurch. "Dreimal neun, nicht?" fragte er noch einmal, "siebenundzwanzig. Das wußte ich gleich."

"Stimmt", sagte der Mann, "und genau soviel Kaninchen habe ich." Jürgen machte einen runden Mund: "Siebenundzwanzig?"

"Du kannst sie sehen. Viele sind noch ganz jung. Willst du?"

"Ich kann doch nicht. Ich muß doch aufpassen", sagte Jürgen unsicher.

"Immerzu?" fragte der Mann, "nachts auch?"

"Nachts auch. Immerzu. Immer." Jürgen sah an den krummen Beinen hoch. "Seit Sonnabend schon", flüsterte er.

"Aber gehst du denn gar nicht nach Hause? Du mußt doch essen."

Jürgen hob einen Stein hoch. Da lag ein halbes Brot und eine Blechschachtel.

"Du rauchst?" fragte der Mann, "hast du denn eine Pfeife?"

Jürgen faßte seinen Stock fest an und sagte zaghaft°: "Ich drehe. Pfeife mag ich nicht."

"Schade", der Mann bückte sich zu seinem Korb, "die Kaninchen hättest du ruhig mal ansehen können. Vor allem die Jungen. Vielleicht hättest du dir eines ausgesucht. Aber du kannst hier ja nicht weg."

"Nein", sagte Jürgen traurig, "nein, nein."

Der Mann nahm den Korb hoch und richtete sich auf. "Na ja, wenn du hierbleiben mußt – schade." Und er drehte sich um.

"Wenn du mich nicht verrätst", sagte Jürgen da schnell, "es ist wegen den Ratten." Die krummen Beine kamen einen Schritt zurück: "Wegen den Ratten?"

"Ja, die essen doch von Toten. Von Menschen. Da leben sie doch von."

"Wer sagt das?"

"Unser Lehrer."

"Und du paßt nun auf die Ratten auf?" fragte der Mann.

"Auf die doch nicht!" Und dann sagte er ganz leise: "Mein Bruder, der liegt nämlich da unten. Da." Jürgen zeigte mit dem Stock auf die zusammengesackten° Mauern. "Unser Haus kriegte eine Bombe. Mit einmal war das Licht weg im Keller. Und er auch. Wir haben noch

[timidly]

eingestürzten

gerufen. Er war viel kleiner als ich. Erst vier. Er muß hier ja noch sein. Er ist doch viel kleiner als ich."

Der Mann sah von oben auf das Haargestrüpp. Aber dann sagte er plötzlich: "Ja, hat euer Lehrer euch denn nicht gesagt, daß die Ratten nachts schlafen?"

"Nein", flüsterte Jürgen und sah mit einmal ganz müde aus, das hat er nicht gesagt. "Na", sagte der Mann, das ist aber ein Lehrer, wenn er das nicht mal weiß. "Nachts schlafen die Ratten doch. Nachts kannst du ruhig nach Hause gehen. Nachts schlafen sie immer. Wenn es dunkel wird, schon."

Jürgen machte mit seinem Stock kleine Kuhlen° in den Schutt. Lauter kleine Betten sind das, dachte er, alles kleine Betten.

Mulden [holes]

Da sagte der Mann (und seine krummen Beine waren ganz unruhig dabei): "Weißt du was? Jetzt füttere ich schnell meine Kaninchen und wenn es dunkel wird, hole ich dich ab. Vielleicht kann ich eins mitbringen. Ein kleines oder, was meinst du?"

Jürgen machte kleine Kuhlen in den Schutt. Lauter kleine Kaninchen. Weiße, graue, weißgraue. "Ich weiß nicht", sagte er leise und sah auf die krummen Beine, "wenn sie wirklich nachts schlafen."

Der Mann stieg über die Mauerreste weg auf die Straße. "Natürlich", sagte er von da, "euer Lehrer soll einpacken°, wenn er das nicht mal weiß."

aufhören

Da stand Jürgen auf und fragte: "Wenn ich eins kriegen kann? Ein weißes vielleicht?"

"Ich will mal versuchen", rief der Mann schon im Weggehen, "aber du mußt hier solange warten. Ich gehe dann mit dir nach Hause, weißt du? Ich muß deinem Vater doch sagen, wie so ein Kaninchenstall gebaut wird. Denn das müßt ihr ja wissen."

"Ja, rief Jürgen, ich warte. Ich muß ja noch aufpassen, bis es dunkel wird. Ich warte bestimmt." Und er rief: "Wir haben auch noch Bretter zu Hause. Kistenbretter", rief er.

Aber das hörte der Mann schon nicht mehr. Er lief mit seinen krummen Beinen auf die Sonne zu. Die war schon rot vom Abend, und Jürgen konnte sehen, wie sie durch die Beine hindurchschien, so krumm waren sie. Und der Korb schwenkte aufgeregt hin und her. Kaninchenfutter war da drin. Grünes Kaninchenfutter, das war etwas grau vom Schutt.

Borchert war der erste in der deutschsprachigen Literatur, dessen Geschichten nicht einfach nur kurz sind, sondern den "short stories" von Ernest Hemingway entsprechen. Sie haben keine abgeschlossene Handlung, sondern zeigen einen Ausschnitt aus dem Alltag, der zufällig scheint, aber signifikant ist für die Zeit.

Thema: Demokratie und Wirtschaftwunder

"Gruppe 47" und "Gruppe 61"

Seit 1947 traf sich regelmäßig eine Gruppe von Schriftstellern und Kritikern, um sich gegenseitig zu kritisieren und anzuregen. Sie hatten kein festes Programm, wollten aber zur Neugestaltung der BRD beitragen und die demokratische Ordnung stärken. Zu den wichtigen Mitgliedern der Gruppe gehörten u. a. Heinrich Böll, Ilse Aichinger, Ingeborg Bachmann, Hans Magnus Enzensberger, Günter Grass, Wolfgang Hildesheimer, Uwe Johnson und Marcel Reich-Ranicki. Einige dieser Autor/innen, blieben bis über das Ende des Jahrhunderts hinaus produktiv und waren und sind noch prominent.

Ingeborg Bachmann (1926 in Klagenfurt – 1953 in Rom) war Österreicherin. Sie fand frühe Anerkennung für ihre Lyrik und Hörspiele. Ihr Gedicht "Reklame" (1956) besteht aus einer komplexen existenziellen Frage, die regelmäßig von Slogans aus der Werbung unterbrochen wird. Hier sind die Sprache des Fragenden und der Werbung durch verschiedene Schrifttypen deutlich gemacht.

Tipp: Sehen Sie "Reklame" mit anderen visuellen Betonungen auf <www.learn-line.nrw.de/angebote/ neuemedien/medio/sprachen/visual/ visual01.htm.>

Reklame

Wohin aber gehen wir
ohne sorge sei ohne sorge
wenn es dunkel und wenn es kalt wird
sei ohne sorge
aber
mit musik
was sollen wir tun
heiter und mit musik
und denken
heiter
angesichts eines Endes
mit musik
und wohin tragen wir
am besten
unsre Fragen und den Schauer aller Jahre
in die Traumwäscherei ohne sorge sei ohne sorge
was aber geschieht
am besten
wenn Totenstille
eintritt

7b.3 Reklame für VW 1951: "VW – der Erfolgswagen"

Zwei Jahre nach Beginn des "Bitterfelder Weges" in der DDR taten sich in Dortmund, im Zentrum des Industriegebietes an der Ruhr ("Ruhrgebiet"), westdeutsche Autor/innen zusammen. Sie nannten sich "Gruppe 61" und wollten wie die Bitterfelder mehr über die Probleme der Industriearbeiter schreiben. Zu den Gründern gehörte Max von der Grün (geb. 1926 in Bayreuth). Er war Arbeiter in einer Zeche° im Ruhrgebiet, verlor aber seine Arbeitsstelle, als er einen Roman über die Ausbeutung der Arbeiter schrieb (*Irrlicht und Feuer*), und wurde freier Schriftsteller.

Zeche: Bergwerk [coal mine]

Ein anderer Schriftsteller dieser Gruppe ist Günter Wallraff (geb. 1942 nahe Köln). 1966 veröffentlichte er die Reportagen *Wir brauchen dich. Als Arbeiter in deutschen Industrien*. Die Dokumentation als Buch und Film war seine liebste Form. In den 80er Jahren sorgte er für Skandale, als er sich als Türke ausgab und über seine Erfahrungen in einem Buch und Film mit dem Titel *Ganz unten* berichtete. Der Titel ist zweideutig und provokativ: Einerseits meint er den Arbeitsort im Berkwerk, andererseits den sozialen Ort des türkischen Einwanderers in der deutschen Gesellschaft. Beide sind "ganz unten".

Tipp: Was macht er heute? <www.guenter-wallraff.com>

Heinrich Böll: *Das Brot der frühen Jahre* (Erzählung, 1955)

Heinrich Böll (1917 Köln – 1985 in Langenbroich) war ebenfalls an der Ostfront, wurde verletzt und kam 1945 aus Kriegsgefangenschaft in seine Heimatstadt zurück. Seine erste Sammlung von Kurzgeschichten *Der Zug war pünktlich* erschien 1949.

Böll wurde ein sehr wichtiger Autor und schrieb vor allem gesellschaftskritische Romane und Erzählungen. 1972 erhielt er den Nobelpreis für Literatur. In der Nachkriegszeit schreibt er viel über die körperlichen und seelischen Verletzungen, die der Krieg für die gewöhnlichen Menschen brachte. Auch der Wiederaufbau heilte sie nicht einfach und schnell.

Böll wurde zu einem der schärfsten Kritiker an den Wertvorstellungen und Motiven, die das Wirtschaftswunder möglich machten. Der Ich-Erzähler Walter Fendrich hat im Wiederaufbau Karriere gemacht. Er ist Waschmaschinen-Monteur und mit Ulla, der Tochter seines reichen Chefs, verlobt°. Aber er gibt seine Stelle auf und beendet die Beziehung. Warum? Er erzählt seinen Aufstieg. Immer wieder sind es Geschäftstüchtigkeit, Kaltblütigkeit und Lieblosigkeit, die das "Wunder" möglich machen. Der Mensch zählt nicht. Ein Schlüsselerlebnis ist, als ein Lehrjunge° stirbt, weil er aus einer Ruine eine Waschmaschine bergen will, die der Ich-Erzähler verkauft:

[engaged]

Auszubildender

> [...]
> Aber mich schickten sie hin, als der Lehrjunge abgestürzt war, der nachts in ein zerstörtes Haus geklettert war, um eine elektrische Waschmaschine zu holen: Niemand wußte sich zu erklären, wie er in den dritten Stock gekommen war, aber er war hingekommen, hatte die Maschine, die so groß war wie eine Nachtkommode, an einem Seil herunterlassen wollen und war hinabgerissen worden. Sein Handwagen

stand noch da im Sonnenschein auf der Straße, als wir kamen. Polizei war da, und jemand war da, der mit einem Bandmaß die Länge des Seiles maß, den Kopf schüttelte, nach oben blickte, wo die Küchentür noch offenstand und ein Besen zu sehen war, der gegen die blaugetünchte Wand lehnte. Die Waschmaschine war aufgeknackt wie eine Nuß: Die Trommel war herausgerollt, aber der Junge lag wie unverletzt, in einen Haufen verfaulender Matratzen gestürzt, in Seegras begraben, und sein Mund war so bitter, wie er immer gewesen war: der Mund eines Hungrigen, der nicht an die Gerechtigkeit dieser Welt glaubte. Er hieß Alois Fruklahr und war erst drei Tage bei Wickweber. Ich trug ihn in den Leichenwagen, und eine Frau, die an der Straße stand, fragte mich: "War es Ihr Bruder?" Und ich sagte: "Ja, es war mein Bruder" – und ich sah am Nachmittag Ulla, wie sie den Federhalter in ein Faß mit roter Tinte tauchte und mit einem Lineal seinen Namen aus der Lohnliste strich: Es war ein gerader und sauberer Strich, und er war so rot wie Blut, so rot wie Scharnhorsts Kragen, Iphigenies Lippen und das Herz auf dem Herz-As.

7b.4 Günter Grass machte auch die Grafik für das Umschlagbild (1959)

[torch parades]

Thema: Die jüngste Geschichte und die Schuld der Deutschen

Günter Grass: *Die Blechtrommel* (Roman, 1959)

Die Hauptfigur heißt Oskar Matzerath. 1924, im Alter von drei Jahren hat er beschlossen, nicht mehr zu wachsen. Der Roman erzählt seine Geschichte, die Geschichte seiner Familie und wie er die Nazizeit, den Krieg und die Nachkriegszeit erlebt hat. Seine Perspektive ist im doppelten Sinn die des "kleinen Mannes": als immer kleiner Dreijähriger und als Mensch aus einfachen, kleinbürgerlichen Verhältnissen. Als Begleitinstrument spielt er auf seiner Blechtrommel, die immer dabei war.

Es gibt viel Groteskes und Pikareskes in diesem Roman. Darin (und mit den langen Sätzen) erinnert er an Abenteuerromane aus früheren Jahrhunderten (besonders dem Barock). Er ist aber auch besonders modern, indem er religiöse und sexuelle Tabus überschreitet.

Oskar ist in Danzig geboren, als es noch "Freie Stadt" war. Hitlers Machtergreifung 1933 erlebt er als "Zeit der Fackelzüge° und Aufmärsche". 1945 kommen der russische Einmarsch und die Flucht.

Es war einmal ein Spielzeughändler, der hieß Sigismund Markus und verkaufte unter anderem auch weißrot gelackte Blechtrommeln. Oskar, von dem soeben die Rede war, war der Hauptabnehmer dieser Blechtrommeln,

weil er von Beruf Blechtrommler war und ohne Blechtrommel nicht leben
konnte und wollte. Deshalb eilte er auch von der brennenden Synagoge
fort zur Zeughauspassage, denn dort wohnte der Hüter seiner Trommeln;
aber er fand ihn in einem Zustand vor, der ihm das Verkaufen von
Blechtrommeln fortan oder auf dieser Welt unmöglich machte.
[...]
Es war einmal ein Blechtrommler, der hieß Oskar. Als man ihm den
Spielzeughändler nahm und des Spielzeughändlers Laden verwüstete,
ahnte er, daß sich gnomhaften Blechtrommlern, wie er einer war, Notzeiten
ankündigten. So klaubte° er sich beim Verlassen des Ladens eine heile   nehmen
und zwei weniger beschädigte Trommeln aus den Trümmern, verließ so
behängt die Zeughauspassage, um auf dem Kohlenmarkt seinen Vater
zu suchen, der womöglich ihn suchte. [...] Ein ganzes leichtgläubiges°   [gullible]
Volk glaubte an den Weihnachtsmann. Aber der Weihnachtsmann war
in Wirklichkeit der Gasmann. Ich glaube, daß es nach Nüssen riecht
und nach Mandeln. Aber es roch nach Gas. Jetzt haben wir bald, glaube
ich, den ersten Advent, hieß es. Und der erste, zweite bis vierte Advent
wurden aufgedreht, wie man Gashähne aufdreht, damit es glaubwürdig
nach Nüssen und Mandeln roch, damit alle Nußknacker getrost glauben
konnten:
Er kommt! Er kommt! Wer kam denn? Das Christkindchen, der
Heiland? Oder kam der himmlische Gasmann mit der Gasuhr unter
dem Arm, die immer ticktick macht?

Der Autor Günter Grass (geb. 1927 in Danzig) studierte nach Kriegsdienst
und Gefangenschaft Kunst. Einige seiner Bücher illustrierte er selbst oder
machte die Titelgrafiken. *Die Blechtrommel*, ein Teil seiner *Danziger Trilogie*,
war sein erstes aufsehenerregendes Buch und bestimmte seinen Ruf. Seit
1961 war er für die SPD politisch aktiv. Viele Jahre später erhielt er den
Nobelpreis, und er wird uns im letzten Kapitel nochmals begegnen.

Peter Weiss: *Die Ermittlung* (Drama, 1965)

Peter Weiss (1916 bei Berlin – 1982 in Stockholm) war ebenfalls zuerst
Maler und Grafiker. Die Familie war jüdischer Herkunft und emigrierte
1934. Weiss erhielt 1946 die schwedische Staatsbürgerschaft und lebte bis zu
seinem Tod in Stockholm, war aber zeitweise Korrespondent in Berlin. Seine
Erzählung *Abschied von den Eltern* (1961) schildert autobiografisch seine
Loslösung° von seinen Eltern während der ersten Jahre im Exil.   Befreiung

Als Dramatiker interessiert ihn die politische Geschichte. Als Stil findet
er die Dokumentation angemessen°. Rolf Hochhuth und Peter Weiss sind   [appropriate]
Hauptvertreter des Dokumentartheaters in den 60er Jahren. Hochhuth
thematisierte in dem Drama *Der Stellvertreter*° (1963) die Haltung der   [representative, substitute]
katholischen Kirche unter Papst Pius XII. zum Nationalsozialismus. Der

Titel spielt darauf an, dass nach der katholischen Lehre der Papst Christus auf Erden vertritt, ihn repräsentiert, also wie Christus handeln soll.

Weiss' Drama *Die Ermittlung* heißt im Untertitel ein "Oratorium in 11 Gesängen". Die verwendeten Dokumente sind Protokolle aus den Prozessen gegen das Wachpersonal in Auschwitz (die Frankfurter Auschwitzprozesse), die 1963 bis 1965 stattfanden. Es ist eine szenische Dokumentation der Prozesse.

[accused, defendant]

Auf viele verschiedene Arten versuchen die Angeklagten° ihr Handeln zu verharmlosen, abzustreiten oder zu rechtfertigen.

Thema: Und was ist mit der Liebe?

Ingeborg Bachmann: *Der gute Gott von Manhattan* (Hörspiel, 1958)

Wer hört heute noch Hörspiele? In der Nachkriegszeit war das Radiohörspiel eine besonders beliebte Form, weil der Buchmarkt und die Theater länger zum Wiederaufbau brauchten und den Menschen das Geld dazu fehlte. Das Hörspiel arbeitet auf besondere Weise mit Stimmen und Atmosphären und kann die materielle Wirklichkeit vergessen lassen.

Die Menschen im Wirtschaftswunder-Land waren fasziniert von Amerika. Wo der Bombenkrieg die alten Stadtzentren zerstört hatte, wurde "modern" aufgebaut. Besonders New York stand für Moderne, Fortschritt, Kapitalismus, gutes Leben.

In Bachmanns Hörspiel sitzt der "Gute Gott von Manhattan" vor Gericht. Er ist wegen Mordes an verschiedenen Liebespaaren angeklagt. Der "gute Gott" ist verantwortlich für die Ordnung der Welt. Er will eine "Ordnung für alle und für alle Tage, in der gelebt wird jeden Tag". Er glaubt, dass Liebende seine Lebensregeln nicht akzeptieren, deshalb bekämpft er

nur

sie. Liebende brauchen ausschließlich° sich selber. Sie passen sich nicht den "Senkrechten und Geraden der Städte" an. Sie denken nicht an Gewinn, Karriere, Erziehungskosten oder Rente.

Der "gute Gott" verteidigt sich und erzählt als Beispiel für seine Motive die Liebesgeschichte von Jennifer und Jan, die als zufällige Reisebekanntschaft in New York beginnt. Rückblenden zeigen Szenen mit ihnen. Sie ziehen in immer höher gelegene Hotelzimmer, um allein zu sein. Bachmann bezweifelte, dass die Welt durch technische Erfindungen neu und besser wird. Ein Zitat aus *Der gute Gott von Manhattan*: Der "gute Gott" beschreibt

[activity]

die Geschäftigkeit° in Manhattan; die Verliebten passen nicht hinein.

Der Tag war da. In allen Senkrechten und Geraden der Stadt war Leben, und der wütende Hymnus begann wieder, auf die Arbeit, den Lohn und größren Gewinn. Die Schornsteine röhrten und standen da wie Kolonnen eines wiedererstandenen Ninive und Babylon, und die stumpfen und spitzen Schädel der Gigantenhäuser rührten an den grauen

Tropenhimmel, der von Feuchtigkeit troff und wie ein unförmiger ekliger Schwamm die Dächer näßte. Die Rhapsoden in den großen Druckerein griffen in die Setzmaschinen, kündeten die Geschehnisse und annoncierten Künftiges. Tonnen von Kohlköpfen rollten auf die Märkte, und Hunderte von Leichen wurden in den Trauerhäusern maniküirt, geschminkt und zur Schau gestellt.

Unter dem Druck hoher Atmosphären wurden die Abfälle vom vergangenen Tag vernichtet, und in den Warenhäusern wühlten die Käufer nach neuer Nahrung und den Fetzen von morgen. Über die Fließbänder zogen die Pakete, und die Rolltreppen brachten Menschentrauben hinauf und hinunter durch Schwaden von Ruß, Giftluft und Abgasen.

Der wilde Sommer flog in neuen Farben auf den Lack der Autokarosserien und auf die Hüte der Frauen, die die Park Avenue herunterschwebten, an die glänzenden Hüllen für Reis und Honig, Truthahn und Krabbe.

Und die Menschen fühlten sich lebendig, wo immer sie gingen, und dieser Stadt zugehörig – der einzigen, die sie je erfunden und entworfen hatten für jedes ihrer Bedürfnisse. Dieser Stadt der Städte, die in ihrer Rastlosigkeit und Agonie jeden aufnahm und in der alles gedeihen konnte! Alles. Auch dies.

Tipp: Hören Sie eine Probe im WDR-Radio <www.wdr.de/radio/hoerspiel>.

Bachmann starb 1973 an den Folgen eines Brandunfalls. In diesem Jahr, 1973, wurde in Manhattan das World Trade Center eingeweiht.

Thema: Groteskes und Absurdes

Friedrich Dürrenmatt

Wie Max Frisch war Dürrenmatt Schweizer (1927 im Kanton Bern – 1990 in Neuchâtel). Er war überzeugt, dass die zeitgemäße Form des Dramas die Groteske war (*Die Physiker, Der Besuch der alten Dame*). Besonders mit seinen Kriminalromanen war er international erfolgreich. Jack Nicholson spielte eine Hauptfigur in der Verfilmung seines Romans *Das Versprechen* (1958) (*The Pledge*, 2000).

Tipp: Sehen Sie Szenenfotos einer Inszenierung in Würzburg <www.werkstattbuehne.com/physiker.html>.

Dürrenmatt denkt in seinen Texten gern Geschichten "bis zur schlimmstmöglichen Wendung" (*Die Physiker*) zu Ende. Ein Zitat von Dürrenmatt aus *Theaterprobleme* (1954):

Unsere Welt hat ebenso zur Groteske geführt, wie zur Atombombe. … Wir können das Tragische aus der Komödie heraus erzielen, hervorbringen als einen schrecklichen Moment, als einen sich öffnenden Abgrund°… Wer so aus dem letzten Loch pfeift° wie wir alle, kann nur noch Komödien verstehen.

[abyss] / figurativ "aus dem letzten Loch pfeifen": am Ende sein

Ein Zitat aus den *Physikern*. Möbius sagt:

> Unsere Wissenschaft ist schrecklich geworden, unsere Forschung gefährlich, unsere Erkenntnisse tödlich.

Einkauf

Wolfgang Hildesheimer: *Eine größere Anschaffung°* (Erzählung, 1952)

Wolfgang Hildesheimer (1916 in Hamburg – 1991) stammte aus einer deutsch-jüdischen Familie, die 1933 nach Palästina emigrierte. Er arbeitete 1946 bis 1949 als Dolmetscher bei den Nürnberger Prozessen. Danach siedelte er in die Schweiz über. Er war als Maler und Bühnenbildner ausgebildet. 1952 veröffentlichte er sein erstes Buch mit Erzählungen (*Lieblose Legenden*), die witzig, surreal, grotesk bis absurd klingen. Ein häufiges Thema ist der falsche Schein°. Sein Drama *Spiele, in denen es dunkel wird* (1958) gilt als erstes Beispiel absurden Theaters im deutschsprachigen Raum. Er verfasste viele Hörspiele und Dramen.

(bloßer) Schein, Anschein: etwas sieht aus wie ..., ist es aber nicht [false appearance]

sich erkundigen: fragen den Anschein erwecken: den Eindruck zu machen

die Katze im Sack kaufen (Idiom): etwas kaufen, ohne es zu prüfen

anrüchig: nicht in Ordnung

Eines Abends saß ich im Dorfwirtshaus vor (genauer gesagt, hinter) einem Glas Bier, als ein Mann gewöhnlichen Aussehens sich neben mich setzte und mich mit gedämpft-vertraulicher Stimme fragte, ob ich eine Lokomotive kaufen wolle. Nun ist es zwar ziemlich leicht, mir etwas zu verkaufen, denn ich kann schlecht nein sagen, aber bei einer größeren Anschaffung dieser Art schien mir doch Vorsicht am Platze. Obgleich ich wenig von Lokomotiven verstehe, erkundigte° ich mich nach Typ, Baujahr und Kolbenweite, um bei dem Mann den Anschein zu erwecken°, als habe er es hier mit einem Experten zu tun, der nicht gewillt sei, die Katze im Sack zu kaufen°. Ob ich ihm wirklich diesen Eindruck vermittelte, weiß ich nicht; jedenfalls gab er bereitwillig Auskunft und zeigte mir Ansichten, die das Objekt von vorn, von hinten und von den Seiten darstellten. Sie sah gut aus, diese Lokomotive, und ich bestellte sie, nachdem wir uns vorher über den Preis geeinigt hatten. Denn sie war bereits gebraucht, und obgleich Lokomotiven sich bekanntlich nur sehr langsam abnutzen, war ich nicht gewillt, den Katalogpreis zu zahlen.

Schon in derselben Nacht wurde die Lokomotive gebracht. Vielleicht hätte ich dieser allzu kurzfristigen Lieferung entnehmen sollen, daß dem Handel etwas Anrüchiges° innewohnte, aber arglos wie ich war, kam ich nicht auf die Idee. Ins Haus konnte ich die Lokomotive nicht nehmen; die Türen gestatteten es nicht, zudem wäre es wahrscheinlich unter der Last zusammengebrochen, und so mußte sie in die Garage gebracht werden, ohnehin der angemessene Platz für Fahrzeuge. Natürlich ging sie der Länge nach nur halb hinein, dafür war die Höhe ausreichend;

denn ich hatte früher einmal meinen Fesselballon darin untergebracht°, aber der war geplatzt.

Bald nach dieser Anschaffung besuchte mich mein Vetter. Er ist ein Mensch, der, jeglicher Spekulation und Gefühlsäußerung abhold°, nur die nackten Tatsachen gelten läßt. Nichts erstaunt ihn, er weiß alles, bevor man es ihm erzählt, weiß es besser und kann alles erklären. Kurz, ein unausstehlicher° Mensch. Wir begrüßten einander, und um die darauffolgende peinliche Pause zu überbrücken, begann ich: "Diese herrlichen Herbstdüfte. . ." - "Welkendes Kartoffelkraut", entgegnete er, und an sich hatte er recht. Fürs erste steckte° ich es auf und schenkte mir von dem Kognak ein, den er mitgebracht hatte. Er schmeckte nach Seife, und ich gab dieser Empfindung Ausdruck. Er sagte, der Kognak habe, wie ich auf dem Etikett ersehen könne, auf den Weltausstellungen in Lüttich und Barcelona große Preise, in St. Louis gar die goldene Medaille erhalten, sei daher gut. Nachdem wir schweigend mehrere Kognaks getrunken hatten, beschloß er, bei mir zu übernachten, und ging den Wagen einstellen.

Einige Minuten darauf kam er zurück und sagte mit leiser, leicht zitternder Stimme, daß in meiner Garage eine große Schnellzuglokomotive stünde. "Ich weiß", sagte ich ruhig und nippte von meinem Kognak, "ich habe sie mir vor kurzem angeschafft". Auf seine zaghafte Frage, ob ich öfters damit fahre, sagte ich, nein, nicht oft, nur neulich, nachts, hätte ich eine benachbarte Bäuerin, die ein freudiges Ereignis° erwartete, in die Stadt ins Krankenhaus gefahren. Sie hatte noch in derselben Nacht Zwillingen das Leben geschenkt, aber das habe wohl mit der nächtlichen Lokomotivfahrt nichts zu tun. Übrigens war das alles erlogen, aber bei solchen Gelegenheiten kann ich oft der Versuchung nicht widerstehen, die Wirklichkeit ein wenig zu schmücken. Ob er es geglaubt hat, weiß ich nicht, er nahm es schweigend zur Kenntnis, und es war offensichtlich, daß er sich bei mir nicht mehr wohl fühlte. Er wurde ganz einsilbig, trank noch ein Glas Kognak und verabschiedete sich. Ich habe ihn nicht mehr gesehen.

Als kurz darauf die Meldung durch die Tageszeitungen ging, daß den französischen Staatsbahnen eine Lokomotive abhanden° gekommen sei (sie sei eines Nachts vom Erdboden – genauer gesagt, vom Rangierbahnhof – verschwunden), wurde mir natürlich klar, daß ich das Opfer einer unlauteren° Transaktion geworden war. Deshalb begegnete ich auch dem Verkäufer, als ich ihn kurz darauf im Dorfgasthaus sah, mit zurückhaltender Kühle. Bei dieser Gelegenheit wollte er mir einen Kran° verkaufen, aber ich wollte mich in ein Geschäft mit ihm nicht mehr einlassen, und außerdem, was soll ich mit einem Kran?

Nicht logisch, nicht wahr? Sehr merkwürdig. Eben absurd.

---

unterbringen: aufbewahren

einer Sache abhold sein: etwas nicht mögen

sehr unangenehmer

etwas aufstecken: aufhören mit

freudiges Ereignis: Geburt eines Kindes

abhanden kommen: verschwinden

unlauter: unehrlich, kriminell

Kran: Maschine, die schwere Dinge hebt

Aufgaben zur Literatur

Wolfgang Borchert: "Nachts schlafen die Ratten doch"

1. Zeichnen Sie den Handlungsort der Geschichte und die beiden Personen.
2. Was erfahren wir über den Jungen? Füllen Sie die Tabelle aus.

Alter	
Aussehen	
Familie	
Hobbies, Interessen	
Freunde	
Haus, Wohnung	
Haustier	

3. Was machen Ratten normalerweise nachts?
4. Wer sagt "Nachts schlafen die Ratten doch" in der Geschichte?
5. Warum sagt er das?
6. Welchen Effekt hat das?
7. Welchen Ruf haben Ratten? Welchen Ruf haben Kaninchen? Vergleichen Sie.

Ingeborg Bachmann: "Reklame"

1. Lesen Sie die verschieden gedruckten Teile separat.
2. Ergänzen Sie den Text mit Satzzeichen.
3. Markieren Sie alle Verben. Fällt Ihnen dabei etwas auf?
4. Welche anderen Wortarten kommen oft vor?
5. Welche Wörter sind groß geschrieben, welche klein? Warum?
6. Jetzt lesen zwei Studierende den Gedichttext laut, eine/r die normal gedruckten Zeilen und eine/r die fett gedruckten. Was passiert am Ende?
7. Das Gedicht ist 1956 entstanden. Was war zu der Zeit in Deutschland und Österreich los? Auf welche Weise gibt das Gedicht einen Kommentar dazu?

Günter Grass: *Die Blechtrommel*

1. Was erfahren über Sigismund Markus und Oskar Matzerath? Wie alt sind sie? Welche Berufe haben sie? In welchem Gesundheitszustand sind sie?
2. Was bedeutet der folgende Satz? Was ist wohl passiert?

   "...aber er fand ihn in einem Zustand vor, der ihm das Verkaufen von Blechtrommeln fortan oder auf dieser Welt unmöglich machte."

3. Am Ende des Textausschnitts spricht der Erzähler über den Weihnachtsmann und den Gasmann. Was ist der "Weihnachtsmann"? Gibt es ihn wirklich? Schlagen Sie nach, welche Bedeutung "Gasmann" normalerweise hat. Die Bedeutung passt hier nicht. Denken Sie daran, was Sie über die Vernichtungslager wissen. Wer ist also hier mit "Gasmann" gemeint?

Ingeborg Bachmann: *Der gute Gott von Manhattan*

Welche Arbeitsstätten und Berufe werden im Textausschnitt genannt? Kreuzen Sie alle an, die Sie finden können, und schreiben Sie dann die passenden Wörter aus dem Text hinter den Namen.

_____ Schule

_____ Müllabfuhr

_____ Zeitungsdruckerei

_____ Zahnarzt

_____ Gemüsemarkt

_____ Kaufhaus

_____ Restaurant

_____ Leichenhaus

_____ Büro

_____ Supermarkt

_____ Post

_____ Fabrik

Wolfgang Hildesheimer: *Eine größere Anschaffung*

1. Welche Vorsichtsmaßregeln beachtet der Ich-Erzähler beim Einkauf, welche mißachtet er? Legen Sie zwei Listen an.

2. Wer kauft normalerweise Lokomotiven? Wie würden Sie reagieren, wenn man Ihnen eine Lokomotive zum Kauf anbietet?

3. Beschreiben Sie die Reaktion des Ich-Erzählers auf das Angebot und den Kauf der Lokomotive.

4. Was kann man mit einer Lokomotive machen?

5. Ersetzen Sie im Text das Wort "Lokomotive" durch "Fahrrad". Lesen Sie ihn noch einmal und entscheiden Sie dann, was sich an der Textaussage geändert hat.

6. Beantworten Sie jetzt noch einmal die Fragen 2.– 4. Aber ersetzen Sie auch hier das Wort "Lokomotive" durch "Fahrrad". Was ändert sich dadurch an Ihren Antworten?

7. Warum heißt die Geschichte *Eine größere Anschaffung*? Welchen Ton hat das?

Zusammenfassung

Was wissen Sie jetzt über diese Autor/innen? Finden Sie in der rechten Spalte die Fakten, die zu den Namen passen.

a. Ingeborg Bachmann	1. ist ein Vertreter des dokumentarischen Theaters
b. Friedrich Dürrenmatt	2. ist der erste deutsche Vertreter des absurden Theaters
c. Heinrich Böll	3. hat nur kurze Texte direkt nach dem Krieg geschrieben
d. Günter Grass	4. hat den Nobelpreis gewonnen
e. Wolfgang Hildesheimer	5. stellt existentielle Fragen
f. Günter Wallraff	6. ist ein Hauptvertreter grotesker Literatur im 20. Jahrhundert
g. Wolfgang Borchert	7. ist auch sehr bekannt für Zeichnungen
h. Peter Weiss	8. hat sich verkleidet und dann über die Erfahrungen geschrieben

Zeittafel

Politik und Wirtschaft	Literatur und Kultur	Internationales
1945 In ganz Europa entwickelt sich ein "Schwarzmarkt" für Lebensmittel, Kleidung und Zigaretten.	**1946** Hermann Hesse erhält den Literaturnobelpreis. Wiedereröffnung der Salzburger Festspiele.	**1945** Be-bop-Jazz wird populär.
1945-46 Nürnberger Prozesse.	**1947** Wolfgang Borchert: *Draußen vor der Tür* (Drama). Gründung der "Gruppe 47".	**1945** George Orwell: *Animal Farm* (Roman, England).
1946 Serienproduktion des VW beginnt.	**1949** Theodor W. Adorno: *Philosophie der Neuen Musik.*	**1946** Hitchcock: *Notorious* (Film, USA).
1948 Westdeutsche Währungsreform und Einführung der Deutschen Mark (DM). Beginn der Berlin-Blockade.	**1950** Kurzgeschichten von Heinrich Böll.	**1947** Der US-Außenminister George Marshall bietet den europäischen Staaten Wirtschaftshilfe an (Marshall-Plan). 1947 Albert Camus: *Die Pest* (frz. Roman).
1949 Gründung der Bundesrepublik Deutschland.	**1950** In der "Wiener Schule" beginnt der "fantastische Realismus".	**1947** Tennessee Williams: *A Streetcar Named Desire* (US, Drama).
1950 Die Schweiz wird Mitglied des Europäischen Wirtschaftsrates (OEEC).	**1952** Paul Celan: *Mohn und Gedächtnis* (Gedichte).	**1948** Peter Goldmark (USA) erfindet die Langspielplatte.
1952 Die BRD schließt ein Wiedergutmachungsabkommen mit Israel.	**1955** In Kassel findet die erste *documenta*-Kunstausstellung statt.	**1948** Proklamation des Staates Israel.
1955 Die BRD und Österreich werden souveräne Staaten. Österreich tritt der UNO bei. Die BRD tritt der NATO bei.	**1956** Ingeborg Bachmann: *Anrufung des Großen Bären* (Gedichte).	**1948–49** Berlin-Blockade der Sowjetunion. "Luftbrücke."
1956 Österreich ist ein wichtiges Zufluchtsland für Flüchtlinge aus Ungarn. In der BRD wird die Kommunistische Partei (KPD) verboten.	**1956** Friedrich Dürrenmatt: *Der Besuch der alten Dame* (Drama).	**1949** Gründung der militärischen Organisation NATO (North Atlantic Treaty Organization).
1960 Die "Römer Verträge" begründen die Europäische Wirtschaftsgemeinschaft (EWG) Die Schweiz ist Mitbegründerin der Konkurrenzorganisation EFTA.	**1956/57** Ernst Marischka (Regie): *Sissi* Historienfilme.	**1949** Simone de Beauvoir: *Das andere Geschlecht* (Sozialgeschichte, Frankreich).
1961 Bau der "Berliner Mauer".	**1959** Günter Grass: *Die Blechtrommel* (Roman).	**1949** Arthur Miller: *Tod eines Handlungsreisenden* (Drama, USA).
1962 Die "Antibaby-Pille" ist in der BRD erhältlich.	**1960** Beginn der Pop-Art.	**1950** Pablo Neruda: *Der große Gesang* (Lyrik, Chile)
1963 Deutsch-französischer Freundschaftsvertrag.	**1961** Max Frisch: *Andorra* (Drama). Gründung der "Gruppe 61".	**1951** J. D. Salinger: *The Catcher in the Rye* (Roman, USA)
		1952 Ernest Hemingway: *Der alte Mann und das Meer* (Erzählung, USA).
		1952 John Steinbeck: *East of Eden* (Roman, USA).
		1955 J. R. R. Tolkien: *Der Herr der Ringe* (Roman, England)
		1963 Der US-Präsident John F. Kennedy wird ermordet.

8

DDR

8.1 Demonstration in Ostberlin, 4. November 1989. Ca. 1 Mio. Kunst-u. Kulturschaffende der DDR demonstrierten für mehr Demokratie und Reisefreiheit. Auf dem Transparent ist ein hoher SED-Politiker als Wolf aus dem Märchen "Rotkäppchen" dargestellt

Begriffe
Lizenzausgabe   Allgemein die Zweitverwertung eines Werkes, indem es in einem anderen Verlag erscheint. DDR-Verlage vergaben Lizenzen an Verlage in der BRD. Dafür gab es das staatliche DDR-Büro für Urheberrechte°. DDR-Literatur war im Kulturleben der BRD stark präsent. Umgekehrt waren westdeutsche Autoren in der DDR verboten.

Rechte des Autors [author's rights]

Real existierender Sozialismus   Offizielle Formel für die Form der Staatsmacht in der DDR. Damit grenzte sich die DDR von allen Formen der sozialistischen Utopie ab.

Geschichte und Kultur

Deutsche Demokratische Republik

In der DDR gab es ab Mitte der 1960er-Jahre einen wirtschaftlichen Aufschwung. Die DDR-Industrie glänzte gegenüber der Sowjetunion mit ihrer Produktion. Die SED steuerte die Medien, und die Regierung ließ darin die Überlegenheit der DDR gegenüber dem "Klassenfeind" betonen. Das Ministerium für Staatssicherheit (Stasi) erstickte Opposition. Die Mehrheit der Bürger arrangierte sich.

In internationalen Sportwettkämpfen feierten DDR-Sportler viele Erfolge. Diese dienten der Propaganda.

Zu Beginn der 70er Jahre beginnt die BRD eine "neue Ostpolitik". Ihr Ziel ist Verständigung zwischen Ost und West. Die DDR wird weltweit als Staat anerkannt. Im "Grundlagenvertrag" von 1972 einigen sich die beiden deutschen Staaten auf gegenseitige Anerkennung und die Unverletzlichkeit ihrer Grenzen. Der Vertrag regelt auch den innerdeutschen Verkehr. 1973 werden beide deutschen Staaten in die Vereinten Nationen (UNO) aufgenommen. Die DDR grenzt sich aber auch stärker gegen den Westen ab: 1974 wird der Begriff der "deutschen Nation" aus ihrer Verfassung gestrichen.

In den 70er Jahren wird die Kritik am "real existierenden Sozialismus" und an der schlechten Wirtschaftslage immer lauter. Frauen-, Friedens- und andere Bürgerbewegungen werden stark. Die Sozialistische Einheitspartei Deutschlands (SED) macht jedoch keine Zugeständnisse und verhängt Repressionen gegen kritische Stimmen. Die Zahl der DDR-Bürger, die einen Ausreiseantrag stellen, wächst.

"*Wir* sind das Volk!" – "Wir sind *ein* Volk!"

In den 1980er Jahren wächst die Demokratiebewegung. Gleichzeitig nimmt unter Gorbatschow die Kommunikation zwischen USA und Sowjetunion zu. Die Bürger der DDR setzen große Hoffnungen auf Gorbatschow. Die SED-Regierung unter Erich Honecker war aber nicht zu Reformen bereit. Im September 1989 flüchteten tausende DDR-Bürger in die Botschaft der BRD in Prag oder über die ungarische Grenze, die bereits zum Westen offen war. Hunderttausende demonstrierten in den Städten der DDR für die Öffnung der Grenzen: *Wir* sind das Volk." Am 9. November 1989 gab die DDR-Regierung dem Willen des Volkes nach und öffnete die Grenzen. Auch die Berliner Mauer wurde geöffnet. Das leitete das Ende der deutschen Teilung ein.

Was sollte aus der ehemaligen DDR werden? Ein eigenständiger demokratischer Staat oder ein Teil der BRD? Wieder entschieden die Menschen im Osten auf den Straßen. Ihre Parole war nun: "Wir sind ein Volk!" Die friedliche Revolution siegte.

Tipp: Eine multimediale Chronologie des Mauerfalls finden sie auf <www.planet-wissen.de>.

Der Fall der Berliner Mauer am 9. November 1989 leitet das Ende der deutschen Teilung ein. 1990 folgt die deutsche Einheit.

Kunst, Architektur, Musik

Durch die Vorgaben des Sozialismus nimmt die Kunst in der DDR eine andere Entwicklung als im Westen. Bevorzugte Themen sind Arbeitswelt und Krieg. Der sozialistische Realismus in der Skulptur ist durch Traditionalismus gekennzeichnet und neigt zu Pathos. Es entstanden beeindruckende Mahnmale°, zum Beispiel *Karl Liebknecht: Herz und Flamme der Revolution* (1983) in Berlin von Theo Balden oder die kämpfenden Antifaschisten des Buchenwald-Mahnmals von Fritz Cremer.

Das Programm des "Bitterfelder Weges", das eine Verbindung von Berufskünstlern und kreativen Arbeitern vorsah, scheiterte°. In den 1970er Jahren werden Künstler wichtig, die stilistisch progressiv sind und gemäßigte Kritik an der Politik nicht ausschließen. Maler wie Bernhard Heisig und Wolfgang Mattheuer durften auch im Westen ausstellen; die Ausstellung *documenta 1977* in Kassel war dafür ein Meilenstein.

Die Architektur der öffentlichen, repräsentativen Bauten orientierte sich an historischen Stilen, besonders am Klassizismus. Das Resultat war ein monumentaler Stil (zum Beispiel die Stalinallee in Berlin). Nur langsam orientierte man sich an internationalen Entwicklungen (zum Beispiel das Neue Gewandhaus in Leipzig, 1975–81).

Ein Teil der Komponisten übernahm etwa ab 1970 die westlichen Avantgarde-Techniken, ohne sie einfach nachzuahmen.

Film und populäre Kultur

Die halbstaatliche *Deutsche Film AG* (DEFA) produzierte hauptsächlich fürs Fernsehen der DDR, machte aber auch sehr gute Literaturverfilmungen, Dokumentationen und Kinderfilme. Produktionen, die sich kritisch mit dem DDR-Alltag beschäftigten, durften allerdings manchmal nicht gezeigt werden. Bekannte ostdeutsche Regisseure waren beispielsweise Frank Beyer, Konrad Wolf und Egon Günther. Wie andere Künstler verließen nach 1976 zahlreiche bekannte Schauspieler/innen die DDR (Katharina Thalbach, Armin Mueller-Stahl). Zahllose DDR-Bürger sahen verbotenerweise Fernsehen aus dem Westen. Ab den 80er Jahren zeigten die staatlichen Kinos auch zahlreiche Filme aus dem Westen.

Populäre Kultur gehört zu modernen Massengebilden auch in der DDR. Es gab populäre Musicals, obwohl sie von der Kulturpolitik als "westlich" und "amerikanisch" verurteilt wurden. *Heißer Sommer* (1967) zum Beispiel handelt von Jugendlichen, die an der Ostsee Ferien machen, hat viel Tanz und Musik. Die Hauptrolle hatte Frank Schöbel, den man schon mal den "Zonen-Elvis" nannte.

Denkmale, Monumente

scheitern: keinen Erfolg haben

Verbotenes aus dem Westen war natürlich umso begehrter. Wer *Sonnenallee* gesehen oder gelesen hat, weiß, zu welchen Opfern ein DDR-Jugendlicher bereit war, um an eine Platte der *Rolling Stones* zu kommen.

O-Ton Ost: Einige Besonderheiten der DDR-Sprache

In Ost und West entwickelten sich in vier Jahrzehnten viele unterschiedliche Wörter für ähnliche oder gleiche Dinge. Zudem bürgerten° sich im Laufe der Zeit alltägliche Ausdrücke ein, die auf der anderen Seite der Mauer unbekannt waren.

sich einbürgern: populär werden

Im Westen lutschten die Kinder Dauerlutscher, im Osten Fruchtstielbonbons.

Im Westen gab es Sperrmüll,	dort Grobmüll.
Hamburger	Grillete
Supermarkt	Selbstbedienungskaufhalle
Talkshow	Fernsehdiskussion

Tipp: Lesen Sie den Eintrag "O-Ton Ost: 'Ossideutsch'" auf <www.wissen.de>.

Solche Unterschiede gibt es natürlich auch zwischen BRD (Beispiel "Kartoffel") und Österreich ("Erdapfel") oder Schweiz. Die DDR hatte ihre eigenen Markennamen (denken Sie an die "Spreewaldgurken" in dem Film *Good bye, Lenin*). Einige solche Marken gingen seit 1989 global. Der Sozialismus prägte viele Begriffe. Einige Beispiele:

Die Mauer	hieß offiziell	der antifaschistische Schutzwall.
Westdeutsche	waren	der kapitalistische Klassenfeind.

Sozialismus war atheistisch; deshalb wurde aus dem westlichen

Weihnachtsengel	die geflügelte Jahresendfigur.

Die offizielle, ideologisch gefärbte Sprache der DDR schuf viele Ausdrücke, die sich im Alltag (im sogenannten Volksmund) nicht durchsetzten. Für die politisch korrekten sozialistischen Kunstwörter gab es oft witzige oder kritische Umschreibungen, zum Beispiel nannte man den

Palast der Republik	Ballast der Republik
einen Mitarbeiter im Staatsapparat	Bonze°

Auch alltägliche Ausdrücke wurden umbenannt und damit die Dinge kritisiert:

[big shot]

Informationen der Partei	Rotlichtbestrahlung
Deutsche Reichsbahn (DR)	Dein Risiko
wählen gehen	falten gehen (da man sich das Lesen des Wahlzettels sparen konnte, denn es gab nur einen)

Mangelwirtschaft°

der Mangel: Fehlen von etwas [shortage]

Der Alltag in der DDR war geprägt vom Mangel, das heißt, dass es von wichtigen Dingen nicht genug gab und man dafür Schlange stehen musste. Zum Beispiel waren Bananen und andere Südfrüchte Mangelware, die es selten gab.

Auf ein Auto (den legendären Trabi) musste man lange warten, und sie waren schlecht gebaut. Die nach dem Ende der DDR gefilmte Komödie *Go Trabi go* (1990) wurde ein Kult-Film und ein begehrtes Computerspiel.

Aufgaben zu Geschichte und Kultur

1. Was änderte sich für die DDR nach 1972? Füllen Sie die rechte Spalte der Tabelle aus.

DDR vor 1972	DDR nach 1972
wurde nicht als Staat anerkannt	
ihre Grenzen wurden nicht anerkannt	
wenig Verkehr zwischen DDR und BRD	
nicht Mitglied in der UNO	
die Formulierung "deutsche Nation" steht in der Verfassung	

2. Welche Ereignisse führten zur Öffnung der Berliner Mauer? Kreuzen Sie an.

　_____ DDR-Bürger flüchten über die Grenzen in den Westen

　_____ Egon Krenz führt Reformen durch

　_____ stärkere Zusammenarbeit zwischen den USA und der Sowjetunion

　_____ Erich Honecker ist nicht bereit zu Reformen

　_____ neue Ostpolitik der BRD

　_____ DDR-Bürger demonstrieren

3. Mini-Referate

　　a. Buchenwald　　　　　c. Armin Mueller-Stahl

　　b. *documenta 77*　　　d. *Sonnenallee*

4. Was könnten diese DDR-Wörter bedeuten? Raten Sie und schreiben Sie ein Synonym. Überprüfen sie danach, ob Sie Recht hatten (die Lösung steht am Ende der Aufgaben zur Literatur).

　　a. Antiimperialistischer Schutzwall

　　b. Feierabendheim

　　c. Gehhilfe

　　d. Kundschafter des Friedens

　　e. Nietenhose

　　f. rauhfutterverzehrende Großvieheinheit

　　g. Sättigungsbeilage

　　h. Schallplattenunterhalter

　　i. Wurfscheibe

Literatur

Thema: Das Lebensgefühl der Jugend

Ulrich Plenzdorf: *Die neuen Leiden des jungen W.* (Erzählung, 1972, Drama 1974)

Die Erzählung (1972, auch als Drama erschienen und aufgeführt) beginnt mit der folgenden "Notiz in der *Berliner Zeitung* vom 26. Dezember":

> die Laube [summerhouse; bower]

> Am Abend des 24. Dezember wurde der Jugendliche Edgar W. in einer Wohnlaube° der Kolonie Paradies II im Stadtbezirk Lichtenberg schwer verletzt aufgefunden. Wie die Ermittlungen der Volkspolizei ergaben, war Edgar W., der sich seit längerer Zeit unangemeldet in der auf Abriß stehenden Laube aufhielt, bei Basteleien unsachgemäß mit elektrischem Strom umgegangen.

Es folgen Todesanzeigen von Betriebsmitarbeitern, des Leiters der Berufsschule, die er besuchte, und seiner Mutter. Sie alle melden Edgars Tod. Schon am Anfang der Erzählung wissen wir also, dass die Titelfigur stirbt. Seine Eltern und Freunde versuchen herauszufinden, was vor seinem Tod passierte. Edgar kommentiert alles wie ein Beobachter aus dem Jenseits. Zum Beispiel als sein Freund gefragt wird°, warum Edgar seine Mutter und seine Arbeit verließ und in einer Laube lebte:

> Die Fragen und seine Aussagen sind unten eingerückt.

> "Wenn sie mich fragen – Ed ging weg, weil er Maler werden wollte. Das war der Grund. Mist war bloß, daß sie ihn an der Kunsthochschule ablehnten in Berlin."
> "Warum?"
> "Ed sagte: Unbegabt. Phantasielos. Er war ziemlich sauer."
>
> War ich! Aber *Fakt*, daß meine gesammelten Werke nicht die Bohne was taugten. Weshalb malten wir denn die ganze Zeit abstrakt? – Weil ich Idiot nie im Leben was Echtes malen konnte, daß man es wiedererkannt hätte, einen ollen° Hund oder was. Ich glaube, das mit der ganzen Malerei war eine echte Idiotie von mir.

> oll: Berlinerisch "alt", gewöhnlich

Titel und Handlung spielen auf einen wichtigen Roman aus dem 18. Jahrhundert an, Goethes *Leiden des jungen Werthers*. Edgar findet das Buch zufällig, als er etwas zu lesen sucht, aber das Titelblatt fehlt. Zuerst mag Edgar das Buch gar nicht. Er sagt:

> Ich war fast gar nicht sauer! Der Kerl in dem Buch, dieser Werther, wie er hieß, macht am Schluß Selbstmord. Gibt einfach den Löffel ab. Schießt sich ein Loch in seine olle Birne, weil er die Frau nicht kriegen

kann, die er haben will, und tut sich noch ungeheuer leid dabei. Wenn er nicht völlig verblödet war, mußte er doch sehen, daß sie nur darauf wartete, daß er was *machte*, diese Charlotte. Ich meine, wenn ich mit einer Frau allein im Zimmer bin und wenn ich weiß, vor einer halben Stunde oder so kommt keiner da rein, Leute, dann versuch ich doch *alles*. Kann sein, ich handle mir ein paar Schellen° ein, na und? Immer noch besser als eine verpaßte Gelegenheit. Außerdem gibt es höchstens in zwei von zehn Fällen Schellen. Das ist Tatsache. Und dieser Werther war ...zigmal mit ihr allein. Schon in diesem Park. Und was macht er? Er sieht ruhig zu, wie sie heiratet. Und dann murkst er sich ab. Dem war nicht zu helfen.

Ohrfeige

Edgar beginnt, Passagen aus dem Roman auf Band zu sprechen und an seinen Freund Willi zu schicken. Beachten Sie den Kontrast in der Sprache aus *Werther* und Edgars Jugendsprache:

Kurz und gut, Wilhelm, ich habe eine Bekanntschaft gemacht, die mein Herz näher angeht...Einen Engel...Und doch bin ich nicht imstande, dir zu sagen, wie sie vollkommen ist, warum sie vollkommen ist, genug, sie hat allen meinen Sinn gefangengenommen.
Ende.
Das hatte ich direkt aus dem Buch, auch den Wilhelm. Dadurch war ich erst auf die *Idee* gekommen. Ich schaffte das Band sofort zur Post. Eine Nachricht war ich Willi sowieso schuldig. Schade war bloß, daß ich nicht sehen konnte, wie Old Willi umfiel. Der fiel bestimmt um. Der kriegte Krämpfe. Der verdrehte die Augen und fiel vom Stuhl.

8.2 Titelbild der Originalausgabe mit einer Grafik von Manfred Butzmann

Goethes Werther wird mehr und mehr zum Außenseiter und begeht am Ende Selbstmord. 200 Jahre später stößt Edgar Wibeau zufällig auf den Roman. Er entdeckt langsam Parallelen zwischen seinen eigenen Gefühlen und Erlebnissen und denen von Werther.

Beide sind unglücklich verliebt in eine Frau, die mit einem anderen verlobt ist, beide wollen Künstler sein, sind mit ihrem Beruf nicht zufrieden und fühlen sich durch Vorgesetzte° abgelehnt. Außerdem sprechen beide eine Sprache, die radikal anders ist als die der Erwachsenen ihrer Zeit und provoziert.

Autoritätspersonen

Der "neue Werther" wurde von Jugendlichen im Osten wie im Westen verstanden. In Weimar, wo der Autor des Original-Werther und andere Klassiker gelebt hatten, betrieb die DDR "Nationale Forschungs- und Gedenkstätten". Die offizielle Kulturpolitik der DDR verordnete Verehrung der Klassiker. Plenzdorf betont das Lebensnahe in einem Buch wie Goethes *Werther* – und auch die Kritik an Normierungen und am Kollektiv.

Reiner Kunze: *Die wunderbaren Jahre* (Prosa, 1976)

Reiner Kunze (geb. 1933 im Erzgebirge) hatte eine Anstellung als Universitätslehrer, verlor sie aber 1959 aus politischen Gründen. Er arbeitete als Hilfsschlosser und übersetzte viele tschechische Schriftsteller. 1968 war er wieder unbequem, weil er gegen den Einmarsch in die CSSR protestierte und aus der SED austrat. Er schrieb Lyrik und Kinderbücher, die aber in der DDR nicht gedruckt werden durften und im Westen erschienen. Mit viel Erfolg.

Die wunderbaren Jahre bot der Autor keinem Verlag in der DDR an. Er beantragte die Genehmigung zu einer Westpublikation. Diese Zensurinstanz wollte zwar das Manuskript sehen, aber Kunze zeigte es nicht und meinte nur, seine früheren Werke hatten auch nicht gedruckt werden dürfen. Trotzdem erhielt er die Genehmigung. Die kurzen Prosa-Stücke in *Die wunderbaren Jahre* kritisieren deutlich das DDR-System.

Der Titel spielt auf die *Grasharfe* von Truman Capote an. Kunze zitiert als Motto aus der Übersetzung: "Ich war elf, und später wurde ich sechzehn. Verdienste erwarb ich mir keine, aber das waren die wunderbaren Jahre." An welche Möglichkeiten, Wünsche, Träume denken Sie, wenn Sie an die Jahre zwischen 11 und 16 denken? Was erzählen Ihre Eltern? Was aber, wenn es die Mauer gibt und den Schießbefehl? Was, wenn nicht die Eltern, sondern der Staat verbieten, eine modische Brille oder Jeans zu tragen, individuell sein zu wollen, in der Fußgängerzone zu spielen, die Bibel zu lesen oder Orgelkonzerte zu besuchen? Was für Erwachsene werden aus diesen Teenagern? Diese Fragen stellte sich Kunze und antwortete mit den Szenen in *Die wunderbaren Jahre*. Die Stücke folgen Altersstufen. Es fängt mit Stücken über Sechs- bis Zwölfjährige an. Der Titel "Friedenskinder" für dieses Kapitel ist ironisch, denn die Kinder üben Schießen und andere militärische Aktivitäten. Ein Beispiel:

Elfjähriger

"Ich bin in den Gruppenrat° gewählt worden", sagt der Junge und spießt Schinkenwürfel auf die Gabel. Der Mann, der das Essen für ihn bestellt hat, schweigt. "Ich bin verantwortlich für sozialistische Wehrerziehung", sagt der Junge.

"Wofür?"

"Für sozialistische Wehrerziehung." Er saugt Makkaroni von der Unterlippe.

"Und was mußt du da tun?"

"Ich bereite Manöver vor und so weiter."

[council of his group (in the political youth organization FDJ)]

---

rebellisch [obstreperous]

Trotz der frühen, staatlich gelenkten Erziehung zu bestimmten Normen waren Teenager in der DDR so aufmüpfig° wie überall. Die meisten Skizzen thematisieren, wie Lehrer und andere "Ordnungshüter" jeden persönlichen Freiraum beschneiden und kontrollieren.

Die folgende Skizze ist die erste in der zweiten Abteilung. Eine Jugendliche zeigt ihre Auflehnung gegen die Erwachsenen und die staatliche Kontrolle mit kleinen Extravaganzen. Der Autor schildert sie mit viel Sympathie.

Fünfzehn

Sie trägt einen Rock, den kann man nicht beschreiben, denn schon ein einziges Wort wäre zu lang. [...] Sie ist fünfzehn Jahre alt und gibt nichts auf die Meinung uralter Leute – das sind alle Leute über dreißig.

Könnte einer von ihnen sie verstehen, selbst wenn er sich bemühen würde? Ich bin über dreißig.

Wenn sie Musik hört, vibrieren noch im übernächsten Zimmer die Türfüllungen. Ich weiß, diese Lautstärke bedeutet für sie Lustgewinn. Teilbefriedigung ihres Bedürfnisses nach Protest. Überschallverdrängung unangenehmer logischer Schlüsse. Trance. Dennoch ertappe ich mich immer wieder bei einer Kurzschlußreaktion: Ich spüre plötzlich den Drang in mir, sie zu bitten, das Radio leiser zu stellen. Wie also könnte ich sie verstehen – bei diesem Nervensystem?

Noch hinderlicher ist die Neigung, allzu hochragende Gedanken erden° zu wollen.

realistischer machen [to ground]

Auf den Möbeln ihres Zimmers flockt der Staub. Unter ihrem Bett wallt er. Dazwischen liegen Haarklemmen, ein Taschenspiegel, Knautschlacklederreste, Schnellhefter, Apfelstiele, ein Plastikbeutel mit der Aufschrift "Der Duft der großen weiten Welt", angelesene und übereinandergestülpte Bücher (Hesse, Karl May, Hölderlin), Jeans mit in sich gekehrten Hosenbeinen, halb- und dreiviertel gewendete Pullover, Strumpfhosen, Nylon und benutzte Taschentücher. (Die Ausläufer dieser Hügellandschaft erstrecken sich bis ins Bad und in die Küche.) Ich weiß: Sie will sich nicht den Nichtigkeiten des Lebens ausliefern. Sie fürchtet die Einengung des Blicks, des Geistes. Sie fürchtet die Abstumpfung der Seele durch Wiederholung! Außerdem wägt sie die Tätigkeiten gegeneinander ab nach dem Maß an Unlustgefühlen, das mit ihnen verbunden sein könnte, und betrachtet es als Ausdruck persönlicher Freiheit, die unlustintensiveren zu ignorieren. Doch nicht nur, daß ich ab und zu heimlich ihr Zimmer wische, um ihre Mutter von Herzkrämpfen zu bewahren — ich muß mich auch der Versuchung erwehren, diese Nichtigkeiten ins Blickfeld zu rücken und auf die Ausbildung innerer Zwänge hinzuwirken.

Einmal bin ich dieser Versuchung erlegen.

Auch in der BRD (ab 1977) blieb Kunze ein kritischer, unbequemer Autor.

Thema: Erinnerung und Geschichte

Jurek Becker: *Jakob der Lügner* (Roman, 1969)

Jurek Becker (1937 in Łódź, heute Polen – 1997 in Berlin) kannte das jüdische Gettoleben im besetzten Polen und Konzentrationslager aus seiner Kindheit. Er schrieb vor allem Drehbücher für die DEFA. Seinen ersten großen Erfolg hatte er mit dem Gettoroman *Jakob der Lügner* (1969). Das lag nicht zuletzt an seiner humoristischen, ironischen Erzählweise. Getto und Humor? 1969 war das spektakulär.

Jakob hilft den anderen im jüdischen Getto, indem er Radiomeldungen über den Vormarsch der Roten Armee und die baldige Befreiung erfindet. Die Lüge macht Hoffnung, und so muss Jakob immer weiter lügen. Natürlich dürfen die Juden im Getto kein Radio haben. In der folgenden Leseprobe führt Jakob dem Mädchen Lina in einem Keller sein Radio vor.

"Darf ich es nicht sehen?"

"Auf keinen Fall!" sagt Jakob entschieden. "Eigentlich darf man es auch nicht hören, wenn man noch so klein ist, das ist streng verboten. Aber ich mache mit dir eine Ausnahme. Einverstanden?"

Was bleibt ihr übrig, sie wird erpreßt und muß sich fügen. Hören ist besser als gar nicht, auch wenn sie sich den unmittelbaren Anblick versprochen hatte. Außerdem könnte sie ja, sie könnte, wir werden sehen.

"Was spielt denn dein Radio?"

"Das weiß ich nicht vorher. Ich muß es erst anstellen."

Die Vorbereitungen sind abgeschlossen, mehr kann man zur eigenen Sicherheit nicht tun, Jakob steht auf. Geht zu der Wand, bleibt an dem Durchgang stehen und sieht Lina noch einmal an, mit Blicken, die sie nach Möglichkeit an das Bettgestell fesseln sollen, dann verschwindet er endgültig.

Jakobs Augen müssen sich erst an das neue Licht gewöhnen, es reicht kaum bis hinter die Trennwand, er stößt mit dem Fuß an den löchrigen Eimer.

"War das schon das Radio?"

"Nein, noch nicht. Es dauert noch einen Augenblick."

Etwas zum Sitzen wird benötigt, dann der Spaß kann sich hinziehen, wenn er erst ins Rollen kommt, Jakob stellt den Eimer verkehrt und macht es sich darauf bequem. Sehr spät begegnet ihm die Frage, was für ein Programm das Radio überhaupt zu bieten hat, Lina hatte sie schon flüchtig berührt, und die Zeit ist reif für eine Antwort. Man hätte sich vorher damit beschäftigen sollen, was man nicht alles hätte, vielleicht sogar ein wenig üben, so aber muß das Radio spielen, wie es gerade kommt. Macht es Musik, wird aus ihm gesprochen, Jakob erinnert sich,

daß sein Vater vor ewigen Jahren eine ganze Blaskapelle° nachahmen [brass band]
konnte, mit Tuba, Trompeten, Posaune und großer Pauke, zum Totlachen
hat es sich angehört, nach dem Abendbrot, wenn der Tag ohne großen
Ärger vergangen war, konnte man ihn manchmal breitschlagen. Aber ob
so ein Orchester gleich beim erstenmal gelingt, der Vater hat lange an
ihm gefeilt, Lina wartet still im Winterkleid, und Jakob schwitzt schon,
obwohl die Vorstellung noch gar nicht begonnen hat.

"Es geht los", sagt Jakob, bereit zum ersten besten.

Ein Fingernagel schnipst gegen den Eimer, so stellt man Radios
an, dann ist die Luft voll Brummen und Pfeifen. Die Periode des
Warmmachens wird übersprungen, diese Einzelheit für Kenner, Jakobs
Radio hat von Anfang an die rechte Temperatur, und schnell ist auch
die Senderwahl getroffen. Ein Sprecher mit hoher Stimme, wie gesagt
das erste beste, meldet sich zu Wort: "Guten Abend, meine Damen und
Herren in fern und nah, Sie hören jetzt ein Gespräch mit dem englischen
Minister Sir Winston Churchill." Dann gibt der Sprecher das Mikrophon
frei, ein Mann in mittlerer Stimmlage läßt sich hören, der Reporter:
"Guten Abend allerseits."

Dann Sir Winston persönlich, mit sehr tiefer Stimme und deutlich
fremdländischem Einschlag: "Guten Abend allerseits."

Reporter: "Ich begrüße Sie sehr herzlich in unserem Senderaum.
Und gleich zur ersten Frage: Würden Sie unseren Hörern bitte sagen,
wie Sie aus Ihrer Sicht die augenblickliche Situation einschätzen?"

Sir Winston: "Das ist nicht allzu schwer. Ich bin fest davon überzeugt,
daß der ganze Schlamassel° bald zu Ende sein wird, allerhöchstens noch Chaos [snafu]
ein paar Wochen."

Reporter: "Und darf man fragen, woher Sie diese schöne Gewißheit
nehmen?"

Sir Winston (etwas verlegen): "Nun ja, an allen Fronten geht es gut
vorwärts. Es sieht ganz so aus, als könnten sich die Deutschen nicht
mehr lange halten."

Reporter: "Wunderbar. Und wie steht es speziell in der Gegend von
Bezanika?"

Ein kleiner Zwischenfall ereignet sich, das Schwitzen und die kalte
Luft im Keller, oder Jakob kommt irgend etwas in die Nase, jedenfalls
müssen Reporter, Sprecher und Sir Winston alle durcheinander niesen.

Reporter (faßt sich als erster): "Gesundheit, Herr Minister!"

Das "Gespräch" geht noch ein bisschen weiter. Wird Lina herausfinden,
dass es gar kein Radio gibt? Der Roman wurde 1975 in der DDR verfilmt;
Robin Williams spielte die Titelfigur in einer französisch-amerikanischen
Koproduktion (*Jakob the Liar,* 1999). Ab 1977 lebte Becker in West-Berlin.

Heiner Müller

Einer der wichtigsten Dramatiker der 2. Hälfte des 20. Jahrhunderts ist Heiner Müller (1929 in Sachsen – 1995 in Berlin). In den 60er Jahren durften einige seiner Stücke nicht aufgeführt werden, da sie den Sozialismus kritisierten. Danach bearbeitete er vor allem antike Stoffe (*Prometheus*, 1968, *Ödipus Tyrann*, 1969) und Stoffe aus der deutschen Geschichte (*Germania Tod in Berlin*, 1976). Er meinte, die DDR-Wirklichkeit biete keine relevanten dramatischen Konflikte. Seine Hauptthemen sind Gewalt, die Unmöglichkeit einer Revolution und der Verlust von Vernunft und Humanität. Dazu stellte er fest: "Ich habe Geschichte nie harmonisch erlebt, und mich interessiert Harmonie eigentlich nicht." Nach 1989 war er verstärkt als Regisseur tätig.

Thema: Frauen-Utopie in der DDR

Irmtraud Morgner

"Was ich gern schreiben würde: Das Evangelium einer Prophetin. Es gab Prophetinnen, aber die hatten keinen Evangelisten. Ich meine das nicht religiös. Ich meine, dass die Frauen, wenn sie die Menschwerdung in Angriff nehmen wollen, ein Genie gut brauchen könnten. Ich möchte die gute Botschaft schreiben von einer genialen Frau, die die Frauen in die Historie einführt." Das sagte Irmtraud Morgner in einem Interview.

Mit Trobadora Beatriz, einer Dichterin, die nach 800 Jahren Schlaf erwacht, hat sie diese geniale Frau erfunden (*Leben und Abenteuer der Trobadora Beatriz*, 1974). Mit Beatriz tritt die Geschichte der Frauen als Person auf und gibt Frauen ihre Geschichte. Morgner (1933 in Chemnitz – 1990 in Berlin) verwendet Märchenmotive, Mythologisches, Verfremdung und viel Fantasie und Humor. Sie schreibt gegen gesellschaftlich festgelegte Rollen von Frauen.

Trobadora Beatriz wurde in der DDR zur Bibel der Frauenemanzipation und auch im Westen zum Bestseller. Morgner sieht darin die DDR 1974 als ein gelobtes Land für Frauen: die gesetzliche Diskriminierung ist beseitigt, Frauen sind weitgehend ökonomisch unabhängig, für die sexuelle Befreiung haben legale Abtreibung und Pille einiges getan.

Ihr letztes Interview gab Morgner Ende November 1989, nach der Öffnung der Grenzen. Sie war schwer krank und im Krankenhaus. Das Interview erschien in der feministischen Zeitschrift *Emma*. In einem Brief an die Leserinnen dazu schrieb Morgner über das Ende der DDR:

> Die Freude über den Aufbruch in meinem Land überwältigte mich fast. Die Freude, aber auch der Schmerz, gerade jetzt ans Bett gefesselt zu sein, nicht dabei sein zu können, nicht mal bei den Demos. Die große Trauerarbeit wegen der politischen und materiellen Herabwirtschaftung° meines Vater-Landes (Heimat ist was anderes), aber auch wegen Mitschuld

schlechtes Wirtschaften, das zu Bankrott führt

> mußte ich tatenlos bewältigen. Denn auch ich habe ja im Prinzip trotz allem zu diesem Vater-Land gehalten, weil der Kapitalismus für mich keine Alternative war und ist, für Frauen schon gar nicht.

Andere Autor/innen hatten mehr Zeit, sich mit ihrer Verantwortung auseinanderzusetzen und mit der Frage, was sie zur Revolution beigetragen hätten. Christa Wolf zum Beispiel rechtfertigte sich mit der Erzählung *Was bleibt* (1990).

Thema: Realismus und Kritik an der DDR

Volker Braun

1971 verkündete Erich Honecker die "Enttabuisierung" der Literatur. In den 70er Jahren war die Kulturpolitik der DDR vorübergehend liberaler und erlaubte kritische Auseinandersetzung mit dem "real existierenden Sozialismus". Hier entstanden Dramen von Volker Braun (geb. 1939 in Dresden) wie *Die Kipper* (1972) oder *Hinze und Kunze* (1973) über Konflikte zwischen Individuum und Kollektiv.

Ausgebürgert: Wolf Biermann

Zeilen wie die folgenden waren der Grund, dass ihr Verfasser ab 1965 in der DDR nicht mehr publizieren oder auftreten und singen durfte. Er durfte auch nicht ausreisen.

Ein Gedicht erzählt knapp die Geschichte von einem Mann namens Fredi, der eine Art Bauarbeiter ist in Buckow. Er tut etwas Verbotenes: Er tanzt Rock 'n' Roll (er hat "auseinander getanzt"). Zwei gute Sozialisten ("zwei Kerle") verhauen ihn dafür. Fredi wehrt sich. Die Polizei kommt, aber sie hilft Fredi nicht, sondern schlägt ihn noch mehr (sie "hat Fredi halb tot gehaun"). Die Buckower fürchten die Polizei und helfen Fredi auch nicht. Sie sehen zu. Dann kommt Fredi vor Gericht als "Konterrevolutionär". Er muss für zwölf Wochen ins Gefängnis. Seitdem ist er zornig und erzählt oft seine Geschichte. Und so geht die Ballade weiter:

Tipp: Lesen oder hören Sie die ganze Ballade (zum Beispiel auf <www.mitglied.lycos.de/morgenrot0815/lie/wol.htm>

> Junge, ich hab schon Leute weinen sehn.
> Junge, das war manchmal schon nicht mehr schön.
> Aber nützt uns das?
> Nein.
>
> Und er findet noch kein Ende,
> und er ist voll Bitterkeit,
> und er glaubt nicht einen Faden
> mehr an Gerechtigkeit.

8.3 Wolf Biermann bei einem Konzert

> Er ist für den Sozialismus
> und für den neuen Staat.
> Aber den Staat in Buckow,
> den hat er gründlich satt.
>
> Junge, ich hab schon Leute fluchen sehn.
> Junge, das war manchmal schon nicht mehr schön.
> Aber nützt uns das?
> Nein!
>
> Da gingen einige Jahre ins Land.
> Da gingen einige Reden ins Land.
> Da änderte sich allerhand,
> daß mancher sich nicht wiederfand.
> Und als der zehnte Sputnik flog,
> da wurde heiß auseinander getanzt.
> Der Staatsanwalt war selbst so frei.
> Und Fredi sah ihm zu dabei.
>
> Junge, ich hab schon Leute sich ändern sehn.
> Junge, das war manchmal schon nicht mehr schön.
> Aber nützt uns das?
> (Ja...)

Der Refrain wird nach jeder Episode abgewandelt. Das "Ich" sieht Tanz, Schlägerei, Zuschauen, Trauer, Zorn und zuletzt nach einiger Zeit Veränderungen. In jedem Refrain stellt das "Ich" die Frage, "Aber nützt uns das?" und antwortet "Nein!" Nur beim letzten Mal, als es sieht, wie Leute (sogar der Staatsanwalt) und politische Meinungen sich ändern, antwortet er "Ja", aber nicht enthusiastisch und wiederholt, sondern in Klammern, also zaghaft und leise.

Diese Verse stammen aus der *Ballade von dem Drainage-Leger Fredi Rohsmeisl aus Buckow* in der Gedicht- und Liedersammlung *Die Drahtharfe* (1965) von Wolf Biermann. Der Lyriker und Liedermacher Wolf Biermann (geb. 1936) stammte aus einer Hamburger Familie von Kommunisten der ersten Stunde. Sein Vater starb in Auschwitz. Als überzeugter Sozialist ging Biermann 1953 in die DDR. Wegen seiner kritischen Haltung wurde er schon 1963 aus der SED ausgeschlossen. Auch den nächsten Band *Marx- und Engelszungen* (1968) konnte er nur in West-Berlin veröffentlichen. Es sind gesellschaftskritische und oft polemische Gedichte und Lieder. 1976 ging er trotz Reiseverbot auf Tournee durch die BRD. Während dieser Tournee wurde ihm die Staatsbürgerschaft der DDR entzogen. Eine Reihe von Schriftsteller/innen unterschrieben einen Protest dagegen. Sie wurden von der SED ausgeschlossen. Jurek Becker, Sarah Kirsch, Reiner Kunze,

Hans Joachim Schädlich und andere stellten daraufhin Ausreiseanträge und durften ebenfalls die DDR verlassen.

Thema: Natur und Mensch

Christa Wolf: *Störfall. Nachrichten eines Tages* (Erzählung, 1987)

Christa Wolf entwickelte in den 70er und 80er Jahren einen realistischen Erzählstil, der zunehmend subjektiv wurde, weniger "sozialistisch", wenn sie auch DDR-treu blieb. Das trug ihr den Vorwurf ein, subjektivistisch und west-freundlich zu sein. Ihr Erzählen wird "Nachdenken", und der Leser soll mit-nachdenken. Einmal steht es sogar im Titel: *Nachdenken über Christa T.* (1968).

Am 26. April 1986 explodierte in Tschernobyl in der Ukraine ein Atomreaktor, und der Wind trieb die Radioaktivität nach Westen. Dies ist eine der zwei "Nachrichten", die am Anfang der Erzählung *Störfall* stehen und das Nachdenken und Erinnern der Erzählerin bestimmen. Die Medien verharmlosen den Super-GAU zum "Störfall", einer unangenehmen Unterbrechung. Die andere Nachricht ist eine private: Der Bruder der Erzählerin hat einen Gehirntumor und wird operiert. Beide Nachrichten regen zu Fragen an, etwa: Dienen die wissenschaftlich-technischen Möglichkeiten dem Wohl der Menschen? Ist Fortschritt kontrollierbar? Ist er immer gut und wünschenswert? Wolf schreibt:

> Jede relativ neue Technologie, hören wir nun, fordere zunächst auch Opfer. Ich habe versucht, mich dagegen zu wappnen, daß auf dem Fernsehschirm die Gesichter von Menschen auftauchen könnten – sie *sind* aufgetaucht, die sich bemühen würden, ein Lächeln zustande zu bringen. Deren Haare ausgefallen sein würden. Deren Ärzte das Wort 'tapfer' verwenden würden. [...] Das Wort 'Katastrophe' ist solange nicht zugelassen, wie die Gefahr besteht, daß aus der Katastrophe das Verhängnis wird.

Aufgaben zur Literatur

Ulrich Plenzdorf: *Die neuen Leiden des jungen W.*

1. Was wissen Sie jetzt über die beiden Werke? Füllen Sie die Tabelle aus.

	Leiden des jungen Werthers	Die neuen Leiden des jungen W.
Autor		
Erscheinungsjahr		
Hauptfigur		
die Hauptfigur hat eine Beziehung zu		
ist adressiert an		
ist geschrieben in Form von		

2. Was erfahren Sie über die Hauptfigur Edgar Wibeau?

Wohnort/-platz	
Arbeitsstätte	
Schule	
Familie	
Berufswunsch	
Talente	
Freunde	

3. Welche Ausdrücke sind Synonyme für "er begeht Freitod"? Kreuzen Sie alle richtigen an.

_____ er tut sich leid

_____ er ist zigmal mit ihr allein

_____ er macht Selbstmord

_____ er gibt den Löffel ab

_____ ihm ist nicht zu helfen

_____ er schießt sich ein Loch in die Birne

_____ er ist ziemlich sauer

_____ er ist völlig verblödet

_____ er handelt sich Schellen ein

_____ er murkst sich ab

_____ er geht unsachgemäß mit elektrischem Strom um

Reiner Kunze: _Die wunderbaren Jahre_: "Fünfzehn"

1. Wer spricht in diesem Text?
2. Mit wem?
3. Worüber?
4. Welche Bedeutung haben die folgenden Themen für "sie"? Und wie reagiert der Erzähler darauf? Füllen Sie die Tabelle aus.

Thema	Bedeutung für "sie"	Reaktion des Erzählers
Kleidung		
Lautstärke der Musik		
Ideen		
Chaos		

5. Welche Lebensbeschränkungen in der DDR spricht dieser Text an?

Jurek Becker: _Jakob der Lügner_

1. Zeichnen Sie die Szene. Wo ist Jakob, wo ist Lina am Ende?
2. Welche Personen imitiert Jakob? Machen Sie eine Liste.
3. Welche Geräusche imitiert er? Machen Sie noch eine Liste.
4. Welche Sorgen und Probleme hat Jakob und wie überwindet er sie?
5. Warum spielt Jakob "Radio"?
6. Schreiben Sie das Gespräch zwischen Churchill und dem Reporter weiter. Bedenken Sie dabei, welche Themen für die kleine Lina noch wichtig wären. Spielen Sie dann Ihren Text vor.

Irmtraud Morgner

1. Welche Ziele der Frauenbewegung spricht Morgner an? Machen Sie eine Liste.
2. Welche dieser Ziele finden Sie heute verwirklicht?
3. Erklären Sie das folgende Zitat mit Ihren eigenen Worten: "Denn auch ich habe ja im Prinzip trotz allem zu diesem Vater-Land gehalten, weil der Kapitalismus für mich keine Alternative war und ist, für Frauen schon gar nicht."

Wolf Biermann: "Ballade von dem Drainage-Leger Fredi Rohsmeisl aus Buckow"

1. Warum ist "auseinander tanzen" so schlimm?
2. Was kritisiert das Lied?
3. Wen spricht es an?
4. Wer ist das "wir" im Refrain, auf das sich das Pronomen "uns" bezieht?

Zusammenfassung

1. Füllen Sie die Tabelle aus.

Vorname	Name	Lebensdaten	Probleme mit dem DDR Staat	wichtige Themen in den Werken
	Plenzdorf			
	Kunze			
	Becker			
	Müller			
	Morgner			
	Braun			
	Biermann			
	Wolf			

2. Lösungen zu Übung 4. (Geschichte und Kultur)

   a. die Mauer
   b. Altersheim
   c. *Trabant* (eine in der DDR hergestellte Automarke)
   d. eigener Spion
   e. Jeans
   f. Kuh
   g. Reis, Kartoffeln, Nudeln
   h. DJ
   i. Frisbee

Zeittafel

Politik und Wirtschaft	Literatur und Kultur	Internationales (besonders Ostblock)
1960–73 Walter Ulbricht ist Vorsitzender des Staatsrats (Staatsoberhaupt).	**1965** Wolf Biermann: *Die Drahtharfe* (Gedichte, West-Berlin).	**1966–69** "Kulturrevolution" in China.
1968 Die DDR erhält eine neue Verfassung. Die DDR ist beteiligt am Einmarsch von Truppen in die ČSSR.	**1968** Christa Wolf: *Nachdenken über Christa T.* (Roman).	**1968** Prager Frühling in der Tschechoslowakei; er wird durch Militäreinmarsch des Warschauer Pakts niedergeschlagen.
1971 Walter Ulbricht tritt als SED-Chef zurück; Erich Honecker wird sein Nachfolger.	**1968** Wolf Biermann: *Mit Marx- und Engelszungen* (Gedichte).	**1969** Alexander Solzhenitsyn wird vom Sowjetischen Schriftstellerverband ausgeschlossen.
1972 Der Grundlagenvertrag mit der BRD regelt u. a. den innerdeutschen Verkehr (BRD - DDR).	**1969** Jurek Becker: *Jakob der Lügner* (Roman).	**1970** Solzhenitsyn erhält den Nobelpreis.
1973 Aufnahme von DDR und BRD in die UNO.	**1971** Erich Honecker verkündet die "Enttabuisierung" der Literatur.	**1970** Volksfront-Regierung in Chile.
1973–76 Willi Stoph ist Vorsitzender des Staatsrats.	**1972** Ulrich Plenzdorf: *Die neuen Leiden des jungen W.* (Roman, als Drama 1974).	**1972** Richard Nixon besucht Peking.
1976–89 Erich Honecker ist Vorsitzender des Staatsrats.	**1974** Irmtraud Morgner: *Leben und Abenteuer der Trobadora Beatriz* (Roman).	**1973** Sturz der Regierung Salvador Allende in Chile.
1989 Egon Krenz ist Vorsitzender des Staatsrats.	**1976** Ausbürgerung von Wolf Biermann. Reiner Kunze: *Die wunderbaren Jahre* (Prosa, BRD).	**1974–89** In Ländern des Ostblocks einschließlich der DDR entstehen Friedens- und Bürgerbewegungen.
1989 Öffnung der DDR-Grenze nach Westen, Beseitigung der "Berliner Mauer".	**1977** Sarah Kirsch, Reiner Kunze, Hans Joachim Schädlich u. a. verlassen die DDR.	**1976** Mao Tse-tung stirbt.
1990 Staatliche Einheit der BRD und der ehemaligen DDR.	**1979** Der Schriftstellerverband der DDR schließt wichtige Autor/innen aus, darunter Stefan Heym.	**1980** In Polen wird der unabhängige Gewerkschaftsbund "Solidarność" gegründet.
	1979 Günter Kunert verlässt die DDR.	**1985** In der Sowjetunion beginnt die Ära Gorbatschow (bis 1991).
	1983 Theo Balden: Karl-Liebknecht-Denkmal in Berlin.	**1989** Niederschlagung der Demokratiebewegung in China.
	1987 Christa Wolf: *Störfall* (Erzählung).	

9

BRD, Österreich und die Schweiz bis 1989

9.1   Berliner Mauer. Graffiti "Deutschstunde" und Schulbank an der Mauer am Potsdamer Platz. (1985)

Geschichte und Kultur

Bundesrepublik Deutschland
Wohlstandsgesellschaft und soziale Sicherheit
Österreich
Die Schweiz
Westeuropa und die USA
Gesellschaftliche Veränderungen und Umweltbewusstsein
Architektur, Kunst und Musik
Neuer Deutscher Film und Popmusik
Aufgaben zur Geschichte und Kultur

Literatur

Thema: Autoritäten, Proteste und Reformen in den 60er Jahren
Uwe Timm: "Erziehung"
Thema: Politisches und sozialkritisches Theater
Martin Sperr: *Jagdszenen aus Niederbayern*
Thema: Innerlichkeit und Individualität
Peter Handke: *Publikumsbeschimpfung*
Thema: Der Terrorismus der 70er Jahre und die Macht der Medien
Heinrich Böll: *Die verlorene Ehre der Katharina Blum*
Thema: Frauenemanzipation
Thema: "Aufarbeitung" der Vergangenheit und Autobiografisches
Siegfried Lenz: *Deutschstunde*
Thema: Postmoderne und Rückkehr zum Erzählen
Patrick Süskind: *Das Parfum*
Aufgaben zur Literatur

Zeittafel (1966 bis 1989)

Begriffe

Autobiografie   Die eigene Lebensgeschichte und -erinnerung ist in der Literatur der 70er und 80er Jahre sehr wichtig.

Elfenbeinturm   Schlagwort für unpolitische Literatur und ihre Verfasser.

Frauenliteratur   Die Frauenbewegung der 70er bis 80er Jahre brachte auch eine Welle von literarischen Werken von Frauen über das Leben von Frauen in einer "Männergesellschaft". Deutschsprachige Frauenliteratur im weiteren Sinn (als von Frauen, über Frauen und für Frauen geschrieben) gibt es jedoch spätestens seit 1750.

Politische Literatur   Ab Mitte der 60er Jahre spaltet die Literatur sich stark in politisch engagierte Literatur und subjektivistische Literatur. Heinrich Böll und Günter Grass schreiben über politische und soziale Themen.

Ende von [break] **Postmoderne**   Der Begriff ist in den 60er Jahren aufgekommen. Wie "Moderne" ist er schwer zu definieren. Zunächst bezeichnete er den Bruch° mit den avantgardistischen Tendenzen der Moderne, d. h. Literatur erzählte wieder und erfand Geschichten.

Geschichte und Kultur

Bundesrepublik Deutschland

Mitte der 60er Jahre erweiterte sich die Kritik an den Universitäten zu einer "Studentenbewegung". Zehntausende junger Menschen protestierten gegen die Bundesregierung, die "Große Koalition" von CDU/CSU und SPD. Diese "außerparlamentarische Opposition" forderte Reformen des Staatswesens und protestierte gegen den Krieg der USA in Vietnam. Die Protesthaltung prägte Lebensform, Mode und Politik der nächsten Jahre. Die radikale Seite der Opposition formte die "Rote Armee Fraktion" (RAF), die Terror organisierte. Sie forderte 34 Menschenleben.

1969 wurde die "Große Koalition" nicht wiedergewählt, sondern von einer sozialliberalen Koalition (SPD und FDP abgelöst) und Bundeskanzler wurde Willy Brandt (bis 1974).

Die Ostpolitik der sozialliberalen Koalition war nicht mehr streng antikommunistisch. Eine der Parolen von Bundeskanzler Brandt lautete "Mehr Demokratie wagen". 1971 erhielt er den Friedensnobelpreis für seine Ostpolitik. Die Grundlagenverträge mit der Sowjetunion, Polen und der DDR leiteten eine Kommunikation mit dem Osten ein, die 1990 die staatliche deutsche Einheit ermöglichte.

Wohlstandsgesellschaft° und soziale Sicherheit

° Gesellschaft, in der es wenig Armut gibt [affluent society]

Die BRD, Österreich und die Schweiz gehören zu den Ländern Westeuropas, in denen technischer Fortschrift und eine florierende Wirtschaft zusammen mit starker Sozialpartnerschaft ("soziale Marktwirtschaft") in der zweiten Hälfte des 20. Jahrhunderts einen Anstieg des Lebensstandards zu allgemeinem Wohlstand ermöglichen. In den 80er Jahren steigt die Arbeitslosenzahl stark an und Reformen des sozialen Netzes sind seitdem ein wichtiges Thema der Politik.

Österreich

Österreich entwickelte sich vor allem in den 13 Jahren nach 1971, in denen die Sozialdemokratische Partei die Regierung stellte (SPÖ, Bundeskanzler Kreisky), und den Koalitionsjahren danach zu einem sozialen, modernen und wirtschaftlich starken Staat. Bundeskanzler Kreisky wurde zum Symbol für Modernisierung und Weltoffenheit. Aufgrund seiner geografischen Lage bildete Österreich bis zum Zusammenbruch der kommunistischen Regimes den westlichen demokratischen Vorposten° gegen die Länder des Ostblocks.

° [forward post]

Gleichzeitig gewann die zweite Republik neues Nationalbewusstsein, indem sie sich von der BRD abgrenzte und sich als erstes Opfer des Nationalsozialismus sehen wollte. Der "Anschluss" und die Beteiligung an den Verbrechen des Nazi-Regimes wurden deshalb lange Zeit kaum aufgearbeitet.

Entsprechende literarische Werke führten zu Skandalen. 1986 gab es weltweit Empörung, als bekannt wurde, dass Bundespräsidentschaftskandidat Kurt Waldheim Mitglied der SA gewesen war. Er wurde trotzdem zum Präsidenten gewählt. Erst die Regierung von Bundeskanzler Franz Vranitzky (1986–97) bekannte sich zur Mitverantwortung der Österreicher an den Verbrechen des Nationalsozialismus.

Die Schweiz

Obwohl die Schweiz ein fortschrittliches und freiheitliches Land ist, waren der Weg zur Gleichberechtigung der Frauen in Politik und Wirtschaft hier besonders lang. Erst seit 1971 sind die Frauen in Angelegenheiten der Gesamt-Schweiz stimm- und wahlberechtigt. Die meisten Kantone und Gemeinden folgten einige Jahre später, die letzten in den 90er Jahren. In anderen europäischen Ländern und der Sowjetunion hatten die Frauen schon lange das Wahlrecht (Finnland 1906, Sowjetunion 1917, Östereich 1918, Deutschland 1919, Grossbritannien 1928, Frankreich 1944). Der Frauenanteil im Parlament ist seit 1971 kontinuierlich von 5% auf über 20% gestiegen.

Westeuropa und die USA

Der Vietnamkrieg erregte Kritik an den USA als westlicher Führungsmacht. Außerdem wird der Nahe Osten zum weltpolitischen Krisengebiet. Hier bildet sich ein Zentrum des Terrorismus, an dem sich radikale Gruppen in Westeuropa orientieren. 1972 werden bei den Olympischen Spielen in München die israelischen Sportler Opfer eines Attentats°.

Mordversuch [assassination attempt]

Die Vorstellung von Europa als einer politischen Einheit wächst. Sie hat ein wirtschaftliches Fundament und baut auf auf den europäischen Handelszonen EWG und EFTA, die 1991 vereinigt werden.

Der "Kalte Krieg", das Wettrüsten der Supermächte USA und Sowjetunion (und ihrer Verbündeten in der NATO bzw. im Warschauer Pakt), endet mit dem Zusammenbruch der DDR (1989) und der Auflösung der Sowjetunion zwei Jahre später.

Gesellschaftliche Veränderungen und Umweltbewusstsein

Weitere "Bewegungen" verändern die Gesellschaft seit den Studentenunruhen von 1968: die Frauenbewegung, die Friedens- und die ökologisch-alternative Bewegung. Religiöse und moralische Traditionen haben an Einfluss verloren und viele Tabus sind gefallen. Aus der Umweltbewegung ist die Partei der "Grünen" entstanden. Gesundheitswarnungen und Katastrophen wie die von Tschernobyl (Ukraine, 1986) stärkten allgemein das Bewusstsein für Umweltverschmutzung.

Als Folge der "Pille" ist die durchschnittliche Kinderzahl pro Familie in den 70er Jahren drastisch zurückgegangen. Frauen sind in "Männerberufe" vorgedrungen. Abtreibung wurde legalisiert.

Die westdeutsche Frauenbewegung ist eng verbunden mit dem Namen Alice Schwarzer und ihrer Zeitschrift *Emma*. 1980 schrieb sie zum Tabuthema Diäten und Schlankheitswahn: "Während Männer Karriere machen, machen Frauen Diäten. Während Männer das Leben genießen, zählen Frauen Kalorien. Kurzum, Frauen sollen sich dünne machen°. In jeder Beziehung."

sich dünn machen: (figurativ) verschwinden

Der Feminismus hat auch die Literaturwissenschaft verändert. Seit den 70er Jahren wurden viele vergessene und vernachlässigte Autorinnen wiederentdeckt und in Schule und Studium gelesen.

Mit der Friedensbewegung reagierten die Menschen auf unterster Ebene ("grass roots") auf den "Kalten Krieg" und das Wettrüsten. Sogar die Popmusik profitierte davon. Die Gruppe *Geier Sturzflug* landete 1983 einen Hit mit dem ironischen Titel "Besuchen Sie Europa (solange es noch steht)".

Architektur, Kunst und Musik

In den 60er und 70er Jahren folgt die Kunst in der BRD, in Österreich und der Schweiz der internationalen Entwicklung. Kinetik, monochrome Malerei, Neokonstruktivismus, Color-field-painting, Neosurealismus, Pop-art etc.

Markus Lüpertz ist einer der Vorläufer der "Neuen Wilden". *Der Fürst geht auf die Jagd* (1982) ist ein bekanntes Werk von ihm. Joseph Beuys gehört zu den hervorragenden Künstlern der 70er und 80er Jahre. Er erweiterte die Kunstform Skulptur, indem er Skulptur als Entwicklungsprozess definierte *(Blitzschlag mit Lichtschein auf Hirsch*, 1958–85, Frankfurt, Museum für moderne Kunst). Beuys setzte Kunst und Leben gleich und nannte es "soziale Plastik".

Als Grafiker wie als Maler gleich erfolgreich ist der Österreicher Friedensreich Hundertwasser. Er hat außerdem mit architektonischen Entwürfen Aufmerksamkeit erregt (*Hundertwasserhaus* in Wien, 1983–85). Andere Künstler legten den Schwerpunkt auf die Körperkunst ("Performance"). Andererseits entstanden große Plastiken für Plätze im Freien. Die Videokamera wird das Mittel der Dokumentation, und Videokunst nimmt eine eigene Entwicklung. Charakteristisch ist das Experimentieren mit verschiedenen Materialien, Medien und Konstruktionen, die Aufhebung der

9.2 "Bildung für alle" – Ende der 60er Jahre wurden Studiengebühren abgeschafft. In kleineren Städten wurden neue Universitäten gegründet und am Stadtrand im amerikanischen Campus-Stil gebaut (hier Universität Regensburg)

traditionellen Kunstgattungen und die Entwicklung neuer Ausdrucksformen (zum Beispiel *Happening, Environment*).

Das Märkische Viertel in Berlin (1963–76) und das Olympiastadion in München (1970–72) wurden zu architektonischen Symbolen ihrer Zeit. Die moderne und postmoderne Architektur ist vielfältig und international. Besonders beachtet wird der Neubau des Museums Wallraf-Richartz/Ludwig und der Philharmonie in Köln (1980–86). Architekten wie der Österreicher Hans Hollein (*Haas-Haus* in Wien, 1987–90) sind international tätig und anerkannt. Die österreichische Gruppe "Coop Himmelblau" hat mit dekonstruktivistischen Bauten Aufmerksamkeit erregt.

In der Musikgeschichte geht um 1970 die Zeit der experimentellen Musik zu Ende. Elektronische und serielle Musik verzichten auf alle herkömmlichen Elemente (Karl Stockhausen).

Neuer Deutscher Film und Popmusik

1962 wurde in einem Manifest von Filmemachern die Bezeichnung "Neuer Deutscher Film" geprägt. Gemeint ist ein Film, der durch eine "neue Sprache" den konventionellen Film ablösen wollte. Die Regisseure verstanden sich als Autoren. Sie wollten Kritik üben an sozialen Verhältnissen, Verhaltensweisen und politischen Problemen. Regisseure wie Alexander Kluge, Rainer Werner Fassbinder, Werner Herzog, Volker Schlöndorff, Helke Sanders-Brahms, Margarethe von Trotta und Wim Wenders stehen für den Neuen Deutschen Film in den späten 60er und in den 70er Jahren.

Junge Leute hörten am liebsten amerikanische Rockmusik. Der *New Wave* aus Großbritannien fand ab 1980 in der "Neuen Deutschen Welle" einen Ableger (DÖF, Extrabreit, Spliff). Es gab auch bekannte deutsche Rapper wie Dendemann und Samy Deluxe.

Aufgaben zur Geschichte und Kultur

1. Welche Themen standen für die drei Alternativbewegungen, die aus der Studentenbewegung hervorgegangen sind, im Mittelpunkt? Friedensbewegung, Frauenbewegung, Umweltbewegung.

2. Lesen Sie die folgenden Aussagen und sagen Sie, ob sie richtig (R) oder falsch (F) sind. Korrigieren Sie die falschen Aussagen.

   _____ Die "APO" war eine terroristische Gruppe.

   _____ Die Student/innen in Deutschland demonstrierten gegen den Vietnam-Krieg.

   _____ Willy Brandt erhielt den Friedensnobelpreis.

   _____ Immer mehr Menschen fanden in den 80er Jahren Arbeit.

   _____ Österreichs Bundeskanzler Kreisky ist bekannt für seine Weltoffenheit.

   _____ Österreichs Bundespräsident Waldheim war ein Opfer des Nationalsozialismus gewesen.

   _____ Die Schweizer Frauen bekamen erst in den 90er Jahren das volle Wahlrecht.

   _____ Der Vietnam-Krieg etablierte die USA als westliche Führungsmacht.

   _____ Bei den Olympischen Spielen in München haben Terroristen israelische Sportler ermordet.

   _____ Der Kalte Krieg endete Anfang der 90er Jahre.

   _____ Alice Schwarzer legalisierte den Schlankheitswahn.

   _____ Künstler verwendeten immer mehr andere Medien als in der traditionellen Malerei.

   _____ Friedensreich Hundertwasser und Markus Lüpertz sind Vertreter des Neuen Deutschen Films.

3. Mini-Referate
   a. Tschernobyl
   b. "Die Grünen"
   c. der "Anschluss" Österreichs

Literatur

Thema: Autoritäten, Proteste und Reformen in den 60er Jahren

Uwe Timm

Der folgende Text ist von Uwe Timm (geb. 1940 in Hamburg), einem der erfolgreichsten westdeutschen Schriftsteller. Das Gedicht stammt aus dem Umfeld der Protest- und Reformbewegung der 60er Jahre. Es bildet autoritäres Rollenverhalten "konkret" ab und macht "Erziehungsberechtigte°" auf traditionelle Autoritätsverhältnisse aufmerksam.

[parents and legal guardians]

> **Erziehung**
>
> laß das
> komm sofort her
> bring das hin
> kannst du nicht hören
> hol das sofort her
> kannst du nicht verstehen
> sei ruhig
> faß das nicht an
> sitz ruhig
> nimm das nicht in den Mund
> schrei nicht stell das sofort wieder weg
> paß auf
> nimm die Finger weg
> sitz ruhig
> mach dich nicht schmutzig
> bring das sofort wieder zurück
> schmier dich nicht voll
> sei ruhig
> laß das
>
> wer nicht hören will
> muß fühlen

"Erziehung" lässt sich auch politisch lesen. Die Auseinandersetzung mit der deutschen Vergangenheit war für die deutsche Studentenbewegung sehr wichtig. Die Leser/innen sollten zu einem anderen Umgang mit Autoritäten "erzogen" werden.

Thema: Politisches und sozialkritisches Theater

Martin Sperr: *Jagdszenen aus Niederbayern*

Das ist nicht die Idylle der Heimatfilme aus den 50er Jahren. In *Jagdszenen aus Niederbayern* (1966) von Martin Sperr werden nicht Tiere gejagt, sondern ein Homosexueller. Es spielt in einem Dorf in der Provinz. Abram mag den verhaltensgestörten Rovo, der wie er ein Außenseiter ist. Aber er will es "versuchen" mit einer Frau. Tonka wird schwanger von ihm, und er ermordet sie im Affekt. Sperr nannte es ein "Volksstück". Die meisten Volksstücke (Dramen im Bauern- und Kleinbürger-Milieu) sind leichte Komödien. Sperr aber ist ernst und kritisch.

Lesen Sie einen Teil der dritten Szene, wo Abram erstmals auftritt und mit seiner Mutter über sein "Anderssein" redet. Sie will nicht, dass er bei ihr bleibt.

ABRAM   Warum hast du mich auf die Welt gebracht, wenn ich dir immer lästig war, wenn –

BARBARA   Hab ich gewußt, was aus dir wird? Hätt mirs sonst schon überlegt! Ich – schäm mich zu Tod mit dir –

ABRAM   Glaubst, es gibt einen Garantieschein dafür, wie man wird? Warum erzählst du allen, daß ich im Gefängnis war, die Leut brauchen --

BARBARA   Die Leut! Die Leut! Was gehen mich die Leut an.

ABRAM   Warum verschreist° du mich schon wieder im Dorf? Überall muß ich Rede und Antwort stehen. Wohin wir kommen –

°jdn. verschreien: schlecht reden über jmd.

BARBARA   Wir! Weil du immer hinter mir herkommst, deshalb: Wir!

Abram setzt den Koffer ab.

ABRAM   Ich weiß doch, so wie ich lebe, darf ich nicht leben.

BARBARA   Wenn du das weißt, warum tust dus dann? *Pause.*

ABRAM   Ich kann nicht so weiterleben, wie bisher. Ich, herrgott, ich bin doch nicht gern so.

BARBARA   Warum bist du dann, wie du bist?!

ABRAM   Das verstehst du nicht, Mutter.

BARBARA   Warum rennst du dann hinter mir her? Warum soll ich dir dauernd helfen, wenn ichs nicht versteh?!

ABRAM   *nach einer Pause*: Ich hab im Fasching° in Kehlheim die Tonka kennengelernt. Ich – also, sie liebt michund ich – ich will mich bemühen. Ich wills mit der Tonka versuchen. Weil: So kanns doch nicht weitergehen. Ich muß –

°Karneval

BARBARA   Wie dein Vater bist du! Du willst es also mit der Tonka versuchen! *Sie lacht.*

ABRAM   Mit irgend jemand muß ichs schließlich versuchen, oder?

BARBARA   Und du glaubst, daß ich zuschau, wie du sie in den Dreck zerren wirst. Und wie du sie im Dreck liegen lassen wirst! Wie dein Vater – Geh! Ich muß arbeiten. [...]

ABRAM   [...] Ich hab das Recht dazubleiben. Wie du!

BARBARA   Du hast kein Recht. Man hat kein Recht, wenn man gegen die Natur lebt.

ABRAM   Ist das vielleicht natürlich, wenn du mich immer wegjagst. Als Mutter –

BARBARA   *wild*: Erwürgen hätt ich dich sollen!

> *Beide schweigen. Zenta tritt auf. Sie sieht Abram bei Barbara und winkt den anderen. Die Leute kommen langsam nach vorne und hören zu.*

ABRAM   [...]

BARBARA   [...]

ABRAM   *lenkt ab, da Barbara nicht weiterspricht:* Warum erzählst du zum Beispiel überall, daß ich im Gefängnis war? *Pause.* Wo – wo soll ich denn bloß hin? *Pause.* Wohin denn? Wenn nirgends Arbeit ist und überhaupt. Was hast du davon, wenns die Leut wissen?

BARBARA   Ich hoff, sie schlagen dich solang, bis du freiwillig gehst, ich hoff, sie schlagen dich aus dem Dorf hinaus. Vielleicht schlagen sie dich auch tot. Und ich wünsch mirs, daß sie dich totschlagen. Da im Dorf ists noch nicht wie in der Stadt, wo man das modern findet. Ich weiß bestimmt, daß sie was gegen dich haben, die Leut –

ZENTA   Ja.

> *Abram und Barbara fahren herum.*

ABRAM   Aus ists.

BARBARA   Sag doch, daß du mit Männern verkehrst! Sie wissens doch schon alle!

ABRAM   Na und!

MAX   Was? Ist der noch stolz darauf!

BARBARA   Wenn es wahr ist, kannst du es doch ruhig zugeben. Sag es laut und deutlich. Sags, was du bist! Sag, ich bin so einer.

> *Abram läuft weg. Die Leut sehen ihm nach. [...]*

   1969 wurde das Strafrecht reformiert: aktive Homosexualität war nun nicht mehr kriminell. Peter Fleischmann machte 1969 aus *Jagdszenen aus Niederbayern* einen Autorenfilm.

In der BRD, in Österreich und der Schweiz werden Theater und Oper viel mehr als in den USA staatlich subventioniert. Die Theaterszene ist reich, sogar in kleinen Städten. In den 70er und 80er Jahren sind Thomas Bernhard, Botho Strauß, Franz Xaver Kroetz, Heiner Müller und Elfriede Jelinek nur einige von vielen Dramatiker/innen.

Thema: Innerlichkeit und Individualität

Peter Handke: *Publikumsbeschimpfung* (1966)

Er gehört zu den wichtigsten österreichischen Autoren der zweiten Jahrhunderthälfte. Peter Handke (geb. 1942) machte 1966 mit seinem "Sprechstück" *Publikumsbeschimpfung* auf sich aufmerksam. Tatsächlich geschieht nichts als dass vier Schauspieler das Publikum beschimpfen. Das war Handkes radikale Kritik am Theater. Er meinte, Theater könne keine 'wirkliche' Handlung darstellen. In seinem Stück machen die realen Reaktionen der Zuschauer die eigentliche Handlung.

> Sie sind willkommen.
> Dieses Stück ist eine Vorrede.
>
> Sie werden hier nichts hören, was Sie nicht schon gehört haben.
> Sie werden hier nichts sehen, was Sie nicht schon gesehen haben.
> Sie werden hier nichts von dem sehen, was Sie hier immer gesehen haben.
> Sie werden hier nichts von dem hören, was Sie hier immer gehört haben.
> Sie werden hören, was Sie sonst gesehen haben.
> Sie werden hören, was Sie hier sonst nicht gesehen haben.
> Sie werden kein Schauspiel sehen.
> Ihre Schaulust wird nicht befriedigt werden.
> Sie werden kein Spiel sehen.
> Hier wird nicht gespielt werden.
> Sie werden ein Schauspiel ohne Bilder sehen.
> Sie haben sich etwas erwartet.
> Sie haben sich vielleicht etwas anderes erwartet.
> Sie haben sich Gegenstände erwartet.
> Sie haben sich keine Gegenstände erwartet.
> Sie haben sich eine Atmosphäre erwartet.
> Sie haben sich eine andere Welt erwartet.
> Sie haben sich keine andere Welt erwartet.
> Jedenfalls haben Sie sich etwas erwartet.
> Allenfalls haben Sie sich das erwartet, was Sie hier hören.
> Aber auch in diesem Fall haben Sie sich etwas anderes erwartet.
> Sie sitzen in Reihen. Sie bilden ein Muster.
> Sie sitzen in einer gewissen Ordnung.

Auch die Hauptfiguren von Handkes Romanen und Erzählungen dieser Jahrzehnte wollen nicht die Welt verändern, sind nicht politisch aktiv. Sie sind ganz mit sich beschäftigt und bemühen sich, als Individuen in Harmonie zu leben. Diese Harmonie drückt sich in der Sprache aus. Die Erzählung *Die Angst des Tormanns beim Elfmeter*° (1970) steht die Entdeckung eines Mörders durch die Polizei bevor. Handke erzählt keinen spannenden Krimi, sondern die innere Entwicklung des ehemaligen Tormanns Josef Block, der über sich in der Zeitung liest. Er erlebt die Sprache als fremde, schwer deutbare Signale. Das Deuten erinnert ihn an seine Erfahrungen als Torwart, der im Voraus das Ziel erkennen muss, das der Elfmeterschütze nimmt.

[penalty kick (from eleven meters)]

> Dem Monteur Josef Bloch, der früher ein bekannter Tormann gewesen war, wurde, als er sich am Vormittag zur Arbeit meldete, mitgeteilt, daß er entlassen sei. Jedenfalls legte Bloch die Tatsache, daß bei seinem Erscheinen in der Tür der Bauhütte, wo sich die Arbeiter gerade aufhielten, nur der Polier von der Jause aufschaute, als eine solche Mitteilung aus und verließ das Baugelände. Auf der Straße hob er den Arm, aber das Auto, das an ihm vorbeifuhr, war — wenn Bloch den Arm auch gar nicht um ein Taxi gehoben hatte — kein Taxi gewesen. Schließlich hörte er vor sich ein Bremsgeräusch; Bloch drehte sich um: hinter ihm stand ein Taxi, der Taxifahrer schimpfte; Bloch drehte sich wieder um, stieg ein und ließ sich zum Naschmarkt fahren.
>
> Es war ein schöner Oktobertag. Bloch aß an einem Stand eine heiße Wurst und ging dann zwischen den Ständen durch zu einem Kino. Alles, was er sah, störte ihn; er versuchte, möglichst wenig wahrzunehmen. Im Kino drinnen atmete er auf. Im nachhinein wunderte er sich, daß die Kassiererin die Geste, mit der er das Geld, ohne etwas zu sagen, auf den drehbaren Teller gelegt hatte, mit einer anderen Geste wie selbstverständlich beantwortet hatte. Neben der Leinwand bemerkte er eine elektrische Uhr mit beleuchtetem Zifferblatt. Mitten im Film hörte er eine Glocke läuten; er war lange unschlüssig, ob sie in dem Film läutete oder draußen in dem Kirchturm neben dem Naschmarkt.

Tipp: Hören Sie Handke selbst lesen in der "Akustischen Galerie" des Technischen Museums Wien <www.mediathek.ac.at>.

Handke schrieb auch Drehbücher für Filme, zum Beispiel zu *Falsche Bewegung* (1975, Regie Wim Wenders), in dem er Motive von Goethes Roman *Wilhelm Meisters Lehrjahre* verwendete, und zu *Der Himmel über Berlin* (1987, Regie Wim Wenders).

Thema: Der Terrorismus der 70er Jahre und die Macht der Medien

Heinrich Böll: *Die verlorene Ehre der Katharina Blum oder: Wie Gewalt entsteht und wohin sie führen kann* (Erzählung, 1974)

Heinrich Böll (1917–1985) erhielt 1972 den Nobelpreis für Literatur. Die Begründung lautete "für sein Schaffen, das durch die Verbindung von ungeschminkter Zeitbetrachtung und einfühlsamer Charakterisierungskunst zu einer Erneuerung der deutschen Literatur beigetragen hat". Böll engagierte sich stark für politische Themen und für verfolgte Schriftsteller im Ostblock. 1970 trat die terroristische Vereinigung "Rote Armee Fraktion" erstmals öffentlich auf. Sie befreite Andreas Baader, der wegen Kaufhausbrandstiftung° im Gefängnis war. Die RAF kämpfte gegen die "Herrschenden". Sie entführte und erpresste Industrielle, ermordete den Präsidenten der Arbeitgebervereinigung Schleyer (1977) und machte Überfälle auf Banken und besonders auf US-amerikanische Einrichtungen wie das Armee-Hauptquartier Heidelberg. Die Aktionen bewirkten aber nicht die erwartete Massensolidarisierung. 1972 wurden die führenden Mitglieder verhaftet. Als Teil der Terroristenverfolgung wurden in der BRD die Grundrechte (insbesondere das der freien Meinungsäußerung) eingeschränkt. Sympathisanten radikaler Gruppen durften nicht mehr Lehrer oder in anderen öffentlichen Berufen sein ("Radikalenerlass"). In diesem Kontext schrieb Böll die Erzählung *Die verlorene Ehre der Katharina Blum*. Böll problematisiert die Grenze zwischen den Rechten des Bürgers und den Pflichten des Staates. Er warnt davor, die Menschen als Gegenstand zu sehen, die der Staat verwaltet und mit den Mitteln der modernen Technik überwacht. Er kritisiert auch die Massenmedien.

> er hatte Feuer gelegt

Katharina Blum ist eine sensible junge Frau, die eine unglückliche Ehe hatte und nun als Haushälterin arbeitet. Auf einer Party lernt sie Ludwig Götten kennen, der sich als Bundeswehrdeserteur ausgibt. Sie verbringt die Nacht mit ihm und verhilft ihm zur Flucht. Götten wird als radikaler Verbrecher gesucht, und Katharina gerät in den Verdacht, seine Komplizin° zu sein. Werner Tötges ist Reporter für die "ZEITUNG", eine unseriöse Massenzeitung, die eindeutig auf die "Bild-Zeitung" anspielt. Töttges schreibt eine Serie über Katharina, die sie zum öffentlichen Skandal macht. Er verdreht die Tatsachen und betont das Sensationelle. Sie erhält daraufhin anonyme Briefe und Anrufe, verliert ihre Privatsphäre, ihr Ansehen und fast alle Freunde. Auch das Paar, für das sie arbeitet, Dr. Trude Blorna und Dr. Hubert Blorna, verliert ihr gesellschaftliches Ansehen und ihre Freunde. Sie halten aber trotzdem zu ihr.

> Helferin [accomplice]

Wohin könnte das führen? Nur so viel sei verraten: Katharina will Tötges nochmal treffen. Was könnte passieren? Denken Sie an den Titel.

Lesen Sie aus dem 22. Kapitel, was Trude und Hubert Blorna im Urlaub über Katharina und ihre eigenen Aussagen über ihre Angestellte lesen:

> Als er Freitag früh gegen halb zehn mürrisch zum Frühstück erschien, hielt Trude ihm schon die ZEITUNG entgegen. Katharina auf der Titelseite. Riesenfoto, Riesenlettern. RÄUBERLIEBCHEN KATHARINA BLUM VERWEIGERT AUSSAGE ÜBER HERRENBESUCHE. *Der seit eineinhalb Jahren gesuchte Bandit und Mörder Ludwig Götten hätte gestern verhaftet werden können, hätte nicht seine Geliebte, die Hausangestellte Katharina Blum, seine Spuren verwischt und seine Flucht gedeckt. Die Polizei vermutet, daß die Blum schon seit längerer Zeit in die Verschwörung verwickelt ist. (Weiteres siehe auf der Rückseite unter dem Titel: HERRENBESUCHE).*
>
> Dort auf der Rückseite las er dann, daß die ZEITUNG aus seiner Äußerung, Katharina sei klug und kühl "eiskalt und berechnend" gemacht hatte und aus seiner generellen Äußerung über Kriminalität, daß sie "durchaus eines Verbrechens fähig sei".

Nach ihrer Vernehmung durch die Polizei will Katharina nicht nach Hause gebracht werden, sondern auf ihre Freundin warten. Erst da stellt sie wichtige Fragen. Dieser Bericht ist indirekt und benutzt sehr lange Sätze, die hier gekürzt sind. Ausgelassenes ist in [...] :

Befragung durch die Polizei

Erklärung für die Medien
[press release]

> In diesem Augenblick erst zog Katharina die beiden Ausgaben der ZEITUNG aus der Tasche und fragte, ob der Staat – so drückte sie es aus – nichts tun könne, um sie gegen diesen Schmutz zu schützen und ihre verlorene Ehre wiederherzustellen. [...] Es sei ihr unbegreiflich, wie Einzelheiten aus der Vernehmung° – etwa der Herrenbesuch – hätten zur Kenntnis der ZEITUNG gelangen können, und alle diese erlogenen und erschwindelten Aussagen. Hier griff Staatsanwalt Hach ein und sagte, es habe natürlich angesichts des riesigen öffentlichen Interesses am Fall Götten eine Presseverlautbarung° herausgegeben werden müssen [...]. Im übrigen sei sie jetzt durch ihre Bekanntschaft mit Götten eine "Person der Zeitgeschichte" und damit Gegenstand berechtigten öffentlichen Interesses. Beleidigende und möglicherweise verleumderische Details der Berichterstattung könne sie zum Gegenstand einer Privatklage machen [...].

Katharinas Mutter liegt im Krankenhaus. Sie hatte eine Krebsoperation und darf keine Aufregung haben. Werner Tötges geht heimlich zu ihr, obwohl der Arzt es verboten hat. So sagt er wenigstens, aber vielleicht war das "Interview" auch erlogen:

Nun hatte Tötges [...] sich später Kollegen gegenüber geradezu damit gebrüstet, daß es ihm [...] gelungen sei, am Freitagmorgen dennoch zu Frau Blum vorzudringen, denn nichts sei so ergiebig wie Mütter, auch kranke; er habe Frau Blum mit den Fakten konfrontiert, sei nicht ganz sicher, ob sie das alles kapiert habe, denn Götten sei ihr offenbar kein Begriff gewesen, und sie habe gesagt: "Warum mußte das so enden, warum mußte das so kommen?", woraus er in der ZEITUNG machte: "So mußte es ja kommen, so mußte es ja enden." Die kleine Veränderung der Aussage von Frau Blum erklärte er damit, daß er als Reporter drauf eingestellt und gewohnt sei, "einfachen Menschen Artikulationshilfe zu geben".

Böll hatte die Macht der Massenmedien selbst erfahren. 1972 erklärte ihn die Bildzeitung zum Sympathisanten der Terroristen, weil er für einen besonnenen Umgang des Staates mit der RAF argumentierte. In der Vorbemerkung zu *Katharina Blum* heißt es: "Personen und Handlung dieser Erzählung sind frei erfunden. Sollten sich bei der Schilderung gewisser journalistischer Praktiken Ähnlichkeiten mit den Praktiken der 'Bild'-Zeitung ergeben haben, so sind diese Ähnlichkeiten weder beabsichtigt noch zufällig, sondern unvermeidlich."

Thema: Frauenemanzipation

In Folge der Frauenbewegung zusammen mit der subjektivistischen Richtung entstanden wichtige Werke, die die Rolle der Frau in der Gesellschaft und Kultur thematisierten. Wegbereiterinnen waren die Österreicherinnen Ingeborg Bachmann und Marlen Haushofer (geb. 1920). Haushofer schrieb besonders über Familienmuster und die mangelnde Kraft, sie zu sprengen. Ihr wichtigstes Werk, der Roman *Die Wand* erschien schon 1962, wurde aber erst in den 80er Jahren ein Erfolg.

Plötzlich schien es mir ganz unmöglich, diesen strahlenden Maitag zu überleben. Gleichzeitig wußte ich, daß ich ihn überleben mußte und daß es für mich keinen Fluchtweg gab. Ich mußte mich ganz still verhalten und ihn einfach überstehen. Es war ja nicht der erste Tag in meinem Leben, den ich auf diese Weise überleben mußte. Je weniger ich mich wehrte, desto erträglicher würde es ein. Die Benommenheit des Vortags war ganz aus meinem Kopf gewichen; ich konnte klar denken, so klar ich eben überhaupt denken konnte, nur wenn sich meine Gedanken der Wand näherten, war es, als stießen auch sie gegen ein kühles, glattes und ganz unüberwindliches Hindernis. Es war besser, nicht an die Wand zu denken.

> Ich schlüpfte in Schlafrock und Hausschuhe, ging über den nassen Weg zum Wagen und stellte das Radio an. Zartes, leeres Summen; es klang so fremd und unmenschlich, daß ich es sofort abstellte.

In den späten Werken von Ingeborg Bachmann, besonders in dem Roman *Malina* (1970), geht es um Gewalt zwischen Mann und Frau und in Familien und ihre Folgen für Frauen bis hin zu multipler Persönlichkeit. Ein zentrales Thema der "Frauenliteratur" der 70er Jahre ist die Beziehung von Frauen zu ihren Vätern (Elisabeth Plessen). Ingeborg Drewitz (geb. 1923–1986) beschrieb in ihren Romanen oft die Lebensbedingungen von Frauen in der Großstadt. Noche eine Österreicherin: Barbara Frischmuth (geb. 1941) gestaltet in ihren Romanen und Erzählungen häufig den Widerspruch zwischen Träumen und Hoffnungen auf ein glückliches Leben einerseits und der Wirklichkeit andererseits. Mit Humor ging Doris Dörrie (geb. 1955 in Hannover) das Thema an. Der Film *Männer* (1985), in dem sie Regie° führte und für den sie das Drehbuch nach ihrer eigenen Erzählung schrieb, probiert eine komische Lösung. Fast alle weiteren Filme von Dörrie basieren auf ihren eigenen Erzählungen (zum Beispiel *Bin ich schön?* 1997).

Thema: "Aufarbeitung"° der Vergangenheit und Autobiografisches

Siegfried Lenz: *Deutschstunde* (Roman, 1968)

Siegfried Lenz (geb. 1926 in Ostpreußen) kannte den 2. Weltkrieg aus Wehrdienst° und Gefangenschaft. Sein bekanntestes Werk ist der Roman *Deutschstunde* (1968). Er verbindet die Gegenwart mit der nationalsozialistischen Vergangenheit.

Siggi Jepsen ist ein Rebell und Dieb. Zwanghaft stiehlt er Gemälde. Er ist in einer Anstalt für schwer erziehbare Jugendliche. Er muss nachsitzen°, weil er seinen Aufsatz nicht geschrieben hat. Das Aufsatzthema der Deutschstunde hieß "Die Freuden der Pflicht". Warum hat er nichts geschrieben? Siggi reflektiert:

> [...] man läßt mich nicht dafür büßen, daß meiner Erinnerung oder meiner Phantasie nichts gelang, vielmehr hat man mir diese Abgeschiedenheit° verordnet, weil ich, gehorsam nach den Freuden der Pflicht suchend, plötzlich zuviel zu erzählen hatte, oder doch so viel, daß mir kein Anfang gelang, so sehr ich mich auch anstrengte. Da es nicht beliebige, da es die Freuden der Pflicht sein sollten, die Korbjuhn sich von uns entdeckt, beschrieben, ausgekostet, jedenfalls eindeutig bewiesen wünschte, konnte mir niemand anders erscheinen als mein Vater Jens Ole Jepsen, seine Uniform, sein Dienstfahrrad, das Fernglas,

Links und Leseproben zu Frischmuth: <http://www.litlinks.it/f/frischmuth.htm>

Regie führen [to direct (a film)]

Bewältigung [coming to terms with]

Dienst in der Armee

eine Strafe: extra Zeit in der Schule verbringen

Alleinsein

der Regenumhang, seine in unablässigem Westwind segelnde Silhouette auf dem Kamm des Deiches.

[...]

Sie hatten ihm [Max Ludwig Nansen] damals verboten zu malen, und mein Vater, der Polizeiposten Rugbüll, hatte die Einhaltung des Malverbots zu überwachen durch alle Tages- und Jahreszeiten; er hatte, um das auch zu erwähnen, jede Erfahrung und Entstehung eines Bildes zu unterbinden, alle unerwünschten Behauptungen des Lichts, überhaupt polizeilich dafür zu sorgen, daß in Bleekenwarf nicht mehr gemalt wurde. [...]

Weniges liegt so wohlverwahrt im Tresor meiner Erinnerung wie die Begegnungen zwischen meinem Vater und Max Ludwig Nansen; deshalb schlug ich zuversichtlich mein Heft auf, legte meinen Taschenspiegel daneben und suchte die Fahrten meines Vaters nach Bleekenwarf zu beschreiben, nein, nicht allein die Fahrten, sondern auch all die Finten und Fallen, die er sich ausdachte für Nansen, die schlichten und komplizierten Listen°, die seinem langsamen Argwohn einfielen, Tricks, Täuschungen und, weil Doktor Korbjuhn es sich gewünscht hatte, schließlich auch die Freuden, die bei der Ausübung der Pflicht wohl abfielen. Es gelang nicht. Es glückte nicht. [...]

die List: Trick

Siggi wird Monate brauchen, sich an die Geschichte seines Vaters und seine eigene zu erinnern und sie aufzuschreiben. Lenz gibt Siggis Vater Attribute, die die 68er-Studenten an der Generation ihrer Väter anklagten: Er war Polizist in der Nazizeit und folgte nur zu gern seiner Pflicht. Nach 1945 war er kurz im Gefängnis, durfte dann aber wieder Polizist sein und war so autoritätsgläubig wie vorher.

Eine Welle von Autobiografien und Lebenserinnerungen erscheint in den 70er und 80er Jahren. Politische Geschichte wird als individuelle Geschichte und als Sebstbefragung° geschrieben. In allen Fällen dient das Erzählen der eigenen Vergangenheit ihrer "Aufarbeitung" und Bewältigung.

[self-questioning]

Thema: Postmoderne und Rückkehr zum Erzählen

Patrick Süskind: *Das Parfum* (Roman, 1985)

Vielleicht kennen Sie den Roman *Der Name der Rose* (1982) des Italieners Umberto Eco, *Das Geisterhaus* (1982, im Original "La casa de los espiritus") der Chilenin Isabelle Allende oder *Menschenkind* (1983, im Original "Beloved") von Toni Morrison. Sie alle sind internationale Beispiele für postmoderne Werke, die Bestseller wurden.

Postmoderne Autoren schreiben nicht für ein elitäres, hochgebildetes Publikum. Radikal moderne Autoren erzählen keine Geschichten, sie experimentieren mit Sprache. Postmoderne kehren zum Erzählen und zur

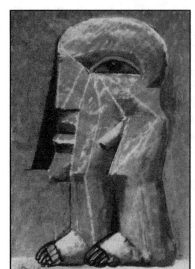

9.3 Graphik im modernen Stil (Horst Antes, um 1975)

Fiktion zurück, nutzen aber die moderne Vielfalt von Formen und Denkstilen. Postmoderne Literatur ist spielerischer als moderne Literatur. Anders als die Erzähler des 19. Jahrhunderts glauben postmoderne Autoren nicht mehr, dass ein Erzählwerk die ganze Welt erfassen und erklären kann. Oft sind ihre Geschichten in der Vergangenheit angesiedelt, aber Geschichte wird nicht mehr als zielgerichtete Entwicklung verstanden. Postmoderne Literatur verwendet oft ironische Formen und absurde Sprachspiele oder vermischt Genres. Zitate und Anspielungen sind ein weiteres Kennzeichen. "Moderne" Literatur ist oft abstrakt, anti-chronologisch oder dokumentarisch. Postmoderne Literatur ist häufig ironisch, parodistisch und bezieht den Leser als erweiterten Autor ins Labyrinth ihrer oft verschlüsselten Texte mit ein.

Der Roman *Das Parfum. Die Geschichte eines Mörders* (1985) von Patrick Süskind (geboren 1949) wurde zum sensationellen Erfolg und in viele Sprachen übersetzt. Der Titel klingt nach Psychologie, nach Kriminalroman und nach der Lebensgeschichte eines außerordentlichen Menschen. All dies steckt in dem Roman, der gleichzeitig spielerisch und mit viel Witz mit den Erwartungen an diese Gattungen umgeht.

Die Handlung spielt im 18. Jahrhundert in Frankreich, Einer Zeit, in der die Wohlhabenden sich nicht wuschen, sondern unangenehme Gerüche mit Parfüm überdeckten. Die Hauptfigur Jean-Baptiste Grenouille hat den perfekten Geruchssinn und lernt die Kunst der Parfümherstellung. Sein Ziel ist ein Duft, der Liebe erregt.

Süskind zitiert und parodiert viele bekannte Texte und Ideen aus dem 18. Jahrhundert, vor allem die Vorstellung vom Künstler als Genie. Der Name Grenouille (das französische Wort für Frosch) erinnert an das Märchen "Der Froschkönig". Dieser Frosch jedoch wird kein König, sondern ein Mörder, das sagt uns schon der Titel. Wie endet Grenouille wohl?

Aufgaben zur Literatur

Mini-Referate

1. die Bild-Zeitung
2. RAF

Uwe Timm: "Erziehung"

1. Welches Verhalten implizieren die Aufforderungen, die das "Ich" in dem Gedicht macht?

   Beispiel: "laß das" = jemand macht etwas, was mir nicht gefällt

2. Welche der Aufforderungen könnten eine politische Bedeutung haben? Welche? Erklären Sie.

   Beispiel: "sei ruhig" = protestiere nicht gegen die Regierung!

Martin Sperr: *Jagdszenen aus Niederbayern*

1. Finden Sie die die passende Beschreibung/Kategorie für das, was die Mutter sagt.

   a. "Und wie du sie im Dreck liegen lassen wirst!"   1. Scham
   b. "Warum bist du dann, wie du bist?"   2. Totschlag
   c. "Warum soll ich dir dauernd helfen, wenn ichs nicht versteh?!"   3. keine Hilfe
   d. "Und ich wünsch mirs, daß sie dich totschlagen."   4. keine Rechte
   e. "Man hat kein Recht, wenn man gegen die Natur lebt."   5. Mord
   f. "Erwürgen hätt ich dich sollen!"   6. kein Verständnis
   g. "Ich – schäm mich zu Tod mit dir."   7. schlechter Einfluss
   h. "ich hoff, sie schlagen dich aus dem Dorf hinaus"   8. Vertreibung

2. Welche Argumente hat Abram gegen die Äußerungen der Mutter? Welche Beschreibung passt?

   a. "Ich hab das Recht dazubleiben."   1. Aussichtslosigkeit
   b. "wo soll ich denn bloß hin?"   2. Versuch
   c. "Glaubst, es gibt einen Garantieschein dafür, wie man wird?"   3. keine Wahl
   d. "Das verstehst du nicht."   4. Recht
   e. "ich bin doch nicht gern so"   5. kein Verständnis
   f. "Warum hast du mich auf die Welt gebracht?"   6. Warum?
   g. "ich will mich bemühen"   7. will es nicht

3. Welche Wahl hat Abram jetzt?

4. Warum nannte Sperr dieses Stück ein "Volksstück"?

Peter Handke: *Publikumsbeschimpfung*

1. Welche Verben im Textausschnitt beschreiben, was ein Theaterpublikum normalerweise macht? Beispiel: "hören". Markieren Sie alle Verben im Text.
2. Markieren Sie dann, ob und wo der jeweilige Satz diese Verben negiert.
3. Was bleibt übrig? Was wird das Publikum in diesem Stück machen?
4. Wie würden Sie reagieren, wenn Sie im Publikum wären?

Heinrich Böll: *Die verlorene Ehre der Katharina Blum*

1. Welche Praktiken des Zeitungsreporters beschreibt der Text? Kreuzen sie alle an, die zutreffen.

   _____ verdreht die Tatsachen
   _____ respektiert die Privatsphäre der Menschen
   _____ betont das Sensationelle
   _____ ruiniert Katharinas gesellschaftliches Ansehen
   _____ berücksichtigt ethische Bedenken
   _____ ruiniert Katharinas Freundschaften
   _____ übertreibt
   _____ kriminalisiert alltägliches Verhalten
   _____ verdreht Aussagen
   _____ beschmutzt Katharinas Ehre
   _____ berichtet objektiv
   _____ missbraucht vertrauliche Aussagen
   _____ lügt
   _____ benutzt professionelle journalistische Praktiken
   _____ macht Personen zu Objekten
   _____ beleidigt
   _____ beschreibt die Tatsachen
   _____ verleumdet
   _____ umgeht Verbote des Arztes
   _____ zitiert auf korrekte Weise
   _____ legt Menschen Worte in den Mund

2. Warum bedienen sich Reporter dieser Praktiken?
3. Kennen Sie heutige Beispiel für so eine Art von Journalismus? An wen ist sie gerichtet?

Marlen Haushofer: *Die Wand*

1. Zeichnen Sie die Wand, die dieser Text beschreibt.

2. Welche Taktiken will sie verwenden, um über die Wand zu kommen?

Frauenemanzipation

Welche Themen sind wichtig? Kreuzen Sie an.

_____	die Lebensbedingungen von Frauen in der Großstadt
_____	Kochrezepte
_____	Gewalt zwischen Mann und Frau
_____	zehn Kilo leichter in zehn Tagen
_____	Familienmuster
_____	Geheimtipps, um einen Mann zu finden
_____	die Studentenbewegung
_____	die mangelnde Kraft, aus der Familie herauszukommen
_____	die Beziehungen von Frauen zu ihren Vätern
_____	Blumenornamente für die Festtage
_____	Berufsperspektiven für Journalisten
_____	Konflikte mit dem Vater
_____	romantische Liebesgeschichten
_____	Entfremdung von Mann und Kindern
_____	Veränderung der Rolle der Frau
_____	der Krieg in der Großstadt
_____	Widerspruch zwischen Träumen und Wirklichkeit
_____	Haus und Garten

Siegfried Lenz: *Deutschstunde*

1. Erklären Sie die folgenden Wörter: *Pflicht, Malverbot, Falle, Täuschung.*

2. Welchen Beruf hatte Siggis Vater?

3. Was war seine Pflicht?

4. Was war seine Freude?

5. Warum hat Siggi wohl Probleme, darüber zu schreiben?

Postmoderne Literatur

Was sind wichtige Unterschiede zwischen moderner und postmoderner Literatur? Füllen Sie die Tabelle aus.

	Moderne	Postmoderne
Publikum		
Humor		
Anspruch		
Geschichtsverständnis		
Formen		
Stil		
Genres		

Patrick Süskind: *Das Parfum*

Was waren Grenouilles besonderes Talent und sein Beruf?

Zeittafel

Politik und Wirtschaft	Literatur und Kultur	Internationales (besonders Westen)
1966 Das erste deutsche Atomkraftwerk geht in Betrieb. Große Koalition in der BRD und Außerparlamentarische Opposition (APO).	**1962** Marlen Haushofer: *Die Wand* (Roman).	**1967–73** Kriege zwischen Israel und den arabischen Nachbarn.
1968 Höhepunkt der Studentenbewegung und -unruhen. "Globuskrawall" in Zürich.	**1966** Martin Sperr: *Jagdszenen aus Niederbayern* (Drama). Die öffentlichen Subventionen für westdeutsche Theater erreichen 340 Mio DM.	**1968** "Flower power"-Bewegung in den USA.
1969 Die Zahl der "Gastarbeiter" in der BRD erreicht 1,5 Millionen.	**1969** Siegfried Lenz: *Deutschstunde* (Roman).	**1968** Hippie-Musical *Hair*.
1971 Auch in der Schweiz erhalten Frauen das Wahlrecht in Bundeswahlen.	**1970** Ingeborg Bachmann: *Malina* (Roman).	**1969** Erste Mondlandung (USA).
1972 Grundlagenvertrag zwischen der BRD und der DDR.	**1972** Heinrich Böll erhält den Nobelpreis für Literatur.	**1970** Luigi Visconti: *Tod in Venedig* (Film nach Thomas Mann).
1972 "Radikalenerlass" in der BRD.	**1973** R. W. Fassbinder: *Angst essen Seele auf* (Film).	**1971** Eric Segal: *Love Story* (Roman, USA)
1972 Olympische Spiele in München. Attentat auf die israelischen Sportler.	**1973** Böll: *Die verlorene Ehre der Katharina Blum* (Erzählung).	**1971** F. F. Coppola: *Der Pate* (Film, USA)
1973 Aufnahme von BRD und DDR in die UNO.	**1975** Volker Schlöndorff / Margarethe von Trotta: *Die verlorene Ehre der Katharina Blum* (Film nach Böll).	**1972** Bernardo Bertolucci: *Der letzte Tango in Paris* (Film)
1976 Beginn der Anti-Atomkraft-Bewegung.	**1980** Werner Herzog: *Woyzeck* (Film).	**1973** Erweiterung der EG durch Großbritannien, Irland und Dänemark. Energiekrise ("Ölkrise") durch Ölpreiserhöhungen.
1977 Terrorismus: Arbeitgeberpräsident Schleyer wird ermordet.	**1981** Luise Rinser: *Den Wolf umarmen* (Autobiografie).	**1973** Watergate-Skandal (USA).
1980 Straßenschlachten in Zürich (Schweiz).	**1982** Thomas Bernhard: *Ein Kind* (autobiografische Erzählung).	**1974** US-Präsident Nixon tritt zurück.
1980 Gründung der Umwelt-Partei "Die Grünen" in der BRD.	**1983** Skandal um die Zeitschrift *Stern* und gefälschte Hitler-Tagebücher.	**1979** Peter Shaffer: *Amadeus* (Drama, England).
1981 Hausbesetzungen durch Alternative.	**1985** Patrick Süskind: *Das Parfum* (Roman).	**1979** Nato-Doppelbeschluss zur Nachrüstung.
1982 Die Zahl der Arbeitslosen in der BRD überschreitet 2 Mio.	**1985** Doris Dörrie: *Männer* (Film).	**1981** Der ägyptische Präsident Sadat wird ermordet.
1983 Höhepunkt der Friedensbewegung.		**1981–88** Erster Golfkrieg (Irak–Iran)
1989 Öffnung der Berliner Mauer am 9. November.		**1982** Thomas Keneally: *Schindler's List* (Roman, Australien).
		1986 Reaktorkatastrophe von Tschernobyl (USSR).
		1988 Toni Morrisson: *Beloved* (Roman, USA).

10

Jahrtausendwende

10.1   Berlin, Holocaust-Mahnmal für die ermordeten Juden Europas (fertiggestellt 2005; Entwurf: Peter Eisenman). Blick nach Nordosten mit einem Bankgebäude (1997-99, Architekt Frank O. Gehry).

Begriffe

Wendeliteratur Literatur, die sich mit den Ereignissen um Mauerfall und deutsche Wiedervereinigung beschäftigt.

Popliteratur Popliteratur geht auf die *Beat Generation* in den 1940er und 1950er Jahren in den USA zurück. In den 1990er Jahren war in den Zeitungen, im Fernsehen und zunehmend im Internet von einer neuen Generation Popliteratur die Rede. Junge Autor/innen hatten Erfolg mit Büchern, die in einer am Alltag orientierten Sprache geschrieben waren und das Lebensgefühl der jungen Generation zwischen Adoleszenz und Familiengründung wiedergeben und ansprechen.

Holocaust-Literatur Literatur, die den Massenmord besonders an den Juden zur Zeit des Nationalsozialismus thematisiert und daran erinnert.

Migrantenliteratur (Migrationsliteratur, transnationale Literatur) Werke von Autor/innen, die auf Deutsch schreiben und die (oder deren Eltern) eingewandert sind. Sie überschreitet nationale Grenzen, ist vielfältig und beschäftigt sich nicht nur mit Integration, Lebens- und Arbeitswelt der "Fremden" und "Ausländer".

Literaturpreise Wie in den USA gibt es in Deutschland, Österreich und der Schweiz viele kleinere Literaturpreise, die für die Karriere von Autoren sehr wichtig sind. Die bekanntesten sind der Büchner-Preis, der Chamisso-Preis, der Kleist-Preis, der Ingeborg-Bachmann-Preis, der Solothurner Literatur-Preis.

Geschichte und Kultur

Die deutsche Vereinigung

Sie geschah überraschend schnell, aber sie bedeutet die größte Veränderung in der deutschen Geschichte seit dem Zweiten Weltkrieg. Nach Verhandlungen zwischen den beiden Regierungen und mit Zustimmung der vier Siegermächte trat die ehemalige DDR am 3. Oktober 1990 der Bundesrepublik Deutschland bei. Großen Anteil an dem schnellen Abschluss hatte Bundeskanzler Helmut Kohl, der "Kanzler der Einheit".

Ab 1999 wurde Berlin Regierungssitz, und das Parlament tagt jetzt im umgebauten Reichstagsgebäude.

Die Vereinigung brachte neben der Euphorie auch große Herausforderungen: Helmut Kohl hatte den Menschen der DDR "blühende Landschaften" versprochen. Die Fabriken, Straßen, Wohnverhältnisse sollten saniert und modernisiert werden und erforderten Milliarden und viel Zeit. Die Arbeitslosigkeit blieb in den neuen Bundesländern besonders hoch. Für den "Aufbau Ost" wurde eine neue Steuer eingeführt, der "Solidaritätsbeitrag" ("Soli" genannt).

Sicher haben Sie schon Abbildungen gesehen: das alte Gebäude erhielt eine Kuppel aus Glas. <www.bundestag.de> Wofür könnte das ein Symbol sein?

Deutschland und die Welt

Die Bundesrepublik ist mit 80 Millionen Einwohnern der bevölkerungsreichste Staat in Europa. Sie ist eine der treibenden Kräfte der europäischen Union und unterstützte die Einführung des Euro als neuer gemeinsamer Währung, die seit 2002 gilt. Die Regierung hat sich für die Aufnahme osteuropäischer Staaten in die EU eingesetzt. Deutschland ist in der Weltwirtschaft, beim globalen Umweltschutz und in der internationalen Politik ein wichtiger Partner.

Seit dem 11. September 2001 hat sich Deutschland verstärkt im Kampf gegen den internationalen Terror engagiert.

Erinnerungskultur

Nicht nur die Literatur erinnert an die Verbrechen des Nationalsozialismus. Es gibt mehrere Denkmäler für den Holocaust, für den Massenmord besonders an den Juden Europas. Das bekannteste und umstrittenste ist das Holocaust-Mahnmal in Berlin. Es liegt nur 500m vom Parlamentsgebäude, umfasst eine Fläche von 20000qm und soll ein zentraler Ort der Erinnerung und Mahnung sein.

Es besteht aus einem Stelenfeld (Stele, aus dem Griechischen: frei stehende Säule oder Platte mit Inschrift oder Relief) nach dem Entwurf des US-amerikanischen Architekten Peter Eisenman. Dazu gehört auch ein Ausstellungs- und Informationsgebäude. Das Mahnmal wurde im Jahr 2000 begonnen und 2005 fertiggestellt. Lange wurde gestritten, ob das Mahnmal gerade hier stehen sollte.

Tipp: Holocaust-Mahnmal in Berlin <www.holocaust-mahnmal.de>. Förderkreis Denkmal für die ermordeten Juden Europas <www.holocaust-denkmal-berlin.de>.

10.2 "Event"-Kunst vor historischer Kulisse (St. Gallen, Schweiz)

Tipp: Das Auswärtige Amt informiert nicht nur über Politisches, sondern unter "Willkommen in Deutschland" auch über kulturelle Veranstaltungen einschließlich den Bereichen Medien, Design, Architektur und Film <www.auswaertiges-amt.de>. Entsprechende Seiten gibt es für Österreich und die Schweiz. Alle bekennen sich zu einem Dialog der Kulturen.

Auf dem Gelände hatte in der Zeit des Nationalsozialismus (1933–45) die Villa von Reichspropagandaminister Joseph Goebbels gestanden, umgeben von den Luftschutzbunkern der Eliten des Dritten Reichs.

Kunst und Musik

Die Gegenwartskunst ist international und hat ein breites Spektrum. In den 1990er Jahren fand die Malerei der DDR großes Interesse. Die Ausstellung "Deutschlandbilder" in Berlin zeigte 1997 die erste gemeinsame Schau mit Kunstwerken der beiden deutschen Nachkriegsstaaten.

Aufgaben zur Geschichte und Kultur

1. Was passierte zuerst? Bringen Sie die Sätze in die richtige Reihenfolge, ohne wieder in den Text zu schauen!

    _____ die DDR-Regierung öffnete die Grenzen

    _____ Berlin wurde Regierungssitz

    _____ die DDR trat der BRD bei

    _____ Helmut Kohl wurde Kanzler

    _____ eine neue Steuer wurde eingeführt

2. Mini-Referate.

    a. das Holocaust-Mahnmal in Berlin

    b. Das Jüdische Museum in Berlin

Literatur

Wendeliteratur

Nach 1989 überschlugen sich die politischen Ereignisse, und der "Aufbau Ost" sollte möglichst schnell gehen. Die Euphorie über die Vereinigung von West und Ost verflog ziemlich schnell. Es gab bald eine Generation, die die DDR nur noch aus Büchern kannte. Wie war das denn für die Leute, als die Mauer fiel, und wie lebte es sich wirklich in der DDR? Bücher und Filme über das Leben in der DDR wurden zu Erfolgen. Ihre Autor/innen waren um 1970 geboren und hatten die DDR in ihrer Jugend erlebt.

Vielleicht haben Sie schon den Film *Sonnenallee* (Regie Leander Haußmann, 1999) gesehen. Thomas Brussig hat *Am kürzeren Ende der Sonnenallee*, das "Buch zum Film", erst nach dem Filmdrehbuch geschrieben. Normalerweise ist es umgekehrt: ein erfolgreiches Buch wird verfilmt. Auch in dem Roman *Helden wie wir* (1995) nahm Thomas Brussig das Leben in der DDR und das Ende der DDR von der komischen Seite.

Claudia Rusch: *Meine freie deutsche Jugend*

Auch die Fernsehredakteurin Claudia Rusch (geb. 1971) landete mit ihren Erinnerungsgeschichten *Meine freie deutsche Jugend* (2003) einen Bestseller. Rusch erzählt lebendig und humorvoll von ihren Eltern, von Erwachsenwerden, Schule, erster Liebe, Reisen und Wünschen, von Zukunftsplänen und wie der Fall der Mauer alles veränderte. Man sieht in eine in vielem normale und glückliche Kindheit und Jugendzeit, in der aber doch alles durch das Umfeld des Sozialismus geprägt war. Sie kannte das Wort "Kakerlaken" nur als Codewort für Stasi-Spitzel°, und das führt zu Missverständnissen. Sie erzählt einem Polizisten Witze über den Staatschef Erich Honecker, und ihre DDR-kritische Mutter fürchtet schlimme Konsequenzen.

°Spione [police informer]

Claudia Rusch schildert sich als lebhaft, intelligent und selbständig. "Ich war vorlaut, temperamentvoll und von nicht zu bändigendem Redeschwall°. Ich konnte mich nie zurückhalten, mit gar nichts. Ich war einfach immer ein bisschen zu viel." (S. 40) In der Schule langweilt sie sich meistens. Ihr letztes Schuljahr fällt mit dem Ende der DDR zusammen. In der Erzählung "Die Rede" wird sie ausgewählt, die Abschlussrede vor Lehrern, Mitschülern und Eltern zu halten. Sie will zuerst nicht, entscheidet sich aber dann doch dafür und schildert, wie das sozialistische System trotz allem ihre Identität positiv prägte. Hier ist ein Ausschnitt daraus.

°eine Flut von Worten

> Erst der Fall der Mauer trug später den Wind des Neuen endlich auch an unsere Schule. Ich hatte Petitionen geschrieben, Unterschriften gesammelt und ganze Nachmittage an Runden Tischen verbracht. Ich hatte mich sehr engagiert. Für die Demonstration vom 4. November, für den schulfreien Samstag und eine Raucherinsel im Hof. Ich war hier

[*Gymnasium* diploma]

kompromittieren [to compromise]

was "der Spitzel" macht [to spy on] / das Abitur [entrance qualification for university]

Drill

sich rächen

geben

umgangssprachlich für "Ostdeutsche" / "Westdeutsche"

fertig. Die Abschlussrede interessierte mich nicht. Ich wollte nur noch mein Zeugnis° und dann die DDR hinter mir lassen.

[...]

Aus der obligatorischen Abschlussrede wurde unvermutet ein heikles Unterfangen. Wir hatten nicht nur die Schulleitung in der Hand. Wir konnten sie alle bloßstellen°. Die Mitschüler, die beim Schwimmen im Strom andere denunziert hatten, den Parteisekretär, der jedes Jahr mit variierenden Methoden versuchte, Schüler dazu zu bringen, ihre Freunde zu bespitzeln°, die Staatsbürgerkundelehrer, deren Launen einen Hochschulreife° oder Studienplatz kosten konnten, Mitmacher, Stillhalter und Hohlköpfe. Wir konnten uns endlich rächen für Lügen, Angst und Verrat. Für die alltägliche Korruption. Für jahrelanges Abrichten°, Rechenschaftsberichte, für Fahnenappelle, Winkelemente und Kampflieder. Für FDJ-Studienjahr und Bildungsbeschneidung. Wir konnten mit ihnen abrechnen°. Wir konnten es auch lassen.

Gerade weil Robert und ich als Erste Grund zum Draufhauen gehabt hätten, entschieden wir uns für etwas, was die DDR uns selbst nie gewährt° hatte: Loyalität. Wir mussten keine Eulen nach Athen tragen. Das hatten wir gar nicht nötig. Das Leben war auf unserer Seite.

Wir beschlossen, nicht die Lehrer zu nennen, die über Demonstrationen, Panzer und Verhaftungen einfach hinweggegangen waren, sondern die wenigen, die es nicht getan hatten. Die den Mut gefunden hatten, in einer Zeit, in der von Wiedervereinigung noch keine Rede war, mit uns über die Krise im Land zu sprechen oder zumindest nicht so zu tun, als gäbe es sie nicht. Die am Morgen nach dem Mauerfall nicht weitermachten, als sei nichts geschehen. Es waren nur ein paar, aber es gab sie. So wie es uns gab.

Drei Monate bevor sich alles für immer auflöste, nahmen wir doch noch die Identität an, die wir so sehr von uns gewiesen hatten. *Wir* waren auch DDR. Nicht nur Spitzel und Karrieristen, auch unsere Familien und Freunde lebten hier. Nicht nur diejenigen, die uns in ihr Schema pressen wollten, waren ein Teil dieses Landes, sondern auch die, die aus uns wache Köpfe gemacht hatten. Kurz vor Toresschluss wurden Robert und ich Staatsbürger der DDR.

Hätten wir diese Rede im Dezember halten müssen, wäre sie anders ausgefallen. Wütender. Aber jetzt versuchten wir, sie ohne Häme zu schreiben. In aller Offenheit.

Über die Dinge, die wir mitnehmen würden in das neue Leben im Westen. Über die Dinge, die es nicht mehr geben würde und über die wir am Ende auch lachen konnten. Nur unser Jahrgang hat das DDR-Bildungsprogramm noch komplett durchlaufen.

Wir waren die letzten echten Ossis°. Und die ersten neuen Wessis°. Je länger wir schrieben, desto klarer wurde uns, dass die Rede in jeder

Hinsicht ein Abschluss war. Der Schlussakkord unserer Kindheit, der Abgesang auf unsere Herkunft.

Wir erinnerten uns an die Geschichtsstunde im muffigen Traditionskabinett der Schule, an die Appelle auf dem Hof, an vergessene FDJ-Hemden und die gefürchtete Einstellungsfrage°. Wir erinnerten uns an Morgenlied und vormilitärische Ausbildung. An die mehrwöchige praktische Arbeit im VEB Messelektronik, die uns einen durchaus tiefen Einblick in die sozialistische Produktionsweise gab. Und wir erinnerten uns daran, dass wir Spalier° standen im Oktober '89. Für Gorbatschow – aber auch für Ceausescu.

Die Kunstpause zwischen den beiden Namen war wichtig. Der ganze Satz war wichtig. Er beschrieb unsere Generation. Robert und ich probten ihn immer und immer wieder. Wir hatten beschlossen, dass ich sprechen würde. Und weil es ein großer Auftritt werden sollte, überließen wir nichts dem Zufall. Haltung, Kleidung und Frisur, alles wurde genauestens geplant. Wir saßen auf dem Fußboden meiner Wohnung, rauchten Cabinet, und Robert hörte sich an, in welchen Stimmlagen ich sprechen konnte. Am Ende hatten wir die perfekte Show.

Am Tage der feierlichen Zeugnisübergabe versammelten sich Schüler, Lehrer und Eltern in der Aula°. In meinem geblümten Sommerkleid und mit einem Strohhut auf dem Kopf wartete ich am Bühnenrand. Mein Vater küsste mich auf die Stirn und sagte beruhigend: "Du machst dit schon, Kleene."° Meine Mutter war nicht gekommen. Sie wollte sich nicht mehr einreihen müssen. Die Vorstellung, zwischen meinen Lehrern zu jubeln, war ihr zuwider°. Es gab keinen Grund, sich zu ihnen zu setzen und ihnen die Hand zu schütteln. Ihre Macht war gebrochen. Doch meine Mutter hatte es nicht vergessen. Sie wollte sie nicht nochmal sehen. Es war ihre Form der Befreiung, sich dem zu entziehen. Ich verstand es.

Als ich vor das Mikrophon trat, nahm ich den Hut ab und lächelte, wie Robert es mit mir geübt hatte. Ich hatte keine Angst. Unsere Rede war gut. Ich sah in den Raum und begann mit ruhiger Stimme zu lesen: "Liebe Mitschüler, liebe Lehrer, werte Gäste! Ziel dieser Schule ist es, jeden Schüler zur Hochschulreife und die Besten zu Kandidatenreife zu führen ..."

Ich schaute in die Gesichter. Die Andeutung hatte gereicht. Nervosität breitete sich im Saal aus. In diesem Moment wusste ich, dass wir die richtige Entscheidung getroffen hatten. Wir waren nicht wie sie. Ich lächelte wieder und dann las ich weiter.

Als ich fertig war, brach lauter Applaus los. Robert zwinkerte° mir erleichtert zu. Ich nahm meine Zettel und verließ erhobenen Hauptes die Bühne.

Frage nach der politischen Haltung

Spalier stehen: in einer Reihe stehen

Auditorium

"dit" und "kleene" sind die Berlinerischen Formen von "das" und "kleine".

etwas ist mir zuwider: ich hasse es.

zwinkern [to bat]

Mehr Erinnerungsliteratur und Autobiografien

Günter Grass

Günter Grass, der Autor der *Blechtrommel*, erhielt im Jahr 1999 den Nobelpreis für Literatur. Er war ein engagierter Schriftsteller und Graphiker und galt viele Jahre als das Gewissen der Nation, wenn es um die Erinnerung an die Vergangenheit ging. 2006 löste seine Autobiografie *Beim Häuten der Zwiebel* eine Kontroverse aus. Hier bekannte Grass erstmals, dass er in jungen Jahren Mitglied der SS° gewesen war. Das Magazin "Stern" schrieb in einem Titelaufsatz vom "Fall° des Moralisten": "Mit der *Blechtrommel* schrieb er gegen das Vergessen an. Nun stolpert er über sein eigenes Schweigen." Warum hatte er gerade das so lange verschwiegen? Grass vergleicht die Erinnerung mit einer Zwiebel. Hier einige Stellen dazu aus *Beim Häuten der Zwiebel*:

Die Erinnerung liebt das Versteckspiel der Kinder. Sie verkriecht sich. Zum Schönreden neigt sie und schmückt gerne, oft ohne Not. Sie widerspricht dem Gedächtnis, das sich pedantisch gibt und zänkisch rechthaben will.

Wenn ihr mit Fragen zugesetzt wird, gleicht die Erinnerung einer Zwiebel, die gehäutet sein möchte, damit freigelegt werden kann, was Buchstab nach Buchstab ablesbar steht: selten eindeutig, oft in Spiegelschrift oder sonstwie verrätselt.

Unter der ersten, noch trocken knisternden Haut findet sich die nächste, die, kaum gelöst, feucht eine dritte freigibt, unter der die vierte, fünfte warten und flüstern. Und jede weitere schwitzt zu lang gemiedene Wörter aus, auch schnörkelige Zeichen, als habe sich ein Geheimniskrämer° von jung an, als die Zwiebel noch keimte, verschlüsseln wollen.

[...]

Zu fragen ist: Erschreckte mich, was damals im Rekrutierungsbüro unübersehbar war, wie mir noch jetzt, nach über sechzig Jahren, das doppelte S im Augenblick der Niederschrift schrecklich ist?

Der Zwiebelhaut steht nichts eingeritzt, dem ein Anzeichen für Schreck oder gar Entsetzen abzulesen wäre. Eher werde ich die Waffen-SS als Eliteeinheit gesehen haben, die jeweils dann zum Einsatz kam, wenn ein Fronteinbruch abgeriegelt, ein Kessel, wie der von Demjansk, aufgesprengt oder Charkow zurückerobert werden mußte. Die doppelte Rune am Uniformkragen war mir nicht anstößig°. Dem Jungen, der sich als Mann sah, wird vor allem die Waffengattung wichtig gewesen sein: wenn nicht zu den U-Booten, von denen Sondermeldungen kaum noch Bericht gaben, dann als Panzerschütze in einer Division [...].

(Marginalglossen)

eine Nazi-Organisation

[case / downfall] (ambigous)]

jemand, der Geheimnisse mag [mystery-monger]

es erregt Anstoß [offensive]

Ruth Klüger

Ruth Klüger (geboren 1931 in Wien) ist eine jüdisch-amerikanische Germanistin und kennt und liebt die deutsche Literatur wie kaum jemand. Sie wurde mit zwölf Jahren mit ihrer Mutter zunächst nach Theresienstadt, dann nach Auschwitz deportiert. Wie kann ein Mädchen das überleben, wie bewältigen? Mit sechzig Jahren hat sie ein Buch darüber geschrieben, auf deutsch, für Deutsche. Es trägt den Titel *weiter leben* (1992). Unpathetisch verarbeitet sie darin, wie sie den Holocaust erlebte und überlebte, welche Auswirkungen er auf sie selbst, ihre Identität und ihre Familie hatte. Zwei Zitate daraus:

Heute ist mir Theresienstadt eine Kette von Erinnerungen an verlorene Menschen, Fäden, die nicht weitergesponnen wurden. Theresienstadt war Hunger und Krankheit. Hochgradig verseucht war das Ghetto mit seinen militärisch rasterförmig angelegten Straßen und Plätzen und hatte als Grenze einen Festungswall, über den ich nicht hinausdurfte, und eine Übervölkerung, die es fast unmöglich machte, gelegentlich eine Ecke zu finden, wo man mit einer anderen reden konnte, so daß es ein Triumph war, wenn man mit einiger Anstrengung eine solche Stelle doch auskundschaftete°. Über einen Quadratkilometer hinaus hatte man keine Bewegungsfreiheit, und innerhalb des Lagers war man mit Haut und Haar einem anonymen Willen ausgeliefert, durch den man jederzeit in ein unklar wahrgenommenes Schreckenslager weiter verschickt werden konnte. Denn Theresienstadt, das bedeutete die Transporte nach dem Osten, die sich unberechenbar wie Naturkatastrophen in Abständen ereigneten. Das war der Rahmen der Denkstruktur unserer Existenz, dieses Kommen und Gehen von Menschen, die nicht über sich selbst verfügten, keinen Einfluß darauf hatten, was und wie über sie verfügt° wurde, und nicht einmal wußten, wann und ob wieder verfügt werden würde. Nur daß die Absicht eine feindliche war.

[...]

Wir waren dreißig gleichaltrige Mädchen in einem Raum, wo es sich zwei oder drei hätten gemütlich machen können. Das war kein Schlafraum, das war unser Wohnort, der einzige. Auch als Waschraum diente er. Das kalte Wasser zum Waschen holte man in Schüsseln vom Gang, Seife war eine Kostbarkeit. Wenn es kalt war, klapperte man lautstark mit den Zähnen. Im Keller gab es einen Duschraum, da durften wir alle zwei Wochen warm duschen. Das heiße Wasser war kaum angedreht, da wurde es schon wieder abgedreht, man mußte flink sein, um es auszunützen. Wir schliefen in Stockbetten, auf Strohsäcken, einzeln oder zu zweit. Es waren die ersten Hungerwochen, denn in Wien hatte ich satt zu essen gehabt. Man kann wenig über chronischen Hunger sagen; er ist immer da, und was immer da ist, wird langweilig

auskundschaften: mit Mühe finden [to scout out]

bestimmt, befohlen

> im Erzählen. Er schwächt, er nagt. Er nimmt im Gehirn Platz ein, der sonst für Gedanken reserviert wäre. Was kann man mit dem bißchen Essen machen? Mit Gabeln schlugen wir Magermilch zu Schaum, ein beliebter Zeitvertreib. Das konnte Stunden in Anspruch nehmen. Wir taten uns nicht leid, wir lachten viel, wir tobten und machten Krawall, wir meinten, stärker zu sein als "verwöhnte" Kinder "draußen".

Holocaust-Literatur: Bernhard Schlink

Texte, die an die Verbrechen des Nationalsozialmus erinnern, sind ein wichtiger Teil der deutschsprachigen Gegenwartsliteratur. Sie tragen zur Vergangenheitsbewältigung° bei. Der Roman *Der Vorleser* war eine Überraschung. Er wurde 1995 veröffentlicht und seitdem in 32 Sprachen übersetzt. Sein Verfasser Bernhard Schlink ist Jura-Professor von Beruf und hat auch Kriminalromane geschrieben.

[coming to terms with the past]

Der Ich-Erzähler Michael Berg läßt sich als Fünfzehnjähriger von einer um 15 Jahre älteren Frau namens Hanna verführen°. Er liebt sie, aber nach knapp einem Jahr verschwindet sie spurlos. Später studiert Michael Berg Jura. Es ist das Jahr 1968, und er beobachtet Prozesse gegen KZ-Aufseher°. Darunter ist seine frühere Geliebte. Sie war KZ-Aufseherin und ist angeklagt. Ihr wird vorgeworfen, am Tode vieler Frauen schuldig zu sein, die auf einem Transport in einer Kirche eingeschlossen wurden. Eine Bombe setzte die Kirche in Brand und die Frauen starben darin. Nur Michael weiß, dass Hanna eine Analphabetin ist, also nicht lesen und schreiben kann. Sie nimmt lieber mehr Schuld auf sich als dies zuzugeben.

[to seduce]

Wachpersonal in einem Konzentrationslager

Avantgarde oder "Nestbeschmutzerin°"? Elfriede Jelinek

jemand, der/die über das eigene "Nest" (Familie, Land...) negativ spricht [denigrator of one's ...]

Der aktuellen deutschsprachigen Literatur wird oft politische Indifferenz vorgeworfen. Sie kreise viel um autobiografische Themen und die eigene Kindheit. Diesen Vorwurf kann man der österreichischen Schriftstellerin Elfriede Jelinek (geboren 1946 in der Steiermark) bestimmt nicht machen.

Tipp: Auf der Nobelpreis-Seite können Sie ihre Rede hören und lesen <www.nobelprize.org>

2004 erhielt sie den Nobelpreis für Literatur. Sie schreibt politisch und feministisch engagierte Literatur. Ihre Romane und Theaterstücke haben immer wieder provozierende Themen wie Österreichs unbewältigte Nazi-Vergangenheit, Xenophobie und Nationalismus, Unterdrückung der Frauen, Pornographie. Sie verursachte Kontroversen, und ihre Stücke wurden von den österreichischen Theatern boykottiert und von der Haider-Regierung verboten. Ihre Gegner nannten sie "Nestbeschmutzer" und ihre Sprache vulgär oder sogar obszön.

Auch in dem Roman *Die Kinder der Toten* (1997) greift Jelinek den Mythos vom "glücklichen Österreich", dem Urlaubsparadies, an. Sie deckt die Nazi-Vergangenheit und den Nationalismus auf.

Ja, die Natur mit ihren Nackenschlägen. Wenn man nicht genug geübt hat, ihrer Witterung zu entspringen, dann sind Autos mit Blaulicht hinter einem her. Der Natur werden wirs jetzt einmal zeigen! Edgar nimmt heute nicht das Mountainbike, er nimmt das Rollbrett. Im Sommer ist man leider eingeschränkt, was die Geräte betrifft, die einen ertragen können. Dafür ertragen einen, hat man sich erst ausgezogen, Menschen, die sich selber fast ganz ausgezogen haben. Manche vermögen in andere einzudringen, aber besonders weit kommen sie dabei nicht. Edgar kam hierher, lachte, tanzte und glitt dahin, für einen Verstorbenen gar nicht schlecht. Zieht er heute die zerfetzten Jeans an oder die andere Hose, die Haut vortäuscht, wo doch schon der Mensch anfängt? Aha, die Radlerhose zieht er an, eigentlich ist das ein Trägervereinstrikot°, auf dem prompt große Ziffern, farbige Streifen, bunte Symbole und scharfgeschliffene Blicke auf und ab spazieren und immer wieder abgleiten auf diesem hügeligen Hang aus Helanca, sie gleiten und wirbeln wie Schneeflocken, diese Blicke, aber sie müssen nach unten und auf ihre Glut aufpassen, die sie hegen, damit sie nicht ausgeht, und das auch noch ohne uns.

[a biking club's jersey]

Der Nobelpreis wurde begründet mit Jelineks "musikalischen Fluss von Stimmen und Gegenstimmen in Romanen und Dramen, die mit einzigartiger sprachlicher Leidenschaft die Absurdität und zwingende Macht der sozialen Klischees enthüllen".°

Siehe <www.nobelprize.org>

Migrant/innenliteratur (Migrationsliteratur)

Autor/innen, die auf Deutsch schreiben, aber "Ausländer" sind oder ursprünglich aus einem nicht-deutschsprachigen Land kommen, sind seit mindestens 1985 wichtige Repräsentanten der deutschsprachigen Literatur. Sie kommen aus Mittel-, Ost- oder Südosteuropa, aus Asien, Afrika oder Lateinamerika. Die Werke von Feridun Zaimoglu oder SAID, Rafik Schami oder Terézia Mora, Herta Müller oder Zsuzsa Bánk sind bekannt und werden viel gelesen. Am Beginn des 21. Jahrhunderts zeigen Erzählungen, Romane und Gedichte interkulturelle Vielfalt und kulturelle Vielschichtigkeit. Die deutsche Gesellschaft hat sich – wenn auch zögernd – dem Multikulturellen geöffnet.

Seit etwa 1980 sprach man von "Ausländerliteratur". Emine Sevgi Özdamar ist eine wichtige deutsch-türkische Autorin. Viele der seit 1970 geborenen Autor/innen, die nicht als deutsche/ österreichische oder Schweizer

Staatsbürger geboren wurden, wollen nicht auf ihre Stimme als "Ausländer" oder Migranten reduziert werden. Feridun Zaimoglu zum Beispiel spricht für deutschtürkische Großstadt-Jugendliche, die einer Mischkultur angehören und entsprechend vielfältige Schreibweisen ausgebildet haben.

Feridun Zaimoglu: *Kanak Sprak*

Feridun Zaimoglu wurde 1964 in Bolu (Türkei) geboren. Er lebt seit mehr als 30 Jahren in Deutschland, seit 1985 in Kiel. Er studierte Kunst und Medizin und arbeitet heute als Schriftsteller, Drehbuchautor und Journalist. Mit seinem ersten Buch *Kanak Sprak* wurde er 1995 zum Kultautor. Er erhielt seitdem viele Preise, u. a. für die Rap-Reportage *Deutschland im Winter – Kanakistan*. Sein Buch *Abschaum*° wurde verfilmt als *Kanak Attack* (2000).

[scum]

Tipp: Vielleicht finden Sie Zaimoglu sogar in *Youtube*?

"Wie lebt es sich als Kanake, als Mann oder Frau türkischer Abstammung, in Deutschland?" In *Kanak Sprak* machte Zaimoglu Antworten auf diese Frage zu provokanten Bildern vom 'Rande der Gesellschaft'. Sie kritisieren die Zustände in Deutschland unverhüllt und scharf und zeigen die Durchschnittsbürger alles andere als tolerant und liberal. Sie provozieren.

umgangssprachlich für Gesicht

Den Fremdländer kannst du nimmer aus der Fresse° wischen

Akay, 29, vom Flohmarkt

[...] Die alemannen hassen sich und jeden, der ihnen über'n weg läuft, und irgendwann kriegen welche so ne störung reingewürgt, weil sie ihre gottverdammte seele in so nem batzen schiß baden, und da kommt die rache, du kannst die uhr danach stellen. Honey, ich liefer dir den rechten zusammenhang, du willst es wissen, ich geb dir das verschissene wissen: [...] Die haben schon unsre heimat prächtig erfunden: kanake da, kanake dort, wo du auch hingerätst, kanake blinkt dir in oberfetten lettern sogar im traum, wenn du pennst und denkst: joker, jetzt bist du in deiner eigenen sendung. Als hättest du'n krebsklumpen mitten in der visage und würdest dich verstricken in so schleifen aus luft, von jedem und allem fortgewirbelt, um in einem fort zu grübeln, was dir verdammt noch mal den boden unter'n füßen wegzieht, und ich sage, mann, das ist obergroße etikette mit deinem eigentlichen elenden hundescheißnamen drauf. Der pegel steigt bis zum großen knall, danach bist du abgebrannt und unsauber, ne kleine kriminelle type, die sich die hufe ablatscht, um denn in seinem verschissenen kuhdorf den ganz großen provinzmacker zu mimen, und das nimmt dir ja jeder ab da unten, wenn du ganz schnieke sattes fleisch zeigst. Das ist die n[...]nummer, kumpel, es gibt die saubere kanakentour und die schmutzige, was auch immer du anstellen magst, den fremdländer kannst du nimmer aus der fresse wischen. Und noch eins: wir sind alle anbieter, nur das land ist mager, das land drückt deinen eignen stil. Deshalb ist das land so richtig im arsch, da geb ich dir'n siegel°.

Sie verstehen nicht viel? Der ganze Text ist in der Umgangssprache und enthält viele Schimpfwörter.

Jahrestage, Jubiläen, Literatur im Fernsehen

"Wenn ein Schriftsteller stirbt," sagte der Schweizer Schriftsteller und Kolumnist Peter Bichsel einmal, "wird keine Stelle frei." Dafür füllen sich die Kultur-Seiten und -Kanäle der Medien. In den deutschsprachigen Medien erinnert man oft und gerne an Jubiläen, Geburtstage usw.

"Das Erzählen, nicht sein Inhalt, ist das Ziel der Literatur", so formulierte Bichsel, früher Volksschullehrer, in seinen Frankfurter Poetikvorlesungen Anfang der 80er Jahre. Er erörterte weiter: "Die Geschichten dieser Welt sind geschrieben und müssen trotzdem immer wieder geschrieben werden, nicht weil wir neue Geschichten brauchen. Sie müssen geschrieben werden, damit die Tradition des Erzählens, des Geschichtenschreibens nicht ausstirbt."

Das *Literarische Quartett* war eine Sensation für den literarischen Betrieb in der Bundesrepublik. Nicht ein Fernsehstar, sondern Literaturkritiker, die für die wichtigsten Zeitungen schrieben, unterhielten und stritten sich im Fernsehen über Bücher, was sie mochten und nicht mochten. Zwischen 1988 und 2001 wurden 385 Bücher besprochen – und fast alle wurden Bestseller, weil die Sendung so populär war. Die Nachfolgesendung ist Elke Heidenreichs *Lesen!* Das Schweizer Fernsehen hat eine ähnliche Sendung mit dem Titel *Literaturclub*.

Tipp: Wer hat gerade Geburtstag oder einen Jahrestag? Viele Medien haben Kolumnen dazu. Versuchen Sie <www.ard.de>. Von da aus köennen Sie zu vielen Radiostationen clicken.

Das Kabarett lebt

Jess Jochimsen: *Das Dosenmilch-Trauma* (Erzählungen, 2000)

Ein junger Kabarettist, Jess Jochimsen, veröffentlichte im Jahr 2000 unter diesem Titel eine Serie von kurzen autobiografischen Geschichten aus dem Alltag eines Jungen, der in den 80er Jahren aufgewachsen war und dessen Eltern die Werte und Kultur der 68er-Linken vertraten. Das Buch wurde schnell zum Bestseller. Mit ironischer Distanz blickt der Erzähler auf seine Kindheits- und Jugenderfahrungen zurück. Er verbindet sie episodenhaft zu einem Portrait der sogenannten "Post-68er-Generation", die international auch "Generation X" genannt wird: Sie ist weit weniger politisiert und stattdessen mehr kommerzialisiert als die ihrer Eltern, aber ohne konkrete Lebensziele.

In Deutschland trinkt man traditionell Kaffee mit Milch und Zucker. Die Milch ist Dosenmilch, das heißt Kondensmilch, die in kleinen Konservendosen verkauft wird. In der folgenden Titelgeschichte geht es um so eine Dose. Ein alltägliches Objekt wird mit seinen Tücken dargestellt und erweckt beim deutschen Leser Erinnerungen an die eigenen Erfahrungen in ähnlichen Situationen.

Als ich ein kleiner Junge war und mit meinen Eltern in einer wie auch immer harmonischen Wohngemeinschaft leben musste, kam einmal die Woche meine Oma väterlicherseits zu Besuch. Genau genommen kam sie zum Kaffeetrinken und brachte lecker Kuchen, aber auch Unruhe und Zwietracht in die traute Familienidylle. Weil meine Oma nämlich den Dritte-Welt-Kaffee nicht runterbrachte, bestand sie, wie alle Großmütter väterlicherseits, auf Kaffee Hag, Dosenmilch und Würfelzucker. (Das war Wahnsinn! Im besten Fall hatten wir kapitalismuskritischen Kandis im Haus, Würfelzucker jedoch nie.)

Kaffee Hag war mir wurscht und der Zucker letzlich auch, aber Dosenmilch entwickelte sich zu dem Objekt meiner kindlichen Begierde. Nicht dass sie mir besonders geschmeckt hätte, nein, Milch in Dosen, das war für mich die Offenbarung schlechthin, die größte technische Errungenschaft der Neuzeit, haltbar, praktisch und formschön.

Meine Eltern dagegen hassten die eingedoste Dickmilch, und schon hatten wir Streit. Bereits damals biologisch-dynamisch orientiert, war Dosenmilch für meine Erzeuger die gemeinste Provokation der Natur. Sie haben nichts so gehasst wie Dosenmilch. Aus der Panik heraus, als aufgeklärter Pädagoge zu versagen, schrie mein Vater regelmäßig:

"Ein für alle Mal, mein Sohn: die beste Verpackung für d'Milch ist die Kuah!"°

Heulend brüllte ich zurück:

Ökologischer Klugscheißer, was ist denn an so einer Kuh bitte praktisch? Eine Kuh in der Vorratskammer!"

Die Folge war, dass in mir ein veritables Dosenmilch-Trauma heranwuchs. Meine Oma hat das wohl gespürt, und um therapeutisch gegenzusteuern, wie es alle Großmütter väterlicherseits tun, sorgte sie dafür, dass ich, das Kind, die Dosenmilch für die Erwachsenen präparieren durfte.

Da wurde mir Verantwortung übertragen, da konnte ich ein klein wenig zum Manne reifen. Ich bekam zum Öffnen der Dosenmilchdose einen Dosenmilchdosenpiekser. Das war ein eigens für diese Tätigkeit konzipiertes Werkzeug: ein Holzgriff mit einem Stahlstachel dran, eine Waffe eigentlich. Und mit diesem Dosenmilchdosenpiekser durfte ich dann auf die Dosenmilchdose einstechen. Ich konnte mich also zur Bewältigung meines Traumas selbständig mit dem traumabehafteten Objekt beschäftigen.

Und das war kein einmaliger Akt, denn jede Dosenmilchdose benötigte zwei Löcher. Eines, durch das die Dosenmilch aus der Dose hinausgekippt werden konnte, und ein weiteres, durch welches Luft ins Doseninnere gelangte, damit es beim Dosenmilchgießvorgang nicht blubberte. Das so genannte Blubberloch. Regelmäßig konnte ich mich also zweimal in Folge mit dem Dosenmilchdosenpiekser in einer nachgerade ödipalen Geste selbst heilen. Jeder Psychologe wird es bestätigen: Kaum ein Ding eignet sich als Projektionsfläche für Angstbesetztes in der Kindheit besser als die Dosenmilchdose.

"Kuh" im bairischen Dialekt

Dass ich heue noch an einem Dosenmilchtrauma leide, liegt an etwas anderem – an dem Bär. An dem Teddy. Am BÄRENMARKENBÄRCHEN. Auf jeder mich bereffenden Dosenmilchdose war ja ein Bärenmarkenbärchen drauf. Und ich war oft etwas unachtsam, in Vorfreude des kathartischen Effektes der Dosenmilchdosenpieksertherapie. Kurz nicht aufgepasst, etwas vorschnell den Vatermord imaginiert, und schon war's passiert. Die Dosenmilchdose stand verkehrt rum, und das Gieß- und Blubberloch befanden sich nun im ursprünglichen Dosenmilchdosenboden, der jetzt durch den zweimaligen Gewaltakt unwiederbringlich zum Dosenmilchdosendeckel wurde.

Das heißt aber, dass der Teddy Kopf stand. Und das Blut schoss ihm in den kleinen Bärenkopf, es war scheußlich. Das Köpfchen schwoll an und an, es war furchtbar – und nicht wieder gutzumachen, weil: Richtete man das Bärenmarkenbärchen wieder auf, lief die Dosenmilch aus den eigens hierfür hineingestanzten Löchern aus der Dose. Ich habe versucht, Gieß- und Blubberloch mit Tesafilm abzudichten, aber man kriegt das nicht dicht. Da kennt die Dosenmilch keine Gnade, die quillt heraus. Und das ist mir verdammt oft passiert, ich war ein regelrechter Teddyquäler.

Und jeder Therapeut weiß, dass der Bär ein lustbesetztes Objekt für das Kind ist. Das Bärenmarkenbärchen im Besonderen. Und heute? Was soll ich sagen: Ich trinke meinen Kaffee schwarz.

Aufgaben zur Literatur

Claudia Rusch: *Meine freie deutsche Jugend*

1. Worüber spricht man in Ihrem Land in einer Abschlussrede?
2. Wer hält die Abschlussrede?
3. Wann spielt dieser Textausschnitt?
4. Was hat man in dieser Situation von der Erzählerin erwartet? Was macht sie aber?
5. Welche Elemente ihrer Überlegungen hängen eng mit dem DDR-System zusammen?

Günter Grass: *Beim Häuten der Zwiebel*

1. Was wissen Sie aus den vorherigen Kapiteln noch über das Leben von Grass? (Geburtsort, Lebensdaten, bekanntester Roman, politische Meinung, öffentliche Rolle, Literaturpreise, andere Talente)
2. Haben Sie schon mal eine Zwiebel gehäutet oder geschält? Beschreiben Sie den Aufbau einer Zwiebel mit Ihren eigenen Worten.
3. Warum vergleicht Grass seine Erinnerung an die Vergangenheit mit einer Zwiebel? Was ist ähnlich?

Ruth Klüger: *weiter leben*

1. Lesen Sie die folgenden Aussagen und sagen Sie, ob sie richtig (R) oder falsch (F) sind. Korrigieren Sie die falschen Aussagen.

   _____ Theresienstadt ist die Heimatstadt der Erzählerin.

   _____ Es lebten zu viele Menschen dort.

   _____ Die Menschen hatten Angst vor Transporten in Vernichtungslager.

   _____ Die Menschen hatten viel Hoffnung für die Zukunft.

   _____ Die Kinder fanden ruhige Ecken, in denen sie miteinander reden konnten.

   _____ Eine Begrenzung umgab das Lager.

   _____ Die Mädchen teilten sich ein Haus.

   _____ Es gab nur wenig heißes Wasser zum Duschen.

   _____ Dreizehn Mädchen wohnten zusammen.

   _____ Es gab genug zu essen.

   _____ Magermilch wurde zum Spielzeug umfunktioniert.

   _____ Die Mädchen hatten das Gefühl, besser zu sein als andere, die nicht hier wohnten.

2. Was verlieren die Menschen in Theresienstadt?

3. Was bekommen sie stattdessen?

4. Welche Beziehungen zu anderen Menschen beschreibt die Autorin?

Bernhard Schlink: *Der Vorleser*

Welche Informationen über den Text haben Sie? (Name des Erzählers, Name der anderen Hauptfigur, Zeit, Beruf des Erzählers, Beruf der anderen Hauptfigur, Situation, Konflikt, Problem, andere Figuren)

Elfriede Jelinek: *Die Kinder der Toten*

1. Erklären Sie die folgenden Wörter und Formulierungen aus dem Text.

   a. Natur mit ihren Nackenschlägen

   b. Witterung

   c. Autos mit Blaulicht

   d. er nimmt das Rollbrett

   e. Radlerhose

   f. Trägervereinstrikot

   g. Helanca

2. Wer spricht in dem Text?

3. Wer ist Edgar?

4. Welche Elemente in diesem Text könnten Jelineks Kritiker als "obzön" bezeichnen?

5. Welche Elemente des Textes erinnern Sie an Musik?

Feridun Zaimoglu: *Kanak Sprak*

1. Erklären Sie den Titel des Textes.
2. Wer spricht in dem Ausschnitt?
3. An wen ist der Text gerichtet?
4. Lesen Sie den Text laut vor.
5. Warum ist nichts groß geschrieben?
6. Markieren Sie alle umgangssprachlichen Wörter und schreiben Sie Paraphrasen.
7. Welche Wörter können Sie nicht im Wörterbuch oder im Internet finden? Warum nicht? Verstehen Sie trotzdem, was sie etwa meinen?

Jess Jochimsen: *Das Dosenmilch-Trauma*

1. Suchen Sie das Bärenmarkenbärchen auf dem Internet. Zeichnen Sie dann die Dose, wie der Erzähler sie beschreibt. Vergessen Sie nicht die beiden Löcher!
2. Welche Konflikte gibt es zwischen der Oma und den Eltern des Erzählers? Was ist den folgenden Personen wichtig? Ordnen Sie die richtigen Beschreibungen zu.

   a. Dritte-Welt-Kaffee   1. der Erzähler
   b. Würfelzucker   2. Oma
   c. Kaffee Hag   3. Mutter und Vater
   d. Dosenmilch
   e. biologisch-dynamische Milch

3. Erklären Sie: Was ist ein "Dosenmilchdosenpiekser"? Was macht man damit?
4. Welche der folgenden Ausdrücke könnte man als "(pseudo)psychologisch" bezeichnen? Kreuzen Sie an.

   _____ Wohngemeinschaft
   _____ Zwietracht
   _____ therapeutisch gegensteuern
   _____ Kandis
   _____ Erzeuger
   _____ Klugscheißer
   _____ Bewältigung meines Traumas
   _____ zum Manne reifen
   _____ traumabehaftetes Objekt
   _____ ödipale Geste
   _____ Bärenmarkenbärchen
   _____ Projektionsfläche
   _____ Angstbesetztes
   _____ Stahlstachel

_____ kathartischer Effekt

_____ Vatermord

_____ Tesafilm

_____ lustbesetztes Objekt

_____ Blubberloch

5. Welches Problem hat der Erzähler mit seinem Vater? Was würde ein Therapeut darüber sagen?

6. Warum trinkt der Erzähler heute seinen Kaffee schwarz?

Mini-Referate

1. FDJ

2. SS

3. Theresienstadt

4. Analphabetismus

5. Jörg Haider

6. türkische Einwanderer in Deutschland

Zeittafel

Politische Geschichte	Literatur und Kultur	Internationales
1990 (3. Okt.) Die DDR tritt der BRD bei.	**1990** Rap-Musik wird populär.	**1991** Auflösung der UdSSR; Gründung der GUS. Zerfall Jugoslawiens. Aufhebung der Apartheid in Südafrika.
1991 Wahl Berlins zur Bundeshauptstadt, Umzug bis 1999.	**1995** Thomas Brussig: *Helden wie wir* (Roman).	**1992** Vertrag über die Europäische Union (EU).
1994 Abzug der russischen und alliierten Truppen aus Berlin.	**1995** Günter Grass: *Ein weites Feld* (Roman).	**1991** Zweiter Golfkrieg (Irak–Kuwait/UNO).
1995 Österreich tritt der EU bei.	**1995** Bernhard Schlink: *Der Vorleser* (Roman).	**1991–95** Krieg im ehemaligen Jugoslawien.
1998 Gerhard Schröder wird Bundeskanzler.	**1996** Rechtschreibreform, aber sie bleibt umstritten.	**1993** Europäischer Binnenmarkt. Gründung der Tschechischen Republik und der Slowakischen Republik.
2000 Nach den Wahlen in Österreich einigen sich die christlichdemokratische ÖVP von Bundeskanzler Schüssel und die nationalistische FPÖ von Jörg Haider auf eine Regierungskoalition. Vierzehn EU-Staaten verhängen Sanktionen gegen Österreich – ohne Erfolg.	**1996** Serbien-Kontroverse nach Peter Handkes Reisebericht.	**1994** Freie Wahlen in Südafrika; Nelson Madela erster schwarzer Präsident.
	1999 Literaturnobelpreis für Günter Grass.	**1995** Österreich, Schweden und Finnland treten der EU bei, die damit auf 15 Mitglieder anwächst. Auch viele osteuropäische Staaten bemühen sich um Aufnahme in die EU.
2002 Aufnahme der Schweiz in die UNO.	**1999** Der Bundestag beschließt den Bau des Holocaust-Mahnmals in Berlin.	
2002 Einführung des Euro als neue gemeinsame Währung in der EU.	**2000** Die Theaterstücke von Elfriede Jelinek dürfen in Österreich nicht mehr gespielt werden.	**1997** Ein literarisches Phänomen: Die schottische Autorin Joanne K. Rowling macht mit *Harry Potter* weltweit Kinder wieder zu begeisterten Buchlesern. Weitere Bände folgen.
2005 Angela Merkel wird als erste Frau in das Amt des deutschen Bundeskanzlers gewählt.	**2004** Literaturnobelpreis für Elfriede Jelinek (Österreich).	**1998** Edith Stein (1891–1942) wird heiliggesprochen; sie ist die erste katholische Heilige jüdischer Herkunft.
		2001 Die Terroranschläge vom 11. September erschüttern die Welt.
		2004 Vertrag über eine Verfassung für Europa.

Zitatnachweise und Quellennachweise der Texte und Abbildungen

Die Autorinnen danken den folgenden Rechteinhabern für ihre freundliche Genehmigung zum Abdruck von Materialien. Intensive Bemühungen haben mitunter die Copyright-Inhaber nicht feststellen können oder zu keiner Antwort innerhalb der gegebenen Zeit geführt. Die Fundstelle ist jedoch angegeben. Für Hinweise sind die Autorinnen dankbar.

Für rechtefreie ältere Texte (bis zum Anfang des 20. Jahrhunderts) wurde in der Regel auf den Bestand in der Digitalen Bibliothek *Projekt Gutenberg – DE* <www.Gutenberg.spiegel. de> zurückgegriffen; die Studierenden können für umfassendere Lektüren darauf verwiesen werden. Die jeweiligen Titel sind zu finden unter Alphabet > Autorname > Werk.

Folgende Abkürzungen wurden verwendet:

Projekt Sophie : *SOPHIE. A Digital Library of Works by German-Speaking Women* hosted by Brigham Young University <sophie.byu.edu>. Für Autorinnen und Texte, siehe Site Index; auch Illustrationen und Portraits sind verfügbar.

Peter: Peter, Rita: *Die großen Frauen. 100 Lebensbilder.* München: Patloch, 2001.

1

Gatterer, Philippine: Mädchenklage. In: *Gedichte von Philippine Engelhard* geb. Gatterer. Göttingen: Dieterich, 1782.

3a

Otto-Peters, Luise: Klöpplerinnen, Für alle. In: *Deutsche Dichterinnen vom 16. Jahrhundert bis zur Gegenwart.* Hrsg. von Gisela Brinker-Gabler. Frankfurt a. M.: Fischer, 1978; Nachdruck im Project "Sophie".

3b

Lewald, Fanny: Für und wider die Frauen. Zitiert nach: Doris Maurer: "Nähe nicht – Lebe!". In: *Die Zeit*, 4. August 1989.

Lewald, Fanny: Zitiert nach: Peter: *Die großen Frauen.*

4

Gerhart Hauptmann. "Bahnwärter Thiel". Aus: Gerhart Hauptmann. *Sämtliche Werke*, Bd. 6 Erzählungen, Theoretische Prosa. © 1996 Propyläen Verlag in der Ullstein Buchverlage GmbH, Berlin.

Hauptmann, Gerhart: *Die Weber.* In: Gerhart Hauptmann: *Sämtliche Werke.* Hrsg. von Hans-Egon Hass. Bd. 1: Dramen. Frankfurt a. M.: Ullstein, 1966.

Schnitzler, Arthur: *Anatol.* In: Ders.: *Dramen.* Hrsg. von Hartmut Scheible. München: Artemis & Winkler, 2002.

Thomas Mann, "Tonio Kröger". From: Thomas Mann, *Collected Works in 13 Volumes*, Vol VIII. Pp. 271-338. © 1960, 1974 S. Fischer Verlag GmbH, Frankfurt am Main.

Andreas-Salomé, Lou: Brief an Henrik Gillot vom 26.5.1882. Zitiert nach: Hans-Rüdiger Schwab: Lou Andreas-Salomé. Ichgeburt in der Weltfremde. In: *Schweizer Monatshefte*, 1 (2007) <www. schweizermonatshefte.ch>.

Andreas-Salomé, Lou: Ketzereien gegen die moderne Frau. In: *Die Zukunft*, 7 (1898/99), Bd. 26, H. 20; Nachdruck in: Projekt Sophie.

5a
Münter, Gabriele: Zitat nach: Peter: Die großen Frauen.
Hermann Hesse: *Unterm Rad*. Berlin: G. Fischer, 1909.
Robert Musil: "Die Verwirrungen des Zöglings Törleß".
    In: Robert Musil, Gesammelte Werke Bd. 6, hrsg.
    von Adolf Frisé. Copyright © 1978 by Rowohlt
    Verlag GmbH, Reinbek bei Hamburg.
Mann, Heinrich: *Professor Unrat oder Das Ende eines
    Tyranen*. Roman. Frankfurt a. M.: Suhrkamp, 1981.
Gottfried Benn über Lasker-Schüler zitiert nach: Peter:
    Die großen Frauen.
Else Lasker-Schüler, Mein Volk. Aus: E. L.-S., *Gedichte
    1902-1943*, © Suhrkamp Verlag, Frankfurt am
    Main, 1996.
Kafka, Franz: Die Verwandlung. In: Ders.: *Sämtliche
    Erzählungen*. Hrsg. von Paul Raabe. Frankfurt a. M.:
    S. Fischer, 1972.
Kafka, Franz: Brief an den Vater. In: Ders.: *Gesammelte
    Werke in 12 Bden*. Nach der Kritischen Ausgabe
    hrsg. von Hans-Gerd Koch. Bd. 7: Zur Frage der
    Gesetze und andere Schriften aus dem Nachlaß.
    Frankfurt a. M.: S. Fischer 1994.

5b
Bertolt Brecht, Vom armen B. B. Aus: B. B., *Werke. Große
    kommentierte Berliner und Frankfurter Ausgabe*, Band
    11: Gedichte 1, © Suhrkamp Verlag, Frankfurt am
    Main, 1988.
Erich Kästner, Sachliche Romanze. © Atrium Verlag AG,
    Zürich und Thomas Kästner.
Im Westen nichts Neues von Erich Maria Remarque. ©
    1959 by Verlag Kiepenheuer & Witsch, Köln.
Döblin, Alfred: *Berlin Alexanderplatz*. Berlin: S. Fischer
    Verlag, 1930.
Fallada, Hans: *Kleiner Mann, was nun?* Roman. Reinbek:
    Rowohlt, 1950.
Keun, Irmgard: *Das kunstseidene Mädchen*. 6. Aufl.
    München: DTV, 1995.
Dadaistisches-Manifest. In: *Dada. Eine Literarische
    Dokumentation*. Hrsg. v. Richard Huelsenbeck.
    Reinbek: Rowohlt, 1964.

6
Erklärung von Klaus Mann. In: Klaus Mann: *Mephisto –
    Eine Veröffentlichungsgeschichte des Romans Mephisto,
    Roman einer Karriere*. Giessen: AG Lernen &
    Medien, 1999, Abdruck in <http://home.arcor.de/
    wolflumb/verlag/lehrmaterial/verlagsbetriebslehre/
    kunst_vers_pers/justus_liebig_uni.htm>.
Anna Seghers. *Transit. Roman*. Werkausgabe, Bd. I/5. ©
    Aufbau Verlagsgruppe GmbH, Berlin 2001. (Dieser
    Band erschien 2001 im Aufbau-Verlag; Aufbau ist
    eine Marke der Aufbau Verlagsgruppe GmbH.)

Huch, Ricarda: Tief in den Himmel verklingt. In: Dies.:
    Herbstfeuer. Frankfurt a. M.: Insel, 1944.
Anna Seghers. *Das siebte Kreuz. Ein Roman aus
    Hitlerdeutschland*. © Aufbau Verlagsgruppe GmbH,
    Berlin 1983.
Bertolt Brecht, Leben des Galilei. Aus: B. B., *Werke.
    Große kommentierte Berliner und Frankfurter Ausgabe*,
    Band 5: Stücke 5, © Suhrkamp Verlag, Frankfurt
    am Main, 1988.
Bertolt Brecht, Geschichten vom Herrn Keuner. Aus:
    B. B., *Werke. Große kommentierte Berliner und
    Frankfurter Ausgabe*, Band 18, © Suhrkamp Verlag,
    Frankfurt am Main, 1995.
Celan, Paul: *Todesfuge*. In: Ders.: *Todesfuge und andere
    Gedichte*. Frankfurt a. M.: Suhrkamp, 2004.

7a
Allgemeines zur Kunst; Zitate aus: <http://www.mdr.
    de/damals-in-der-ddr/lexikon/1589524.html>
Architektur; Zitat aus: Hamburgisches Architekturarchiv,
    Thema DDR <http://www.architekturarchiv-web.
    de/ddr.htm>
Bertolt Brecht, Aufbaulied der F.D.J. Aus: B. B., *Werke.
    Große kommentierte Berliner und Frankfurter
    Ausgabe*, Band 15: Gedichte 5, © Suhrkamp Verlag,
    Frankfurt am Main, 1993.
Anna Seghers. "Die Rückkehr". Aus: *Erzählungen 1945-
    1951. Gesammelte Werke in Einzelausgaben*, Bd. 10. ©
    Aufbau Verlagsgruppe GmbH, Berlin 1977. (Dieser
    Band erschien 1977 im Aufbau-Verlag; Aufbau ist
    eine Marke der Aufbau Verlagsgruppe GmbH.)
Johannes R. Becher. "Auferstanden aus Ruinen".
    aus: Johannes R. Becher: *Gesammelte Werke*.
    18 Bände (Hrsg. vom Johannes-R.-Becher-
    Archiv der Akademie der Künste der Deutschen
    Demokratischen Republik); Band 6: Gedichte 1949-
    1958. © Aufbau Verlagsgruppe GmbH, Berlin 1973.
    (Das Werk erschien erstmals 1973 im Aufbau-Verlag;
    Aufbau ist eine Marke der Aufbau Verlagsgruppe
    GmbH.)
Bruno Apitz, *Nackt unter Wölfen*. © Aufbau
    Verlagsgruppe GmbH, Berlin 1998.
Wolf, Christa: *Der geteilte Himmel*. Erzählung. Halle/S.:
    Mitteldeutscher Verlag 1963. Alle Rechte bei und
    vorbehalten durch Suhrkamp Verlag Frankfurt am
    Main.
Bertolt Brecht, Der Radwechsel. Aus: B. B., *Werke. Große
    kommentierte Berliner und Frankfurter Ausgabe*, Band
    12: Gedichte 2, © Suhrkamp Verlag, Frankfurt am
    Main, 1989.

7b

Wolfgang Borchert, "Nachts schlafen die Ratten doch". From: Wolfgang Borchert, *Das Gesamtwerk*. Ed. by Michael Töteberg and Irmgard Schindler. Copyright © 2007 by Rowohlt Verlag GmbH, Reinbek bei Hamburg.

Ingeborg Bachmann. "Reklame". Aus: Ingeborg Bachmann: *Werke*, Bd. I: Gedichte © 1978 Piper Verlag GmbH, München.

Heinrich Böll. *Werke*. Bd. 2. Hrsg. von Bernd Balzer. © 1955, 1984, 1998 by Verlag Kiepenheuer & Witsch, Köln.

Grass, Günter: *Die Blechtrommel*. Darmstadt: Luchterhand, 1959.

Bachmann, Ingeborg: *Der gute Gott von Manhattan*. München: Piper, 1958.

Wolfgang Hildesheimer, Eine größere Anschaffung. Aus: W. H., *Lieblose Legenden*, © Suhrkamp Verlag, Frankfurt am Main, 1962.

8

O-Ton Ost: 'Ossideutsch' . Nach <www.wissen.de>.

Plenzdorf, Ulrich: *Die neuen Leiden des jungen W.* Rostock: VEB Hinstorff, 1973. Titelbild.

Allgemeines zu Reiner Kunze nach: Petra Meyenburg: "Wunderbare Jahre" von Reiner Kunze. Eine Porträt des Schriftstellers <http://www.mdr.de/mdr-figaro/hoerspiel/875068.html>.

Reiner Kunze, "Fünfzehn", "Elfjähriger". From: Reiner Kunze, *Die wunderbaren Jahre* © S. Fischer Verlag GmbH, Frankfurt am Main, 1976.

Jurek Becker: *Jakob der Lügner*. Frankfurt a. M.: Suhrkamp, 1997.

Morgner, Irmtraud: *Jetzt oder nie! Die Frauen sind die Hälfte des Volkes!* In: EMMA 2 (1990).

Biermann, Wolf: *Die Ballade vom Drainage-Leger Fredi Rohsmeisl aus Buckow*. In: Ders.: *Die Drahtharfe. Balladen, Gedichte, Lieder*. Berlin: Klaus Wagenbach, 1965.

Wolf, Christa: *Störfall. Nachrichten eines Tages*. Neuwied: Luchterhand, 1987.

9

Uwe Timm, "Was ist Erziehung?" Aus: R.O. Wiener, *Bundesdeutsch – Lyrik zur Sache Grammatik*. Peter Hammer Verlag Wuppertal, 1974.

Sperr, Martin, *Bayrische Trilogie*. Jagdszenen aus Niederbayern Landshuter Erzählungen. Münchner Freiheit, © Suhrkamp Verlag Frankfurt am Main 1972.

Handke, Peter: *Publikumsbeschimpfung und andere Sprechstücke*. 7. Aufl., Frankfurt a. M.: Suhrkamp, 1969.

Handke, Peter: *Die Angst des Tormanns beim Elfmeter*. Erzählungen. Frankfurt a. M.: Suhrkamp, 1970.

Heinrich Böll. *Werke*. Bd. 4. Hrsg. von Bernd Balzer. © 1974 by Verlag Kiepenheuer & Witsch, Köln.

Haushofer, Marlen: *Die Wand*. München: DTV, 1999.

Siegfried Lenz, *Deutschstunde*, S. 10-12. Copyright © 1968 by Hoffmann und Campe Verlag, Hamburg.

10

Claudia Rusch, "Die Rede". From: Claudia Rusch, *Meine freie deutsche Jugend* © S. Fischer Verlag GmbH, Frankfurt am Main, 2003.

Grass, Günter: *Beim Häuten der Zwiebel*. Göttingen: Steidl, 2006. Vorabdruck in: FAZ 192 (19. Aug. 2006), Sonderbeilage 1.

Klüger, Ruth: *weiter leben. Eine Jugend*. Göttingen: Wallstein, 1992.

Jelinek, Elfriede: *Die Kinder der Toten*. Reinbek: Rowohlt, 1997.

Material Migrantenliteratur nach: Website Goethe-Institut – Literatur – Themen <www.goethe.de/kue/lit/thm/de1053001.htm>.

Zaimoglu, Feridun: *Kanak sprak*. Hamburg: Rotbuch, 1995. Ausschnitte in: Parapluie. elektronische zeitschrift für kulturen • künste • literaturen <http://parapluie.de/archiv/generation/kanaksprak/>.

Jess Jochimsen: "Das Dosenmilch-Trauma". Aus: Jess Jochimsen: *Das Dosenmilch-Trauma. Bekenntnisse eines 68er-Kindes*. © 2000 Deutscher Taschenbuch Verlag, München.

Fotografien

Introduction Logo of "German Information Center USA" (4645 Reservoir Road NW, Washington, D.C. 20007-1998); Auswärtiges Amt der Bundesrepublik Deutschland.

1.1 Chodowiecki, Daniel: Friedrichs II. Wachtparade in Potsdam (Detail; Radierung; Privatsammlung; Foto: WM)

1.2 Kauffmann, Angelika: Die Hoffnung/ Selbstportrait mit Anker (Radierung, 1765) (Privatbesitz; Foto: WM)

1.3 Gewerbeschild des Betriebs "Ortner-Stanger" in Innsbruck (Foto: WM, 1993).

1.4 Anonyme Umrisszeichnungen, aus: Karl Philipp Moritz: *Götterlehre oder mythologische Dichtungen der Alten*. 2. Ausgabe. Berlin: Unger, 1795, S. 29 (Privatsammlung; Foto: WM)

2a. 1 Vogel nach Tischbein: Goethe in der Campagna (Lithografie, 1846, nach dem Gemälde von Tischbein von 1786; Städelsches Kunstinstitut, Frankfurt a. M.; Foto: Ursula Edelmann). Artothek

2a.2 Das Brandenburger Tor um 1850. Anonymer Stich auf alter Postkarte (ohne Jahr) (Privatbesitz).

2a.3 Berlin, Altes Museum und Garten (Fotochrom, um 1890/1900). Akg-images

2a.4 Rehberg, Friedrich: Emma Hamilton in der Attitüde der Iphigenie. Aus: Ders.: Drawings Faithfully Copied From Nature. Neapel 1794, Nr. 7 (Yale University Library; Foto: WM)

2a.5 Goethe- und Schillerdenkmal, Weimar (Foto: WM, 1990).

2a. 6 Ausschnitt Brief H. F. Unger an Göschen, 1. Nov. 1808 (Privatsammlung; Foto: WM)

2b. 1, 2 Friedrich, Caspar David: Der Sommer (Öl/Lwd., 1807; Foto: Bayerische Staatsgemäldesammlungen, Neue Pinakothek, München) und Ausschnitt daraus.

2b.3 *Miscellen aus der neuesten ausländischen Literatur.* Hrsg. von F. A. Bran. Bd. 1. Leipzig

2b.4 Grimm, A. L.: Das Heidelberger Schloss (Stahlstich, 1842; Privatsammlung; Foto: WM)

2b.5 Schopenhauer, Adele: [ohne Titel]. In: *Gedichte und Scheerenschnitte*. Hrsg. Von H. H. Houben und Hans Wahl. Leipzig: Klinckhardt, 1920, Bd. 1, ohne Seite (Privatsammlung; Foto: WM)

2b.6 Anonym [Benedikte Naubert]: *Thekla von Thurn.* 1798 (Privatsammlung. Foto: WM)

3a.1, 2 May, E. G: Deutsche Nationalversammlung in der Paulskirche in Frankfurt a.M. 1848 (Lithografie und Detail daraus). Akg-images

3a.3 Milwaukee Art Museum: Exhibition flyer "Biedermeier: The Invention of Simplicity" (2007). Ausschnitt aus: Friedrich von Amerling: Mädchen (Öl/Lwd., 1834. Privatsammlung; Foto: Milwaukee Art Museum)

3a.4 Stuhl, ca. 1825, Entwurf Josef Ulrich Danhauser (Österreich, 1780-1829), angefertigt in dessen Fabrik (1804-1839). 36 x 19 x 18 in. Milwaukee Art Museum, Gift of Helen Oberndorfer in Memory of Her Sister Jeanette Oberndorfer M2004.565. Photography by John R. Glembin.

3a.5 Caroline Pichler (Stahlstich, um 1850. Privatsammlung; Foto: WM)

3a.6 Bleuler, J. H: Schweizer Gletscher (aquarellierte Radierung, um 1800; Privatsammlung, Foto: WM)

3a.7 Detail aus: Brief Ottilie von Goethe an Sara Austin, 4. Aug. 1840 (Privatsammlung; Foto: WM)

3b.1 Lederer, Hugo: Bismarckdenkmal in Hamburg (1906; Granit, Gesamthöhe 36, Teilansicht). Akg-images

3b.2 Die Eröffnung der Ringstraße in Wien durch Franz Josef I. Aus: *Illustrirte Zeitung 44*, 1865, S. 333. Holzschnitt nach Ladislaus Eugen Petrovits. Akg-images

3b.3 Liebermann, Max: Lithographie. Aus: Theodor Fontane: *Effi Briest*. Mit 21 Original-Lithographien von M. Liebermann. Berlin 1926 (Privatsammlung; Foto: WM).

3b.4-6 Busch, Wilhelm: Die fromme Helene (Ausschnitte). Aus: Wilhelm Busch: *Sämtliche Bildergeschichten*. Hrsg. von Rolf Hochhuth. München: Orbis, 1991, S. 201-202.

4.1 Orlik, Emil: Plakat zu Hauptmanns Die Weber (um 1897). Akg-images

4.2 P. Behrens: Der Kuss, in: *Pan* IV (1898) (Privatsammlung; Foto: WM)

4.3 Werbeschild. Aus: *Illustriertes Export-Handbuch.* Hamburg 1897-99, Anhang. (Privatsammlung; Foto: WM)

4.4 Modersohn-Becker, Paula: Selbstbildnis vor blühenden Bäumen (Öl auf Karte, ca. 1903). Akg-images

4.5 Liebermann, Max: Wannseegarten. Blumenstauden am Gärtnerhäuschen (um 1922, Öl/Lwd.) Foto: Kunsthandel, 2006).

4.6 Kester: Thomas Mann (Portrait-Foto, 1905). Akg-images

5a.1 *Der Sturm.* Hrsg. Herwarth Walden. Titel der Nr. 20 des Jg. 1910 mit Zeichnung u. Text von Oskar Kokoschka. Akg-images

5a.2 *Der Blaue Reiter.* Hrsg. von W. Kandinsky und F. Marc. 2. Aufl. München: R. Piper, 1914, Titelbild (Privatsammlung; Foto: WM).

5a.3 Kollwitz, Käthe: Die Eltern. Denkmal nach ihrem Modell für den 1914 gefallenen Sohn Peter (1932, Belgischer Granit, Höhe 122 cm; ursprünglich in Roggevelde, seit 1955 auf dem Gefallenenfriedhof Vladsloo-Praedbosch, Belgien. Foto: WM)

5a.4 Lasker-Schüler, Else: *Theben.* Gedichte und Lithographien. Frankfurt a. M.: Querschnitt-Verlag, 1923, o. S. (Privatsammlung; Foto: WM)

5a.5 Heym, Georg: Umbra vitae. Nachgelassene Gedichte. Mit 47 Originalholzschnitten von Ernst Ludwig Kirchner. München: Kurt Wolff, 1924 (Privatsammlung; Foto: WM).

5b.1 Salter, Georg: Umschlag zu Alfred Döblins *Berlin Alexanderplatz* (Frankfurt: Fischer-Verlag, 1929). Akg-images

5b.2 Meret Oppenheim mit Pelztasse (Re-Foto Albert Winkler, 1967). Akg-images

5b.3 Itten, Johannes: *Utopia. Dokumente der Wirklichkeit.* Hrsg. von Bruno Adler. I/II in einem Band. Weimar: Utopia, 1921, Umschlagtitel (Foto: WM).

5b.4 Schwitters, Kurt: *Die Blume Anna.* Berlin: Der Sturm, 1923, Umschlag (Privatsammlung; Foto: WM)

5b.5 (Siehe Zitatnachweise.)

5b.6 Hannah Höch mit ihren Dada-Puppen (Foto, 1920). Akg-images

6.1 Führer durch die Ausstellung *Entartete Kunst,* Hrsg. Fritz Kaiser. Berlin: Verlag für Kultur-und Wirtschaftswerbung. o.J. (1937). Akg-images

6.2 Anonyme Zeichnung: Orchester in einem Konzentrationslager, dirigiert von einer Frau (um 1943). Bildarchiv Pisarek / akg-images

6.3 Szene mit Gustaf Gründgens als Mephisto. Titelseite der Illustrierten *Film-Bühne* Nr. 05440 (1960). Akg-images

7a.1 Bertolt Brecht und Helene Weigel bei der Mai-Demonstration 1954 (Foto). Akg-images

7a.2 Sowjetischer Truppentransport auf der Stalinallee (Foto, 1950er Jahre). Akg-images

7a.3 Anna Seghers spricht beim Tag des freien Buches 1947 an der Humboldt-Universität in Berlin (Foto, 1947). Bildarchiv Pisarek / akg-images

7b.1 Titelseite der Zeitschrift *Er. Die Zeitschrift für den Herrn*, 3.Jg., Hamburg, Nr.22, 1952. Foto: Leonard, Berlin. Akg-images

7b.2 Berlin mit der Gedächtniskirche (Luftaufnahme, 1945). Akg-images

7b.3 VW-Werbung im Katalog der Internationalen Automobil-Ausstellung, Frankfurt/Main, 1951. Akg-images

7b.4 Günter Grass: Umschlaggrafik für den Roman *Die Blechtrommel* (1959). Akg-images

8.1 Demonstration in Ostberlin, 4. November 1989. Foto: Nelly Rau-Häring; akg-images

8.2 Plenzdorf, Ulrich: *Die neuen Leiden des jungen W.* Rostock: VEB Hinstorff, 1973, Umschlagtitel mit einer Illustration von Manfred Butzmann (Exemplar University of Iowa; Foto: WM).

8.3 Wolf Biermann bei einem Konzert (Foto, 1983). Akg-images / Niklaus Stauss

9.1 Berliner Mauer (Foto 1985). Akg-images / Hans W. Mende

9.2 Universität Regensburg, Bibliothek-Hauptgebäude (Foto: WM, 2000).

9.3 Antes, Horst: Ohne Titel (*Kopffüßler*) (Gouache auf Papier, um 1975; Foto: WM)

10.1 Berlin, Holocaust-Mahnmal und Blick nach Nordosten (Foto 2005). Akg-images / Florian Profitlich

10.2 Station einer Kunstveranstaltung zum Thema Wasser in St. Gallen (Foto: WM, 2001).